北京市高等学校教育教学改革试点立项研究成果
经济与管理学科专业基础课系列教材

市场经济法

主编 张 蕾

北京工业大学出版社

图书在版编目（CIP）数据

市场经济法/张蕾主编．—修订本．—北京：北京工业大学出版社，2009.6 重印

ISBN 978-7-5639-1554-5

Ⅰ．市… Ⅱ．张… Ⅲ．市场经济-经济法-中国-高等学校-教材 Ⅳ．D922.29

中国版本图书馆 CIP 数据核字(2007)第 028060 号

市场经济法

主编 张 蕾

*

北京工业大学出版社出版发行

邮编：100022 电话：(010)67392308

各地新华书店经销

徐水宏远印刷有限公司印刷

*

2007 年 3 月第 1 版 2009 年 6 月第 2 次印刷

787mm×960mm 16 开本 24.5 印张 522 千字

ISBN 978-7-5639-1554-5/C·38

定价：36.00 元

前言

我国建立社会主义市场经济体制已经有十余年了。此间，中国的经济建设取得了举世瞩目的成就，政治体制改革不断深入，人民生活水平显著提高，社会各领域都发生了深刻的变化。市场经济体制的五项基本制度，即现代企业制度，统一开放、竞争、有序的市场制度，宏观调控制度，公平的分配制度以及社会保障制度，已经建立并正在逐步完善。

与此相适应，“市场经济是法制经济”、“依法治国”等理念也更加深入人心。十几年间，由于国家加快了立法步伐，进而使我国的市场经济法律体系从创设阶段走向成熟阶段，市场主体法、市场行为规则法、市场体系法、市场秩序规制法、宏观经济调控法、社会保障法以及程序法等各个子体系的立法不断健全，将市场经济各类主体的市场活动纳入法制的轨道。

市场经济法律体系并不是一个单一法律部门，它是集民法、经济法、商法、行政法、社会法、程序法为一体的综合法律体系，其调整对象与调整手段也具有多样性。本书正是从市场经济法律体系出发，根据其内部结构的特点，有重点地挑选了经济生活中最基本、最重要、最具普遍适用性的法律、法规进行介绍与阐述。在市场主体法部分中，以企业为主线，选择了公司法、合伙企业法、外商投资企业法以及破产法等内容；在市场行为规则法部分中，以保护平等主体的权利为主线，选择了所有权法律制度、知识产权法、合同法、担保法等内容；在市场秩序规制法部分中，以维护公平竞争为主线，选择了竞争法、产品质量法等内容；在市场体系法部分中，以金融市场为主线，选择了银行法、证券法、保险法等内容；在社会保障法部分中，以保护社会弱势群体为主线，选择了劳动法、社会保障法等内容；在程序法部分中，选择了民事诉讼法、仲裁法等内容。

本书从第一次出版至今已经经历两次修订（其名称略有改动），每一次修订都能及时地将我国市场经济立法与研究的新成果、新发展反映到书中，使本书能够始终保持适时性和适用性。

本书重点在于阐明各类法律、法规的基本概念、基本原理与基本制度，内容简明扼要，语言通俗易懂，适用于大专院校非法学专业的学生以及其他从事经济工作的人员。

本书的编者为北京工业大学法学学科部的教师，主编为张蕾，副主编为张淑玲、杨艳。具体分工是：张蕾撰写第一、第五、第十三、第十四章；张淑玲撰写第九章；杨艳撰写第七、第十五章；孙玉荣撰写第二章；冯栖孙撰写第十六、第十七章；陈东撰写第十二章；王晓慧撰写第八、第十一章；李文伟撰写第三章；曲宗洪撰写第六章；聂孝红撰写第十章；韩文强撰写第四章。

由于水平有限，书中难免存在不足，敬请各位读者指正。

作　者

2007 年 1 月

目　录

第一章

市场经济法律体系

本章提要

本章从市场经济体制改革与法律制度的关系出发，重点阐述了建立我国市场经济法律体系的重要意义，科学地划分了市场经济法律体系的组成部分、制度框架与特征，从法理上阐述了市场经济法律关系的要素、产生、变更与消灭以及市场经济法律行为的有效条件。

第一节 我国社会主义市场经济体制改革发展现状

市场是进行商品交换的场所，商品交换离不开市场。正如列宁所说的，“哪里有社会分工和商品生产，哪里就有市场”。市场经济是通过市场机制来配置社会资源的一种经济组织方式。我国社会主义市场经济，就是建立在社会主义公有制的基础上，使市场机制在社会资源配置中发挥基础性作用的经济体制。我国建立社会主义市场经济体制的目的，就是要使市场在国家宏观调控下对资源配置起基础性作用，使经济活动遵循价值规律的要求并适应供求关系的变化；通过发挥价值杠杆和竞争机制的功能，把资源配置到效益好的环节中去，运用市场对各种经济信号比较灵敏的优点，促进生产和需求的及时协调；针对市场自身的弱点和消极方面，国家对市场进行有效的宏观调控。

从十四届四中全会确立建立社会主义市场经济体制至今，中国已经走过了十多个年头。在这十余年的转型期间，中国的经济、政治体制改革不断向纵深发展，社会各领域都发生了深刻的变化。我国社会主义市场经济体制的五项基本制度，即现代企业制度，统一开放、竞争、有序的市场制度，宏观调控制度，公平的分配制度以及社会保障制度，也在原有的基础上被赋予了新的内容，使我国社会主义市场经济体制进一步得以完善。

一、国有企业改革不断深化，现代企业制度基本建立

国有企业改革是经济体制改革的中心环节。国有企业改革的目标是建立产权清晰、责权明确、政企分开、管理科学的现代企业制度，健全企业法人治理结构，使企业成为市场竞争的主体。经过二十几年的改革，我国的国有企业已经实现了“抓

大放小”、“有进有退”、政企分开以及将绝大多数的国有企业改制为多元股东的公司等目标。由于企业内部建立了法人治理结构，企业活力与竞争力大大加强，企业创新能力和维护知识产权的意识显著提高。依法维护企业所有者权益和所出资企业的合法权益的国有资产监督管理工作也逐步走上了法制化、规范化的轨道，股权分置改革已经取得了初步的成效。

根据国家“十一五”规划纲要所确定的国民经济发展战略，今后国有企业改革的方向是国有资本将向以下几大领域集中：一是向关系国家安全和国民经济命脉的重要行业和关键领域集中；二是向具有竞争优势的行业和未来可能是主导产业的领域集中；三是向具有较强国际竞争力的大公司、大企业集团集中等。

二、全国统一的大市场已经形成

十几年来，国家积极培育并形成了比较完善的金融市场、房地产市场、劳动力市场、技术市场、信息市场、基本建设招投标市场、对外贸易市场等要素市场，同时还发展了连锁经营和代理制等新的经营方式。地区封锁已经灭迹，通信、铁路、电力、民航、石油、市政等垄断行业积极推动国有资产重组，逐渐形成了竞争性的格局，其价格的形成更加依靠市场机制的调节作用，程序更加公开和民主化。市场准入与退出机制进一步完善，市场监管以创造公平竞争环境和保护消费者的利益为重点，信用体系正在建立。

未来这一制度框架下的主要任务：一是完善多层次的资本市场，实现投融资方式的多元化；二是加快信用体系的完善，严厉打击欺骗性市场交易行为，维护诚实信用的市场秩序；三是进一步开放国内市场，规制形形色色的垄断性行为，维护公平竞争。

三、国家宏观调控功能显著

市场经济要求政府综合运用计划、财政、金融等手段发挥价格、税收、利率、汇率等杠杆作用，引导和促进经济结构的调整，保证经济稳定增长。市场经济体制确立十几年来，宏观经济调控体系的框架已经建立。国家继续实施稳定的财政政策，加强财政的宏观调控，税制和银行、保险、证券、外汇、价格体制改革的成果也得到进一步巩固。另外，国家还重视产业结构、地区结构和城乡结构的调整，制止盲目建设和低水平重复建设，稳步实施西部大开发和振兴东北老工业区的发展战略。国家着力解决“三农问题”，坚持对农村多予少取、放活的方针，在全国范围内取消农业税，加大对农业的财政补贴，为实现建设社会主义新农村的目标奠定基础。另外，国家还坚持在科学发展观的指导下，把转变经济增长模式放在重要位置，注重节约和合理使用资源，注重生态建设和环境保护，发展循环经济，促进经济和社会的协调发展。

未来这一制度框架下的主要任务：一是加强国家建设资金对农村的投入，加强农村基础设施、教育、卫生等社会事业的建设，实现建设社会主义新农村的发展目标；二是坚持可持续发展观，采取措施建设资源节约型、环境友好型社会。

四、调节收入分配制度

市场经济体制实行十余年来，我国已经建立了以公有制为主导、多种所有制经济共同发展的基本经济制度，非公有制经济已经成为社会主义市场经济的重要组成部分，并为国家的发展做出了重大贡献。在分配制度上，坚持按劳分配为主，多种分配方式并存的分配制度，各生产要素按贡献参与分配。改革初期，提倡效率优先、兼顾公平，鼓励一部分地区、一部分人先富起来，先富带动后富，走共同富裕的道路。在这条方针指引下，一部分地区和一部分人首先富了起来，但其弊病也同时显现出来了，即在城乡之间、地区之间、不同社会群体之间的社会分配差异越来越大。尽管国家不断完善个人所得税制度，改革房地产税收制度，调节过高收入，但两极分化的现象还是比较严重。

在总结十余年改革的经验教训的基础上，十六届四中全会提出建立社会主义和谐社会的发展目标。国家"十一五"规划纲要也提出，要努力加大收入分配调节力度。

未来在这一领域的主要任务：一是严格执行最低工资制，逐步提高最低工资标准；二是规范个人收入分配秩序，强化个人所得税的征收环节；三是注重社会公平，特别要关注就业、就学和分配过程的公平，控制和调节垄断行业的收入，规范公务员工资制度。

五、社会保障制度趋于完善

建立健全社会保障制度是关系改革、发展和稳定全局的大事。十几年来，我国城市的养老保险、失业保险、医疗保险、工伤保险以及生育保险制度已经建立，各用人单位的社会保障义务意识不断提高。社会救济、社会福利、优抚安置、社会互助、个人积累、商业保险的多层次社会保障体系已经形成。住房制度改革，经济适用房、廉租房、住房补贴等"安居"措施已经逐步实施。国家从股权分置改革中获得大量资金，用来充实了社会保障资金，并不断尝试扩充社会保障资金的投资领域，使社会保障资金的来源多元化。国家不断加大扶贫力度，以多种形式支持和促进贫困地区经济与社会的发展。在经济发达地区，开始试行农村养老保险和医疗保险制度，并已取得初步成效。

未来在这一领域的主要任务：一是完善失业保险制度，建立失业保险和促进就业的联动机制；二是深化医疗卫生体制改革，扩大基本医疗保险覆盖面，深入整顿和规范医疗服务、药品生产流通秩序，加强对药品和医疗服务的价格监管；三是研究适合农民工的社会保障办法，探索建立农村居民最低生活保障制度。

第二节　社会主义市场经济法律体系

一、市场经济是法制经济

从最早的、最简单的市场关系——商品经济关系开始，人们就遵循着一系列的规则。这些规则调整着市场经济中主体之间的关系，同时还规范着主体的交易行为。统一市场交易规则，对保障市场的正常运作具有重要意义。然而，当法律产生之后，这些规则发生了质变，成为法律规范。市场需要法律，没有适合的法律制度，就不可能形成正常的市场秩序，也就不可能有真正的市场。

市场经济是发达的商品经济。为使商品交换有序、公正、高效地进行，同样必须有共同遵守的规则。这种规则在市场经济条件下，表现为能够反映市场经济规律，适应市场经济发展的既定的、权威的法律规范。通过这些法律规范保护市场主体的合法权益、规范市场主体的行为、维护市场正常的交易秩序，进而促进市场经济的发展。

我国实行经济体制改革和经济建设的实践告诉我们，如果没有相应的法律规范规制，经济生活就会混乱，公平、诚实信用原则就会被肆意践踏，假冒伪劣商品就会充斥市场，使交易失去安全保障；如果没有相应的科学的法律规范协调各种关系，经济发展的同时就会伴随着资源浪费、环境污染、生态失衡；如果没有相应的科学的法律规范加以指导，宏观调控就会失灵，导致经济与社会发展不平衡，社会弱势群体的利益就会被忽视，继而引起社会的不安定等不利因素。这些经验教训表明：市场经济离不开法制。因此，社会主义市场经济必须有法律来引导、规范、保障和制约，这是经济基础对上层建筑提出的必然要求。

二、市场经济法律体系

我国社会主义市场经济体制，其本身就是一个完整的体系，必然要求与之相配套的法律规范也同样是一个完整的有机整体。这一整套与社会主义市场经济相适应的法律，就是市场经济法律体系。

市场经济法律体系是调整社会主义市场经济运行过程中所发生的宏观经济调控关系、市场经济秩序调控关系、微观经济调控关系以及社会保障关系的法律规范的总和。市场经济法律体系具有以下基本特征。

1. 综合性

市场经济法律体系不是一个法律部门，也不是某一个或某几个法律规范，它是一个完整的法律体系。该体系由多个法律部门、多种法律规范构成，具有多元性、综合性的特点。它是融民商法、经济法、劳动法、社会法、行政法以及程序法等为一体的综合体系，各个法律部门、各个法律规范相互关联、相互作用，形成一个有机的法律整体。

2. 科学性

市场经济法律体系的科学性体现在该法律体系符合市场经济的发展规律。市场经济法律体系体现了市场经济公开、公平、公正的原则，体现了平等、自愿、诚实信用的原则，体现了促进竞争、反对垄断的原则，体现了平衡协调发展以及保护弱者的原则等。

3. 开放性

实行市场经济就不能闭关锁国。在经济全球化的大趋势下，我国的市场将会进一步开放，我国国内市场与国际市场的联系将会日益密切。市场经济的国际化必然要求市场法则的国际化。因此，在我国市场经济法律体系中，已经吸收了而且还将不断地吸收国际上调整经济关系的通行规则和先进做法，使我国市场经济法律体系始终处于与国际先进水平同步的状态。

4. 层次性

市场经济法律体系内部各部分具有一定的联系方式，呈现出层次性的特点。在社会主义市场经济法律体系中，宪法具有最高的法律效力。我国宪法规定，国家要加强经济立法，完善宏观调控，禁止任何组织和个人扰乱经济秩序。宪法的这一规定是市场经济法律体系中各类别法律的立法依据。在宪法原则指导下，以法律规范所调整的社会关系的特性为标准又划分为不同的子体系，如市场主体法、市场行为规则法、市场秩序规制法、宏观调控法、社会保障法、程序法等。在每个子体系中，又可以按照相同的标准划分为各自的子体系，如市场主体法中又可以划分为公司法、合伙企业法、独资企业法、外商投资企业法、合作社法、经营户法等等。正是这样的结构支撑起市场经济法律体系，并通过不同层次之间的法律的相互作用体现出市场经济法律体系的功能。

第三节　市场经济法律关系

一、市场经济法律关系的概念与特征

法律关系是法律规范调整人们行为过程中而形成的一种社会关系。

首先，法律关系是一种社会关系。但仅有社会关系并不能形成法律关系，还需要有法律规范去调整社会关系，经过法律规范调整后的社会关系才能成为法律关系。

其次，法律关系是一种意志关系、思想关系。这是因为法律属于上层建筑，体现的是统治阶级的意志，经过法律规范调整后的社会关系也必然是一种意志关系。

再次，法律关系是一种法律上的权利义务关系。这是因为法律规范是用规范社会关系参加者的权利义务的方式调整社会关系的，因此被法律规范调整后的社会关

系就上升为法律上的权利义务关系。

市场经济法律关系是指由市场经济法律规范调整的一组具有综合特征的经济权利与经济义务关系。市场经济法律关系作为一种法律关系，除具备法律关系的共性之外，还具有自己的个性。

首先，市场经济法律关系是经市场经济法律规范调整而形成的法律关系，而市场经济法律规范又构成一个科学体系，这就决定了市场经济法律关系不是单一性质的法律关系。它具有综合性，包含了经济法律关系、民事法律关系、商事法律关系、劳动法律关系、行政法律关系、社会法律关系和程序法律关系等。

其次，从市场经济法律关系之间的关联性来看，市场经济法律关系体现了辩证统一。它既包括宏观经济调控和市场规制法律关系，又包括微观的（即市场主体内部）组织管理关系；它既规定了市场主体的法律地位，授予其广泛的权利，又规定了市场主体的义务与责任，同时约束了市场主体的行为；既给予了市场主体自主与自由，又兼顾了社会整体的利益，维护社会和谐发展。

再次，从市场经济法律关系的内容来看，它是一种经济权利与经济义务关系。市场经济法律关系的主体要么履行经济管理的职责，要么追求经济效益，要么为自身获得一定的财产利益，最终所要达到的均是经济目的，这就使市场经济法律关系的内容充满了经济的色彩。

二、市场经济法律关系的要素

市场经济法律关系同其他法律关系一样，由主体、客体和内容三部分构成，称为市场经济法律关系的三要素。

（一）主体

市场经济法律关系的主体是指市场经济法律关系的参加者、权利的享受者和义务的承担者。市场经济法律关系的主体构成一个主体体系。

1. 国家机关

国家机关是市场经济法律关系的重要参加者。国家机关分为国家立法机关、行政机关、司法机关等。参加市场经济法律关系的国家机关，多为国家行政机关中具有经济管理职能的行业管理机关和职能管理机关。他们往往成为宏观经济调控法律关系和市场规制法律关系的主体。当发生经济纠纷和经济犯罪时，国家司法机关也会成为这类法律关系的主体。

2. 法人

法人是具有民事权利能力和民事行为能力，依法独立享有民事权利、承担民事义务的组织。取得法人资格必须符合一定的条件：

（1）依法成立。即要符合法律规定的程序性条件，如注册登记、审核批准等程序。

（2）有必要的财产或经费。即首先要求投资人对财产享有所有权或者投资权；其次要求财产数额必须符合法定资本最低限额；再次要求财产应当与法人业务活动的范围相适应。

（3）有自己的名称、组织机构与活动场所。

（4）独立承担民事责任。即主要是指法人以其全部财产对自己的各类债务承担责任。

（5）有自己的章程。

按照我国目前法律的规定，法人可以分为企业法人、事业法人、社会团体法人和国家机关法人。

3. 其他社会组织

其他社会组织是指不具有法人资格，但依法核准登记领取营业执照，可以以自己的名义从事业务活动的社会组织。这类主体主要有依法核准登记领取营业执照的私营独资企业、合伙企业、合伙型联营组织，不具有法人资格的中外合作经营企业和外商独资企业、法人分支机构、外国企业驻我国的分支机构、乡镇（村、街道）企业等。

4. 经营户与公民

经营户是公民参加经济活动的特殊形式，包括个体工商户和农村承包经营户。个体工商户必须依法核准登记领取营业执照，方可进行经营活动。农村承包经营户通过与农村乡镇政府签订农村承包经营合同而成立，无须核准登记领取营业执照。公民在特殊情况下可以成为市场经济法律关系的主体，如在税收法律关系中。

5. 内部组织

与依法核准登记领取营业执照的法人分支机构不同，内部组织是法人内部的一个部门，未经核准登记领取营业执照，通常也不得对外直接从事经营活动。内部组织可以参加内部法律关系，如内部的会计、审计、承包、组织管理等关系，成为内部经济法律关系的主体。

（二）客体

市场经济法律关系的客体是指市场经济法律关系主体的权利和义务所指向的目标或要达到的目的。市场经济法律关系的客体可以分为以下几类。

1. 物

法律上的“物”是指能够为主体所支配的，具有一定价值或使用价值，占有一定空间的实物。物在法律上主要可以分为以下几种：

①流通物与限制流通物；

②特定物与种类物；

③动产与不动产；

④生产资料与消费资料；

⑤原物与孳息；

⑥固定资产与流动资产；

⑦可分物与不可分物；

⑧可消耗物与不可消耗物等。

2. 货币与有价证券

货币是充当一般等价物的特殊商品，是特殊的种类物。有价证券是指具有一定票面金额，代表某种财产权利的凭证，如股票、债券、支票、汇票、本票、信用证等。

3. 行为

行为是指市场经济法律关系的主体为达到一定经济目的所进行的经济活动。行为又可以分为经济管理行为、完成工作的行为和提供劳务的行为。后两者虽然都表现为主体利用自己的资金、技术和设备为他人提供一定的劳动，但完成工作的行为是物化劳动，即通过劳动创造出新的物质成果，并于法律关系终止时，将该成果交给对方；而提供劳务的行为是非物化劳动，即通过劳动虽没有新的物质成果的产生，但会产生一定的经济效益，满足对方的需要。

4. 智力成果

智力成果是人脑力劳动的成果，是智慧的结晶。智力成果是无形财产，主要表现为专利、商标、专有技术、商业秘密等。

（三）内容

市场经济法律关系的内容是指市场经济法律关系的主体依法享有的权利和承担的义务。市场经济法律关系的内容的核心是经济权利与经济义务。

所谓经济权利，是指市场经济法律关系主体（权利主体）在一定条件下实现自己意志和利益的可能性。据此，权利主体有资格为一定行为或不为一定行为，或要求他人为一定行为或不为一定行为。经济权利主要有经济职权、经营管理权、物权、债权、法人财产权等。

所谓经济义务，是指市场经济法律关系主体（义务主体）为满足权利主体或社会的要求，而为一定行为或不为一定行为的必要性。经济义务主要包括依法从事经营活动、履行协议或合同、保证产品质量与服务质量、不得从事不正当竞争、保护环境与节约资源、依法接受国家监管、不侵犯他人合法权益等。

权利与义务是一对矛盾统一体。在不同性质的法律关系中，权利义务的相对性也不同。在某些市场经济法律关系中（通常称为横向经济关系），主体的权利义务是对等的，即一方不能只享有权利而不承担义务，也不能只承担义务而不享有权利。但在另一些市场经济法律关系中（通常称为纵向经济关系），权利义务是不对等的，一方可能只享有权利而不承担义务，另一方只负有义务而不享有权利。而且，同样一种法律行为，在一种市场经济法律关系中表现为权利，而在另一种市场经济法律关系中则表现为义务。

三、市场经济法律关系的产生、变更或消灭

市场经济法律关系的产生是指在主体间设立一定的市场经济法律关系。市场经济法律关系的变更是指法律关系的要素（主体、客体、内容）因一定客观现象的发生而发生变化。市场经济法律关系的消灭是指因一定的客观现象的发生使主体间已

有的法律关系终止。

市场经济法律关系是市场经济法律规范调整一定范围内社会关系而形成的一种经济权利和经济义务关系，但并不是说，有了市场经济法律规范就一定会产生、变更或消灭具体的市场经济法律关系。在社会关系与法律规范之间，还要有一个桥梁和媒介。这个桥梁或媒介就是法律事实。法律事实是能够引起一定的法律关系产生、变更或消灭的客观现象。法律事实又分为事件和行为。

（一）事件

事件是指不依法律关系主体的意志为转移的，能够引起法律关系产生、变更或消灭的客观事实。在市场经济活动中，常见的事件主要有以下几种。

1. 不可抗力

不可抗力，即人所不能预见或者无法防止的外部强制力量。不可抗力由两种原因造成：一是自然原因，如自然灾害；二是社会原因，如战争或类似战争的军事行动。不可抗力发生后，可以引起一定的市场经济法律关系的产生、变更或消灭。

2. 一定时间的推移

一定时间的推移也可以产生、变更或终止一定的市场经济法律关系。如合同的始期与终期，期限届满可导致合同关系的产生或消灭。又如时效期限的届满，权利人无正当理由未行使权利，即丧失请求法院依诉讼程序强制义务人履行义务的权利等。

（二）行为

行为是法律关系主体所为的，并受主体意志支配的有意识的行为。在法律事实中，大量引起法律关系产生、变更或消灭的是主体的行为。行为可以分为合法行为和非法行为。

1. 合法行为

合法行为是指与法律规范的要求相一致的行为。如主体依据法律规定签订合同的行为，导致合同法律关系的产生。如国家行政机关依据法律授予的职权所为的行政授权行为、行政命令或决定的发布行为，均可引起一定法律关系的产生、变更或消灭。又如司法机关或仲裁机构依法作出的裁决，均可直接引起法律关系的产生、变更或消灭等。

2. 非法行为

非法行为是指与法律规范的要求不一致的行为。非法行为不能产生行为人所预期的法律后果。非法行为通常是需要承担法律责任的依据。如侵害他人合法权益，通常会引发损害赔偿责任的产生；而违反合同义务，会产生违约责任等。

四、合法的市场经济法律行为的有效条件

行为是引起法律关系发生、变更或消灭的最主要的法律事实。合法的行为是满足法律规定的有效条件，能够产生行为人所预期的法律后果，并受到法律保护的行为。一个合法的法律行为的有效条件主要包括以下几项：

1. 主体要合格

市场经济法律关系的主体必须在法律上具有相应的主体资格。按照法律、法规的规定，主体合格有以下几种情况。

（1）法人与非法人社会组织。法人与非法人社会组织取得主体资格，应当在登记机关核准登记，取得营业执照，并在核准登记的业务活动范围内从事各项业务活动。如果在为法律行为时没有核准登记领取营业执照，或者超越业务活动范围，但行为完毕之前或之后的合理期限内补办了登记手续，从诚实信用原则和保护善意相对人合法权益的原则出发，法律承认其具有合法的主体资格。

（2）自然人。自然人做到主体合格，应当具有完全行为能力。限制行为能力人在为与自己年龄、健康状况相适应的法律行为时，具有合格的主体资格。当他们从事与自己年龄、健康状况不相适应的法律行为时，经其法定代理人在合理期限内追认，则认为其主体合格，法律承认其行为有效。

（3）代理人。在代理关系中，代理人应当具有代理权，并且应当在代理权限和期限内从事代理活动，才为主体合格。如果行为人在为代理行为时无代理权，但事后经被代理人追认，被认为是事后授权，其代理行为有效。

（4）权利处分人。处分人对其处分的权利享有处分资格时，主体才为合格。如果在为处分行为时无处分资格，但在行为完毕之前或之后的合理期限内取得处分资格，法律承认其具有合法处分资格，则处分行为有效。

2. 意思表示要真实

法律行为离不开行为人的意思表示。所谓意思表示，是指行为人内心的愿望，通过口头、书面或行为等方式表现出来。所谓意思表示要真实，是指行为人内心的愿望与外部的表示要一致。

意思表示要真实具有以下特点：

（1）自愿。行为人作出意思表示时应当是自愿的，如果受到胁迫或处于危难，不得已而为之，就是意思表示不真实。

（2）知情。即行为人作出意思表示时应当是对客观情况有充分的了解，如果是受欺诈或因重大误解而为之，就是意思表示不真实。

（3）真实。即行为人作出意思表示时应当真实反映出行为人的意图和目的，如果是恶意通谋，或者用一种合法行为掩盖另一种违法行为，或者通过合法行为达到非法目的，均为意思表示不真实。

3. 行为内容要合法

法律行为内容的合法性应作广义的解释，包括必须符合法律、行政法规的强制性规定；必须符合国家政策；必须符合国家利益和社会公共利益。任何行为的内容直接违反法律、行政法规，或者国家利益、社会公共利益，都会导致该行为无效。

4. 符合法定形式

法律行为可以分为要式和非要式两种形式。

要式法律行为，是指法律、行政法规规定或者行为人约定必须采取必要的形式，该法律行为方为有效的法律行为。对于要式法律行为，只有完成了法定或当事人约定的程序或形式，该行为才能发生法律效力。常见的形式或程序主要有：书面形式、审批程序、注册登记程序、公证程序、鉴定程序、公告程序等。

为了体现诚实信用、保护善意相对人合法权益的原则和促进交易的精神，对于事先不符合法定形式的要式法律行为，但事后能够补办各种手续，使其形式符合法律、行政法规的要求，法律仍然承认其效力。

非要式的法律行为，是指法律、行政法规没有规定或行为人没有约定必须采取必要的形式的法律行为。非要式的法律行为的方式，由行为人自行选择。行为人选择何种形式均不会影响法律行为的效力。

思考题

1. 市场经济法律体系的框架与特征是什么？
2. 什么是市场经济法律关系的三要素？
3. 合法的市场经济法律行为的有效条件是什么？

第二章

所有权法律制度

本章提要

本章从所有权的概念与特征入手，对所有权的内容与分类，所有权的取得、转移和消灭，所有权的保护等进行了探讨。本章的学习重点是掌握所有权的概念、内容、分类、取得方式等制度，学习难点是善意取得的构成要件以及按份共有和共同共有的区别。

第一节　所有权的概念与特征

一、所有权的概念

所有权作为一项民事权利，是指根据法律规定由所有人对特定的财产依法享有的占有、使用、收益和处分的权利。

从不同角度看，所有权的概念可以有不同的含义。从法律调整的角度看，所有权是一种民事法律制度，即有关所有权法律规范的总和；从当事人的角度看，所有权是一种民事法律关系，即法律确认的所有人与非所有人之间的权利义务关系，由主体、客体和内容三要素组成。所有权法律关系的主体是所有人和除所有人以外的义务人，即权利主体和义务主体。所有权法律关系的客体是物，即当事人权利和义务所共同指向的对象。所有权法律关系的内容是所有人的权利和非所有人的义务。

在传统民法中，对所有权的定义有两种形式：一种是概括主义，或者说抽象主义，认为所有权就是完全物权；另一种是列举主义，通过列举所有权的各项权能，揭示所有权的本质属性。大陆法系的国家，除德国外，一般都采用列举主义。《中华人民共和国民法通则》（以下简称《民法通则》）第七十一条也采用了列举主义给所有权下了定义：“财产所有权是指所有人依法对自己的财产享有占有、使用、收益和处分的权利。”

二、所有权的法律特征

所有权具有如下主要法律特征。

1. 所有权具有完全性

所有权是完全物权，其完全性体现在所有权包含物权的全部四项权能之中：占有、使用、收益、处分。所有人在行使所有权的各项权能时，除了受法律的限制外，不受其他任何人的限制，排除其他任何人的干预。所有人根据自己利益的需要，可以任意选择利用此四项权能之中的一项或几项。所有人可以亲自行使所有权的各项权能，也可以将其中部分权能转给他人行使，甚至可以在一定条件下将所有权的全部权能转给他人行使。所有权的一项或几项权能和所有权分离后，或者说，所有人在所有物上设定他物权后，所有权仍然是完全物权。设定他物权就是所有人选择利用所有权权能的具体表现，因而也是行使所有权的一种方式。这种方式在一定程度上反映了所有人和所有物之间的完全的支配和被支配关系。任何他物权人，不管享有多少权能，都不具有从占有、使用、收益、处分四项权能中任意选择若干项的权利。

2. 所有权具有弹力性

所有权的弹力性，也叫归一性，是指所有权的各项权能可以与所有权的主体相分离。但只要没有发生使所有权消灭的法律事实，如转让、赠与、所有物灭失等情形，所有人仍然保持对其所有物的支配权。一旦分离状态消除，所有权还要回复到它的完全状态。所有权的弹力性正是他物权产生的前提之一。

3. 所有权具有排他性

所有权具有强烈的排他性。所有权法律关系的权利主体是特定的所有权人，所有权人不需要任何其他人的协助，便可通过自己的行为，直接实现对其财产的占有、使用、收益与处分。所有权法律关系中的义务主体则是不特定的，除所有人之外的任何人均负有不作为的义务，即未经所有权人同意，不得对所有权人的财产进行占有、使用、收益或处分，否则便构成侵权。所有人对其财产享有所有权，可以依法排斥他人的非法干涉，不允许其他任何人加以妨碍或者侵害。当所有权受到不法占有或者侵害时，财产所有人有权请求返还原物、停止侵害、排除妨碍或者赔偿损失。

4. 所有权具有永久性

所有权的永久性，也叫做无期限性，是相对于知识产权等权利的有限期性而言的。专利权、商标权、著作权等一般都有一定的期限，期限届满，这些权利即失去效力。而所有权没有预定的存续期间，可以永久性地存在。所有权的标的物只要不发生抛弃、转让、灭失等法律事实，所有权便会无限期地存在。

第二节 所有权的内容

所有权的内容即所有权的权能，是指所有人为实现其所有权对其所有物可以实施的行为。根据所有权的权能所起的不同作用，可以将其分为积极权能和消极权能。

一、所有权的积极权能

所有权的积极权能是指所有人为实现其所有权而对其所有物可以进行的积极行为。一般而言，所有权的积极权能包括：占有权能、使用权能、收益权能、处分权能。这四项权能的有机结合构成了一个完整的所有权。

1. 占有权能

占有权能是实际掌握、控制物的权能，是所有权最基本的一项权能。占有权能与占有不同。占有是指人对物的事实上的管领，是主体对于物基于占有的意思进行控制的事实状态。在大多数情况下，实际控制某项财产的人通常被认为是该项财产的所有人，即被认为是拥有所有权的最明显的证据。当所有人对所有物的占有被他人侵夺时，所有人可基于其占有权能向侵夺人提起请求返还原物的物权之诉。

根据占有人是否为所有人，可以将占有分为所有人的占有和非所有人的占有。所有人的占有，即所有人对其所有物的占有，是所有人行使所有权的表现之一。非所有人的占有，即非所有人对于他人所有物的事实上的控制。根据有无占有权能或法律依据，又可以将非所有人的占有分为合法占有和非法占有。合法占有，又叫有权占有，是指基于法律或合同的规定而享有对某物进行占有的权利。非法占有，也叫无权占有、不法占有，是指非所有人没有法律上的依据，也没有取得所有人的同意而占有他人的财产。

根据占有人的主观心理状态，非法占有又可以分为两类：善意占有与恶意占有。善意占有，是指不法占有人在占有他人财产时，不知道或者不应当知道其占有是非法的。如果占有人明知其无占有的权利或对其有无占有的权利有怀疑，则应为恶意占有。区分善意占有与恶意占有在法律上有重要的实际意义：善意占有可以受到法律的保护。在返还原物时，善意占有人可请求所有人返还其为保管、保存占有物所支付的费用，并对已经在占有物上所获得的孳息不负返还义务。而恶意占有人在返还原物时，无权请求所有人返还其支付的费用，并有义务返还其所获得的孳息。在不当得利的返还上，善意占有人一般只返还现在的利益，对于已经灭失的利益不负返还责任。而恶意占有人在此情况下应负赔偿的责任。

2. 使用权能

使用权能是指按照物的性能和用途对物加以利用，以满足生产、生活需要的权能。作为所有权权能中的一个中心环节，使用权能是所有人实现其对物的利益的最主要方式，是所有权的一项重要权能。使用权能与使用不同。使用是指按照物的性能和用途对物加以利用的事实。法律上有所有权的人有当然的使用权，但享有使用权的人，并不一定有所有权。所有权人拥有所有权的目的，在绝大多数情况下是为了对物或财产加以利用。由于对物的使用一般以对物的占有为前提，所以享有物的使用权能的同时通常也享有物的占有权能，但在一定条件下，享有物的占有权能的同时并不一定享有物的使用权能。比如，保管人等就只能对标的物进行占有而不能对标的物进行使用。

使用权能虽然通常由所有人享有，但它与占有权能一样，也可以与所有权分离而由非所有人享有。在实践中，非所有人取得物的使用权能，可以是有偿的也可以是无偿的，但无论是有偿的还是无偿的，均必须按法律规定的或与所有人约定的方式使用财产。非所有人如因使用不当而致使物的毁损或灭失时，须对所有人负损害赔偿的责任。此外，不享有使用权能的人如果使用他人之物，则属于非法使用，使用人须对所有人承担一定的民事责任。

3. 收益权能

收益权能是指收取由原物产生出来的新增经济价值的权能。这里的新增经济价值，也就是孳息，是指财产上产生的收益。孳息分为天然孳息和法定孳息两种：天然孳息，是指原物因自然规律而产生的，或者按物的用法而收获的物。如树上结的果实等。法定孳息，是指根据法律的规定，由法律关系所产生的收益。如储蓄货币而获得的利息、出租房屋而获得的租金等。天然孳息在没有与原物分离之前，只能由原物所有人所有。原物所有权移转以后，对孳息的取得权也随之移转，物的原所有人无权请求新所有人返还物的孳息。

在现代市场经济条件下，收益权能作为所有权的一项基本权能，其重要性日益显现。实际生活中，收益权能与所有权分离的通常形式是：所有人与经营人订立契约，在让与资产占有权、使用权、处分权的同时，让与部分收益权，保留部分收益权，从而与资产经营人按一定比例分享资产的收益。

4. 处分权能

处分权能是指依法对物进行处置，从而决定物的命运的权能。从一定意义上说，处分权能最直接地反映了所有人对物的支配。这里的处分包括事实上的处分和法律上的处分。事实上的处分是指所有人变更或消灭其物而实现其利益的事实行为，包括生产消费和生活消费。法律处分是指变更或消灭对其物的权利的法律行为，常常引起对物权利的变动，主要包括以一定的方式移转物的所有权和以一定方式暂时转让若干权能或若干权能的一部分。

一般情况下，处分权能通常由所有人自己行使，非所有人一般不能随意处分他人所有的财产。例如，保管人将保管物消耗或承租人将租赁物出卖等，这都是不允许的，属于侵犯他人所有权的侵权行为。但是，在法律规定的特定情况下，非所有人也可以享有处分权能。也就是说，处分权能在某些情况下与其他权能一样可以与所有权相分离，即处分权能也可以转让于非所有人。如，法院依法拍卖、变卖债务人的财产等。

二、所有权的消极权能

所有权的消极权能是指所有权人有权排除他人对其所有物进行违背其意志的干涉。所有权是独占性的支配权，具有强烈的排他性，不容许他人的非法干涉。所有权人对于他人的非法干涉，除有权依法请求损害赔偿外，还可享有恢复原状、返还原物、排除妨害等物上请求权。由于所有权的这种权能并不是所有人对于物可以施加的积极行为，因此，在没有他人干涉时，这种权能不体现出来，所以称之为“消极权能”。

三、所有权的限制

法制社会中，没有绝对的权利。既然权利是由法律确认的，因此，权利人只能在法律规定的范围内享有和行使权利，所有权的行使受法律的限制。所有人行使所有权时不得妨碍公共利益、不可损害其他公民的合法权益、不得违反环境保护和生态平衡的要求、不得破坏名胜古迹等等。总之，所有权的行使应当和社会共同生活秩序相兼容，所有人在行使所有权时，应兼顾其他人及社会的公共利益。我国民法和其他相关的法律、法规，基于社会公共利益、国防及文化设施、相邻共存及紧急避险等多种理由，对所有权的行使进行了限制。这些限制基本上可分为两类：以保障个人利益为目的的私法上的限制和以保护社会公益为目的的公法上的限制。

第三节　所有权的分类

一、国家所有权、集体组织所有权和公民个人所有权

依据所有制形式的不同，从主体上对所有权种类进行划分可分为：国家所有权、集体组织所有权和公民个人所有权。

1. 国家所有权

国家所有权，即国家以民事主体的身份对国有财产依法享有的占有、使用、收益和处分的权利。国家所有权与其他所有权形式相比较，其法律特征主要体现在权利主体的唯一性和客体的无限广泛性。

国家所有权的权利主体是国家，义务主体是除国家以外的任何不特定的组织和个人。根据我国法律的规定，国家所有权的客体主要有：国有的土地、矿藏、森林、草原、水流、水面等自然资源；国家所有的公共设施，如铁路、公路、桥梁、航空、港口、水利工程、海洋运输、邮电通信、广播电视及供电的管线设施等；国家所有的文化教育、科学、体育、卫生设施及文物古迹、风景旅游区、自然保护区等；国家机关和国有企事业单位占有的国家财产；国家的货币发行基金、外汇储备、黄金储备及股票等有价证券；军事设施；国家在国外的财产及国家所有的其他财产。国家所有权的客体没有范围限制，任何财产都可以成为国家所有权的客体。

2. 集体组织所有权

集体组织所有权是指劳动群众集体组织的成员对依法属于集体所有的财产，共同享有占有、使用、收益和处分的权利。与国家所有权相比，集体组织所有权的特征主要是主体的多元性和客体的限制性。我国宪法规定，中华人民共和国的经济制度是生产资料的社会主义公有制，即全民所有制和劳动群众集体所有制，集体所有

制经济是我国公有制经济的重要组成部分。我国《民法通则》规定，劳动群众集体组织的财产属于劳动群众集体所有。劳动群众集体组织所有权没有全国性的统一的主体。各个劳动群众集体组织都是独立的集体所有权的主体，它们相互之间是平等的相互合作关系。目前，在我国作为集体所有权主体的集体组织大致有：区域性集体组织（如乡、村集体组织），城镇集体企业联合经济组织，合作社组织，社会团体，国家机关和全民所有制企事业单位内部的集体企业等。

集体所有权的客体不如国家所有权的客体广泛，即集体组织不能享有依法归国家专有的各项财产。根据我国法律规定，可以作为集体所有权客体的财产主要有：法律规定为集体所有的土地和森林、山岭、草原、荒地、滩涂等自然资源；集体组织所有的不动产，包括建筑物、水库、农田水利设施和教育、科学、文化、卫生、体育等设施；集体组织所有的动产，包括机器设备、仪器仪表、交通运输工具、原材料、货币资金、有价证券，以及用于教育、科学、文化、卫生、体育等方面的各种动产以及集体所有的其他财产。

3. 公民个人所有权

公民个人所有权是公民依法享有的占有、使用、收益和处分其生产资料和生活资料的权利，即个人对其所有的财产依法享有的所有权。根据法律规定，我国公民个人所有权的客体可以是下列合法财产：各种收入，储蓄，房屋，生活用品，文物，图书资料，林木，牲畜，法律允许公民所有的生产资料及其他合法财产。

二、动产所有权和不动产所有权

依所有权客体的不同，可以将所有权划分为动产所有权和不动产所有权两大类。这种分类的意义在于：这两类所有权在权利的取得、丧失、变更以及权利的行使等方面均有不同。

1. 动产所有权

动产所有权以可移动的动产为标的物，是所有者独占性地支配其所有动产的权利。动产所有权可以通过善意取得、先占、拾得遗失物、发现埋藏物、添附、许可取得等方式取得。

2. 不动产所有权

不动产所有权是指以不动产作为标的的所有权。不动产是指不能移动其位置，或非经毁损变更不能移动其位置的物，包括土地及其附着物。

（1）土地所有权。土地所有权以土地为标的物，是指土地所有者独占性地支配其所有土地的权利。现实生活中，土地所有权和土地使用权通常是分离的。例如，国有土地所有权虽然为国家所有，但国家在一般情况下并不直接使用和经营，而是通过土地使用权出让、划拨等形式，将土地交给各级企事业单位、军队、国家机关或个人使用，土地使用者应向土地所有者交付使用费。

（2）房屋所有权。房屋所有权以房屋为标的物，是指房屋所有者独占性地支配其所有房屋的权利。由于房屋是依附于土地而建立，所以房屋所有权与房屋占用范围内的土地使用权是紧密联系在一起的，处分房屋所有权时，应连该房屋占用范围内的土地使用权一并处理。

三、单独所有权与共同所有权

依据所有人数量的不同可以将所有权划分为单独所有权与共同所有权。单独所有权是指所有人为单个自然人或法人的所有权。共同所有权是指两个以上的人共同享有对某项财产的所有权。这种分类的主要意义在于规范一物一权。

某项财产由两个以上的权利主体共同享有所有权，在民法上称之为“共有”。共有的主体称为共有人，客体称为共有财产或共有物。各共有人之间因财产共有形成的权利义务关系，称为共有关系。

（一）共有的法律特征

1. 权利主体是两人以上

共有的主体不是一个而是两个或两个以上的公民或法人。

2. 客体是一项统一的财产

共有的客体即共有物是特定的。共有物在共有关系存续期间不能分割为各个部分由各个共有人分别享有所有权，而是由各个共有人共同享有所有权，每个共有人的权利及于共有物的全部。

3. 共有人对共有物按照各自的份额或平等享有权利并承担义务

在内容方面，共有人对共有物按照各自的份额享有权利并承担义务，或者平等地享有权利、承担义务。但共有人对于自己权利的行使，并非是完全独立的，而是要受其他共有人的利益的制约。一般而言，共有权的行使要体现全体共有人的意志。

（二）共有的分类

各国或地区对共有类型的规定并不一致，实践中存在的共有形式也是多种多样的。依据各共有人对共有财产的利益和负担是否存在份额，可以将共有分为按份共有和共同共有。

1. 按份共有

（1）按份共有的概念和特征。按份共有，又称分别共有，是指两个或两个以上的共有人按照各自的份额分别对共有财产享有权利和承担义务的一种共有关系。按份共有的法律特征是：

第一，各共有人在内部对于共有财产按照一定的份额享有权利和承担义务，即依照份额享有共有权。在按份共有关系产生时，法律要求共有人应明确其应有的份额，如果各个共有人的应有份额不明确，则推定其为均等。

第二，各共有人的权利和义务及于全部共有财产。每个共有人不能仅对共有财产的某一部分承担义务。当共有物受到妨害时，各共有人单独并且共同地享有物上请求权，即各共有人均可要求停止侵害、防止妨害、排除妨害、恢复原状、返还原物。

（2）按份共有人的权利和义务。除法律有特别规定外，各共有人须预先订立合同，以合同来确定彼此的按份共有关系。按份共有人按照预先确定的份额分别对共有财产享有占有、使用、收益和处分的权利。对共有财产的处分，必须取得全体共有人的同意。在意见不一致时，按拥有共有份额一半以上的共有人的意见办理，但不得损害其他共有人的利益。按份共有人有权处分其份额。共有人出售其份额，其他共有人在同等条件下，有优先购买的权利。

2. 共同共有

（1）共同共有的概念和特征。共同共有是指两个以上的公民或法人，根据某种共同关系而对某项财产不分份额地共同享有权利并承担义务。其法律特征是：

第一，共同共有是根据共同关系而产生，一般仅存在于婚姻家庭领域及具有一定身份关系的公民之间，以共同关系的存在为前提。

第二，在共同共有中，共有财产不分份额。在共有存续期间，各共有人不分份额地平等享有权利和承担义务，对外承担连带责任。在共有存续期间，各共有人不得请求分割共有物。

（2）共同共有人的权利和义务。共同共有人的权利和义务及于全部共有财产。共同共有人对共有财产享有平等的占有、使用权。对共有财产的收益，不是按比例分配，而是共同享用。除法律有特别规定或合同另有约定外，对共有财产的处分，必须征得全体共有人的同意。共同共有人对共有财产共同承担义务。因对共有财产进行维护、保管、改良等所支付的费用由各共有人平均分担。各共有人因经营共同事业对外发生债务或对第三人造成损害的，由全体共有人承担连带责任。

（3）共同共有的形式。共同共有主要有夫妻共有和家庭共有两种类型：

①夫妻共有，是指夫妻在婚姻关系存续期间所得的财产归夫妻共同所有，双方另有约定的除外。夫妻对共同所有的财产，有平等的处理权。

②家庭共有，是指家庭成员在家庭共同生活关系存续期间，对共同创造、共同取得的财产的共有。除法律另有规定或家庭成员间另有约定外，对于家庭共有财产的使用、处分或分割，应取得全体家庭成员的同意。

（三）共有财产的分割

1. 共有财产的分割原则

共用财产的分割，一般应遵循以下三个主要原则：

（1）遵守法律和共有人相互间的约定，不得损害国家、集体和他人的合法利益。

（2）充分贯彻平等协商、和睦团结的精神，对有争议的问题，凡能够在平等协商的基础上取得一致意见的，应充分协商，尽量争取达成协议。实在不能达成协议的，对分割按份共有财产的，可按占半数以上的共有人的意见处理；对分割共同共有财产的，应当根据等分原则处理，并且考虑共有人对共有财产的贡献大小，适当照顾共有人生产、生活的实际需要等情况。

（3）不损害共有财产的使用价值，不导致对共有财产的破坏和浪费。

2. 共有财产的分割方法

共有财产的分割一般可以采取下列三种方法：

（1）实物分割。实物分割是分割共有财产的基本方法。分割共有财产的通常做法都是先进行实物分割，对最后剩下的无法再进行实物分割的财产，再用其他方法处理。

（2）变价分割。变价分割是指将共有财产出卖换成价金，然后由共有人分割货币。如果共有财产为不可分物，且又无共有人愿意取得该物时，就只能采取变价分割的方法进行分割。

（3）作价补偿。作价即估定物的价格。当共有财产为不可分物时，如果共有人中的一人希望取得共有物，就可以作价给他，由他将该物超过其应得份额的价值补偿给其他共有人。

（四）共有财产分割后的效力

共有财产分割以后，共有关系归于消灭。分割以后某个共有人的财产由于分割以前的原因而为第三人追索或发现有瑕疵的，各共有人都应以其分得的财产对其他共有人分得的财产承担与出卖人一样的瑕疵担保责任。在共同共有财产分割后，一个或数个原共有人出卖自己分得的财产时，如果财产与其原共有人分得的财产属于一个整体或配套使用，其他共有人主张优先购买权的，一般应予以支持。

第四节 所有权的取得、转移和消灭

一、所有权的取得

所有权的取得，是指民事主体获得财产所有权的合法方式和根据。所有权的取得有多种形式和途径。根据所有权取得的不同来源，所有权的取得可以划分为原始取得和继受取得两种取得方式。

（一）原始取得

原始取得，也叫最初取得，是指财产所有权第一次产生或者不依靠原所有人的权利而取得所有权。原始取得主要包括生产、收益、添附、善意取得、取得所有人不明的埋藏物或隐藏物、取得遗失物、取得无人继承的财产以及国家通过征税、国有化、没收、征收等强制手段取得所有权等。下面对添附、善意取得、所有人不明的埋藏物或隐藏物的归属、取得遗失物等问题予以阐述。

1. 添附

添附是指不同所有人的物被结合、混合在一起成为一个新物，或者利用别人之物加工成为新物的事实状态。最高人民法院《关于贯彻执行〈民法通则〉若干问题的意见》第八十六条规定：“非产权人在使用他人的财产上增添附属物，财产所有人同意增添，并就财产返还时附属物如何处理有约定的，按约定办理；没有约定又协商不成，能够拆除的，可以责令拆除；不能拆除的，也可以折价归财产所有人；造成财产所有人损失的，应当负赔偿责任。”

添附主要有混合、附合和加工三种情况：

（1）混合。混合是指不同所有人的财产互相掺合，难以分开并形成一种新物。如酒和酒混合、米与米混合。通常混合物由原物价值较大的一方取得所有权，原财物价值较小的一方可取得适当的补偿。若原物价值相差不多，可由各方共有。

（2）附合。附合是指不同所有人的财产密切结合在一起而形成新物，虽未达到混合程度，但非经拆毁不能达到原来的状态。

动产与不动产的附合，对于附合物的所有权归属，如果当事人间有约定的，按约定办理；没有约定的，由不动产所有人取得附合物的所有权，但应该给予动产所有人与其动产价值相当的补偿。

动产与动产的附合，附合后的动产有主从之别时，由主物的所有人取得附合物的所有权，同时给予从物所有人相应的补偿；若附合的动产无主从之别，则由各动产所有人按其动产附合时的价值共有合成物；如果所有人中一方的原财产价值明显高于其他人的原财产价值时，则由价值高的一方取得合成物的所有权，同时给予其他所有人相应的补偿。

（3）加工。加工是指一方使用他人财产加工改造为具有更高价值的新物。当事人对加工物的所有权归属有约定的，按约定办理；如果没有约定，加工物的所有权一般由原材料所有人取得；如果加工增加的价值明显超过原材料价值的，也可由加工人取得加工物的所有权，同时给予原材料所有人相应的补偿。

总之，在确定添附物的归属时，应该把握这样一个原则：充分尊重当事人的意志，尽力促成当事人之间达成公平合理并出于各方真意的解决争端的协议。若当事人之间不能达成协议，处理结果应该符合人们生产、生活的实际需要并能充分发挥物的社会效益。

2. 善意取得

（1）善意取得的概念。善意取得，是指无权处分他人动产的占有人，在不法将动产转让给第三人以后，如果受让人在取得该动产时出于善意，就可依法取得对该动产的所有权，受让人在取得动产的所有权以后，原所有人不得要求受让人返还财产，而只能请求转让人（占有人）赔偿损失。

善意取得制度对于保护善意取得财产的第三人的合法权益、维护交易活动的动态安全具有重要的意义。最高人民法院《关于贯彻执行〈民法通则〉若干问题的意见》（修改稿）第九十六条规定：“部分共有人擅自处分共有财产或者非所有权人擅自处分所占有的财产，如果第三人是善意、有偿、依法定手续取得该财产所有权的，第三人不负返还义务，由擅自处分财产的人对所有权人予以赔偿。法律另有规定的除外。”

（2）善意取得的构成要件。适用善意取得应具备以下条件：

①受让人取得财产时出于善意。所谓善意，是指第三人不知且不可能知道占有

人系非法转让。由于善意只是受让人受让财产时的一种心理状况，这种心理状况往往不易被局外人得知，所以，确定受让人是否具有善意，应主要考虑当事人在从事交易时的客观情况。如果受让财产的价格十分低廉，则应推定受让人会发现标的物的权利瑕疵，即其受让时为恶意。

②取得的财产必须是依法可以流通的动产。善意取得的标的必须是法律允许自由流通的动产。法律禁止或限制流通的动产不得适用善意取得制度，如国家专有的财产、毒品、有关机关查封的物等。

③受让人必须通过交换取得财产。善意第三人必须是通过交易从转让人处取得动产的占有。善意取得制度旨在保护交易安全，因此，只有存在受让人与转让人之间的交易行为时，才发生善意取得的问题。如果第三人是无偿地从非法转让人处取得财物，则无论在何种情况下，即不论出让人是否基于所有人的意思取得占有，也不论第三人取得原物时是恶意还是善意，所有人都有权请求返还。我国最高人民法院《关于贯彻执行〈民法通则〉若干问题的意见》第八十九条规定："第三人善意、有偿取得该项财产的，应当维护第三人的合法权益"。

④善意第三人须自无处分权人处取得占有。即该无处分权人可能有占有权，并且事实上占有原物，但他无处分权，其转让系非法转让。如果善意第三人是从有处分权人处取得占有，虽然受让人系出于善意，也不受善意取得制度的保护，而是受相关其他制度的保护。一般而言，转让人无处分权在实践中主要有两种情形：一是转让人自始至终无处分权；二是转让人本有处分权，但嗣后因某种原因丧失了处分权。

⑤非法转让人的占有须是基于所有人的意思而取得。所有权的丧失无非由于两种情况：一原物非基于所有人的意思而丧失占有，如原物被所有人遗失或被盗窃等；二原物是基于所有人的意思而由他人占有，如将某物借给他人使用。在上述第一种情况下，目前我国学界多不承认善意第三人能够取得原物的所有权，即认为所有人有权请求返还原物。也就是说，在这种情况下，善意取得人只能请求非法出让人赔偿损失。在上述第二种情况下，善意取得人即取得原物的所有权，所有人无权向该第三人请求返还原物，而只能要求非法出让人赔偿损失。

3. 所有人不明的埋藏物、隐藏物的归属

根据《民法通则》和《关于贯彻执行〈民法通则〉若干问题的意见》的有关规定，所有人不明的埋藏物、隐藏物，归国家所有；接收单位应当对上缴的单位或个人给予表扬或物质奖励。公民、法人对于挖掘、发现的埋藏物、隐藏物，如果能够证明属其所有，而且根据现行的法律、政策又可归其所有的，应当予以保护。

4. 无人认领的遗失物、漂流物、失散的饲养动物等的归属

遗失物是指他人不慎丢失的动产。漂流物是指所有人不明，漂浮于江、河、湖、海、溪、沟上的物品。失散的饲养动物是指所有人饲养的家禽、家畜等发生走失，所有人丧失对这些动物的占有。

我国《民法通则》规定，拾得遗失物、漂流物或失散的饲养动物，应当归还失

主，因此支出的费用由失主偿还。可见，我国法律明确规定遗失物、漂流物及失散的饲养动物的所有权属于失主，拾得人有义务将拾得物返还失主，否则，视为对他人所有权的侵犯。可见，返还拾得物并不仅仅是道德上的义务，而是法律规定的必须履行的强制性义务。

对于拾得人不知失主是谁时拾得物如何处理的问题，我国法律没有明确规定。实践中已形成的习惯做法是：拾得人不知失主是谁时，如果是在公共场所拾得，应交给公共场所管理机构处理；如在其他场所拾得的，应交公安机关处理。经公共场所管理机构或公安机关公告招领满一定期限后，如无人认领，即作为无主财产上缴国库，收归国家所有。

（二）继受取得

继受取得又称传来取得，是指通过某种法律行为从原所有人那里取得对某项财产的所有权，包括买卖、互易、赠与、继承遗产、接受遗赠以及其他合法原因。继受取得是以原所有人对该物具有所有权并且发生了该物所有权移转的法律事实为前提和依据的。

二、所有权的转移

所有权的转移，是指所有权从原所有人手中转移到新的所有人手中。根据动产和不动产的不同特点，我国法律规定了确定所有权转移时间的不同规则。

1. 动产所有权的转移

我国法律规定：按照合同或者其他合法方式取得财产的，财产所有权从财产交付时起转移，法律另有规定或当事人另有约定的除外。财产已经交付，但当事人约定财产所有权转移附条件的，在所附条件成就时，财产所有权方为转移。

交付是指将物或所有权凭证转移给他人占有的行为。交付的方式主要有以下四种：

（1）现实交付。即直接占有的转移。这包括在约定的时间和地点由转让人与受让人直接交接物品、根据受让人的指示或商业惯例将物品托运或邮寄。前者经受让人点收后即告完成；后者自办托运或邮寄手续时完成。

（2）简易交付。即根据当事人的协议，将受让人原先的他主占有（非所有人占有）改为自主占有（所有人的占有）。这种交付自转让所有权的协议达成时完成。比如，受让人已经通过租赁、借用等方式实际占用了动产，则于物权变动的合意成立时即为交付。

（3）占有改定。即依双方的协议将转让人的自主占有改为他主占有。这种交付自占有改定协议达成时完成。比如，甲将其所有的自行车卖给乙，按一般情况，只有在甲把自行车交给乙时才发生所有权转移的效力，但因甲当天还需再用一次，这时甲可以再与乙订立一个借用协议，使乙取得间接占有，以代替现实交付。

（4）指示交付。又称返还财产所有权的让与，是指所有人在转让第三人占有的财产时，可以用受让人转让第三人的返还原物请求权的办法代替物的实际交付。

2. 不动产所有权的转移

不动产所有权的转移必须符合法定的形式要件，我国法律对不动产物权的公示采取登记主义，不动产物权的取得、丧失和变更，非经登记，不能产生法律效力。因此，不动产只能以登记过户的时间为所有权转移的时间。

由于土地不得买卖，但土地使用权可以依照法律的规定转让，因此法律上不存在土地所有权的转移问题，依法能够转移的不动产主要是房屋。根据我国法律规定，房屋所有权转移或房屋现状变更时，须到房屋所在地的房管机关办理所有权转移或房屋现状变更登记手续。在达成城市私有房屋买卖协议后，卖方须持房屋所有权证明和身份证明，买方须持购买房屋的证明信和身份证明，到房屋所在地的房管机关办理所有权转移登记手续，才发生所有权的转移。因赠与和其他方式转移房屋所有权时，也适用这一规定。所以，房屋所有权应从登记过户手续办理完毕时起转移。当事人办理完登记过户手续以后，如果房屋继续由原所有人和第三人占有，则占有人仍负有交付房屋的义务。占有人超过规定期限不履行该义务的，视为非法侵犯他人的房屋所有权，所有人依法可对其提起诉讼或提出请求。

三、所有权的消灭

所有权的消灭，是指因某种法律事实的出现，而使财产所有人丧失了所有权。导致所有权消灭的原因，大致有如下几种：

（1）所有权客体灭失。所有权客体灭失，也称所有权的绝对消灭，是指作为所有权客体的财产因各种原因而不复存在。例如，因自然灾害、生活消费、生产消耗等事实或行为引起的财产所有权客体的灭失。

（2）所有权主体消灭。这是指因财产所有权人主体资格的丧失，导致其享有的财产所有权的消灭。

（3）所有权被依法转让。这是指财产所有权人通过法律行为处分其财产，自愿将其享有的财产所有权转让给他人 。

（4）所有权被抛弃。这是指财产所有权人在法律规定的范围内自愿放弃自己对某项财产的所有权。例如，公民丢弃某项财物，放弃继承的财产等等，从而导致其不再享有对被弃财产的所有权。

（5）所有权被依法强制消灭。这是指国家依照法律规定，为了社会公共利益的需要，采用依法征收或国有化等措施，有偿或无偿地迫使所有权人转移其享有的财产所有权。

在所有权主体消灭、所有权被依法转让、所有权被抛弃、所有权被依法强制消灭等情况下，只是发生所有权相对消灭的后果，一方丧失了财产所有权，但同时另一方则取得了对该项财产的所有权。

第五节　所有权的保护

所有权的法律保护，是指国家通过法定的程序和方法保障所有权人依法对其财产行使占有、使用、收益和处分的制度。保护所有权是我国法律的重要任务。民法依据宪法关于保护所有权的原则，以自己特有的方式和方法对所有权实行平等的保护。

一、民法保护所有权的方式

以是否通过民事诉讼程序进行保护为标准，可以将民法保护所有权的方式分为自力救济和公力救济。

1. 自力救济

自力救济，也称私力救济，即所有权的自我保护，是指当所有权人的权利受到侵害时，通过自己的个人力量对权利加以保护。自我保护的方法必须合法，具体包括自助行为和自卫行为。正当防卫和紧急避险是自卫行为的具体体现。

2. 公力救济

公力救济，也称为所有权的国家保护，是指所有权人在其权利受到侵害后，依法请求国家司法机关依据民法、民事诉讼法运用公权力对所有权加以保护。

二、民法保护所有权的方法

根据所有权人在其所有权受到侵害以后提起的诉讼或请求的内容不同，可以将民法保护所有权的方法分为以下几种。

1. 请求确认所有权

确认所有权，也称“确认产权”，是指因所有权的归属问题发生争议时，当事人可以向人民法院提起诉讼，请求确认所有权。确认所有权只能由当事人向人民法院提出，并通过民事诉讼程序解决。确认所有权是民法保护所有权的一种独立的保护方法，也是其他保护方法的前提。在司法实践中，人民法院审理侵犯所有权的案件，首先应该明确所有权的归属，然后才能根据所有权受侵犯的情况，采取其他的保护方法。

2. 请求返还原物

请求返还原物，是指所有人在其所有物被他人非法占有时，可依法请求不法占有人返还原物，或请求人民法院责令不法占有人承担返还原物的责任。在适用这一方法保护所有权时，应注意以下问题：

首先，有权请求返还原物的人，一般是物的所有人。所有人只能针对非法占有人提出返还原物，而不能要求合法占有人返还原物。

其次，所有人请求返还原物，原物必须依然存在。如果原物已经灭失，返还原物客观上已经不可能，所有人就只能要求赔偿损失，而不能要求返还原物。

最后，返还原物是否应返还原物所生的孳息，应区别善意和恶意占有而定。在善意占有的情况下，占有人只返还原物而不返还孳息，同时亦可请求所有人补偿对所有物的保管和改良所支付的必要费用；在恶意占有的情况下，占有人应负责返还其在恶意占有期间所获得的一切孳息，并且无权请求所有人补偿其支付的费用。

3. 请求排除妨害

所有人在其所有物遭受损害和其所有权的行使遭受妨害时，可依法请求不法侵害人排除妨害，也可请求人民法院责令侵害人排除妨害。在适用这一方法保护所有权时，应注意以下问题：

首先，妨害行为必须是非法的，所有人只有对无合同义务的妨害才能请求排除。

其次，所有人不仅可以对已经发生的妨害请求排除，而且对尚未发生但又确有可能发生的妨害，也有权请求排除。但需要注意的是，妨害必须已经存在或确实存在着某种危险，而不是主观臆测的妨害。

最后，排除妨害的请求权，除所有人外，对被妨害的财产享有合法占有权的人亦有权行使，排除妨害的费用一般由侵害人负担。

4. 请求停止侵害

请求停止侵害，是指所有人在其财产直接受到他人的不法侵害时，有权要求侵害人停止正在进行的侵害，或请求人民法院责令侵害人停止侵害。如果侵害行为并没有直接造成对所有人的财产的损害，或者虽然造成了损害，但是侵害行为已经终止，则不能适用请求停止侵害，而只能适用其他所有权的保护方法。

5. 请求恢复原状

请求恢复原状，是指所有人的财产因受非法侵害遭到损坏时，如果有恢复的可能，所有人可以请求加害人恢复财产的原状，或请求法院责令侵害人恢复财产的原状，以保护其所有权。

恢复原状一般是通过修理的办法，使遭受损坏的财产在价值和使用价值上与原来的状态大体相等，而不是使财产在内容和形式上与以前的状况完全一致。这里需要注意的是，适用恢复原状不仅要在实际上可能，而且要在经济上合理。

6. 请求赔偿损失

请求赔偿损失，是指所有人的财产遭受他人的不法侵害，造成所有人的财产损坏或者灭失，以致无法恢复原状或返还原物时，所有人可以请求不法行为人赔偿财产损失，亦可要求人民法院责令侵害人赔偿损失。通过恢复原状、返还原物等方法不足以补偿所有人的损失时，所有人在请求恢复原状、返还原物的同时，可以请求侵害人赔偿损失。

上述六种保护方法可以单独适用，也可以同时适用。其中，前五种属于物权的保护方法，请求赔偿损失是债权的保护方法。

思考题

1. 试述所有权的概念与特征。
2. 试述所有权的积极权能与消极权能。
3. 善意取得的构成要件是什么?
4. 所有权的保护方法有哪些?

第三章

公　司　法

本 章 提 要

本章根据 2005 年 10 月 27 日新修订的《中华人民共和国公司法》的规定，系统阐述了有限责任公司的设立及其组织机构，一人有限公司、国有独资公司的特别规定，股份有限公司的设立及其组织机构，股份的发行和转让，上市公司的特别规定，公司董事、监事、高级管理人员的资格和义务，公司债券，公司的财务会计制度，公司的合并、分立、增资与减资，公司的解散和清算，违反公司法的法律责任等法律制度。本章重点是：有限责任公司和股份有限公司的设立，股权以及股份的转让，一人有限公司和国有独资公司。

第一节　公司法概述

一、公司的概念与分类

（一）公司的概念

公司是指依照公司法设立的以营利为目的的企业法人。

由公司的概念可以引出公司具有如下本质特征：

（1）公司是企业的一种组织形式。它具有企业所共有的属性。依据投资者对企业风险承担责任的形式不同，可以将企业分为个人独资企业、合伙企业、公司企业三种。因此，企业的外延大于公司，公司是企业的一种具体类型。

（2）公司是独立的法人。公司作为法人，应当具备法人成立的四个条件，即依法成立、有必要的财产和经费、能够独立承担民事责任、有自己的名称和组织机构及场所。这使它区别于非法人企业。公司必须具有民事权利能力和民事行为能力，依法独立享有民事权利和承担民事义务。

（3）公司具有营利性。公司的设立是以获取经济利益为目的的，即设立公司是为了公司自身的财产增加并获取利益，从而使出资的股东也获取经济利益。公司的营利性使它区别于国家机关法人、事业单位法人和社会团体法人。

（二）公司的分类

按照不同的分类标准，可以对公司进行不同的分类。

1. 以股东所承担的责任形式为标准的分类

这种划分形成了我国公司法和大陆法系民商法上基本的公司法律形态。

（1）有限责任公司。这是指股东以其出资额为限对公司承担责任的公司。

（2）股份有限公司。这是指公司全部资本划分为等额股份，股东以其认购的股份为限对公司承担责任的公司。

（3）无限责任公司。这是指股东对公司的债务承担无限连带责任的公司。

（4）两合公司。这是指由一个以上无限责任股东和一个以上有限责任股东组成的公司。

（5）股份两合公司。这是指由一个以上无限责任股东和一个以上有限责任股东所组成，公司的资本分为等额股份的公司。

我国公司法所称公司是指在中国境内设立的有限责任公司和股份有限公司。

2. 以公司的信用基础为标准的分类

（1）资合公司。这是指公司的设立和经营活动是以资本而非股东个人的信用为基础的公司。

（2）人合公司。这是指公司的设立和经营活动是以股东个人的信用而非资本为基础的公司。

（3）资合兼人合公司。它兼具资合和人合的特点。

3. 以公司组织关系为标准的分类

从公司外部组织关系上进行划分，在不同公司之间的控制与被控制、依附与被依附的关系中，处于控制和被依附地位的公司是母公司，处于被控制和依附地位的是子公司。

从公司内部组织关系上进行划分，公司可以分为总公司和分公司，分公司不具有企业法人资格。

此外，以公司国籍为标准，公司可以划分为本国公司和外国公司；以公司的投资和经营活动是否局限于一国为标准，公司可以划分为国内公司和跨国公司；以公司股本来源和性质为标准，公司划分为国有公司、集体所有制公司、私营公司和外商投资公司。

二、公司法的概念和特征

1. 公司法的概念

公司法是规定各种公司的设立、组织活动和解散以及其他与公司组织有关的对内对外关系的法律规范的总称。狭义的公司法指专门以公司作为调整对象的单一的成文法典。在我国，即指 1993 年 12 月 29 日第八届全国人民代表大会常务委员会第五次会议通过并发布的《中华人民共和国公司法》（以下简称《公司法》），该法分别于 1999 年 12 月 25 日、2004 年 8 月 28 日和 2005 年 10 月 27 日进行了三次修订。

广义的公司法包括一切有关公司的法律、行政法规、规章等。在我国，除了

《公司法》外，还包括相关的配套法律、法规，如《公司登记管理条例》等。

2. 公司法的特征

（1）组织法与行为法相结合。公司法包括组织法和行为法两方面的内容。作为组织法，公司法对公司的设立、变更、终止以及内部机构的设置及其职权等作出了规定。作为行为法，公司法对公司的财务、会计管理、股票的发行、交易等作出了规定。

（2）强制性与任意性相结合。公司法是国家干预经济活动的工具，国家制定公司法，目的在于规范公司的组织和行为，保护公司、股东和债权人的合法权益，维护社会经济秩序，保障交易安全。因此，公司法中规定了一些强制性条款，如公司设立的必备条件，公司和股东的义务等，不得任意变更和伸缩。但是，公司是在激烈的市场竞争中从事生产经营活动，股东在谋取利润中要承担风险，为了公司和股东的利益，公司法又允许公司和股东在法定范围内，对权利和义务有选择的自由，所以规定了一些任意性条款。最新修订的《公司法》将一些原属于公司经营管理事项的强制性条款修改为任意性条款，从而更加强调了公司的意思自治。

第二节　有限责任公司

一、有限责任公司的概念和特征

有限责任公司亦称有限公司，是指依公司法设立的，由不超过一定人数的股东出资组成，每个股东以其所认缴的出资额为限对公司承担责任，公司以其全部资产对公司的债务承担责任的企业法人。它具有以下几个主要特征。

1. 责任有限性

责任有限性是有限责任公司的基本特征。有限责任是指股东责任的有限，即股东仅以其出资额为限对公司承担责任，对公司债务不承担个人责任。而公司则是以其全部资产对公司的债务承担责任。

2. 人资两合性

有限责任公司的性质介于股份有限公司与合伙企业之间，兼具资合性和人合性。不出资的人是不能成为有限责任公司股东的；但是，如果一个人仅有资金可出，而与其他出资人不存在任何信任关系，也是不能成为有限责任公司股东的。资金的联合和股东间的信任是有限责任公司两个不可或缺的信用基础。

3. 封闭性

有限责任公司的封闭性表现在，公司设立时，出资总额全部由发起人认购，发起人数有法律限制；公司不向社会公开募集股份、发行股票；股东出资的转让受到限制，股东相对稳定。同时，由于股东人数有限且相对稳定，其经营状况不涉及社会公众的利益，因此其财务状况可以不公开。

4. 设立程序简单、组织机构灵活

有限责任公司基本上实行准则登记制，除从事特殊行业的经营外，只要符合法律规定的条件，政府均给予注册登记，而没有烦琐的审查批准程序。同时，有限责任公司的机构设置有一定的随意性，如股东人数较少或者规模较小的公司可以不设董事会、监事会。

5. 股东参加管理

有限责任公司大多人数少、规模小，公司的生存、发展与股东个人利益休戚相关。股东们往往积极参与公司的管理，当公司面临危机时，股东们更不会袖手旁观。公司的决定权基本上掌握在股东手里。设股东会时，其权限远比股份有限公司要大；不设股东会时，股东往往都是公司董事会的成员。公司的日常管理由股东推荐的执行董事或经理负责，不执行业务的股东可以行使监督权。

二、有限责任公司的设立

(一) 有限责任公司的设立条件

根据我国《公司法》的规定，设立有限责任公司，应当具备下列条件。

1. 股东符合法定人数

有限责任公司由五十个以下股东出资设立。股东可以是自然人也可以是法人。

2. 股东出资达到法定资本最低限额

有限责任公司的注册资本为在公司登记机关登记的全体股东认缴的出资额。根据《公司法》规定，有限责任公司注册资本的最低限额为人民币三万元。法律、行政法规对有限责任公司注册资本的最低限额有较高规定的，从其规定。公司全体股东的首次出资额不得低于注册资本的百分之二十，也不得低于法定的注册资本最低限额，其余部分由股东自公司成立之日起两年内缴足；其中，投资公司可以在五年内缴足。

3. 股东共同制定公司章程

公司章程是公司活动的行为准则，股东应当在公司章程上签名、盖章。根据我国《公司法》的规定，有限责任公司章程应当载明下列事项：

①公司名称和住所；

②公司经营范围；

③公司注册资本；

④股东的姓名或者名称；

⑤股东的出资方式、出资额和出资时间；

⑥公司的机构及其产生办法、职权、议事规则；

⑦公司法定代表人；

⑧股东会会议认为需要规定的其他事项。

4. 有公司名称，建立符合有限责任公司要求的组织机构

公司名称是某一公司区别于其他公司的特定标志，通常应由四部分组成：

①公司所处行政区域；

②公司的字号或商号；

③公司所属行业或经营特点；

④公司的组织形式。

有限责任公司须在公司名称中标明“有限责任公司”或者“有限公司”字样。公司名称须经登记主管机关核准登记后方可使用，公司原则上只能使用一个名称。此外，在我国公司应当使用中文名称，公司名称中不得含有法律禁止的内容和文字。

有限责任公司是人资两合公司，股东在很大程度上可以直接参加管理，但是公司作为一个企业法人与股东个人毕竟是两个完全相区别的法律主体，股东个人并不是在任何情况下都能从公司的整体利益出发，他有自己的独立意志和利益。因此，股东参加管理，除依法定程序单独行使权利外，应当通过建立符合法律要求的组织机构共同行使权利。

5. 有公司住所

公司住所是公司的主要办事机构所在地，也是公司最重要的生产经营场所。公司的生产经营场所有多个，但是经公司登记机关登记的公司住所只能有一个，并且这个公司住所应当是在为其登记的公司登记机关的辖区内。规定公司住所从法律上来看，具有以下几个方面的意义：一是作为法律文书的送达处所；二是作为诉讼管辖的根据；三是在一定意义上是公司享有权利和履行义务的法定场所。比如，税务机关送达税务方面的文书，必须有一个可以送达的处所；公司将财务会计报告等资料供股东查阅，应当置备于公司住所等。

（二）股东的出资

1. 股东出资的方式

股东可以用货币出资，也可以用实物、知识产权、土地使用权等可以用货币估价并可以依法转让的非货币财产作价出资；法律、行政法规规定不得作为出资的财产除外。

对作为出资的非货币财产应当评估作价，核实财产，不得高估或者低估作价。法律、行政法规对评估作价有规定的，从其规定。

全体股东的货币出资金额不得低于有限责任公司注册资本的百分之三十。

2. 按期足额认缴出资

股东应当按期足额缴纳公司章程中规定的各自所认缴的出资额。股东以货币出资的，应当将货币出资足额存入有限责任公司在银行开设的账户；以非货币财产出资的，应当依法办理其财产权的转移手续。股东不按照规定缴纳出资的，除应当向公司足额缴纳外，还应当向已按期足额缴纳出资的股东承担违约责任。有限责任公司成立后，发现作为设立公司出资的非货币财产的实际价额显著低于公司章程所定价额的，应当由交付该出资的股东补足其差额；公司设立时的其他股东承担连带责

任。公司成立后，股东不得抽逃出资。

3. 依法验资

股东缴纳出资后，必须经依法设立的验资机构验资并出具证明。

4. 出资证明书和股东名册

有限责任公司成立后，应当向股东签发出资证明书。出资证明书应当载明下列事项：

①公司名称；

②公司成立日期；

③公司注册资本；

④股东的姓名或者名称、缴纳的出资额和出资日期；

⑤出资证明书的编号和核发日期。

出资证明书由公司盖章。出资证明书是一种证明文书，不能流通。

有限责任公司应当置备股东名册，记载下列事项：

①股东的姓名或者名称及住所；

②股东的出资额；

③出资证明书编号。

记载于股东名册的股东，可以依股东名册主张行使股东权利。

（三）公司的设立登记

股东的首次出资经依法设立的验资机构验资后，由全体股东指定的代表或者共同委托的代理人向公司登记机关报送公司登记申请书、公司章程、验资证明等文件，申请设立登记，由公司登记机关发给公司营业执照。公司营业执照签发日期为公司成立日期。公司营业执照应当载明公司的名称、住所、注册资本、实收资本、经营范围、法定代表人姓名等事项。公司营业执照记载的事项发生变更的，公司应当依法办理变更登记，由公司登记机关换发营业执照。设立分公司的，应当向公司登记机关申请登记，领取营业执照。分公司不具有法人资格，其民事责任由公司承担。

三、有限责任公司的组织机构

有限责任公司的组织机构是依法行使公司决策、执行和监督权能的机构的总称。根据三种管理权能，分设三种不同的机构，分别是权力机构、执行机构和监督机构。

（一）有限责任公司的股东会

1. 股东会的性质和职权

有限责任公司的股东会由全体股东组成。股东会是公司的权力机构，依法行使职权。

股东有权查阅、复制公司章程、股东会会议记录、董事会会议决议、监事会会议决议和财务会计报告。

股东可以要求查阅公司会计账簿。股东要求查阅公司会计账簿的，应当向公司提出书面请求，说明目的。公司有合理根据认为股东查阅会计账簿有不正当目的，可能损害公司合法利益的，可以拒绝提供查阅，并应当自股东提出书面请求之日起十五日内书面答复股东并说明理由。公司拒绝提供查阅的，股东可以请求人民法院要求公司提供查阅。

股东按照实缴的出资比例分取红利；公司新增资本时，股东有权优先按照实缴的出资比例认缴出资。但是，全体股东约定不按照出资比例分取红利或者不按照出资比例优先认缴出资的除外。

依照我国《公司法》的规定，股东会行使下列职权：

①决定公司的经营方针和投资计划；

②选举和更换非由职工代表担任的董事、监事，决定有关董事、监事的报酬事项；

③审议批准董事会的报告；

④审议批准监事会或者监事的报告；

⑤审议批准公司的年度财务预算方案、决算方案；

⑥审议批准公司的利润分配方案和弥补亏损方案；

⑦对公司增加或者减少注册资本作出决议；

⑧对发行公司债券作出决议；

⑨对公司合并、分立、变更公司形式、解散和清算等事项作出决议；

⑩修改公司章程；

⑪公司章程规定的其他职权。

对上述事项股东以书面形式一致表示同意的，可以不召开股东会会议，直接作出决定，并由全体股东在决定文件上签名、盖章。

2. 股东会的议事规则

（1）股东会的召开。股东会会议分为首次会议、定期会议和临时会议。首次会议是有限责任公司成立后的第一次会议；定期会议是按照公司章程的规定按时召开的、由全体股东出席的例会，通常每年举行一次或两次；临时会议是根据公司需要在定期会议间隔中临时召开的，代表十分之一以上表决权的股东，三分之一以上的董事，监事会或者不设监事会的公司的监事有权提议召开临时会议。

首次股东会会议由出资最多的股东召集和主持，依照公司法的规定行使职权。除此之外，有限责任公司设立董事会的，股东会会议由董事会召集，董事长主持；董事长不能履行职务或者不履行职务的，由副董事长主持；副董事长不能履行职务或者不履行职务的，由半数以上董事共同推举一名董事主持。有限责任公司不设董事会的，股东会会议由执行董事召集和主持。

董事会或者执行董事不能履行或者不履行召集股东会会议职责的，由监事会或者不设监事会的公司的监事召集和主持；监事会或者监事不召集和主持的，代表十分之一以上表决权的股东可以自行召集和主持。

召开股东会会议，应当于会议召开十五日以前通知全体股东；但是，公司章程另有规定或者全体股东另有约定的除外。

股东会应当对所议事项的决定作成会议记录，出席会议的股东应当在会议记录上签名。

（2）股东会的决议。股东会会议由股东按照出资比例行使表决权；但是，公司章程另有规定的除外。股东会会议作出修改公司章程、增加或者减少注册资本的决议，以及公司合并、分立、解散或者变更公司形式的决议，必须经代表三分之二以上表决权的股东通过。

（二）有限责任公司的董事会

1．董事会的组成和性质

董事会是公司的经营决策机关，是公司的执行机构。董事会是由股东选举产生的，对内执行公司业务，对外代表公司的常设性机构。

有限责任公司设董事会，其成员为三人至十三人。两个以上的国有企业或者其他两个以上的国有投资主体投资设立的有限责任公司，其董事会成员中应当有公司职工代表；其他有限责任公司董事会成员中也可以有公司职工代表。董事会中的职工代表由公司职工通过职工代表大会、职工大会或者其他形式民主选举产生。董事会设董事长一人，可以设副董事长。董事长、副董事长的产生办法由公司章程规定。

股东人数较少或者规模较小的有限责任公司，可以设一名执行董事，不设立董事会。

2．董事会的职权

董事会对股东会负责，行使下列职权：

①召集股东会会议，并向股东会报告工作；

②执行股东会的决议；

③决定公司的经营计划和投资方案；

④制订公司的年度财务预算方案、决算方案；

⑤制订公司的利润分配方案和弥补亏损方案；

⑥制订公司增加或者减少注册资本以及发行公司债券的方案；

⑦制订公司合并、分立、解散或者变更公司形式的方案；

⑧决定公司内部管理机构的设置；

⑨决定聘任或者解聘公司经理及其报酬事项，并根据经理的提名决定聘任或者解聘公司副经理、财务负责人及其报酬事项；

⑩制定公司的基本管理制度；

⑪公司章程规定的其他职权。

3．董事的任期

董事任期由公司章程规定，但每届任期不得超过三年。董事任期届满，连选可以连任。

董事任期届满未及时改选，或者董事在任期内辞职导致董事会成员低于法定人数的，在改选出的董事就任前，原董事仍应当依照法律、行政法规和公司章程的规定，履行董事职务。

4. 董事会的议事规则

董事会会议由董事长召集和主持；董事长不能履行职务或者不履行职务的，由副董事长召集和主持；副董事长不能履行职务或者不履行职务的，由半数以上董事共同推举一名董事召集和主持。

董事会应当对所议事项的决定作成会议记录，出席会议的董事应当在会议记录上签名。

董事会决议的表决，实行一人一票。

董事会的议事方式和表决程序，除《公司法》有规定的以外，由公司章程规定。

（三）有限责任公司的经理

经理是公司董事会聘任的主持日常管理工作的高级职员。经理机构可称为辅助执行机构，即辅助董事会工作的机构。有限责任公司可以设经理，由董事会决定聘任或者解聘。经理对董事会负责，行使下列职权：

①主持公司的生产经营管理工作，组织实施董事会决议；

②组织实施公司年度经营计划和投资方案；

③拟订公司内部管理机构设置方案；

④拟订公司的基本管理制度；

⑤制定公司的具体规章；

⑥提请聘任或者解聘公司副经理、财务负责人；

⑦决定聘任或者解聘除应由董事会决定聘任或者解聘以外的负责管理人员；

⑧董事会授予的其他职权。

公司章程对经理职权另有规定的，从其规定。经理列席董事会会议。有限责任公司依法不设立董事会而设一名执行董事的，执行董事可以兼任公司经理。

（四）有限责任公司的监事会

1. 监事会的组成和性质

有限责任公司的监事会是公司的监督机构，专门监督公司执行机构的业务活动，是公司的常设机构。

有限责任公司设立监事会，其成员不得少于三人。股东人数较少或者规模较小的有限责任公司，可以设一至二名监事，不设立监事会。监事会应当包括股东代表和适当比例的公司职工代表，其中职工代表的比例不得低于三分之一，具体比例由公司章程规定。监事会中的职工代表由公司职工通过职工代表大会、职工大会或者其他形式民主选举产生。监事会设主席一人，由全体监事过半数选举产生。监事会主席召集和主持监事会会议；监事会主席不能履行职务或者不履行职务的，由半数以上监事共同推举一名监事召集和主持监事会会议。

董事、高级管理人员不得兼任监事。

2. 监事的任期

监事的任期每届为三年。监事任期届满，连选可以连任。

监事任期届满未及时改选，或者监事在任期内辞职导致监事会成员低于法定人数的，在改选出的监事就任前，原监事仍应当依照法律、行政法规和公司章程的规定，履行监事职务。

3. 监事会的职权

监事会以及不设监事会的公司的监事行使下列职权：

①检查公司财务；

②对董事、高级管理人员执行公司职务的行为进行监督，对违反法律、行政法规、公司章程或者股东会决议的董事、高级管理人员提出罢免的建议；

③当董事、高级管理人员的行为损害公司的利益时，要求董事、高级管理人员予以纠正；

④提议召开临时股东会会议，在董事会不履行《公司法》规定的召集和主持股东会会议职责时召集和主持股东会会议；

⑤向股东会会议提出提案；

⑥依法对董事、高级管理人员提起诉讼；

⑦公司章程规定的其他职权。

监事可以列席董事会会议，并对董事会决议事项提出质询或者建议。

监事会、不设监事会的公司的监事发现公司经营情况异常，可以进行调查；必要时，可以聘请会计师事务所等协助其工作，费用由公司承担。监事会、不设监事会的公司的监事行使职权所必需的费用，由公司承担。

4. 监事会会议

监事会每年度至少召开一次会议，监事可以提议召开临时监事会会议。监事会的议事方式和表决程序，除《公司法》有规定的外，由公司章程规定。

监事会决议应当经半数以上监事通过。监事会应当对所议事项的决定作成会议记录，出席会议的监事应当在会议记录上签名。

四、一人有限责任公司的特别规定

1. 一人有限责任公司的概念

新修订的《公司法》增加了一人有限责任公司的规定。在该法中，一人有限责任公司，是指只有一个自然人股东或者一个法人股东的有限责任公司。我国的一人有限责任公司具有以下法律特征：

（1）一个股东，且该股东持有公司的全部出资额。但是作为一人公司的投资主体只能是两类：自然人或法人。个人独资企业、合伙企业等主体不能作为一人公司的投资人。

（2）有限责任。投资者仅以出资额为限承担责任，大大降低了经营风险。

(3) 通常情况下一人公司的所有权和经营权不分离，投资者即为经营者。

2. 一人有限责任公司的特别规定

(1) 注册资本最低限额为人民币十万元。股东应当一次足额缴纳公司章程规定的出资额，不得分期缴付。

(2) 一个自然人只能投资设立一个一人有限责任公司。该一人有限责任公司不能投资设立新的一人有限责任公司。但是对法人能否投资设立复数一人公司，立法没有作出禁止的规定。

(3) 一人有限责任公司不设股东会。

(4) 一人有限责任公司应当在每一会计年度终了时编制财务会计报告，并经会计师事务所审计。

(5) 一人有限责任公司的股东不能证明公司财产独立于股东自己财产的，应当对公司债务承担连带责任。一人公司的财产混同，举证责任由股东负担。

五、国有独资公司的特别规定

1. 国有独资公司的概念

国有独资公司，是指国家单独出资、由国务院或者地方人民政府委托本级人民政府国有资产监督管理机构履行出资人职责的有限责任公司。这一定义包含以下两层含义：

(1) 国有独资公司是有限责任公司。国有独资公司是有限责任公司的一种形态，有限责任公司的一些重要原则都适用于国有独资公司。国有独资公司并不是独立于有限责任公司形态之外的一种新的公司形态。

(2) 国有独资公司只有一个投资主体，是一种特殊的有限责任公司。国有独资公司是由国家单独出资设立的，又区别于普通的一人有限责任公司。它的设立、组织机构及其产生和职权等都具有自己的特殊性。

2. 国有独资公司的设立

(1) 国有独资公司的股东只有一人，由国务院或者地方人民政府委托本级人民政府国有资产监督管理机构履行出资人的职责。

(2) 国有独资公司章程由国有资产监督管理机构制定，或者由董事会制订报国有资产监督管理机构批准。

3. 国有独资公司的组织机构

(1) 国有独资公司不设股东会，由国有资产监督管理机构行使股东会职权。国有资产监督管理机构可以授权公司董事会行使股东会的部分职权，决定公司的重大事项，但公司的合并、分立、解散、增减注册资本和发行公司债券，必须由国有资产监督管理机构决定；其中，重要的国有独资公司合并、分立、解散、申请破产的，应当由国有资产监督管理机构审核后，报本级人民政府批准。所谓重要的国有独资公司，按照国务院的规定确定。

(2) 国有独资公司设立董事会。董事每届任期不得超过三年。董事会成员中应当有公司职工代表。董事会成员由国有资产监督管理机构委派；但是，董事会成员中的职工代表由公司职工代表大会选举产生。董事会设董事长一人，可以设副董事长。董事长、副董事长由国有资产监督管理机构从董事会成员中指定。

（3）国有独资公司设经理，由董事会聘任或者解聘。经理的职权与普通有限责任公司经理的职权相同。经国有资产监督管理机构同意，董事会成员可以兼任经理。

国有独资公司的董事长、副董事长、董事、高级管理人员，未经国有资产监督管理机构同意，不得在其他有限责任公司、股份有限公司或者其他经济组织兼职。

（4）国有独资公司监事会成员不得少于五人，其中职工代表的比例不得低于三分之一，具体比例由公司章程规定。监事会成员由国有资产监督管理机构委派；但是，监事会中的职工代表由公司职工代表大会选举产生。监事会主席由国有资产监督管理机构从监事会成员中指定。监事会行使《公司法》规定的职权和国务院规定的其他职权。

六、有限责任公司的股权转让

1. 股东转让股权

股东之间可以相互转让其全部或者部分股权。

股东向股东以外的人转让股权，应当经其他股东过半数同意。股东应就其股权转让事项书面通知其他股东征求同意，其他股东自接到书面通知之日起满三十日未答复的，视为同意转让。其他股东半数以上不同意转让的，不同意的股东应当购买该转让的股权；不购买的，视为同意转让。经股东同意转让的股权，在同等条件下，其他股东有优先购买权。两个以上股东主张行使优先购买权的，协商确定各自的购买比例；协商不成的，按照转让时各自的出资比例行使优先购买权。公司章程对股权转让另有规定的，从其规定。

2. 人民法院强制执行股权

人民法院依照法律规定的强制执行程序转让股东的股权时，应当通知公司及全体股东，其他股东在同等条件下有优先购买权。其他股东自人民法院通知之日起满二十日不行使优先购买权的，视为放弃优先购买权。

3. 股东请求公司收购股权

有下列情形之一的，对股东会该项决议投反对票的股东可以请求公司按照合理的价格收购其股权：

（1）公司连续五年不向股东分配利润，而公司该五年连续盈利，并且符合本法规定的分配利润条件的。

（2）公司合并、分立、转让主要财产的。

（3）公司章程规定的营业期限届满或者章程规定的其他解散事由出现，股东会会议通过决议修改章程使公司存续的。

自股东会会议决议通过之日起六十日内，股东与公司不能达成股权收购协议的，股东可以自股东会会议决议通过之日起九十日内向人民法院提起诉讼。

4. 继承股权

自然人股东死亡后，其合法继承人可以继承股东资格；但是，公司章程另有规定的除外。

股权变更后，公司应当注销原股东的出资证明书，向新股东签发出资证明书，并相应修改公司章程和股东名册中有关股东及其出资额的记载。对公司章程的该项修改不需再由股东会表决。

第三节　股份有限公司

一、股份有限公司的概念和特征

股份有限公司是指依公司法设立的，全部资本分为等额股份，股东以其所持股份为限对公司承担责任，公司以其全部资产对公司债务承担责任的企业法人。它具有以下几个主要特征：

（1）责任有限性。股份有限公司的股东以其认购的公司股份对公司承担责任，公司以其全部资产对其债务承担责任。

（2）最典型的资合公司。股份有限公司对外信用的基础不在于股东个人信用如何，而在于公司资本总额的多少。因此，尽可能多地募集并维持住公司经营所需要的资本，是公司得以设立及存续的基本条件。正因为如此，公司对股东个人的身份、地位并不计较，任何承认公司章程，愿意出资一股以上的人，都可以成为公司的股东，从而使分散在世界各地的股东们的不大的零星资本得以集合成公司经营所需的巨额资本。

（3）股东人数有法定最低限额，而没有最高限制。公司的资合性决定了须有一定人数的股东的联合，才能实现资本的集合。各国立法一般不允许设立一人股份有限公司。至于股东人数的上限，一般立法都不作限制，以满足公司最大可能的筹资需求，我国也同样。因此，股份有限公司常常是由成千上万个互不相识的股东组成的。

（4）资本总额划分为金额相等的股份。资本的股份化及股份金额的均等化，是股份有限公司区别于其他各种公司的最突出的特点。在股份有限公司里，各股东所持股份数可以不同，但每股所代表的资金额必须完全相同。股东行使表决权、股利分配请求权等各项股东权时，均以其所持股份数为标准计算。公司发行的股份总数乘以每股金额即是公司资本总额。股份有限公司股份的表现形式是股票。

（5）开放性。作为典型的资合公司，股份有限公司股份的发行和转让具有公开性。因此，出于维护公众利益的考虑，股份有限公司应当公开其公司章程、股东大会决议及公司财务会计报告等公司内部信息，以供股东查阅，并接受股东监督。

二、股份有限公司的设立

(一) 股份有限公司的设立条件

根据我国《公司法》规定，设立股份有限公司，应当具备下列条件。

1. 发起人符合法定人数

股份有限公司的发起人，是指参与制订公司章程，依法认购其应认购的股份，并承担公司筹办事务的人。发起人就其性质来说，是设立中公司的机关，他们对外代表设立中的公司，对内履行公司设立行为。发起人可以是自然人也可以是法人。设立股份有限公司，应当有二人以上二百人以下为发起人，其中须有半数以上的发起人在中国境内有住所。

发起人应当签订发起人协议，明确各自在公司设立过程中的权利和义务。股份有限公司的发起人应当承担下列责任：

①公司不能成立时，对设立行为所产生的债务和费用负连带责任；

②公司不能成立时，对认股人已缴纳的股款，负返还股款并加算银行同期存款利息的连带责任；

③在公司设立过程中，由于发起人的过失致使公司利益受到损害的，应当对公司承担赔偿责任。

2. 发起人认购和募集的股本达到法定资本最低限额

股份有限公司注册资本的最低限额为人民币五百万元。法律、行政法规对股份有限公司注册资本的最低限额有较高规定的，从其规定。股份有限公司采取发起设立方式设立的，注册资本为在公司登记机关登记的全体发起人认购的股本总额。

公司全体发起人的首次出资额不得低于注册资本的百分之二十，其余部分由发起人自公司成立之日起两年内缴足；其中，投资公司可以在五年内缴足。在缴足前，不得向他人募集股份。股份有限公司采取募集方式设立的，注册资本为在公司登记机关登记的实收股本总额。

3. 股份发行、筹办事项符合法律规定

我国法律关于股份有限公司的股份发行及筹办事项的规定，除了《公司法》的规定外，其他相关的法律法规亦有规定，如《证券法》等。从法律规定的具体内容看，既有股份发行的原则、条件、方式、价格等实体方面的规定，也有股份发行的审批、募集等程序方面的规定。

4. 发起人制订公司章程，采用募集方式设立的经创立大会通过

股份有限公司章程应当载明下列事项：

①公司名称和住所；

②公司经营范围；

③公司设立方式；

④公司股份总数、每股金额和注册资本；

⑤发起人的姓名或者名称、认购的股份数、出资方式和出资时间；

⑥董事会的组成、职权、任期和议事规则；

⑦公司法定代表人；

⑧监事会的组成、职权、任期和议事规则；

⑨公司利润分配办法；

⑩公司的解散事由与清算办法；

⑪公司的通知和公告办法；

⑫股东大会会议认为需要规定的其他事项。

5. 有公司名称，建立符合股份有限公司要求的组织机构和住所

股份有限公司名称必须符合《公司法》和《企业名称登记管理规定》的有关规定。在公司名称中须标明“股份有限公司”或者“股份公司”字样。股份有限公司的组织机构包括股东大会、董事会、经理和监事会。公司以其主要办事机构所在地为住所。

（二）股份有限公司设立的程序

我国公司法规定，股份有限公司的设立，可以采取发起设立或者募集设立的方式。法律不作强制性规定，而是由股份有限公司的发起人根据具体情况进行选择。

1. 发起设立的程序

发起设立，是指由发起人认购公司应发行的全部股份而设立公司。股份有限公司发起设立的程序是：

（1）发起人发起。由二人以上二百人以下的发起人确立设立公司的共同意思后，订立发起人协议，明确各自的权利义务。

（2）制订公司章程。全体发起人应共同参与公司章程的制定。

（3）发起人认购股份并缴纳股款。发起人应当书面认足公司章程规定其认购的股份；一次缴纳的，应即缴纳全部出资；分期缴纳的，应即缴纳首期出资。以非货币财产出资的，应当依法办理其财产权的转移手续。发起人不依法缴纳出资的，应当按照发起人协议的约定承担违约责任。

（4）选举董事会和监事会。发起人首次缴纳出资后，应当选举董事会和监事会。

（5）申请设立登记。由选举出的董事会向公司登记机关报送公司章程、由依法设定的验资机构出具的验资证明以及法律、行政法规规定的其他文件，申请设立登记。

2. 募集设立的程序

募集设立，是指由发起人认购公司应发行股份的一部分，其余股份向社会公开募集或者向特定对象募集而设立公司。股份有限公司募集设立的程序是：

（1）发起人发起。由二人以上二百人以下的发起人确立设立公司的共同意思后，订立发起人协议，明确各自的权利义务。

（2）制订公司章程。全体发起人应共同参与公司章程的制定。

（3）发起人认购股份。发起人认购的股份不得少于公司股份总数的百分之三十

五；但是，法律、行政法规另有规定的，从其规定。

（4）公开募集股份。发起人向社会公开募集股份，必须公告招股说明书，并制作认股书。招股说明书应当附有发起人制订的公司章程，并载明下列事项：

①发起人认购的股份数；

②每股的票面金额和发行价格；

③无记名股票的发行总数；

④募集资金的用途；

⑤认股人的权利、义务；

⑥本次募股的起止期限及逾期未募足时认股人可以撤回所认股份的说明。

认股书亦应当载明前列事项，由认股人填写认购股数、金额、住所，并签名、盖章。认股人按照所认购股数缴纳股款。

（5）签订承销协议。发起人向社会公开募集股份，应当由依法设立的证券公司承销，签订承销协议。

（6）签订代收股款协议。发起人向社会公开募集股份，应当同银行签订代收股款协议。代收股款的银行应当按照协议代收和保存股款，向缴纳股款的认股人出具收款单据，并负有向有关部门出具收款证明的义务。

（7）验资。发行股份的股款缴足后，必须经依法设立的验资机构验资并出具证明。

（8）召开创立大会。发起人应当在三十日内主持召开公司创立大会。创立大会由认股人组成。发行的股份超过招股说明书规定的截止期限尚未募足的，或者发行股份的股款缴足后，发起人在三十日内未召开创立大会的，认股人可以按照所缴股款并加算银行同期存款利息，要求发起人返还。

发起人应当在创立大会召开十五日前将会议日期通知各认股人或者予以公告。创立大会应有代表股份总数过半数的认股人出席，方可举行。创立大会行使下列职权：

①审议发起人关于公司筹办情况的报告；

②通过公司章程；

③选举董事会成员；

④选举监事会成员；

⑤对公司的设立费用进行审核；

⑥对发起人用于抵作股款的财产的作价进行审核；

⑦发生不可抗力或者经营条件发生重大变化直接影响公司设立的，可以作出不设立公司的决议。

创立大会对前款所列事项作出决议，必须经出席会议的认股人所持表决权过半数通过。

（9）申请设立登记。董事会应于创立大会结束后三十日内，向公司登记机关申请设立登记。申请时需报送下列文件：

①公司登记申请书；

②创立大会的会议记录；

③公司章程；

④验资证明；

⑤法定代表人、董事、监事的任职文件及其身份证明；

⑥发起人的法人资格证明或者自然人身份证明；

⑦公司住所证明。

以募集方式设立股份有限公司公开发行股票的，还应当向公司登记机关报送国务院证券监督管理机构的核准文件。

三、股份有限公司的组织机构

（一）股东大会

1. 股东大会的性质和职权

股份有限公司股东大会由全体股东组成，股东大会是公司的权力机构，依法行使职权。

股东大会行使下列职权：

①决定公司的经营方针和投资计划；

②选举和更换非由职工代表担任的董事、监事，决定有关董事、监事的报酬事项；

③审议批准董事会的报告；

④审议批准监事会或者监事的报告；

⑤审议批准公司的年度财务预算方案、决算方案；

⑥审议批准公司的利润分配方案和弥补亏损方案；

⑦对公司增加或者减少注册资本作出决议；

⑧对发行公司债券作出决议；

⑨对公司合并、分立、变更公司形式、解散和清算等事项作出决议；

⑩修改公司章程；

⑪公司章程规定的其他职权。

2. 股东大会的议事规则

（1）股东大会的召开。股东大会应当每年召开一次年会。有下列情形之一的，应当在两个月内召开临时股东大会：

①董事人数不足本法规定人数或者公司章程所定人数的三分之二时；

②公司未弥补的亏损达实收股本总额三分之一时；

③单独或者合计持有公司百分之十以上股份的股东请求时；

④董事会认为必要时；

⑤监事会提议召开时；

⑥公司章程规定的其他情形。

股东大会会议由董事会召集，董事长主持；董事长不能履行职务或者不履行职务的，由副董事长主持；副董事长不能履行职务或者不履行职务的，由半数以上董事共同推举一名董事主持。董事会不能履行或者不履行召集股东大会会议职责的，监事会应当及时召集和主持；监事会不召集和主持的，连续九十日以上单独或者合计持有公司百分之十以上股份的股东可以自行召集和主持。

召开股东大会会议，应当将会议召开的时间、地点和审议的事项于会议召开二十日前通知各股东；临时股东大会应当于会议召开十五日前通知各股东；发行无记名股票的，应当于会议召开三十日前公告会议召开的时间、地点和审议事项。

单独或者合计持有公司百分之三以上股份的股东，可以在股东大会召开十日前提出临时提案并书面提交董事会；董事会应当在收到提案后二日内通知其他股东，并将该临时提案提交股东大会审议。临时提案的内容应当属于股东大会职权范围，并有明确议题和具体决议事项。股东大会不得对通知中未列明的事项作出决议。无记名股票持有人出席股东大会会议的，应当于会议召开五日前至股东大会闭会时将股票交存于公司。

(2) 股东大会的决议。股东出席股东大会会议，所持每一股份有一表决权。但是，公司持有的本公司股份没有表决权。股东大会作出决议，必须经出席会议的股东所持表决权过半数通过。但是，股东大会作出修改公司章程、增加或者减少注册资本的决议，以及公司合并、分立、解散或者变更公司形式的决议，必须经出席会议的股东所持表决权的三分之二以上通过。

公司法和公司章程规定公司转让、受让重大资产或者对外提供担保等事项必须经股东大会作出决议的，董事会应当及时召集股东大会会议，由股东大会就上述事项进行表决。

股东大会选举董事、监事，可以根据公司章程的规定或者股东大会的决议，实行累积投票制。所谓累积投票制，是指股东大会选举董事或者监事时，每一股份拥有与应选董事或者监事人数相同的表决权，股东拥有的表决权可以集中使用。

股东可以委托代理人出席股东大会会议，代理人应当向公司提交股东授权委托书，并在授权范围内行使表决权。

股东大会应当对所议事项的决定作成会议记录，主持人、出席会议的董事应当在会议记录上签名。会议记录应当与出席股东的签名册及代理出席的委托书一并保存。

（二）董事会

1. 董事会的性质和组成

股份公司董事会是由股东大会选举产生的若干名董事组成的行使经营决策和管理权的公司执行机关。董事会是公司的常设机构也是公司业务的执行机关和经营决策机关。

股份有限公司董事会成员为五至十九人。董事会成员中可以有公司职工代表。董事会中的职工代表由公司职工通过职工代表大会、职工大会或者其他形式民主选举产生。董事会设董事长一人，可以设副董事长。董事长和副董事长由董事会以全体董事的过半数选举产生。

2. 董事会的职权和董事任期

股份有限公司董事会的职权与有限责任公司董事会相同。

股份有限公司董事的任期亦与有限责任公司董事任期相同，即每届任期不得超过三年，董事任期届满，连选可以连任。

3. 董事会的议事规则

（1）定期会议和临时会议。董事会每年度至少召开两次会议。代表十分之一以上表决权的股东、三分之一以上董事或者监事会，可以提议召开董事会临时会议，董事长应当自接到提议后十日内，召集和主持董事会会议。

（2）通知。定期会议应当于会议召开十日前通知全体董事和监事。临时会议可以另定召集董事会的通知方式和通知时限。

（3）召集和主持。董事长召集和主持董事会会议，检查董事会决议的实施情况。副董事长协助董事长工作，董事长不能履行职务或者不履行职务的，由副董事长履行职务；副董事长不能履行职务或者不履行职务的，由半数以上董事共同推举一名董事履行职务。

（4）董事会决议。董事会会议应有过半数的董事出席方可举行。董事会作出决议，必须经全体董事的过半数通过。董事会决议的表决，实行一人一票。

董事会会议，应由董事本人出席；董事因故不能出席，可以书面委托其他董事代为出席，委托书中应载明授权范围。

董事会应当对会议所议事项的决定作成会议记录，出席会议的董事应当在会议记录上签名。董事应当对董事会的决议承担责任。董事会的决议违反法律、行政法规或者公司章程、股东大会决议，致使公司遭受严重损失的，参与决议的董事对公司负赔偿责任。但经证明在表决时曾表明异议并记载于会议记录的，该董事可以免除责任。

（三）经理

股份有限公司设经理，由董事会决定聘任或者解聘。股份有限公司的经理职权与有限责任公司的经理职权相同。

公司董事会可以决定由董事会成员兼任经理。

（四）监事会

1. 监事会的性质和组成

监事会是公司的监督机关，主要对董事会及其成员和经理管理人员行使监督职能。我国公司监事会是股份有限公司必备的常设机关。

股份有限公司监事会成员不得少于三人，应当包括股东代表和适当比例的公司职工代表，其中职工代表的比例不得低于三分之一，具体比例由公司章程规定。监事会中的职工代表由公司职工通过职工代表大会、职工大会或者其他形式民主选举产生。董事、高级管理人员不得兼任监事。

监事会设主席一人，可以设副主席。监事会主席和副主席由全体监事过半数选举产生。

2. 监事会的职权和监事任期

股份有限公司监事会的职权与有限责任公司监事会相同。

股份有限公司监事的任期亦与有限责任公司监事任期相同，即每届为三年。监事任期届满，连选可以连任。

3. 监事会会议

（1）定期会议和临时会议。监事会每六个月至少召开一次会议。监事可以提议召开临时监事会会议。

（2）召集和主持。监事会主席召集和主持监事会会议；监事会主席不能履行职务或者不履行职务的，由监事会副主席召集和主持监事会会议；监事会副主席不能履行职务或者不履行职务的，由半数以上监事共同推举一名监事召集和主持监事会会议。

（3）监事会决议。监事会的议事方式和表决程序，除公司法有规定的外，由公司章程规定。监事会应当对所议事项的决定作成会议记录，出席会议的监事应当在会议记录上签名。监事会行使职权所必需的费用，由公司承担。

四、股份有限公司的股份发行和转让

（一）股份发行

1. 股份和股票

（1）股份。股份有限公司的股份是指按相等金额或相同比例平均划分公司资本的基本计量单位，它代表股东在公司中的权利和义务。股份有限公司的资本划分为股份，每一股的金额相等。

股份在法律上有两层意义：

①股份是公司资本的构成单位。公司全部资本分为金额均等的若干股份，全部股份金额的总和即为公司资本总额。

②股份是股东权利、义务的计算单位。股东在公司中的地位及其权利、义务的大小，取决于其所拥有的公司股份数。公司股东按其所持公司的股份享有所有者的资产受益、重大决策和选择管理者等权利，并以其所持股份为限对公司承担责任。

（2）股票。股票是公司签发的证明股东所持股份的凭证，是股份的法律表现形式。我国《公司法》规定，股票采用纸面形式或者国务院证券监督管理机构规定的其他形式。股票应当载明下列主要事项：

①公司名称；

②公司成立日期；

③股票种类、票面金额及代表的股份数；

④股票的编号。

股票由法定代表人签名，公司盖章。发起人的股票，应当标明发起人股票字样。

公司发行的股票，可以为记名股票，也可以为无记名股票。公司向发起人、法人发行的股票，应当为记名股票，并应当记载该发起人、法人的名称或者姓名，不得另立户名或者以代表人姓名记名。公司发行记名股票的，应当置备股东名册，记载下列事项：

①股东的姓名或者名称及住所；

②各股东所持股份数；

③各股东所持股票的编号；

④各股东取得股份的日期。发行无记名股票的，公司应当记载其股票数量、编号及发行日期。

股份有限公司成立后，即向股东正式交付股票。公司成立前不得向股东交付股票。

2. 股份发行的概念、原则与价格

(1) 股份发行的概念。股份发行，是指股份有限公司为设立公司或筹集资本，依照法律规定发售股份的行为。股份发行按照不同阶段可以分为两种类型：

①设立发行，即为设立公司而首次发行股份；

②新股发行，即公司成立后为扩大公司资本而发行新股。

(2) 股份发行的原则。股份的发行，实行公平、公正的原则，同种类的每一股份应当具有同等权利。同次发行的同种类股票，每股的发行条件和价格应当相同；任何单位或者个人所认购的股份，每股应当支付相同价额。

(3) 股份发行的价格。股份发行有平价发行、溢价发行及折价发行三种价格。平价发行，是指按照股票票面上所记载的金额发行。溢价发行，是指按高于股票票面所记载的金额发行。折价发行，是指按低于股票票面所载明的金额发行。

我国《公司法》规定，股票发行价格可以按票面金额，也可以超过票面金额，但不得低于票面金额。因此，我国股份发行的价格只有平价发行和溢价发行两种。

3. 新股发行的程序

(1) 股东大会或者董事会作出决议。《公司法》规定，公司发行新股，依照公司章程的规定由股东大会或者董事会对下列事项作出决议：

①新股种类及数额；

②新股发行价格；

③新股发行的起止日期；

④向原有股东发行新股的种类及数额。

(2) 国务院证券监督管理机构核准。公司经国务院证券监督管理机构核准公开发行新股时，必须公告新股招股说明书和财务会计报告，并制作认股书。

(3) 签订承销协议。发起人向社会公开募集股份，应当由依法设立的证券公司承销，签订承销协议。

(4) 签订代收股款协议。发起人向社会公开募集股份，应当同银行签订代收股款协议。代收股款的银行应当按照协议代收和保存股款，向缴纳股款的认股人出具收款单据，并负有向有关部门出具收款证明的义务。

（5）办理变更登记。公司发行新股募足股款后，必须向公司登记机关办理变更登记，并公告。

（二）股份转让

1. 股份转让的概念

股份转让，是指股份有限公司股东将自己持有的股份依法转让给他人，使他人成为公司股东的行为。我国《公司法》规定，股东持有的股份可以依法转让。

股东转让其股份，应当在依法设立的证券交易场所进行或者按照国务院规定的其他方式进行。记名股票，由股东以背书方式或者法律、行政法规规定的其他方式转让；转让后由公司将受让人的姓名或者名称及住所记载于股东名册。股东大会召开前二十日内或者公司决定分配股利的基准日前五日内，不得进行前款规定的股东名册的变更登记。但是，法律对上市公司股东名册变更登记另有规定的，从其规定。无记名股票的转让，由股东将该股票交付给受让人后即发生转让的效力。

2. 股份转让的限制

基于股份有限公司的资合性、开放性的特点，一般而言，其股份的转让是自由的。但为了有效地控制股份转让过程中可能出现的消极作用，为了更周全地保护公司及全体股东的利益，我国《公司法》又对特殊情况下的股份转让作了规定：

（1）发起人转让股份的限制。发起人持有的本公司股份，自公司成立之日起一年内不得转让。公司公开发行股份前已发行的股份，自公司股票在证券交易所上市交易之日起一年内不得转让。

（2）公司董事、监事、高级管理人员转让股份的限制。公司董事、监事、高级管理人员应当向公司申报所持有的本公司的股份及其变动情况，在任职期间每年转让的股份不得超过其所持有本公司股份总数的百分之二十五；所持本公司股份自公司股票上市交易之日起一年内不得转让。上述人员离职后半年内，不得转让其所持有的本公司股份。公司章程可以对公司董事、监事、高级管理人员转让其所持有的本公司股份作出其他限制性规定。

（3）公司收购本公司股份的限制。原则上，公司不得收购本公司股份。但是，有下列情形之一的除外：

①减少公司注册资本；

②与持有本公司股份的其他公司合并；

③将股份奖励给本公司职工；

④股东因对股东大会作出的公司合并、分立决议持异议，要求公司收购其股份的。

除第④项原因外，收购本公司股份的，应当经股东大会决议。因第③项原因收购的本公司股份，不得超过本公司已发行股份总额的百分之五；用于收购的资金应当从公司的税后利润中支出；所收购的股份应当在一年内转让给职工。此外，公司不得接受本公司的股票作为质押权的标的。

五、上市公司的特别规定

1. 上市公司的概念

上市公司是指其股票在证券交易所上市交易的股份有限公司。上市公司首先应该是股份有限公司，但并非所有的股份有限公司都是上市公司，只有股票在证券交易所上市交易的股份有限公司才是上市公司。

2. 上市公司组织机构的特别规定

由于上市公司是股份有限公司，因此关于股份有限公司的组织机构的规定也适用于上市公司。此外，由于上市公司的特殊性，公司法对其组织机构的设置和职权行使又作了特别规定：

（1）引进独立董事和董事会秘书制度。根据《公司法》规定，上市公司应当设立独立董事，但《公司法》没有规定设立独立董事的具体办法，而是交由国务院另行规定。独立董事是指与公司没有重要关系的董事。重要关系的含义包括重要的个人关系和经济关系。在理论上讲，他们既不是公司的雇员及其亲朋好友，也不是公司的供应商、经销商、资金提供者，或者是向公司提供法律、会计、审计、管理咨询等服务的机构职员或代表，与公司没有任何影响其对公司决策和事务行使独立判断的关系，也不受其他董事的控制和影响。设立独立董事的目的是为了完善公司治理，一方面可以制约内部控股股东利用其控制地位做出不利于公司和股东的行为；另一方面还可以独立监督管理层，减轻内部人控制带来的问题。

此外，上市公司应当设立董事会秘书，负责公司股东大会和董事会会议的筹备、文件保管以及公司股权管理，办理信息披露事务等事宜。董事会秘书为公司的高级管理人员，对董事会负责。

（2）关于决议和表决权。上市公司在一年内购买、出售重大资产或者担保金额超过公司资产总额百分之三十的，应当由股东大会作出决议，并经出席会议的股东所持表决权的三分之二以上通过。上市公司董事与董事会会议决议事项所涉及的企业有关联关系[1]的，不得对该项决议行使表决权，也不得代理其他董事行使表决权。该董事会会议由过半数的无关联关系董事出席即可举行，董事会会议所作决议须经无关联关系董事过半数通过。出席董事会的无关联关系董事人数不足三人的，应将该事项提交上市公司股东大会审议。这两项规定也是为了完善公司治理，保护中小股东的利益。

3. 上市公司的股票交易和财务公开

除公司法的规定外，上市公司股票应当依照有关法律、行政法规及证券交易所

---

[1] 关联关系，是指公司控股股东、实际控制人、董事、监事、高级管理人员与其直接或者间接控制的企业之间的关系，以及可能导致公司利益转移的其他关系。但是，国家控股的企业之间不仅仅因为同受国家控股而具有关联关系。

交易规则上市交易，并且必须依照法律、行政法规的规定，公开其财务状况、经营情况及重大诉讼，在每会计年度内半年公布一次财务会计报告。

第四节 公司董事、监事、高级管理人员的资格和义务

一、董事、监事、高级管理人员的资格限制

为了提高公司经营管理水平，保护投资者的合法权益，公司法对董事、监事、高级管理人员[1]有任职资格的限制，规定有下列情况之一的，不得担任公司的董事、监事、高级管理人员：

（1）无民事行为能力或者限制民事行为能力。

（2）因贪污、贿赂、侵占财产、挪用财产或者破坏社会主义市场经济秩序，被判处刑罚，执行期满未逾五年，或者因犯罪被剥夺政治权利，执行期满未逾五年。

（3）担任破产清算的公司、企业的董事或者厂长、经理，对该公司、企业的破产负有个人责任的，自该公司、企业破产清算完结之日起未逾三年。

（4）担任因违法被吊销营业执照、责令关闭的公司、企业的法定代表人，并负有个人责任的，自该公司、企业被吊销营业执照之日起未逾三年。

（5）个人所负数额较大的债务到期未清偿。

公司违反上述规定选举、委派董事、监事或者聘任高级管理人员的，该选举、委派或者聘任无效。董事、监事、高级管理人员在任职期间出现上述情形的，公司应当解除其职务。

二、董事、监事、高级管理人员的义务

1. 遵守法律和公司章程的义务

董事、监事、高级管理人员应当遵守法律、行政法规和公司章程。

2. 忠实与勤勉义务

董事、监事、高级管理人员对公司负有忠实义务和勤勉义务，包括：

（1）不得挪用公司资金。

（2）不得将公司资金以其个人名义或者以其他个人名义开立账户存储。

（3）不得违反公司章程的规定，未经股东会、股东大会或者董事会同意，将公司资金借贷给他人或者以公司财产为他人提供担保。

---

[1] 高级管理人员，是指公司的经理、副经理、财务负责人，上市公司董事会秘书和公司章程规定的其他人员。

（4）不得违反公司章程的规定或者未经股东会、股东大会同意，与本公司订立合同或者进行交易。

（5）不得未经股东会或者股东大会同意，利用职务便利为自己或者他人谋取属于公司的商业机会，自营或者为他人经营与所任职公司同类的业务。

（6）不得接受他人与公司交易的佣金归为己有。

（7）不得擅自披露公司秘密。

（8）不得有违反对公司忠实义务的其他行为。

董事、高级管理人员违反忠实义务所得的收入应当归公司所有。此外，董事、监事、高级管理人员执行公司职务时违反法律、行政法规或者公司章程的规定，给公司造成损失的，应当承担赔偿责任。

3. 接受监督义务

股东会或者股东大会要求董事、监事、高级管理人员列席会议的，董事、监事、高级管理人员应当列席并接受股东的质询。董事、高级管理人员应当如实向监事会或者不设监事会的有限责任公司的监事提供有关情况和资料，不得妨碍监事会或者监事行使职权。

三、股东对董事、监事、高级管理人员的诉讼权利

1. 股东对董事、监事、高级管理人员损害公司利益的诉讼权利

（1）请求起诉。董事、高级管理人员执行公司职务时违反法律、行政法规或者公司章程的规定，给公司造成损失的，有限责任公司的股东、股份有限公司连续一百八十日以上单独或者合计持有公司百分之一以上股份的股东，可以书面请求监事会或者不设监事会的有限责任公司的监事向人民法院提起诉讼。监事执行公司职务时违反法律、行政法规或者公司章程的规定，给公司造成损失的，前述股东可以书面请求董事会或者不设董事会的有限责任公司的执行董事向人民法院提起诉讼。

（2）直接起诉。监事会、不设监事会的有限责任公司的监事，或者董事会、执行董事收到前述股东书面请求后拒绝提起诉讼，或者自收到请求之日起三十日内未提起诉讼，或者情况紧急、不立即提起诉讼将会使公司利益受到难以弥补的损害的，前述股东有权为了公司的利益以自己的名义直接向人民法院提起诉讼。他人侵犯公司合法权益，给公司造成损失的，前述股东也可以依照上述规定向人民法院提起诉讼。

2. 股东对董事、监事、高级管理人员损害股东利益的诉讼权利

董事、高级管理人员违反法律、行政法规或者公司章程的规定，损害股东利益的，股东可以向人民法院提起诉讼。

第五节 公司债券

一、公司债券的概念和特征

公司债券，是指公司依照法定程序发行的、约定在一定期限还本付息的有价证券。公司发行公司债券应当符合《证券法》规定的发行条件。

公司债券有以下法律特征：

（1）公司债是公司依法发行公司债券而形成的公司债务。

（2）公司债券是一种有价证券。它表明了持券人对公司拥有一定数量的债权。

（3）公司债券是有一定的还本付息期限的有价证券。持券人对公司拥有的债权不是无限期的，持券人把一定数量的资金借给公司也非无偿的，公司必须在一定期限到来时不仅还本，并且支付一定量的利息作为债权人把资金借给公司的代价。

公司债券与股票的区别：

（1）公司债券是债权证券，表示发行者与投资者之间的债权、债务关系；股票表示投资者对发行股票的公司拥有股东的一系列权利。

（2）公司债券是到期由公司还本付息的有价证券；股票是没有到期日和偿还期的，股东在任何时候都无权要求公司还本付息。

（3）公司债券的利息是固定的；股票的收益不固定，风险较大。

（4）公司债券持有人在公司解散或者破产的情况下，可以优先于股东行使对公司剩余资产的分配权。

二、公司债券的种类

1. 记名公司债券与无记名公司债券

记名公司债券是指在公司债券上记载债权人姓名或者名称的公司债券；无记名公司债券是指在公司债券上不记载债权人姓名或者名称的公司债券。

我国《公司法》规定，公司债券可以为记名债券，也可以为无记名债券。无论是记名公司债券还是无记名公司债券都应当在公司置备公司债券存根簿。

发行记名公司债券的，应当在公司债券存根簿上载明下列事项：

①债券持有人的姓名或者名称及住所；

②债券持有人取得债券的日期及债券的编号；

③债券总额，债券的票面金额、利率、还本付息的期限和方式；

④债券的发行日期。

发行无记名公司债券的，应当在公司债券存根簿上载明债券总额、利率、偿还期限和方式、发行日期及债券的编号。

记名公司债券的登记结算机构应当建立债券登记、存管、付息、兑付等相关制度。

2. 可转换公司债券与不可转换公司债券

可转换公司债券是指可以转换成公司股票的公司债券；不可转换公司债券是指不得转换为公司股票的公司债券。

我国《公司法》规定，上市公司经股东大会决议可以发行可转换为股票的公司债券，并在公司债券募集办法中规定具体的转换办法。上市公司发行可转换为股票的公司债券，应当报国务院证券监督管理机构核准。发行可转换为股票的公司债券，应当在债券上标明可转换公司债券字样，并在公司债券存根簿上载明可转换公司债券的数额。此外，发行可转换为股票的公司债券的，公司应当按照其转换办法向债券持有人换发股票，但债券持有人对转换股票或者不转换股票有选择权。

三、公司债券的发行与转让

1. 发行公司债券的程序

（1）公司的权力机关作出决议。有限责任公司、股份有限公司发行公司债券，由董事会制订方案，股东（大）会作出决议。国有独资公司发行公司债券，由国有资产监督管理机构决定。

（2）报请批准。发行公司债券的申请须经国务院授权的部门核准。

（3）公告公司债券募集办法。公司债券募集办法中应当载明下列主要事项：

①公司名称；

②债券募集资金的用途；

③债券总额和债券的票面金额；

④债券利率的确定方式；

⑤还本付息的期限和方式；

⑥债券担保情况；

⑦债券的发行价格、发行的起止日期；

⑧公司净资产额；

⑨已发行的尚未到期的公司债券总额；

⑩公司债券的承销机构。

2. 公司债券的转让

公司债券可以转让，转让价格由转让人与受让人约定。公司债券在证券交易所上市交易的，按照证券交易所的交易规则转让。

记名公司债券，由债券持有人以背书方式或者法律、行政法规规定的其他方式转让；转让后由公司将受让人的姓名或者名称及住所记载于公司债券存根簿。无记名公司债券，由债券持有人将该债券交付给受让人后即发生转让的效力。

第六节　公司财务会计

公司应当依照法律、行政法规和国务院财政部门的规定建立本公司的财务、会计制度。公司财务制度是指关于公司资金管理、成本费用的计算、营业收入的分配、货币的管理、财务报告以及纳税等方面的规程。公司会计制度，是指公司会计体制、组织、会计记账、会计核算等方面的规程。

财务会计制度的基本要求是通过会计凭证、账簿、报表等会计资料，系统、真实、准确、全面地反映公司资金运动信息，如实反映公司财务经营状况，是维护公司各方相关主体利益的前提，对于保护中小股东和潜在投资者尤为重要。

一、公司的财务会计报告

1. 财务会计报告的编制与审计

公司应当在每一会计年度终了时编制财务会计报告，并依法经会计师事务所审计。财务会计报告应当依照法律、行政法规和国务院财政部门的规定制作。财务会计报告一般包括资产负债表、损益表、财务状况变动表、财务情况说明书以及利润分配表等。

公司聘用、解聘承办公司审计业务的会计师事务所，依照公司章程的规定，由股东会、股东大会或者董事会决定。公司股东会、股东大会或者董事会就解聘会计师事务所进行表决时，应当允许会计师事务所陈述意见。公司应当向聘用的会计师事务所提供真实、完整的会计凭证、会计账簿、财务会计报告及其他会计资料，不得拒绝、隐匿、谎报。

公司除法定的会计账簿外，不得另立会计账簿。对公司资产，不得以任何个人名义开立账户存储。

2. 财务会计报告送交、置备与公告

有限责任公司应当按照公司章程规定的期限将财务会计报告送交各股东。股份有限公司的财务会计报告应当在召开股东大会年会的二十日前置备于本公司，供股东查阅；公开发行股票的股份有限公司必须公告其财务会计报告。

二、公司税后利润分配

（一）公司的公积金

1. 公积金的概念

公积金，又称公积或准备金，是指公司根据法律和公司章程的规定提留备用，不作为股利分配的部分所得或收益。公司的公积金用于弥补公司的亏损、扩大公司生产经营或者转为增加公司资本。

2. 公积金的种类

按不同的分类标准，可对公积金作不同的分类。常见的分类方法有下列两种：

（1）以是否依法律规定强制提取为标准，可把公积金分为法定公积金和任意公积金。法定公积金是指依据法律规定而必须强制提取的公积金。其提取比例及用途，都由法律直接规定。法律所辖范围内的所有公司都必须遵守，不允许任何公司以公司章程或股东大会决议的形式予以取消或加以变通。因此，法定公积金亦称强制公积金。我国《公司法》规定，公司分配当年税后利润时，应当提取利润的百分之十列入公司法定公积金。公司法定公积金累计额为公司注册资本的百分之五十以上的，可以不再提取。法定公积金转为资本时，所留存的该项公积金不得少于转增前公司注册资本的百分之二十五。公司的法定公积金不足以弥补以前年度亏损的，在依照前款规定提取法定公积金之前，应当先用当年利润弥补亏损。

任意公积金，是指公司根据公司章程或股东大会决议而于法定公积金外自由设置或提取的公积金。我国《公司法》规定，公司从税后利润中提取法定公积金后，经股东会或者股东大会决议，可以从税后利润中提取任意公积金。

（2）以公积金的来源为标准，可把公积金分为盈余公积金和资本公积金。盈余公积金是指公司从其税后的营业利润中提取的公积金。资本公积金，是指从公司非营业活动所产生的收益中提取的公积金。我国《公司法》规定，股份有限公司以超过股票票面金额的发行价格发行股份所得的溢价款以及国务院财政部门规定列入资本公积金的其他收入，应当列为公司资本公积金。资本公积金不得用于弥补公司的亏损。

（二）公司利润的分配

公司弥补亏损和提取公积金后所余税后利润的分配，因公司组织形式不同而有所区别，即有限责任公司的股东按照实缴的出资比例分配，但是全体股东约定不按照出资比例分配的除外；股份有限公司按照股东持有的股份比例分配，但股份有限公司章程规定不按持股比例分配的除外。

股东会、股东大会或者董事会违反规定，在公司弥补亏损和提取法定公积金之前向股东分配利润的，股东必须将违反规定分配的利润退还公司。此外，公司持有的本公司股份不得分配利润。

第七节　公司的合并、分立、增减资本、解散和清算

一、公司合并

1. 公司合并的概念与形式

公司合并是指两个或两个以上公司依法转变为一个公司的法律行为。

公司合并可以采取吸收合并或者新设合并：

（1）吸收合并。一个公司吸收其他公司为吸收合并，被吸收的公司解散。

（2）新设合并。两个以上公司合并设立一个新的公司为新设合并，合并各方

解散。

2. 公司合并的程序

（1）股东会或股东大会作出决议。

（2）合并各方签订合并协议，并编制资产负债表及财产清单。

（3）通知债权人。公司应当自作出合并决议之日起十日内通知债权人，并于三十日内在报纸上公告。债权人自接到通知书之日起三十日内，未接到通知书的自公告之日起四十五日内，可以要求公司清偿债务或者提供相应的担保。

（4）依法进行登记。公司合并应当依法向公司登记机关办理变更登记；公司解散的，应当依法办理公司注销登记；设立新公司的，应当依法办理公司设立登记。

3. 公司合并后的债权债务承担

公司合并时，合并各方的债权、债务，应当由合并后存续的公司或者新设的公司承继。

二、公司分立

1. 公司分立的概念与形式

公司分立是指一个公司依法分成两个或两个以上公司的法律行为。公司分立，其财产作相应的分割。

公司分立可以分为新设分立和派生分立：

（1）新设分立。新设分立是指一个公司分成两个或两个以上公司的情况。这种分立的原公司主体资格归于消灭，同时新设两个或两个以上的公司。

（2）派生分立。派生分立是指一个公司分出部分财产和业务组成另一个或多个公司。这种分立后，原公司仍保留其法人资格。

2. 公司分立的程序

公司分立的程序与公司合并的程序基本一致。

3. 公司分立后的债权债务承担

公司分立前的债务由分立后的公司承担连带责任。但是，公司在分立前与债权人就债务清偿达成的书面协议另有约定的除外。

三、公司增减资本

1. 公司增资

有限责任公司增加注册资本时，股东认缴新增资本的出资，依照设立有限责任公司缴纳出资的有关规定执行。

股份有限公司为增加注册资本发行新股时，股东认购新股，依照设立股份有限公司缴纳股款的有关规定执行。

2. 公司减资

公司需要减少注册资本时，必须编制资产负债表及财产清单。公司应当自作出减少注册资本决议之日起十日内通知债权人，并于三十日内在报纸上公告。债权人自接到通知书之日起三十日内，未接到通知书的自公告之日起四十五日内，有权要求公司清偿债务或者提供相应的担保。公司减资后的注册资本不得低于法定的最低限额。

公司增加或者减少注册资本，应当依法向公司登记机关办理变更登记。

四、公司解散和清算

（一）公司解散

我国《公司法》规定，公司因下列原因解散：

（1）公司章程规定的营业期限届满或者公司章程规定的其他解散事由出现。但是，出现这种原因时，公司可以通过修改公司章程而存续。这种情况下修改公司章程，有限责任公司须经持有三分之二以上表决权的股东通过，股份有限公司须经出席股东大会会议的股东所持表决权的三分之二以上通过。

（2）股东会或者股东大会决议解散。

（3）因公司合并或者分立需要解散。

（4）依法被吊销营业执照、责令关闭或者被撤销。

（5）人民法院依法予以解散。公司经营管理发生严重困难，继续存续会使股东利益受到重大损失，通过其他途径不能解决的，持有公司全部股东表决权百分之十以上的股东，可以请求人民法院解散公司。

（二）公司清算

1. 公司清算的概念

公司清算是指公司解散后，对公司资产和债权债务进行清理处分，了结公司的业务，向出资者或股东分配剩余财产，以终结公司所有法律关系的法律行为。

2. 清算组的组成

除公司因合并或分立而解散外，公司应当在解散事由出现之日起十五日内成立清算组，开始清算。有限责任公司的清算组由股东组成，股份有限公司的清算组由董事或者股东大会确定的人员组成。逾期不成立清算组进行清算的，债权人可以申请人民法院指定有关人员组成清算组进行清算。人民法院应当受理该申请，并及时组织清算组进行清算。

3. 清算组的职权和义务

（1）清算组的职权。清算组在清算期间行使下列职权：

①清理公司财产，分别编制资产负债表和财产清单；

②通知、公告债权人；

③处理与清算有关的公司未了结的业务；

④清缴所欠税款以及清算过程中产生的税款；

⑤清理债权、债务；

⑥处理公司清偿债务后的剩余财产；

⑦代表公司参与民事诉讼活动。

（2）清算组的义务。清算组成员应当忠于职守，依法履行清算义务。清算组成员不得利用职权收受贿赂或者其他非法收入，不得侵占公司财产。清算组成员因故意或者重大过失给公司或者债权人造成损失的，应当承担赔偿责任。

4. 清算程序

（1）通知债权人。清算组应当自成立之日起十日内通知债权人，并于六十日内在报纸上公告。债权人应当自接到通知书之日起三十日内，未接到通知书的自公告之日起四十五日内，向清算组申报其债权。

（2）债权人申报债权。债权人应当说明债权的有关事项，并提供证明材料。清算组应当对债权进行登记。在申报债权期间，清算组不得对债权人进行清偿。

（3）制订清算方案。清算组在清理公司财产、编制资产负债表和财产清单后，应当制订清算方案，并报股东会、股东大会或者人民法院确认。

（4）分配公司财产。公司财产在分别支付清算费用、职工的工资、社会保险费用和法定补偿金，缴纳所欠税款，清偿公司债务后，其剩余部分有限责任公司按照股东的出资比例分配，股份有限公司按照股东持有的股份比例分配。

清算期间公司存续，但不得开展与清算无关的经营活动。公司财产在未按前款规定清偿前，不得分配给股东。

清算组在清理公司财产、编制资产负债表和财产清单后，发现公司财产不足清偿债务的，应当依法向人民法院申请宣告破产。公司经人民法院裁定宣告破产后，清算组应当将清算事务移交给人民法院。

（5）终止公司。公司清算结束后，清算组应当制作清算报告，报股东会、股东大会或者人民法院确认，并报送公司登记机关，申请注销公司登记，公告公司终止。

第八节　外国公司的分支机构

外国公司是指依照外国法律在中国境外设立的公司。外国公司的分支机构是指外国公司依照我国《公司法》的规定在中国境内设立的分支机构。

一、外国公司分支机构的设立

1. 设立程序

外国公司在中国境内设立分支机构，必须向中国主管机关提出申请，并提交其公司章程、所属国的公司登记证书等有关文件，经批准后，向公司登记机关依法办理登记，领取营业执照。外国公司分支机构的审批办法由国务院另行规定。

2. 设立条件

（1）外国公司必须在中国境内指定负责该分支机构的代表人或者代理人。

（2）外国公司应向分支机构拨付与其所从事的经营活动相适应的资金。对外国公司分支机构的经营资金需要规定最低限额的，由国务院另行规定。

（3）外国公司的分支机构应当在其名称中标明该外国公司的国籍及责任形式。

（4）外国公司的分支机构应当在本机构中置备该外国公司章程。

二、外国公司分支机构的法律地位

外国公司在中国境内设立的分支机构不具有中国法人资格。外国公司对其分支机构在中国境内进行经营活动承担民事责任。

经批准设立的外国公司分支机构，在中国境内从事业务活动，必须遵守中国的法律，不得损害中国的社会公共利益，其合法权益受中国法律保护。

三、外国公司分支机构的撤销与清算

外国公司撤销其在中国境内的分支机构时，必须依法清偿债务，依照本法有关公司清算程序的规定进行清算。未清偿债务之前，不得将其分支机构的财产移至中国境外。

第九节　违反《公司法》的法律责任

一、公司、发起人和股东违反《公司法》的法律责任

1. 公司违反《公司法》的法律责任

根据《公司法》的规定，公司虚报注册资本，公司违反财务、会计制度，公司违反合并、分立、减少注册资本或者清算的规定，以及公司违反登记制度，应当承担相应的法律责任。其法律责任包括：警告、责令改正、罚款，以及撤销公司登记或者吊销营业执照等。

2. 发起人、股东违反《公司法》的法律责任

根据《公司法》的规定，发起人、股东虚假出资，发起人、股东抽逃出资的，应当承担相应的法律责任，其法律责任包括责令改正和罚款。

二、中介机构违反《公司法》的法律责任

根据《公司法》的规定，规定承担资产评估、验资或者验证的机构提供虚假材料，或者因过失提供有重大遗漏的报告的应当承担法律责任，包括没收违法所得、罚款、责令停业、吊销直接责任人员的资格证书、吊销营业执照等。

此外，新修订的《公司法》还明确了中介机构的赔偿责任，规定承担资产评估、验资或者验证的机构因其出具的评估结果、验资或者验证证明不实，给公司债权人造成损失的，除能够证明自己没有过错的外，在其评估或者证明不实的金额范围内承担赔偿责任。

三、其他机构和人员违反《公司法》的法律责任

1. 清算组及其人员违反《公司法》的法律责任

清算组不依法向公司登记机关报送清算报告，或者报送清算报告隐瞒重要事实或者有重大遗漏的，由公司登记机关责令改正。

清算组成员利用职权徇私舞弊、谋取非法收入或者侵占公司财产的，由公司登记机关责令退还公司财产，没收违法所得，并可处罚款。

2. 公司登记机关违反《公司法》的法律责任

公司登记机关对不符合法律规定条件的登记申请予以登记，或者对符合法律规定条件的登记申请不予登记的，对直接负责的主管人员和其他直接责任人员，依法给予行政处分。

公司登记机关的上级部门强令公司登记机关对不符合本法规定条件的登记申请予以登记，或者对符合本法规定条件的登记申请不予登记的，或者对违法登记进行包庇的，对直接负责的主管人员和其他直接责任人员依法给予行政处分。

此外，未依法登记为有限责任公司或者股份有限公司，而冒用有限责任公司或者股份有限公司名义的，或者未依法登记为有限责任公司或者股份有限公司的分公司，而冒用有限责任公司或者股份有限公司的分公司名义的，由公司登记机关责令改正或者予以取缔，可以并处罚款。外国公司违反法律规定，擅自在中国境内设立分支机构的，由公司登记机关责令改正或者关闭，可以并处罚款。

思 考 题

1. 有限责任公司的概念和特征是什么？
2. 有限责任公司的设立条件是什么？
3. 一人有限公司的概念和法律特征是什么？
4. 什么是国有独资公司？
5. 有限责任公司的股权转让有哪些规定？
6. 股份有限公司的设立条件和程序如何？
7. 什么是股份转让？对股份转让有何法律上的限制？
8. 什么是累积投票制？
9. 董事、监事、高级管理人员的任职资格有何限制？
10. 公司债券的概念和法律特征是什么？
11. 什么是公积金？公积金有几种分类？
12. 什么是公司清算？公司清算的程序如何？
13. 外国公司分支机构的法律地位如何？

第四章

合伙企业法

本章提要

合伙制企业和个人独资企业是社会主义市场经济的重要组成部分，在市场经济活动中发挥着重要的作用。国家保护个体经济、私营经济等非公有制经济的合法权利和利益。国家鼓励、支持和引导非公有制经济的发展，并对非公有制经济依法实行监督和管理。本章主要阐述了合伙企业的特征、设立的条件、权利和义务、财产与事务的执行、解散、清算与破产以及与第三人的关系；合伙人的范围、权利和义务、入伙和退伙；有限合伙企业的具体规定。本章重点为合伙企业的特征、财产与事务执行、合伙人的权利、义务与责任、有限合伙等内容。

自 1997 年 2 月 23 日颁布的《中华人民共和国合伙企业法》实施以来，对于确立合伙企业的法律地位，规范合伙企业的设立与经营，保护合伙企业及其合伙人的合法权益，发挥了积极作用。但是，随着社会主义市场经济体制的逐步完善，合伙企业也有了新的发展，2006 年 8 月 27 日，第十届全国人大常委会第二十三次会议审议通过了《中华人民共和国合伙企业法（修订案）》（以下简称《合伙企业法》），修订后的《合伙企业法》将于 2007 年 6 月 1 日起施行。

修订后的《合伙企业法》共 109 条，增加了“有限合伙”这种新的合伙企业形式，同时对采用普通合伙形式的专业服务机构的特殊责任形式作出了规定。此外，还根据 1997 年《合伙企业法》在实施中遇到的一些问题，对其相关规定进行了修改。

第一节　合伙企业法概述

一、合伙的概念、特征

1. 合伙的概念

合伙是指两个或两个以上的市场主体按照合伙协议各自提供技术、资金、实物而依法成立营利性组织的行为。

合伙行为是随着经济的发展，人类出于自身经济需要的产物。从法律上来讲，合伙是各合伙人就自己在合伙组织中享有的权利和承担的义务等事项达成的一种合意，即签订合伙协议。从组织角度来看，合伙以合伙组织的形态体现出来，而合伙组织属于一种民商事主体，同时，合伙企业又是合伙组织的最主要形式。因此可以说，合伙的外在表现形态是一种以合同关系为基础的企业组织形式。从合伙协议与合伙企业的关系来看，合伙协议是合伙企业内部权利义务及合伙企业成立的前提，没有合伙协议，合伙企业的成立也就无从谈起；而合伙企业为全体合伙人与第三人发生法律关系提供了载体。

2. 合伙的特征

（1）合伙是由两个或两个以上的市场主体通过签订合伙协议而成立。即合伙人必须为两个或两个以上，否则不能成立。

（2）合伙的主要表现形式是合伙企业，而合伙企业是一个独立的组织，它是区别于法人和自然人之外的另一种民商事法律关系的主体。

（3）合伙的目的，是为了赢利。合伙人合伙，其主要的目的是赢利，没有此目的，就谈不上合伙。

二、合伙企业的概念、特征及法律地位

1. 合伙企业的概念、特征

所谓合伙企业，是指自然人、法人和其他组织依照合伙企业法在中国境内设立的普通合伙企业和有限合伙企业。普通合伙企业是指由普通合伙人组成，合伙人对合伙企业债务承担无限连带责任。《合伙企业法》对普通合伙人承担责任的形式有特别规定的，从其规定。有限合伙企业是指由普通合伙人和有限合伙人组成，普通合伙人对合伙企业债务承担无限连带责任，有限合伙人以其认缴的出资额为限对合伙企业债务承担责任。

《合伙企业法》规定，合伙企业中的合伙人分为两类：普通合伙人和有限合伙人。普通合伙人依法对合伙企业债务承担无限连带责任；有限合伙人依法对合伙企业债务以其认缴的出资额为限承担有限责任。虽然所有的市场主体都可以参与设立合伙企业，成为合伙人，但对于一些特殊的市场主体来说，如果让其成为合伙企业的普通合伙人，对合伙企业债务承担无限连带责任，不利于保护国有资产和上市公司利益以及公共利益。因此，修改后的《合伙企业法》对一些特定市场主体成为普通合伙人作出了限制性规定，如该法第三条就明确指出："国有独资公司、国有企业、上市公司以及公益性的事业单位、社会团体不得成为普通合伙人"。因此，按照这一规定，上述组织只能参与设立有限合伙企业成为有限合伙人，而不得成为普通合伙人。

从合伙企业的定义看，合伙企业具有以下几个特征：

（1）合伙企业是依法在中国境内设立的，相对稳定，具备比较完善的组织机构。在现代经济社会中，合伙的种类繁多，形态各异，表现形式亦有巨大差别，其中就有一部分不具备较固定的组织形式，目的实现后或合伙事务完成后即告解散。这类合伙一般不能成为企业，与合伙企业有所不同。

（2）合伙企业存在的基础是由各合伙人订立合伙协议。合伙协议依法由全体合

伙人协商一致、以书面形式订立。订立合伙协议、设立合伙企业，应当遵循自愿、平等、公平、诚实信用的原则。

（3）合伙企业的资本是由各合伙人共同出资组成。合伙人可以用货币、实物、知识产权、土地使用权或者其他财产权利出资，某些情况下还可以用劳务出资。合伙人以实物、知识产权、土地使用权或者其他财产权利出资，需要评估作价的，可以由全体合伙人协商确定，也可以由全体合伙人委托法定评估机构评估。合伙人以劳务出资的，其评估办法由全体合伙人协商确定，并在合伙协议中载明。此外，法律没有对合伙企业的出资额规定一个限度，这与公司的注册资本不同。

2. 合伙企业的法律地位

无论传统民法理论还是《合伙企业法》的立法精神，都不赋予合伙企业具有独立的法人资格，即合伙企业属于非法人的营利性组织。合伙企业作为法律关系的主体属性主要体现在以下几个方面：

（1）合伙企业有自己的名称，并以自己的名称对外进行商事交往。如签订合同、缴纳税款、办理工商登记、银行开户等。

（2）合伙企业的财产具有相对的独立性和稳定性。合伙企业存续期间，合伙人的出资和所有以合伙企业名义取得的收益均为合伙企业的财产。合伙企业的财产由全体合伙人依照本法共同管理和使用。合伙企业进行清算前，合伙人不得请求分割合伙企业的财产，但本法另有规定的除外。

（3）合伙企业可以以自己的名称在法院起诉或应诉，成为诉讼主体。

三、合伙企业法的概念与特征

合伙企业法，是指调整合伙企业关系的规范性法律文件的总称。合伙企业法有广义和狭义之分。广义的合伙企业法是指国家权力机关和其他有权机关依法制定的、调整合伙企业关系的规范性法律文件的总称，即凡是调整合伙企业关系的，都属于合伙企业法的范畴。狭义的合伙企业法是指由国家最高权力机关依法制定的，调整合伙企业关系的专门法律，这里即指 2006 年 8 月 27 日第十届全国人民代表大会常务委员会第二十三次会议通过并于 2007 年 6 月 1 日起施行的《中华人民共和国合伙企业法（修正案）》。本书所称合伙企业法仅指狭义的合伙企业法。

合伙企业法具有公法和私法相结合、强制性规范与任意性规范相结合、行为法与组织法相结合等特点。

第二节　普通合伙企业的设立

一、合伙企业设立的条件

根据《合伙企业法》的规定，设立普通合伙企业，应当具备下列条件。

1. 有二个以上合伙人

合伙人为自然人的，应当具有完全民事行为能力，无民事行为能力人和限制民事行为能力人不能成为合伙企业的合伙人。同时法律、行政法规禁止从事营利性活动的人不能成为合伙企业的合伙人，如国家公务员、法官、检察官等。法律没有对此类合伙企业的最高人数作限制，但由于各个合伙人之间之所以签订合伙协议，成立合伙企业，表明他们之间彼此存在一个相互信任的基础，所以合伙企业的合伙人不会太多。

2. 有书面合伙协议

合伙协议，又称合伙合同，是指合伙人之间就设立合伙企业而达成的以明确合伙人权利义务关系的合意。合伙协议是合伙企业成立的基础，相当于公司的章程，它是确定各合伙人之间权利义务关系的基本依据，是由全体合伙人依法协商一致的结果。合伙协议经全体合伙人签名、盖章后生效。合伙人按照合伙协议享有权利，并履行义务。根据《合伙企业法》的规定，修改或者补充合伙协议，应当经全体合伙人一致同意，但是合伙协议另有约定的除外。合伙协议未约定或者约定不明确的事项，由合伙人协商决定；协商不成的，依照本法和其他有关法律、行政法规的规定处理。

（1）合伙协议的形式。合伙协议应当以书面的形式订立。书面合同对于明确各合伙人的权利和义务，预防和减少日后因此而出现纠纷具有重要的意义。

（2）订立合伙协议应当遵循的原则。设立合伙企业，订立合伙协议，应当遵循平等、自愿、公平、诚实信用，以及遵守法律、行政法规，尊重社会公德，不得扰乱社会经济秩序，损害社会公共利益的原则。

（3）合伙协议的内容。合伙协议应当载明以下事项：

①合伙企业的名称和主要经营场所的地点。

②合伙目的和合伙企业的经营范围。

③合伙人的姓名或者名称、住所。

④合伙人出资的方式、数额和缴付出资的期限。合伙人应当按照合伙协议约定的出资方式、数额和缴付期限，履行出资义务。以非货币财产出资的，依照法律、行政法规的规定，需要办理财产权转移手续的，应当依法办理。合伙人以劳务出资的，其评估办法由全体合伙人协商确定，并在合伙协议中载明。

⑤利润分配和亏损分担方式。合伙企业的合伙人通过协议的方式达成亏损分担办法，不能对抗第三人，仅对各合伙人有约束力。

⑥合伙企业事务的执行。

⑦入伙与退伙。

⑧争议解决办法。当事人之间可以约定采取和解、调解、仲裁或诉讼的方式加以解决。

⑨合伙企业的解散与清算。

⑩违约责任。

3. 有合伙人认缴或者实际缴付的出资

合伙人可以用货币、实物、知识产权、土地使用权或者其他财产权利出资，也可以用劳务出资。合伙人以实物、知识产权、土地使用权或者其他财产权利出资，需要评估作价的，可以由全体合伙人协商确定，也可以由全体合伙人委托法定评估机构评估。合伙人以劳务出资的，其评估办法由全体合伙人协商确定，并在合伙协议中载明。

4. 有合伙企业的名称和生产经营场所

合伙企业的名称应当与其承担的责任形式及所从事的营业相符。《合伙企业法》规定，合伙企业名称中应当标明“普通合伙”字样。合伙企业的名称受法律的保护，任何人都不得侵犯合伙企业的名称，否则构成侵权，要承担侵权责任。而经营场所是指合伙企业从事生产经营活动的所在地。从事合伙经营活动，必须要有一个相对稳定的经营场所。从事合伙经营的必要条件，是指根据合伙企业的性质规模等因素而必备的相关条件，如必要的设备、设施、从业人员等。

另外，设立普通合伙企业还需法律、行政法规规定的其他条件。

二、合伙企业的设立登记

根据《合伙企业法》的规定，合伙企业的设立登记，应按以下程序进行。

1. 提出申请

设立合伙企业，应当由全体合伙人指定的代表或者共同委托的代理人向企业登记机关申请设立登记。登记机关为工商行政管理机关。申请设立合伙企业，应当向企业登记机关提交登记申请书、合伙协议书、合伙人身份证明等文件。合伙企业的经营范围中有属于法律、行政法规规定在登记前须经批准的项目的，该项经营业务应当依法经过批准，并在登记时提交批准文件。

2. 工商登记

申请人提交的登记申请材料齐全、符合法定形式，企业登记机关能够当场登记的，应予当场登记，发给营业执照。除前款规定情形外，企业登记机关应当自受理申请之日起二十日内，作出是否登记的决定。予以登记的，发给营业执照；不予登记的，应当给予书面答复，并说明理由。合伙企业的营业执照签发日期，为合伙企业成立日期。合伙企业领取营业执照前，合伙人不得以合伙企业名义从事合伙业务。

合伙企业设立分支机构，应当向分支机构所在地的企业登记机关申请登记，领取营业执照。

3. 合伙企业的变更

合伙企业登记事项发生变更的，执行合伙事务的合伙人应当自作出变更决定或者发生变更事由之日起十五日内，向企业登记机关申请办理变更登记。

第三节 合伙企业的财产

一、合伙企业财产的构成

根据《合伙企业法》的规定，合伙人的出资、以合伙企业名义取得的收益和依法取得的其他财产，均为合伙企业的财产。合伙企业存续期间，合伙人的出资、所有以合伙企业名义取得的收益和依法取得的其他财产均为合伙企业的财产。换言之，合伙企业的财产是指经营合伙企业事务所集中的各种财产的总称。

1. 合伙人的出资

从《合伙企业法》的规定可以看出，合伙人的出资是合伙企业得以成立的基础性条件。当合伙人按照合伙协议要求的出资方式、份额、期限出资并转入合伙企业后，其出资就成为合伙企业的财产。它是合伙企业得以运行的前提条件。

2. 以合伙企业名义取得的收益

以合伙企业名义取得的收益在分配给合伙人之前属于合伙企业的财产。以合伙企业名义取得的收益来源主要在以下几个方面：

①合伙企业的营业所得；

②以合伙企业名义购置的财产，包括动产和不动产；

③合伙企业接受的赠与财产，可以是物也可以是财产权利；

④合伙企业获得的赔偿，包括违约的损害赔偿和侵权的损害赔偿；

⑤合伙企业获得的无形资产。

合伙企业的财产还包括依法取得的其他财产。

二、合伙企业财产的性质

对于合伙企业财产性质的认定，一直是一个长期争论的问题。《民法通则》规定，合伙人投入的财产，由合伙人统一管理和使用。合伙企业积累的财产，归合伙人共有。

《民法通则》规定，合伙企业积累的财产，归合伙人共有。但关于该共有财产是属于共同共有还是按份共有，也有不同的观点。第一种观点认为，合伙企业经营积累的财产，属于共同共有。第二种观点认为合伙企业经营积累的财产属于按份共有。第三种观点认为应根据具体情况来确定到底是共同共有还是按份共有。我们认为，第一种观点更为合理，因此合伙企业经营积累的财产具备共同共有财产的根本特征：如合伙企业进行清算前，合伙人不得请求分割合伙企业的财产。[1]

---

[1] 王利明. 中国民法案例与学理研究·总则篇. 北京：法律出版社，1998.

通过以上的分析，我们可以认为，合伙人以现金或财产所有权出资的财产，以及以合伙企业名义获得的现金收入或其他财产所有权，属于合伙企业的各合伙人共同共有的财产，对合伙财产的占有、使用、收益、处分，均应按全体合伙人的共同意志进行。

三、合伙人对合伙企业财产的权利和义务

1. 合伙人对合伙企业财产的权利

合伙人对合伙企业财产的权利有：

（1）对合伙企业财产享有共同共有权或共同使用权。

（2）对合伙企业财产的共同支配权。

（3）利益分配权。

2. 合伙人对合伙企业财产的义务

合伙人对合伙企业财产的义务有：

（1）出资的义务，即合伙人应当按照协议约定的出资方式、数额和缴付出资的期限，履行出资义务。

（2）在合伙企业存续期间，合伙人不得请求分割合伙企业的财产。合伙企业进行清算前，合伙人不得请求分割合伙企业的财产。但是，《合伙企业法》另有规定的除外。合伙人在合伙企业清算前私自转移或者处分合伙企业财产的，合伙企业不得以此对抗不知情的善意第三人。

（3）合伙企业存续期间，合伙人向合伙人以外的人转让其在合伙企业中的财产份额的，在同等条件下，其他合伙人有优先购买权，但是合伙协议另有约定的除外。合伙人以外的人依法受让合伙人在合伙企业中的财产份额的，经修改合伙协议即成为合伙企业的合伙人，依照《合伙企业法》和修改后的合伙协议享有权利，履行义务。

（4）合伙人以其在合伙企业中的财产份额出质的，须经其他合伙人一致同意；未经其他合伙人一致同意，其行为无效，由此给善意第三人造成损失的，由行为人依法承担赔偿责任。

四、关于合伙企业缴纳所得税问题

对合伙企业的经营所得和其他所得不征收所得税，只对合伙人从合伙企业取得的收入征收所得税，是国际上的普遍做法，也是合伙企业同公司等其他企业组织形式相比具有吸引力的地方。1997 年《合伙企业法》没有对合伙企业是否缴纳企业所得税问题进行规定。在该法实施过程中，2000 年国务院规定对合伙企业停止征收企业所得税，只对其合伙人比照个体工商户的生产经营所得征收个人所得税。因此，实践中对合伙企业也是不征收企业所得税的。2006 年修改后的《合伙企业法》，根据合伙企业的特点，并结合实践经验，对合伙企业是否缴纳所得税问题予以明确。《合伙企业法》第六条明确规定，“合伙企业的生产经营所得和其他所得，

按照国家有关税收规定，由合伙人分别缴纳所得税。”

第四节　合伙事务的执行

所谓合伙企业事务的执行，是指为了实现合伙企业的目的而从事的经营活动，包括合伙企业事务执行的方式和合伙人在执行合伙企业事务中的权利和义务。

一、合伙事务执行的方式

合伙企业事务执行的方式有四种。

1. 全体合伙人共同执行合伙企业事务

《合伙企业法》规定，合伙人对执行合伙事务享有同等的权利。这种方式是合伙企业通常使用的一种方式。合伙企业事务的执行权归全体合伙人。其优点是能够集思广益，发挥各合伙人的积极性和创造性，不足之处是缺乏效率。

2. 委托一名或者数名合伙人执行合伙企业事务

《合伙企业法》规定，按照合伙协议的约定或者经全体合伙人决定，可以委托一个或者数个合伙人对外代表合伙企业，执行合伙事务。作为合伙人的法人、其他组织执行合伙事务的，由其委派的代表执行。该一名或者数名合伙人执行合伙企业事务，对外代表合伙企业。其他合伙人则不再执行合伙企业事务。但此项规定并不意味着被委托的一名或数名合伙人可以处理合伙企业的所有事务，所以《合伙企业法》还规定，不执行合伙事务的合伙人有权监督执行事务合伙人执行合伙事务的情况。同时，除合伙协议另有约定外，合伙企业的下列事项应当经全体合伙人一致同意：

①改变合伙企业的名称；

②改变合伙企业的经营范围、主要经营场所的地点；

③处分合伙企业的不动产；

④转让或者处分合伙企业的知识产权和其他财产权利；

⑤以合伙企业名义为他人提供担保；

⑥聘任合伙人以外的人担任合伙企业的经营管理人员。

3. 合伙人分别执行合伙企业事务

合伙协议约定或者经全体合伙人决定，合伙人分别执行合伙企业事务。合伙人分别执行合伙事务的，执行事务合伙人可以对其他合伙人执行的事务提出异议。提出异议时，应当暂停该项事务的执行。如果发生争议，依照《合伙企业法》的规定作出决定。受委托执行合伙事务的合伙人不按照合伙协议或者全体合伙人的决定执行事务的，其他合伙人可以决定撤销该委托。而《合伙企业法》第三十条规定，合伙人对合伙企业有关事项作出决议，按照合伙协议约定的表决办法办理。合伙协议未约定或者约定不明确的，实行合伙人一人一票并经全体合伙人过半数通过的表决办法。《合伙企业法》对合伙企业的表决办法另有规定的，从其规定。

4. 聘任的合伙企业的经营管理人员

在合伙企业中，由于合伙人经营管理能力的不足，需要在合伙人共同经营之外，聘任非合伙人担任合伙企业的经营管理人员，参与合伙企业的经营管理工作。《合伙企业法》规定，被聘任的合伙企业的经营管理人员应当在合伙企业授权范围内履行职务。经全体合伙人同意，合伙企业可以聘任合伙人以外的人担任合伙企业经营管理人员。被聘任的合伙企业的经营管理人员，超越合伙企业授权范围履行职务，或者在履行职务过程中因故意或者重大过失给合伙企业造成损失的，依法承担赔偿责任。

二、合伙人在执行合伙企业事务中的权利和义务

1. 合伙人在执行合伙企业事务中的权利

根据《合伙企业法》的规定，合伙人在执行合伙企业事务中享有如下权利：

（1）平等的合伙事务执行权，须注意的是，委托一名或者数名合伙人执行合伙企业事务的，其他合伙人不再执行合伙企业事务。

（2）执行合伙企业事务的合伙人，对外代表合伙企业。

（3）不执行合伙事务的合伙人有权监督执行事务合伙人执行合伙事务的情况。

（4）合伙人为了解合伙企业的经营状况和财务状况，有权查阅合伙企业会计账簿等财务资料。

（5）异议权和撤销委托执行事务权。

《合伙企业法》规定，合伙人分别执行合伙事务的，执行事务合伙人可以对其他合伙人执行的事务提出异议。提出异议时，应当暂停该项事务的执行。如果发生争议，依照《合伙企业法》的有关规定作出决定。受委托执行合伙事务的合伙人不按照合伙协议或者全体合伙人的决定执行事务的，其他合伙人可以决定撤销该委托。合伙人对合伙企业有关事项作出决议，按照合伙协议约定的表决办法办理。合伙协议未约定或者约定不明确的，实行合伙人一人一票并经全体合伙人过半数通过的表决办法。

2. 合伙人在执行合伙企业事务中的义务

根据《合伙企业法》的规定，合伙人在执行合伙企业事务中承担如下义务：

（1）由一名或者数名合伙人执行合伙企业事务的，应当依照约定向其他不参加执行事务的合伙人报告事务执行情况以及合伙企业的经营状况和财务状况。

（2）合伙人不得自营或者同他人合作经营与本合伙企业相竞争的业务。

（3）除合伙协议另有约定或者经全体合伙人一致同意外，合伙人不得同本合伙企业进行交易。

（4）合伙人不得从事损害本合伙企业利益的活动。

第五节　合伙企业的利润分配与亏损分担

一、合伙企业的利润分配与亏损分担原则

合伙企业的利润分配、亏损分担，按照合伙协议的约定办理。如果在合伙协议中就利润分配与亏损分担没有约定具体比例的，则由各合伙人平均分配利润与分担亏损。《合伙企业法》进一步规定，合伙协议未约定或者约定不明确的，由合伙人协商决定；协商不成的，由合伙人按照实缴出资比例分配、分担；无法确定出资比例的，由合伙人平均分配、分担。

需要注意的是，合伙协议不得约定将全部利润分配给部分合伙人或者由部分合伙人承担全部亏损。同时，合伙人按照合伙协议的约定或者经全体合伙人决定，可以增加或者减少对合伙企业的出资，用于扩大经营规模或者弥补亏损。

二、合伙企业的利润分配与亏损分担方案

合伙企业年度的或者一定时期的利润分配或者亏损分担的具体方案，由全体合伙人协商决定或者按照合伙协议约定的办法决定。合伙企业利润的分配与亏损分担的时间比较灵活，既可以按年度进行分配，也可以在一定时期内进行分配，但具体方案应由全体合伙人共同决定。

此外，合伙企业应当依照法律、行政法规的规定建立企业财务、会计制度。

第六节　合伙企业与第三人的关系

合伙企业与第三人的关系又称为合伙企业的外部关系。合伙企业在经营的过程中不可避免地会与第三人发生交往，导致法律关系的产生。

一、对外代表权的效力

执行合伙企业事务的合伙人，对外代表合伙企业。同时，由一名或者数名合伙人执行合伙企业事务的，应当依照约定向其他不参加执行事务的合伙人报告事务执行情况以及合伙企业的经营状况和财务状况，其执行合伙企业事务所产生的收益归全体合伙人，所产生的亏损或者民事责任，由全体合伙人承担。从以上规定可以看出，取得合伙企业对外代表权的合伙人主要有三种情况：

（1）由全体合伙人共同执行合伙企业事务的，全体合伙人都有权对外代表合伙企业。

（2）由部分合伙人执行合伙企业事务的，只有受委托执行合伙企业事务的那一

部分合伙人有权对外代表合伙企业，而不参加执行合伙企业事务的其他合伙人则不具有对外代表合伙企业的权利。

（3）由于特别授权在单项合伙事务上有执行权的合伙人，依照授权范围可以对外代表合伙企业。

根据《合伙企业法》的规定，合伙企业对合伙人执行合伙企业事务以及对外代表合伙企业权利的限制，不得对抗不知情的善意第三人。这里所说的“合伙人”是指取得在合伙企业中合伙事务执行权和对外代表权的合伙人。如果第三人明知合伙人没有代表权而与之进行交易或与合伙事务执行人恶意串通，损害合伙企业利益的，则不属于善意的情形，反之则属于善意情形，是一种有效的法律行为。

合伙人的对外代表权还意味着如果执行合伙事务的合伙人在执行合伙事务的过程中造成了对他人的损害，侵害了他人的合法权益，该侵权行为的后果应由合伙企业承担。合伙企业只能依据合伙企业内部规章或合伙协议追究该合伙人个人的责任。

二、合伙企业与合伙人的债务清偿

1. 合伙企业的债务清偿与合伙人的关系

所谓合伙企业的债务是指合伙企业以自己的名义对外负担的债务。其产生的原因可能是合伙企业的经营行为，某些情况下也可能是其违约行为或侵权行为。用来清偿合伙企业债务的财产除了合伙企业的财产外，还有各合伙人个人的财产。但并不能把合伙企业债务与合伙人个人债务混为一谈。

对于合伙企业的债务清偿的问题，《合伙企业法》规定，合伙企业对其债务，应先以其全部财产进行清偿。合伙企业不能清偿到期债务的，合伙人承担无限连带责任。以合伙企业财产清偿合伙企业债务时，其不足部分，由各合伙人按照合伙企业亏损分担的比例，用其在合伙企业出资以外的财产进行清偿。至于合伙企业亏损分担的比例，合伙协议有约定的从其约定，无约定的由各合伙人平均分担。

需注意的是，合伙人对合伙企业亏损分担比例的问题，无论有约定还是没有约定，对债权人来讲均没有任何约束力。债权人可以请求全体合伙人中的一人或数人承担全部赔偿责任，也可以按照自己确定的比例向各合伙人分别追索。任何一个合伙人都有清偿全部债务的义务。当然，清偿合伙企业的债务超过自己应当承担份额的合伙人有权向其他合伙人追偿。

2. 合伙人的债务与合伙企业债务并存时的清偿问题

在合伙关系中，合伙人具有双重身份：以合伙企业的名义从事经营而发生的债权债务由合伙企业享有或承担；以自己名义从事经营活动而发生的债权债务由合伙人个人享有或承担，它们是两个不同的债权债务关系。合伙人的这种双重身份可能会导致合伙企业债务与合伙人个人债务并存的结果，由此引发如何确定清偿的问题。

合伙企业的财产优先清偿合伙企业的债务；合伙人个人的财产优先清偿合伙人个人的债务。清偿完合伙企业债务的剩余财产，应当按比例分配给合伙人；同样，合伙人的个人财产在清偿完个人债务后还有剩余的，应当用来清偿合伙企业的债务。同时，合伙人发生与合伙企业无关的债务，相关债权人不得以其债权抵消其对合伙企业的债务；也不得代位行使合伙人在合伙企业中的权利。此外，合伙人的自有财产不足清偿其与合伙企业无关的债务的，该合伙人可以以其从合伙企业中分取的收益用于清偿；债权人也可以依法请求人民法院强制执行该合伙人在合伙企业中的财产份额用于清偿。人民法院强制执行合伙人的财产份额时，应当通知全体合伙人，其他合伙人有优先购买权；其他合伙人未购买，又不同意将该财产份额转让给他人的，依照本法第五十一条的规定为该合伙人办理退伙结算，或者办理削减该合伙人相应财产份额的结算。

第七节　入伙和退伙

一、入伙

入伙是指在合伙企业存续期间，合伙人以外的第三人加入合伙企业，成为合伙企业成员，取得合伙人身份的行为。

1. 入伙的形式

（1）非合伙人接受原合伙人的出资，成为新的合伙人。原合伙人如果转让全部出资，将退出合伙。

（2）在没有合伙人转让出资的情况下，非合伙人加入合伙企业，从而成为合伙企业的新的合伙人。

（3）合伙人的继承人成为合伙企业新的合伙人。合伙人死亡或被依法宣告死亡的，对该合伙人在合伙企业中的财产份额享有合法继承权的继承人，依照合伙协议的约定或者经全体合伙人的同意，从继承开始之日起，即取得该合伙企业合伙人的资格。

2. 入伙的条件及程序

根据《合伙企业法》的规定，新合伙人入伙，除合伙协议另有约定外，应当经全体合伙人一致同意，并依法订立书面入伙协议。订立入伙协议时，原合伙人应当向新合伙人如实告知原合伙企业的经营状况和财务状况。

3. 入伙的法律效力

入伙的法律效力主要表现在以下几个方面：

（1）新合伙人对入伙前合伙企业的债务承担无限连带责任。如果新入伙的合伙人与原合伙人约定其对入伙前的合伙企业债务不承担责任，这种约定不得对抗第三人，但在他们内部具有约束力。

（2）除合伙协议另有约定外，入伙的新合伙人与原合伙人享有同等权利，承担同等责任。

（3）合伙企业因接受新的合伙人而发生变更。即合伙企业应当自变更事由发生之日起十五日内，向企业登记机关办理有关登记手续。

二、退伙

退伙是指合伙人丧失合伙人的身份，退出合伙企业从而引起合伙企业发生变更的法律事实。

1. 退伙的形式

根据退伙的事由，可将退伙分为自愿退伙与法定退伙。

（1）自愿退伙。自愿退伙是基于合伙人自愿的意思表示而退出合伙企业。自愿退伙又分为协议退伙与声明退伙。协议退伙是指在合伙协议约定的退伙条件得到满足或退伙事由出现时，或者在合伙企业存续期间退伙人与其他合伙人达成退伙协议而退出合伙企业。声明退伙是指在未达成退伙协议，也没有法定退伙事由出现的情况下宣布单方面退伙。声明退伙包括两种情况：一是合伙协议约定经营期限的；二是合伙协议没有约定经营期限的。在第一种情况中，有下列情形之一时，合伙人可以退伙：第一，合伙协议约定的退伙事由出现；第二，经全体合伙人一致同意；第三，发生合伙人难以继续参加合伙的事由；第四，其他合伙人严重违反合伙协议约定的义务。在第二种情况中，合伙人在没有给合伙企业事务执行造成不利的情况下，可以退伙，但应当提前三十天通知其他合伙人。

（2）法定退伙。法定退伙是基于法定事由的出现而丧失合伙人资格。法定退伙分为当然退伙与除名退伙。

根据《合伙企业法》的规定，合伙人有下列情形之一的，为当然退伙：

第一，作为合伙人的自然人死亡或者被依法宣告死亡；

第二，个人丧失偿债能力；

第三，作为合伙人的法人或者其他组织依法被吊销营业执照、责令关闭、撤销，或者被宣告破产；

第四，法律规定或者合伙协议约定合伙人必须具有相关资格而该合伙人丧失资格；

第五，合伙人在合伙企业中的全部财产份额被人民法院强制执行。

须注意的是，合伙人被依法认定为无民事行为能力人或者限制民事行为能力人的，经其他合伙人一致同意，可以依法转为有限合伙人，普通合伙企业依法转为有限合伙企业。其他合伙人未能一致同意的，该无民事行为能力或者限制民事行为能力的合伙人退伙。退伙事由实际发生之日为退伙生效日。

除名退伙，根据《合伙企业法》的规定，合伙人有下列情形之一的，经其他合伙人一致同意，可以决议将其除名：

第一，未履行出资义务；

第二，因故意或者重大过失给合伙企业造成损失；

第三，执行合伙事务时有不正当行为；

第四，发生合伙协议约定的事由。对合伙人的除名决议应当书面通知被除名人。

被除名人接到除名通知之日，除名生效，被除名人退伙。被除名人对除名决议有异议的，可以自接到除名通知之日起三十日内，向人民法院起诉。

2. 退伙的效力

（1）合伙人死亡或者被依法宣告死亡的，对该合伙人在合伙企业中的财产份额享有合法继承权的继承人，按照合伙协议的约定或者经全体合伙人一致同意，从继承开始之日起，取得该合伙企业的合伙人资格。

有下列情形之一的，合伙企业应当向合伙人的继承人退还被继承合伙人的财产份额：

第一，继承人不愿意成为合伙人；

第二，法律规定或者合伙协议约定合伙人必须具有相关资格，而该继承人未取得该资格；

第三，合伙协议约定不能成为合伙人的其他情形。

合伙人的继承人为无民事行为能力人或者限制民事行为能力人的，经全体合伙人一致同意，可以依法成为有限合伙人，普通合伙企业依法转为有限合伙企业。全体合伙人未能一致同意的，合伙企业应当将被继承合伙人的财产份额退还该继承人。

（2）合伙人退伙，其他合伙人应当与该退伙人按照退伙时的合伙企业财产状况进行结算，退还退伙人的财产份额。退伙人对给合伙企业造成的损失负有赔偿责任的，相应扣减其应当赔偿的数额。退伙时有未了结的合伙企业事务的，待该事务了结后进行结算。

（3）退还退伙人在合伙企业中的财产份额。退伙人在合伙企业中财产份额的退还办法，由合伙协议约定或者由全体合伙人决定，可以退还货币，也可以退还实物。

（4）退伙人对基于其退伙前的原因发生的合伙企业债务，承担无限连带责任。此外，合伙人违反本法规定退伙的，应当赔偿由此给合伙企业造成的损失。

（5）分担合伙企业的亏损。合伙人退伙时，合伙企业财产少于合伙企业债务的，合伙人应当依法分担合伙企业的亏损。《合伙企业法》规定，合伙人退伙时，合伙企业财产少于合伙企业债务的，退伙人应当依照本法第三十三条第一款规定的分担亏损的方式处理，即按照合伙协议的约定办理；如果合伙协议未约定或者约定不明确的，由合伙人协商决定；协商不成的，由合伙人按照实缴出资比例分配、分担；如果无法确定出资比例的，由合伙人平均分配、分担。

（6）进行变更登记。合伙企业登记事项发生变更的，执行合伙事务的合伙人应当自作出变更决定或者发生变更事由之日起十五日内，向企业登记机关申请办理变更登记。

第八节　特殊的普通合伙企业

普通合伙企业作为一种传统的企业组织形式，其基本特点是合伙人共同出资、共同经营、共享收益、共担风险，合伙人对合伙企业债务负无限连带责任。很多会计师事务所、律师事务所等专业服务机构采用这种组织形式。随着社会对各项专业服务需求的迅速增长，专业服务机构的规模扩大，合伙人数目大增，以至合伙人之间并不熟悉甚至不认识，各自的业务也不重合，与传统普通合伙企业中合伙人人数较少，共同经营的模式已有显著不同，所以让合伙人对其并不熟悉的合伙人的债务承担无限连带责任，有失公平。自20世纪60年代以后，针对专业服务机构的诉讼显著增加，其合伙人要求合理规范合伙人责任的呼声也越来越高。许多国家纷纷进行专门立法，规定采用普通合伙形式的专业服务机构的普通合伙人可以对特定的合伙企业债务承担有限责任，以使专业服务机构的合伙人避免承担过度风险。

为了减轻专业服务机构中普通合伙人的风险，促进专业服务机构的发展壮大，修订后的《合伙企业法》，在普通合伙企业一章中以专节“特殊的普通合伙企业”对专业服务机构中合伙人的责任作出了特别规定。

一、特殊的普通合伙企业的概念、适用范围与责任形式

1. 特殊的普通合伙企业的概念

特殊的普通合伙企业又被称为有限责任合伙企业，是指各合伙人在对合伙债务承担无限责任的基本前提下，对因其他合伙人过错造成的合伙债务不负无限连带责任。

2. 特殊的普通合伙企业的适用范围

根据《合伙企业法》的规定，以专业知识和专门技能为客户提供有偿服务的专业服务机构，可以设立为特殊的普通合伙企业。特殊的普通合伙企业实质上仍然是普通合伙企业。所以，《合伙企业法》规定，特殊的普通合伙企业，本法未作规定的，适用本法关于普通合伙企业的规定。

3. 特殊的普通合伙企业合伙人的责任形式

特殊的普通合伙企业合伙人的责任形式，这是特殊的普通合伙企业制度的最关键的内容，《合伙企业法》借鉴了国外的立法经验，并结合我国实际，严格限定了特殊普通合伙人免除连带责任的范围，将其仅限于其他合伙人本人执业行为中因故意或重大过失引起的合伙企业债务这种情形。具体规定为，特殊的普通合伙企业，一个合伙人或者数个合伙人在执业活动中因故意或者重大过失造成合伙企业债务的，应当承担无限责任或者无限连带责任，其他合伙人以其在合伙企业中财产份额为限承担责任。合伙人在执业活动中非因故意或者重大过失造成的合伙企业债务以及合伙企业的其他债务，由全体合伙人承担无限连带责任。

二、对特殊的普通合伙企业的公示要求

特殊的普通合伙企业，其合伙人对特定合伙企业债务只承担有限责任，为保护交易相对人的利益，应当对这一情况予以公示。所以，《合伙企业法》规定，特殊的普通合伙企业名称中应当标明“特殊普通合伙”字样。

三、对特殊的普通合伙企业债权人的保护

特殊的普通合伙企业，其合伙人对特定合伙企业债务只承担有限责任，对合伙企业的债权人的保护相对削弱。为了保护债权人客户和第三人的利益，修改后的

《合伙企业法》专门规定了对特殊的普通合伙企业债权人的保护制度，即执业风险基金制度和职业保险制度。该法规定，特殊的普通合伙企业应当建立执业风险基金、办理职业保险；执业风险基金用于偿付合伙人执业活动造成的债务；执业风险基金应当单独立户管理；执业风险基金的具体管理办法由国务院规定。

第九节 有限合伙企业

1997年颁布的《合伙企业法》规定，“本法所称合伙企业，是指依照本法在中国境内设立的由各合伙人订立合伙协议，共同投资、合伙经营、共享收益、共担风险，并对合伙企业债务承担无限连带责任的营利性组织”。该法调整对象主要限定为规模较小的私营企业，这些企业的合伙人均为自然人，对合伙企业债务均承担无限连带责任。这样规定限制了愿意参与合伙，但不愿承担无限连带责任的投资者的投资选择。

此外，风险投资的发展也对合伙制度提出了挑战。风险投资是20世纪60年代快速发展起来的一种股权投资方式，主要通过持有股权，投资于在创业阶段有快速成长可能的科技型中小企业，以促进这类企业的技术开发、创业发展和资金融通。这种投资常用的组织形式是有限合伙，即在至少有一名合伙人承担无限责任的基础上，允许其他合伙人承担有限责任，从而将具有投资管理经验或技术研发能力的机构或个人与具有资金实力的投资机构有效结合起来。由于1997年颁布的《合伙企业法》没有规定有限合伙制度，而且有的条文对设立有限合伙企业形成直接限制，使我国风险投资难以采用这一制度。

基于经济发展的需要，在2006年修订的《合伙企业法》中增加了有限合伙制度。

一、有限合伙企业的概念与特征

有限合伙是由对合伙企业债务承担无限责任的普通合伙人与承担有限责任的有限合伙人共同组成的合伙，即至少一名普通合伙人和至少一名有限合伙人组成的合伙。这种组织形式由具有良好投资意识的专业管理机构或个人作为普通合伙人，承担无限连带责任，行使合伙事务执行权，负责企业的经营管理；作为资金投入者的有限合伙人依据合伙协议享受合伙收益，对企业债务只承担有限责任，不对外代表合伙，也不直接参与企业经营管理。

有限合伙是由普通合伙发展而来的一种合伙形式。两者的主要区别是，普通合伙的全体合伙人（普通合伙人）负责合伙的经营管理，并对合伙债务承担无限连带责任。而有限合伙是由两种合伙人组成，一是普通合伙人，负责合伙企业的经营管理，并对合伙债务承担无限连带责任；二是有限合伙人，通常不负责合伙企业的经营管理，仅以其出资额为限对合伙债务承担有限责任。

有限合伙融合了普通合伙和公司的优点，主要表现在：

（1）与公司相比，普通合伙人直接从事合伙企业的经营管理，使合伙企业的组织结构简单，节省管理费用和运营成本；普通合伙人对合伙要承担无限责任，可以促使其对合伙企业的管理尽职尽责。同时，对有限合伙本身不征所得税，直接对合伙人征收所得税，避免了公司的双重税负。

（2）与普通合伙相比，允许投资者以承担有限责任的方式参加合伙成为有限合伙人，解除了投资者承担无限责任的后顾之忧，有利于吸引投资。

由于有限合伙的上述特点，实践中为资本与智力的结合提供了一种便利的组织形式。即拥有财力者作为有限合伙人，拥有专业知识和技能者作为普通合伙人，二者共同组成以有限合伙为组织形式的风险投资机构，从事高科技项目的投资。在国外这种做法较为普遍。

二、对有限合伙的特别规定

修订后的《合伙企业法》，为适应风险投资行业的发展，同时为市场主体提供更多的企业组织形式，引进了有限合伙企业制度，并以专章的形式对其进行规定。

1. 有限合伙企业合伙人的责任形式

有限合伙企业由普通合伙人和有限合伙人组成，普通合伙人对合伙企业债务承担无限连带责任，有限合伙人以其认缴的出资额为限承担责任。

2. 有限合伙企业中合伙协议的内容

根据《合伙企业法》的规定，有限合伙企业合伙协议除符合普通合伙协议的必备条款外，还应当载明下列事项：

（1）普通合伙人和有限合伙人的姓名或者名称、住所。

（2）执行事务合伙人应具备的条件和选择程序。

（3）执行事务合伙人权限与违约处理办法。

（4）执行事务合伙人的除名条件和更换程序。

（5）有限合伙人入伙、退伙的条件，程序以及相关责任。

（6）有限合伙人和普通合伙人相互转变程序。

3. 有限合伙企业合伙人的人数

为防止有人利用有限合伙企业形式进行非法集资活动，并体现合伙企业人合性的特性，并为今后的实践留有必要的空间，《合伙企业法》规定，有限合伙企业由二个以上五十个以下合伙人设立，但是法律另有规定的除外。

4. 对有限合伙企业的公示要求

有限合伙企业中的有限合伙人只对合伙企业债务承担有限责任，为了保护交易相对人的利益，有限合伙企业的一些情况应当公示，让交易相对人知悉。因此，《合伙企业法》规定，有限合伙企业的名称中应当标明“有限合伙”字样；有限合伙企业登记事项中应当载明有限合伙人的姓名或者名称及认缴的出资数额。

5. 有限合伙人的权利

有限合伙企业的特点，就是有限合伙人以不执行合伙企业事务为代价，获得对合伙企业债务承担有限责任的权利。因此，在有限合伙企业中，有限合伙人的权利是受到一定的限制的：即有限合伙人不得以劳务对合伙企业出资；有限合伙人不执行合伙事务，不得对外代表有限合伙企业。

《合伙企业法》有限合伙人的下列行为，不视为执行合伙事务：

（1）参与决定普通合伙人入伙、退伙。

（2）对企业的经营管理提出建议。

（3）参与选择承办有限合伙企业审计业务的会计师事务所。

（4）获取经审计的有限合伙企业财务会计报告。

（5）对涉及自身利益的情况，查阅有限合伙企业财务会计账簿等财务资料。

（6）在有限合伙企业的利益受到侵害时，向有责任的合伙人主张权利或者提起诉讼。

（7）执行事务合伙人怠于行使权利时，督促其行使权利或者为了本企业的利益以自己的名义提起诉讼。

（8）依法为本企业提供担保。

6. 有限合伙人有限责任保护的免除

有限合伙人对合伙企业债务承担有限责任也不是绝对的，当出现法定情形时，有限合伙人也会对合伙企业债务承担无限连带责任。第三人有理由相信有限合伙人为普通合伙人并与其交易的，该有限合伙人对该笔交易承担与普通合伙人同样的责任，即对该笔债务承担无限连带责任。但有限合伙人未经授权以有限合伙企业名义与他人进行交易，给有限合伙企业或者其他合伙人造成损失的，该有限合伙人应当承担赔偿责任。

7. 有限合伙企业不同于普通合伙企业的其他规定

针对有限合伙企业的特点，《合伙企业法》对有限合伙企业还作出一些特殊规定：

（1）有限合伙企业不得将全部利润分配给部分合伙人，但是合伙协议另有约定的除外。

（2）除合伙协议另有约定外，有限合伙人可以同本有限合伙企业进行交易。

（3）除合伙协议另有约定外，有限合伙人可以自营或者同他人合作经营与本有限合伙企业相竞争的义务。

（4）除合伙协议另有约定外，有限合伙人可以将在有限合伙企业中的财产份额转让或者出质，而不必经全体合伙人一致同意。

（5）作为有限合伙人的自然人在有限合伙企业存续期间丧失民事行为能力的，其他合伙人不得因此要求其退伙。

（6）作为有限合伙人的自然人死亡、被依法宣告死亡或者作为有限合伙人的法人及其他组织终止时，其继承人或者权利承受人可以依法取得该有限合伙人在有限合伙人企业中的资格。

（7）有限合伙人退伙后，对基于其退伙前的原因发生的有限合伙企业债务，以其退伙时从有限合伙企业中取回的财产承担责任。

(8) 除合伙协议另有约定外，普通合伙人转变为有限合伙人，或者有限合伙人转变为普通合伙人，应当经全体合伙人一致同意。

(9) 有限合伙人转变为普通合伙人的，对其作为有限合伙人期间有限合伙企业发生的债务承担无限连带责任。普通合伙人转变为有限合伙人的，对其作为普通合伙人期间合伙企业发生的债务承担无限连带责任。

同时，修改后的《合伙企业法》规定，法律对有限合伙企业未做特殊规定的，适用本法关于普通合伙企业的一般规定。

第十节 合伙企业的解散与清算

一、合伙企业的解散

合伙企业的解散，是指合伙企业基于法定原因或合伙人约定的原因出现时，合伙企业终止的活动。合伙企业有下列情形之一时，应当解散：

①合伙期限届满，合伙人决定不再经营；

②合伙协议约定的解散事由出现；

③全体合伙人决定解散；

④合伙人已不具备法定人数满三十天；

⑤合伙协议约定的合伙目的已经实现或者无法实现；

⑥依法被吊销营业执照、责令关闭或者被撤销；

⑦法律、行政法规规定的其他原因。

二、合伙企业的清算

合伙企业解散，应当由清算人进行清算。《合伙企业法》对合伙企业的清算作了明确的规定。

1. 确定清算人

清算人由全体合伙人担任；经全体合伙人过半数同意，可以自合伙企业解散事由出现后十五日内指定一个或者数个合伙人，或者委托第三人，担任清算人。自合伙企业解散事由出现之日起十五日内未确定清算人的，合伙人或者其他利害关系人可以申请人民法院指定清算人。

2. 清算人的职责

根据《合伙企业法》的规定，清算人在清算期间执行下列事务：

①清理合伙企业财产，分别编制资产负债表和财产清单；

②处理与清算有关的合伙企业未了结事务；

③清缴所欠税款；

④清理债权、债务；

⑤处理合伙企业清偿债务后的剩余财产；

⑥代表合伙企业参加诉讼或者仲裁活动。

3. 通知债权人

清算人自被确定之日起十日内将合伙企业解散事项通知债权人，并于六十日内在报纸上公告。债权人应当自接到通知书之日起三十日内，未接到通知书的自公告之日起四十五日内，向清算人申报债权。债权人申报债权，应当说明债权的有关事项，并提供证明材料。清算人应当对债权进行登记。清算期间，合伙企业存续，但不得开展与清算无关的经营活动。

4. 清偿顺序

根据《合伙企业法》的规定，合伙企业财产按下列顺序清偿：

①支付清算费用；

②合伙企业所欠的职工工资、社会保险费用、法定补偿金；

③缴纳所欠税款；

④清偿债务；

⑤清偿债务后的剩余财产，合伙企业的利润分配、亏损分担，按照合伙协议的约定办理；合伙协议未约定或者约定不明确的，由合伙人协商决定；协商不成的，由合伙人按照实缴出资比例分配、分担；无法确定出资比例的，由合伙人平均分配、分担。

5. 清算结束

清算结束，清算人应当编制清算报告，经全体合伙人签名、盖章后，在十五日内向企业登记机关报送清算报告，申请办理合伙企业注销登记。合伙企业注销后，原普通合伙人对合伙企业存续期间的债务仍应承担无限连带责任。

6. 合伙企业破产

修改后的《合伙企业法》对合伙企业破产问题首次作出了明确规定，即合伙企业不能清偿到期债务的，债权人可以依法向人民法院提出破产申请，也可以要求普通合伙人清偿；合伙企业被依法宣告破产的，普通合伙人对合伙企业债务仍应承担无限连带责任。

思 考 题

1. 设立普通合伙企业需符合哪些条件？
2. 什么是有限合伙？《合伙企业法》对其有哪些具体的规定？
3. 合伙企业与第三人的关系如何？
4. 什么是入伙和退伙？入伙和退伙的法律效力表现在哪些方面？
5. 试述合伙企业的解散与清算。
6. 什么是特殊的普通合伙企业？《合伙企业法》对其有哪些具体的规定？

第五章

外商投资企业法

本 章 提 要

外商投资企业法由中外合资经营企业法、中外合作经营企业法与外资企业法三部法律构成。本章重点阐述了中外合资经营企业、中外合作经营企业与外资企业的法律特征、设立的条件与程序、资本制度、内部管理体制、终止与清算等基本法律问题。为适应我国加入世贸组织的需要，我国对三部法律作了适当修改，本章吸收了它们修改后的新内容。

第一节　中外合资经营企业法

一、中外合资经营企业的概念与特征

中外合资经营企业是建立在中国境内，经中国政府批准，取得中国法人资格，由中外股东共同投资、共同经营、共担风险、共享利润的有限责任公司（以下简称"合营企业"）。合营企业具有以下法律特征：

（1）设立在中国境内，为中国法人。在法律上，合营企业是中国的企业，要接受中国政府和中国法律的管辖，与国内其他企业处于平等地位；在经营活动中，享有平等的从事民事、经济活动的权利，不受歧视。

（2）经中国政府批准。合营企业的设立必须履行一定的法律程序。

（3）中外合营者共同投资、共同经营、共担风险、共享盈利。

（4）合营企业的形式是"有限责任公司"。合营企业为有限责任公司，是指合营企业由两个以上股东组成，股东以出资额为限对公司承担责任。公司以其全部资产为限对其债务承担责任。

二、合营企业的设立

中外合资经营企业的设立必须依照一定的法律程序。

（一）提交项目建议书和可行性研究报告

根据法律规定，中国合营者通过与外国合营者初步接触洽谈和进行初步可行性研究后，应向主管部门提交拟举办中外合资经营企业的正式书面建议和可行性研究报告。

1. 项目建议书

项目建议书一般包括下列内容：合资企业名称、主办单位和负责人；中外合营各方的名称、国别、公司状况及资信情况；举办合资企业的理由，并从引进技术、国内外市场需求、出口创汇和利用国外资金等方面加以说明；生产经营的范围、规模和合资经营年限；引进技术设备的情况分析；建设条件和生产条件，包括投资、场地、交通运输、电力、给排水、各种原材料供应、协作配套及人员等方面的要求和所具备的条件；投资总额、资金来源、注册资本、各方的出资比例和投资方式；产品销售方案、内外销比例和外汇收支情况等。

2. 可行性研究报告

可行性研究报告一般包括下列主要内容：总论，需求预测和拟建规模，建厂条件和厂址方案，设计方案，资产估算和资金筹措，企业与社会经济效益分析。

（1）总论。这包括项目提出的背景、必要性和技术与经济方面的意义，中外合作各方的基本情况，合作方案的设想和内容、研究工作的依据和范围。

（2）需求预测和拟建规模。这包括国内外市场需求和现有生产能力的预测和估计，国内外销售预测，项目规模和产品方案，资源、原材料、燃料、配套部件及公用设施的种类、数量、来源及供应的可能。

（3）建厂条件和厂址方案。这包括地理位置、气象、水文、地质、地形条件，社会经济、交通、运输及水、电、气的现状和发展趋势。

（4）设计方案。这包括项目构成、生产方法、工艺技术和设备选型方案，引进技术、设备的来源和方式，布局方案和土建工程量，公用辅助设施和厂内运输方案，企业组织、劳动定员和职工培训，实施进度和安排，环境保护和三废治理方案等。

（5）资产估算和资金筹措。这包括固定资产投资和流动资金，资金来源和筹措方式，投资各方的投资比例和投资方式。

（6）企业及社会经济效益分析。这包括静态和动态的分析，微观和宏观经济效益分析。

可行性报告包括中外双方共同制作的和中外各方各自制作的两种。

（二）办理立项报批手续

中方合营者按照隶属关系，向其主管部门报送项目建议书和可行性研究报告，由主管部门报送计划管理部门，计划管理部门根据自身审批权限进行审批。

（三）正式谈判，制定合同、协议、章程

项目建议书和可行性研究报告批准后，中外双方可正式开始谈判，制定合同、协议、章程。

1. 合营企业合同与协议

合营企业合同是合营各方经过认真谈判，在平等自愿基础上所签署的具有法律效力的主要文件。合同内容大致应包括：

（1）合营各方的名称，各自注册的国家、法定地址（跨国公司应写明总部机构所在地）和法定代表人的姓名、职务、国籍。

（2）合营企业名称（要注明公司性质及“有限责任”字样）、法定的名称、经营范围、年生产能力，总生产规模。

（3）合营企业的投资总额、注册资本、合营各方的出资额、出资比例、出资方式，包括现金投资、实物投资（厂房、设备、原料）、土地使用权和工业产权投资（商标、专利、技术秘密）。分几期投资，每次投资缴付期限以及出资欠缴的罚款规定。

（4）股权转让条款。这包括股权转让的程序，原有股东是否有优先购买权，向第三方转让的条件等内容。

（5）合营企业利润分配和亏损分担原则。

（6）合营企业管理机构的设置。这包括企业最高权力机构的组成，董事名额的分配，董事会如何召开，董事会决议事项，决定如何作出及执行。

（7）总经理、副总经理其高级管理人员的聘用及其职责、权限、任期以及任免程序。

（8）采用的主要生产技术及资金设备来源。负有技术指导义务的一方的技术保证措施及责任。

（9）原材料、零部件如何购买。这包括原材料供应或配件供应责任，原材料或零件供应方式、供应价格，对供应质量和供货时间的要求，不能履行的责任。

（10）企业的产品销售方式。境内外销售比例，各方销售比例。如为共同销售，股东对产品是否有优先购买权，价格是否优惠。销售价格、销售成本、销售利润如何确定及分配。

（11）外汇资金的来源，企业经营用汇和投资利润汇出用汇怎样安排。

（12）财务、会计、审计制度，处理开支的原则。

（13）企业劳动管理、工资、福利、劳动保险制度的规定。

（14）合营企业的期限，合营企业期满合同终止时，是否可以延长。

（15）企业中止条款。这包括中止（暂停营业）的情况。

（16）合营企业合同的终止。这包括终止的原因，终止后责任、债务的承担；如何清算，剩余财产如何分配。

（17）解决争议的方式。这包括争议如何解决。如提请仲裁，须选定仲裁机构、仲裁适用的法律。

（18）合同的有效期限。这包括合同签订时间，生效时间及有效期。

合营企业协议是指合营各方对设立合营企业的某些要点和原则达成一致意向而订立的文件。其内容与合同内容大致相当，更注重要点和原则问题，而合同则较具体。合营企业协议与合营企业合同有抵触的，以合同为准。经各方同意，也可不订协议，只订立合营企业合同和章程。

2. 合营企业章程

合营企业章程是合营企业宪章。合营企业章程按照合营企业合同确定的原则，规定合营企业的宗旨、组织机构、经营管理制度等。章程与合同内容基本相同，在此不再赘述。但章程是从合营企业的角度出发，规范合营企业的经营行为；而合同是从合营者的角度出发，规范合营者的权利、义务与责任的。章程必须以合同为准，两者的原则条款必须一致。无论合同或章程，所有条款都不得与国家现行法律和行政法规相冲突。

（四）合同、章程的审批程序

国家商务部门是合营企业合同和章程的审批机关，具体程序可分以下几步。

（1）由中方合营者向审批机构报送文件，具体包括：

①设立合营企业的申请书；

②合营各方共同编制的可行性研究报告；

③合营各方授权代表签署的合同、协议和章程；

④由合营各方委派的合营企业董事长、副董事长及董事的人选名单；

⑤中方合营者企业主管部门和营业所在地省、自治区、直辖市人民政府对设立该合营企业签署的意见。

（2）审批期限。审批机关在接到上述正式文件后，应在三个月内决定批准或不批准。如发现送审的文件有不当之处，应要求限期修改，否则不予批准。

（3）领取批准证书。合营企业经审批机关批准后，审批机关向企业颁发批准证书，并将批准通知书抄送国务院各有关部门和省、自治区、直辖市的有关部门。批准证书由国家商务部统一制定。

（五）办理设立登记

合营企业领取批准证书后三十日内，应当向工商行政管理部门办理登记注册手续，领取营业执照。合营企业取得营业执照后即告成立。

三、合营企业的组织机构

中外合资经营企业的组织机构包括企业的权力机构和执行机构。

1. 董事会

董事会是合营企业的最高权力机构。董事会享有合营企业的领导权、经营权和重大问题的决定权。

（1）董事会的组成。董事会成员不得少于三人。董事由合营各方参照出资比例协商分配的名额委派。董事任期四年，可以连任。董事长由中外双方合营者协商确定或由董事会选举产生。董事长是合营企业的法定代表人，有权代表企业签署有法律效力的文件。副董事长协助董事长工作，在董事长不在的情况下代理董事长履行职责。

（2）董事会的职权与议事规则。董事会的职权由合营企业章程规定，讨论决定合营企业的一切重大问题，包括企业发展计划、生产经营活动方案、收支预算、利润分配、劳动工资计划、停业，以及总经理、副总经理、总工程师、总会计师的任命或聘请及其权限和待遇等。

董事会会议一年至少召开一次，遇有特殊情况，经三分之二以上的董事提议，可以召开临时董事会。但董事会必须有三分之二董事出席方能举行。属于一般问题的决议，按照章程规定的比例表决，但属于重大问题决议，须全体董事一致通过方能生效。所谓重大问题包括：修改章程；合营企业中止、解散；增加注册资本；转让出资；企业与其他经济组织合并等事项。

2. 总经理及其下属各事业部

总经理领导下的各事业部是合营企业的执行机构，是专门负责执行董事会的决议，主持企业日常工作的。总经理、副总经理由中外双方推荐，由董事会聘任。

总经理的职责是负责执行董事会的各项决议，组织领导合营企业的日常经营管理工作，在董事会授权范围内，总经理对外代表合营企业，对内任免下属人员，行使董事会授予的其他职权。

四、中外合资经营企业的资本制度

（一）中外合资经营企业的注册资本和投资总额

合营企业注册资本，是指记载在合同、章程上，并经主管机关核准登记的资本总额，是合营各方认缴的出资额之和。

合营企业投资总额，即按合营企业的合同、章程规定的生产规模，需要投入的基本建设资金和流动资金的总和。当其基本建设资金和流动资金与注册资本相同时，注册资本就是投资总额，但当基本建设资金和流动资金的需求量超过注册资本时，投资总额就由注册资本和借款构成。《中华人民共和国中外合资经营企业法》（以下简称《中外合资经营企业法》）规定，合营企业可以向中国的银行申请外汇贷款或人民币贷款，也可以从国外或港澳地区借入外汇资金，但应向国家外汇管理局或其分局备案。

为了防止借入资金过多地超过注册资本，国家工商总局发布了《关于中外合资经营企业注册资本与投资总额比例的暂行规定》，明确规定了注册资本与投资总额应当保持的适当的比例：

（1）合营企业的投资总额在三百万美元以下（含本数），其注册资本至少应占投资总额的十分之七。

（2）合营企业的投资总额在三百万美元以上至一千万美元（含本数）的，其注册资本至少应占投资总额的二分之一，其中投资总额在四百二十万美元以下的，注册资本不得低于二百一十万美元。

（3）合营企业的投资总额在一千万美元以上至三千万美元（含本数）的，其注册资本至少应占投资总额的五分之二，其中投资总额在一千二百五十万美元以下的，注册资本不得低于五百万美元。

（4）合营企业的投资总额在三千万美元以上的，其注册资本至少应占投资总额的三分之一，其中投资总额在三千六百万美元以下的，注册资本不得低于一千二百万美元。合营企业如遇特殊情况，不能执行上述规定，由国家商务部会同国家工商总局批准。

（二）中外合资经营企业的出资比例与出资方式

1. 出资比例

出资比例是合营各方的投资在合营企业注册资本中所占的份额。对于一个合营企业来说，合营者的所占投资比例直接决定其对企业的支配权，以及利润分配和风险承担的份额。目前，我国《中外合资经营企业法》仍然规定，在合营企业的注册资本中，外国合营者的投资比例一般不低于百分之二十五。

2. 出资方式

《中外合资经营企业法》规定，合营各方可以用现金、实物、工业产权等投资。中方合营者的投资可以包括为合营企业经营期间提供的场地使用权。

合营者各方认缴的出资必须是合营者自己所有的现金、自己所有并且未设立任何担保物权的实物、工业产权、专有技术等。凡以实物、工业产权、专有技术作价出资的，出资者应当出具拥有所有权和处置权的有效证明。任何一方不得用以合营企业名义取得的贷款、租赁的设备或者其他财产以及合营者以外的他人财产作为自己的出资，也不得以合营企业的财产和权益或者合营他方的财产和权益为其出资担保。

双方以非货币形式出资还应当注意以下问题。

（1）外国合营者以实物出资的问题。外国合营者以机器设备或其他物料出资，必须符合以下条件：

①为合营企业生产所必不可少；

②中国不能生产，或虽能生产，但价格过高或技术性能和供应时间上不能保证需要的；

③作价不得高于同类机器设备或其他物料当时国际市场价格。

外国合营者以实物出资的，应当经中方合营者上级主管部门审查同意，我国国家商检部门进行价值评估、鉴定，并报审批机关批准。

（2）外国合营者以技术出资的问题。外国合营者以工业产权或专有技术出资，必须符合以下法定条件：

①能生产中国急需的新产品或出口适销产品的；

②能显著改进现有产品性能、质量，提高生产效率的；

③能节约原材料、燃料、动力的。

外国合营者还应当提供工业产权、专有技术的有关资料，经中方合营者上级主管部门审查同意，报审批机关批准。

（3）中方合营者的场地使用权的问题。中方合营者的场地使用权可以有两种做法：一种是中方合营者不将场地使用权作为自己的出资，而将场地使用权作为合作条件提供给合营企业使用。采取此种方法，合营企业应当向中国政府缴纳使用费。另一种是中方合营者可将场地使用权作为自己的出资，这样就需要对场地使用权评估作价，以便计算出资比例，作价金额应与取得同类场地使用权应缴纳的使用费相同。采用此种做法，中方合营者应当到土地管理部门办理场地使用权出资的手续。

（三）中外合资经营企业的出资期限

合营各方应按合同规定的期限缴清各自的出资额。逾期未缴付的，应按合同规定支付迟延利息或赔偿损失。合营各方缴付出资额后，应由中国注册会计师验证，出具验资报告后，由合营企业据以签发出资证明书。出资证明书应当报送原审批机关和工商行政管理机关备案。

合营各方能否按照合同规定的期限出资，这是能否保障企业按期筹建、开业和进行正常生产经营活动的关键所在。在合同中规定一次缴清出资的，合营各方应当从营业执照签发之日起六个月内缴清；合同中规定分期缴付出资的，合营各方第一期出资不得低于各自认缴出资额的百分之十五，并且应在营业执照签发之日起三个月内缴清出资。合营各方未能按照上述规定的期限缴付出资的，视为合营企业自动解散，合营企业批准证书自动失效。

合营各方缴付第一期出资后，超过合营合同规定的其他任何一期出资期限三个月，仍未出资或出资不足的，工商部门应当会同原审批机关发出通知，要求合营各方在一个月内缴清出资。否则，原审批机关有权撤销该合营企业的批准证书，由合营企业向工商机关办理注销登记手续，缴销营业执照。

合营一方未按照合营合同的规定如期缴付或者清缴其出资的，视为违约。守约方可以限期催告。在催告期内对方仍未履约，视为自动退出合营企业。如给守约方造成经济损失的，守约方有权请求损害赔偿。

1994年国家工商总局与国家对外经济贸易合作部（现为商务部）联合发布《关于进一步加强外商投资企业审批和登记管理的有关问题的通知》，规定了外商投资企业投资者分期出资的总期限为：

（1）注册资本在五十万美元以下（含五十万美元）的，自营业执照签发之日起一年内，应将资本全部缴齐。

（2）注册资本在五十万美元以上、一百万美元以下（含一百万美元）的，自营业执照签发之日起一年半内，应将资本全部缴齐。

（3）注册资本在一百万美元以上、三百万美元以下（含三百万美元）的，自营业执照签发之日起二年内应将资本全部缴齐。

（4）注册资本在三百万美元以上、一千万美元以下（含一千万美元）的，自营业执照签发之日起三年内，应将资本全部缴齐。

（5）注册资本在一千万美元以上的，出资期限由审批机关根据实际情况审定。

合营企业合同经审批后，如确因特殊情况需要超过合同规定的缴资期限延长缴资的，应报原审批机关批准和登记机关备案，并按实际缴付的出资额比例分配收益。

通过收购国内企业资产或股权设立合营企业的外国投资者，应自合营企业营业执照颁发之日起三个月内支付全部购买金。对特殊情况需要延长支付的，经审批机关批准后，应自营业执照颁发之日起六个月内支付购买总金额的百分之六十以上，一年内付清全部购买金，并按实际缴付的出资额的比例分配收益。

（四）中外合资经营企业资本及出资者的变更

1. 关于减少注册资本的问题

《中外合资经营企业法实施细则》明确规定，中外合资经营企业在合营期间不得减少注册资本。但因生产规模和投资总额等的变化，确需减少注册资本，须经审批机关批准，并办理变更登记。

2. 关于增加注册资本的问题

《中外合资经营企业法》允许合营企业增加注册资本，但须注意两个问题：一是必须明确增资后，是否改变各方出资比例。如果改变出资比例，不得低于外国合营者出资比例的最低限额。二是增加出资必须经原审批机关批准。合营企业增加注册资本应由董事会作出决议，并将书面报告上报审批机关。审批机关批准后，应当到工商管理机关办理变更登记。

3. 关于转让出资的问题

由于转让出资会涉及合营主体的变更、出资比例的变化、合营企业内部管理机构人员的调整以及经营方针、规划的改变，影响合营企业的稳定，以及债权人的合法权益，因此我国的法律的态度是允许，但有一定的条件。

（1）合营一方向第三者转让其全部或部分出资额时，须经合营他方同意，签订转让出资的协议。

（2）合营各方签署转让出资的协议后，应当报原审批机关审核批准，并办理变更登记。

（3）合营他方在同等条件下有优先购买权。

五、中外合资经营企业的经营管理自由权

中外合资经营企业的经营管理自主权，是合营企业在中国法律、法规和合营企业合同、章程规定的范围内，独立自主地经营管理企业的权利。合营企业的经营管理自主权主要体现为董事会可以按照批准的合营企业合同和章程的规定，讨论决定合营企业的一切重大问题。具体主要有以下几个方面。

1. 生产计划权

合营企业有权在批准的范围内制定本企业的生产经营计划。合营企业的生产经营计划，由董事会批准执行。企业主管部门和计划部门不对合营企业下达指令性计划，合营企业的产、供、销计划，可通过订立各项合同组织实施。

2. 物资采购权

合资企业有购买所需要的生产资料的自主权。合资企业所需要的机器设备、原材料、燃料、配套件、运输工具用品等，有权自行决定在中国购买或在国外购买。

3. 产品销售权

合营企业有权在国内外市场销售其产品。我国政府鼓励合营企业产品外销。

4. 劳动管理权

合营企业有权依照国家劳动法律、法规的规定雇用、解雇职工。合营企业招聘

职工，应报企业主管部门和所在地区劳动人事部门备案，纳入国家劳动计划。合营企业招聘职工，应按国家规定，并报经省级劳动人事部门或其授权的合营企业所在地的县以上劳动人事部门审批。合营企业应当按照所在地区人民政府的规定，缴纳中方职工的社会保险基金。

5. 财务管理权

合营企业执行国家统一财务会计制度，可结合本企业的情况，制定本企业财务会计制度，并报当地财政部门、税务机关备案。根据《中外合营企业法实施条例》和相关会计制度、准则的规定，合营企业应当设立独立的会计机构，定期向董事会、总经理报告各项财务收支和会计账目。合营企业原则上采用人民币为记账本位货币，经合营各方商定，也可以采用某一种外国货币为记账本位货币，但应当折合人民币制作会计报表。合营企业必须按国家规定，定期向合营各方、企业主管部门、当地税务机关和财政部门报送季度和年度会计报表。年度会计报表，还要经过中国注册会计师验证出具证明方为有效。

6. 利润分配权

合营企业有权决定本企业的税后利润分配方案。合营企业获得毛利润按国家税法缴纳所得税后，扣除合资企业章程规定的储备基金、职工奖励基金及福利基金，净利润根据合营各方注册资本的比例进行分配。

7. 其他自主权

合营企业还有权直接向国内外金融机构申请贷款，用于生产经营活动；有权在中国的银行和依法在中国设立的外资银行开立人民币和外汇账户，自主存取、自筹自用资金。

六、中外合资经营企业的期限、解散与清算

1. 中外合资经营企业的期限

合营企业的合营期限，不同行业情况不同。有的行业，应当约定合营期限；有的行业可约定也可不约定。现行法规规定，属下列行业或者情况的，合营各方应当依法在合营合同中约定合营期限：

①服务性行业；

②从事土地开发及经营房地产的；

③从事资源勘探开发的；

④国家规定限制投资项目的；

⑤国家其他法律、法规规定需要约定合营期限的。

约定合营期限的合营企业需要延长合营期限，应在期限届满前六个月向原批准机关提出申请。审批机关应在接到申请书之日起一个月内予以批复。合营企业被批准延长合营期限后，应到工商行政管理机关办理变更登记手续。

2. 中外合资经营企业的解散

根据现行法律、法规的规定，合营企业有下列情形之一的，可以解散：

①合营期限已满，合营各方又不愿意延长合营期限继续经营的；

②企业发生严重亏损，无力继续经营的；

③合营一方不履行合营企业协议、合同、章程规定的义务，致使企业无法继续经营的；

④因不可抗力遭受严重损失，无法继续经营的；

⑤合营企业未达到其经营目的，同时又无发展前途的；

⑥合营企业合同、章程所规定的其他解散原因已经出现的。

合营企业的解散，应由董事会提出解散申请，报审批机关批准。不论何种原因解散，均须向工商行政管理机关办理注销登记。合营企业解散后，各项账册及文件由中方合营者保存。

3. 中外合资经营企业的清算

合营企业宣告解散后，应成立清算委员会。清算程序、原则和清算委员会人选，由董事会提出，报企业主管部门，由主管部门审核并监督清算。清算委员会成员一般由董事担任，同时也可聘请在中国注册的会计师、律师担任。必要时，审批机构可派人监督。

（1）清算委员会的职责。清算委员会的职责，是对合营企业的财产、债权、债务进行全面清查，编制资产负债表和财产清单，提出财产作价和计算依据，制订清算方案，提请董事会会议通过执行。清算委员会根据董事会通过的清算方案，进行变卖财产、物资，回收债权，缴纳应纳税款，清偿债务，妥善处理遗留问题，分配剩余财产等活动。清算期间，清算委员会代表该合营企业起诉和应诉。

（2）债务的承担与剩余财产的处理。合营企业以其全部财产对其债务承担责任。在偿还债务时应依次支付清算费用、职工工资和劳动保险费用、国家税款、其他债务。清偿后的剩余财产，除合营企业合同、章程另有规定外，按照合营各方出资比例进行分配。

清算结束后，如合营企业的资产净额（指清偿债务以后）或剩余财产超过注册资本的，其超过部分为清算所得，应依法缴纳所得税。外国合营者分得的资产净额或剩余财产超过其出资额部分，在汇往国外时，应依法缴纳所得税。

第二节　中外合作经营企业法

一、中外合作经营企业法概述

1. 中外合作经营企业

中外合作经营企业是指外国企业、其他经济组织或者个人同中国的企业或其他经济组织，按照平等互利原则和我国法律规定，用合同约定双方的权利义务，经中国有关机关批准的经济组织（以下简称合作企业）。

2. 中外合作经营企业法

中外合作经营企业法是调整中国境内的中外合作经营企业在设立、终止及其生产经营过程中所发生的各种经济关系的法律规范的总称。

二、中外合作经营企业与中外合资经营企业的异同

中外合资经营方式和中外合作经营方式是我国吸收外资的两种重要方式。这两种方式有相同点，也有不同之外，归纳起来表现在以下几个方面。

1. 关于经营方式——契约式与股权式

中外合作经营企业的各方，可以以不同的方式投资，但不一定用货币计算中外各方的股权比例；各方的权利、义务与责任在合作经营合同中由当事人约定。而合营企业中外各方无论以何种形式投资，必须以货币计算各方的投资比例，并按股权比例分担风险，分享利润。

两者的共同之处是：中外合作各方都必须遵循自愿互利、等价有偿的原则，做到各自所承担的风险、责任与其所享受的权利对等。

2. 关于法人资格

中外合作经营企业可以取得法人资格，也可以不取得法人资格。不取得法人资格的合作企业通常是合伙型企业。合伙人双方应当按照合伙企业的性质和规定，承担无限责任或无限连带责任。取得法人资格的合作企业，承担有限责任。而合营企业必是法人，必须承担有限责任。

3. 关于投资方式

（1）合作企业中方一般不得以土地使用权和矿藏开采权作为投资，不能用于抵押贷款，不能转让。土地使用权和矿藏开采权一般作为中方合作者的合作条件。合作企业可以使用土地使用权和矿藏开采权，但应向中国政府缴纳使用费。而合营企业中方可以用土地使用权或矿藏开采权作价作为投资，但无权转让和抵押。

（2）不取得法人资格的合作企业，没有企业注册资本和外方投资比例的限制。而合营企业有注册资本及其与投资总额的比例的约束，以及外方投资比例的限制。

4. 关于收益分配方式

合作企业的收益按照合作合同约定的比例分配，而不是按出资比例分配；合作企业中按合同约定的比例分配时，可以分配利润，也可以产品分成；不同的阶段可以约定实行不同的利润分配比例。而合营企业只能按合营各方在注册资本中所占的股权比例进行利益分配，且通常是以货币的形式进行分配的。

5. 关于组织机构和经营管理方式

合营企业的权力机构是董事会，执行机构是总经理及其领导下的各部门。具有法人资格的合作企业与合营企业相同，应当成立董事会。不具有法人资格的合作企业，管理方式比较灵活，可以采取下述方式：

（1）实行联合管理，建立联合管理委员会；各方派代表，定期会晤；可以成立对等的代表机构，执行本方对合同承担的义务，行使权利，监督对方执行合同。

（2）委托合作一方进行管理。

（3）委托第三方进行管理。

（4）一些投资比较少，期限比较短的合作企业，可不建立统一的管理机构，由双方直接按照合同分产品或产值。

6. 有关结业清算

在解散清算时，合营企业应以其全部资产对其债务承担责任，剩余财产按出资比例分配。合作企业则有所不同。在合作期间，如果外方提前收回其投资的，合作期满后，合作企业全部固定财产无偿归中方所有；如果企业出现亏损，负债过多，企业解散后，财产应首先用来清偿债务，清偿后的剩余固定资产归中方所有；如果财产不足以清偿债务，应按合同约定的比例，由各方分担。

除以上异同之外，合作企业的成立方式和合作期限等问题，与中外合资经营企业基本相同。

三、中外合作经营企业的投资回收

根据《中外合作经营企业法》及其实施细则的规定，外国合作者在合作期限内可以申请先行收回投资。

1. 先行收回投资的方式

合作经营的投资回收方式比较灵活：

（1）在按照投资或提供合作条件进行分配的基础上，在合作企业合同中约定扩大外国合作者的收益分配比例。

（2）经财政税务机关审查批准，外国合作者在合作企业缴纳所得税前回收投资（如从营业收入中或从固定资产折旧费中回收）。

（3）经财政税务机关和审批机关批准的其他回收投资的方式。

2. 先行收回投资的条件

外国合作者先行收回投资应当符合下列条件：

（1）中外合作者在合作企业合同中约定合作期满后，企业全部固定资产无偿归中方合作者所有。

（2）外国合作者必须向财政税务机关提出申请，并具体说明先行收回投资的总额、期限和方式，由财政税务机关依法审查同意后，报审批机关批准。

（3）中外合作者应当依照有关法律的规定和合作企业合同的约定，对合作企业的债务承担责任。

（4）外国合作者应当在合作企业亏损弥补之后，才能先行收回投资。

第三节 外资企业法

一、外资企业法概述

1. 外资企业的概念与特征

外资企业是依照中国法律在中国境内设立的，全部资本由外国企业、外国其他经济组织或个人投资构成，由外国投资者独立经营，自负盈亏的企业。

外资企业的主要法律特征：

（1）全部资本由外国投资者投资，企业财产与利润均为外国投资者独自所有，风险与亏损亦由外国投资者独自承担。外国投资者可以是一家公司、其他经济组织或个人，也可以是两个以上的公司、其他经济组织或个人。

（2）根据中国法律在中国境内设立，与中国其他企业一样，享有平等的权利和义务，受到平等的保护。

（3）为一个独立的经济实体，自主经营，自负盈亏。

（4）组织形式为有限责任公司，或经批准的其他组织形式。

2. 外资企业法

外资企业法是调整在我国境内外资企业设立、经营管理与终止过程中发生的各种经济关系的法律规范的总称。

二、外资企业的设立

1. 设立外资企业的条件

设立外资企业必须有利于我国国民经济发展，国家鼓励举办产品出口或者技术先进的企业。

2. 设立外资企业的程序

（1）提出设立外资企业的申请。由外国投资者向拟设外资企业所在地的县级以上政府主管机关提出书面申请。在递交申请前，应向地方政府提交拟设立外资企业的申请报告。地方政府在收到报告后三十日内以书面形式给予答复。之后，外国投资者再正式提出申请。申请时应报送的文件有：

①设立外资企业申请书；

②可行性研究报告；

③外资企业章程；

④外资企业法定代表人（或者董事会人选）名单；

⑤外国投资者的法律证明文件和资信证明文件；

⑥县级以上政府书面答复；

⑦其他需要报送的文件。

（2）对设立外资企业申请的审批。设立外资企业的申请，由国家商务部门或国务院授权的地方政府审批。审批机关应在接到申请之日起九十日内决定批准或不批准。经审批机关批准后，发给批准证书。申请设立的外资企业，其产品涉及出口许可证、出口配额、进口许可证或者属于国家限制进口的，应依照有关管理权限事先征得审批机关的同意。

（3）申请工商登记。设立外资企业的申请经审批机关批准后，外国投资者应在收到批准证书之日起三十日内向工商机关申请注册登记，领取营业执照。外资企业的营业执照签发之日，为外资企业成立之日。外国投资者凭营业执照办理开户、税务登记、外汇登记等有关事宜。

三、外资企业的资本

外资企业的资本，包括注册资本和借入资本。外资企业的注册资本应与其经营规模相适应，注册资本与投资总额的比例应符合中国有关规定。外资企业在经营期间不得减少注册资本，否则，外国投资者对外资企业承担连带责任。外资企业注册资本的增加、转让，须经审批机关批准，并应办理变更登记。

外国投资者可以用货币出资，也可以用机器设备、工业产权、专有技术等作价出资。经审批机关批准，也可以用其从中国境内举办的其他外商投资企业获得的人民币利润出资。

外国投资者以机器设备、工业产权、专有技术作价出资的，必须符合法定条件，相关规定见《中外合资经营企业法》。

外资企业的出资期限应当在设立外资企业申请书和外资企业章程中载明。外国投资者可以分期缴付出资，但最后一期出资应当在营业执照签发之日起三年内缴清。其中第一期出资不得少于外国投资者认缴的出资额的百分之十五，并应在外资企业营业执照签发之日起九十日内缴清。外国投资者在第一期出资后，其他各期的出资也应按规定的期限缴清。每次缴付的出资，应聘请中国的注册会计师验资出证，并报审批机关和工商机关备案。

四、外资企业的经营管理

1. 外资企业享有生产经营自主权

外资企业有自行制订生产经营计划的权利。外资企业在批准的经营范围内所需的原材料、燃料等物资，可以在国内市场购买，也可以在国际市场购买。

2. 外资企业的税收与财务会计

外资企业应依法纳税。外资企业应依照中国法律、法规，建立财务会计制度，设立会计账簿，编制会计报表，并接受财政、税务部门的监督。外资企业依法纳税后的利润，应当提取储备基金、职工奖励及福利基金。

五、外资企业的期限、终止与清算

1. 期限

外资企业的经营期限由外国投资申报，由审批机关批准。期限需要延长的，应当在期满前六个月向审批机关申请。审批机关应当在接到申请之日起三十日内决定批准或不批准。

2. 终止与清算

外资企业出现终止情形（与合营企业大致相同）的，应予终止，并应当及时公告并依法进行清算。在终止公告发布之日起十五日内，提出清算程序、原则和清算组人选，报审批机关审批后进行清算。清算结束前，外国投资者不得把企业的资金汇出或携出中国境外，也不得自行处理企业财产。清算结束后，其资产净额和剩余财产超过注册资本的部分视同利润，应依法缴纳企业所得税。清算工作结束后，向工商机关办理注销登记手续，缴销营业执照。

思 考 题

1. 中外合资经营企业的法律特征是什么？
2. 设立中外合资经营企业的程序是什么？
3. 中外合作经营企业的法律特征是什么？
4. 简述中外合作经营企业投资回收问题。
5. 外资企业设立的程序是什么？

第六章

破　产　法

本章提要

破产是对陷入不能清偿的企业债权债务关系进行全面清理或促使其在经济上复兴的法律制度，它对于保障市场经济的正常运行必不可少。本章介绍了破产制度的概念、性质和作用，破产能力、破产原因，管理人、债权人会议，破产债权、破产财产，取回权、抵消权、撤销权，破产清算程序等内容。本章的重点与难点是破产原因，破产债权的概念和范围，破产财产的概念和范围，破产受理的效力，破产分配。

第一节　破产制度与破产法概述

一、破产的概念

在法律中，破产有两种含义。第一，作为事实的破产（状态性的破产概念），即将破产解释为债务人出现了不能清偿或资不抵债的经济状态（经济破绽），也就是破产原因或破产界限。第二，作为程序或制度的破产（程序性的破产概念），即将破产解释为对已经具有破产原因的债务人的财产依照破产法的规定进行处理的程序或制度。通常情况下使用程序性的破产概念。破产程序或制度又有广义和狭义之分。狭义的破产程序是指债务人不能清偿到期债务时，将债务人的所有财产公平分配给所有债权人为目的的司法程序，又被称为破产清算程序、清算型破产或消极破产。通常所说的破产程序仅指破产清算程序。广义的破产程序除包括狭义的破产程序外，还包括预防型破产。所谓预防型破产，是指为避免破产清算程序，对出现财务困难或破产原因的债务人进行挽救使之恢复清偿能力并促使其复兴的司法程序。在我国，预防型破产包括破产和解和破产重整两种程序。严格而言，预防型破产已经并非真正的破产程序。除非另有说明，本章所说的破产程序均为狭义的破产程序。

二、破产制度的作用

1. 公平满足全体债权人的债权

在破产清算程序中，债务人的一切可强制执行的责任财产都被用于分配，所有有资格分配破产财产的债权人，不论债权产生早晚或是否到期，都可以按照法定顺序和比例公平分配。法律为保证破产程序的公正，规定一旦法院受理了破产申请，债务人就丧失了对其财产的管理权，由独立管理人管理并分配破产财产，债权人也不能个别受偿，只能通过破产分配获得清偿。

2. 促使破产人在经济上复兴

在破产清算程序中还有免责、复权等制度，它们的目标也在于使破产人在经济上复兴。免责，是指通过破产分配而没有被清偿的债务，在法定范围内免除破产人继续清偿责任。复权，是指解除破产人因破产宣告而受到的公法、私法的权利和资格的限制，恢复其宣告破产以前的法律地位。免责、复权制度仅适用于自然人破产，由于我国目前尚未规定自然人具有破产能力，因此我国现行破产法尚不具备促使破产人在经济上复兴的作用。但是，即使承认自然人破产，促使债务人复兴也仅仅是破产程序的间接的、附带的效果。

3. 在一定程度上阻止社会影响的扩大

破产制度实行后，就能在破产人的经济状况彻底崩溃之前进入破产程序，在一定程度上阻止了不能清偿的社会影响的扩大。对不能清偿到期债务的债务人及时宣告破产，可以避免债务恶性膨胀，使债权人的损失降到最低限度。

三、破产法的概念和渊源

1. 概念

破产法是调整债务人不能清偿到期债务时，由法院宣告其破产，并对其全部财产进行清理、分配，或对其进行挽救使之在经济上复兴的法律规范的总称。我国现行破产法调整广义的破产程序，因此，既调整破产清算程序又调整破产和解和破产重整制度。

破产法的一个典型特点是实体法和程序法相结合。处理债务人无力清偿事件总是涉及债权债务关系、财产的认定、破产企业的法律人格和法律责任问题。同时，全面处理债务人财产需要有一系列紧密衔接的程序来操作。有关实体方面的特别规定乃为配合此种特别程序而制定的，附属于程序规定而存在。

2. 渊源

在我国，调整破产制度的法律规范主要有法律、行政法规以及司法解释。

1986 年《民法通则》规定企业法人可以依法被宣告破产，但是不存在统一的破产程序。对于国有企业的破产和非国有企业的破产，分别由 1986 年《企业破产法(试行)》和 1991 年《民事诉讼法》予以调整。此外，在《公司法》、《保险法》、《商业银行法》等单行法中也有破产规范。2006 年 8 月 27 日通过的《企业破产法》(下文中提到的《企业破产法》均指该法）统一了我国企业的破产程序，该法将自 2007 年 6 月 1 日起施行。根据《企业破产法》第四条的规定，破产案件审理程序，该法没有规定的，适用民事诉讼法的有关规定。所以，《民事诉讼法》的有关规定也是破产法的渊源。

针对国有企业破产，国务院也颁布了一些行政法规，主要包括 1994 年《关于在若干城市试行国有企业破产有关问题的通知》和 1997 年《关于在若干城市试行国有企业兼并破产和职工再就业有关问题的补充通知》。根据《企业破产法》的规定，在该法施行前国务院规定的期限和范围内的国有企业实施破产的特殊事宜，按照国务院有关规定办理，所以国务院有关国有企业破产的行政法规仍然有效；另外，金融机构实施破产的，国务院可以依据该法和其他有关法律的规定制定实施办法。

处理破产的司法解释主要是 2002 年《最高人民法院关于审理企业破产案件若干问题的规定》（以下简称《破产规定》），该规定为国有企业和非国有企业破产设定了统一程序。另外，《企业破产法》还授权最高人民法院制定有关指定管理人和确定管理人报酬的办法。

四、适用破产程序的实体条件

适用破产程序应当具备相应的实体条件，也就是要求债务人具有破产能力和破产原因。

（一）债务人具有破产能力

破产能力即破产清算能力，也称为破产资格，是指能够接受破产宣告成为破产人的资格。破产能力旨在解决哪些主体可以被宣告破产。根据《企业破产法》第二条的规定，企业法人具有破产能力。企业法人泛指拥有独立财产、能够独立承担法律责任、以自己名义实施经营活动为业的社会组织，包括公司、国有企业、集体企业等各种类型法人企业。另外，根据该法第一百三十五条的规定，企业法人以外的组织，其他法律有规定的，也可以被宣告破产。例如，2006 年修改后的《合伙企业法》第九十二条规定："合伙企业不能清偿到期债务的，债权人可以依法向人民法院提出破产清算申请，也可以要求普通合伙人清偿。"这表明，合伙企业也具有破产能力。这意味着，在我国只有"组织"才具有破产能力，不具备"组织"形态的自然人显然不能被宣告破产，例如个体工商户就不具备破产能力。

（二）债务人具有破产原因

1. 破产原因的概念

破产原因，又称为破产界限，是指适用破产程序所依据的特定法律事实。破产是对于已经陷入财务困难的债务人所适用的法律程序，必须债务人在实质上已具备一定的法律事由始可，此种法律事由即破产原因。

根据《企业破产法》的规定，企业法人不能清偿到期债务，并且资产不足以清偿全部债务或者明显缺乏清偿能力的，可以被宣告破产。也就是说，除不能清偿外，还须具备以下两个因素之一：资不抵债或明显缺乏清偿能力。另外，根据《商业银行法》、《保险法》、《合伙企业法》等特别法的规定，商业银行、保险公司、合伙企业等不能清偿到期债务的，就可宣告破产，所以不能清偿是这些企业的唯一破产原因。

但是，企业法人已解散但未清算或者未清算完毕，资产不足以清偿债务的，也可以宣告其破产。在这种情况下，只需具备资不抵债这个破产原因。

2. 不能清偿

不能清偿，也称为支付不能，是指债务人因缺乏清偿能力，对于已届清偿期的债务不能全部持续清偿的经济状态。

不能清偿，应当从以下几个方面认定：

（1）债务履行期限已经届满。对于未到期的债务，债务人可以拒绝提前履行，届期能否履行尚未可知，这种情况不能认定为不能清偿。

（2）债务已经确定。不能清偿的债务必须是对于债的存在或其金额都没有争执的。如果双方对债务是否存在、数额多少等方面尚有争议，则先应由法院或仲裁机构作出生效裁判，确认权利义务关系，然后才能进一步判断能否清偿。

（3）对债务持续不能清偿。债务人必须在相当时期内或可预见的相当时期内持续不能清偿而不是债务人暂时不能清偿债务。

（4）对全部债务不能清偿。债务人的清偿必须是对全体债权人的债务一般性的无法履行的状态，并非是指对于某一特定的债权人发生支付不能。

应当注意的是，不能清偿为客观事实，与债务人的主观认识无关。如果债务人错误地认为自己没有财产构成不能清偿，而向债权人表示不能清偿，此种行为并不当然成为不能清偿。

由于证明不能清偿比较困难，因此，人们一般基于如有停止支付通常会有不能清偿的经验法则，从比较容易证明的停止支付来推定不能清偿。《破产规定》第三十一条规定：债务人停止清偿到期债务并呈连续状态，如无相反证据，可推定为“不能清偿到期债务”。但是，应当注意的是，停止支付是推定不能清偿的事由，其自身不是破产原因。

3. 资不抵债

资不抵债，又称为债务超过，是指消极财产（债务）的估价总额超过了积极财产（资产）的估价总额的客观状态。对于已经解散但尚未清算完毕的企业法人而言，只须具备这个破产原因。这是因为，企业法人一旦进入清算，即无信用可言，此时衡量企业法人清偿能力的因素只限于其现有财产。

资不抵债与不能清偿虽同为破产原因，但二者之间具有重大区别：首先，资不抵债判断债务人的清偿能力仅以实有财产为限，不考虑信用、劳力等可能因素，而这些因素在不能清偿中都必须考虑；其次，资不抵债不考虑债务是否到期，而不能清偿的对象只能是到期债务；再次，对于清算中的企业法人而言，只须具有资不抵债这个破产原因，而对于其他状态的企业法人而言，必须具备不能清偿这个原因。

在实践中，当债务人不能清偿到期债务时，通常都已资不抵债，但即使债务人资产超过负债，也可能因经营管理不善，资产结构不合理，发生对到期债务不能清偿的情况。

4. 明显缺乏清偿能力

债务人的清偿能力，不单单由其财产决定，还必须结合其信用、劳力等问题予以综合考虑。如其信用好，能够筹措资金，就不能认为是明显缺乏清偿能力。

第二节 管理人与债权人会议

一、管理人

（一）概念和特点

管理人有广义和狭义之分。广义的管理人，是指在破产清算程序、和解程序与重整程序中，由人民法院依法指定的，全面接管债务人财产，并以自己名义处理破产清算事务、和解事务与重整事务的专业人员或组织。狭义的管理人是指在破产清算程序中，由人民法院依法指定的，全面接管债务人财产，并以自己名义处理破产清算事务的专业人员或组织。《企业破产法》采取广义的管理人概念，在破产清算、和解与重整程序中均设置管理人。

破产清算事务涉及的法律关系比较繁杂，利害冲突比较多，而且持续时间比较长，法院和债权人会议主要行使审判和决策职权，需要专门人员或组织处理各种破产程序事务，于是管理人制度应运而生。

管理人具有以下特点：

（1）专业性。管理人必须具备处理各种破产程序事务的专门知识和能力，不是任何人或组织都可以担任管理人。

（2）独立性。管理人以自己的名义从事各种破产程序事务，以自己的名义起诉和应诉。管理人既不代表债权人也不代表债务人。

（3）临时性。管理人在各种破产程序启动后成立，随着各种破产程序终结而解散。

（二）选任和终任

1. 选任

人民法院裁定受理破产申请的，应当同时指定管理人。指定管理人的办法，由最高人民法院规定。

管理人既可以是某一组织，也可以是个人。担任管理人的主体可以分为三类：一类是由有关部门、机构的人员组成的清算组；另一类是依法设立的律师事务所、会计师事务所、破产清算事务所等社会中介机构担任；第三类是人民法院根据债务人的实际情况，在征询有关社会中介机构的意见后而指定的该机构具备相关专业知识并取得执业资格的人员。对于一些简单的破产案件，一般由个人担任管理人。

管理人的资格可以分为积极资格和消极资格。积极资格要求管理人应当具备处理各种破产程序事务的相关专业知识。消极资格是指不能担任管理人的情形。有下列情形之一的，不得担任管理人：

①因故意犯罪受过刑事处罚；

②曾被吊销相关专业执业证书；

③与本案有利害关系；

④人民法院认为不宜担任管理人的其他情形。

2. 终任

债权人会议认为管理人不能依法、公正执行职务或者有其他不能胜任职务情形的，可以申请人民法院予以更换。管理人的解任是人民法院的专权，因此，仅根据债权人会议的决议不可以解除其职务。对于解任，只可以以债权人会议决议的方式向人民法院提出申请。人民法院也可以依职权直接解任管理人。

管理人没有正当理由不得辞去职务。所谓正当理由是指管理人不能执行职务或者不能公平执行职务的事由，例如丧失行为能力。管理人辞去职务应当经人民法院许可。

（三）职责

我国的各种破产程序中都存在管理人。破产程序不同，管理人的职责也不尽相同，有适用于各种破产程序的共同职责，也有仅适用于某种破产程序的特殊职责。根据《企业破产法》第二十五条的规定，管理人履行下列职责：

①接管债务人的财产、印章和账簿、文书等资料；

②调查债务人财产状况，制作财产状况报告；

③决定债务人的内部管理事务；

④决定债务人的日常开支和其他必要开支；

⑤在第一次债权人会议召开之前，决定继续或者停止债务人的营业；

⑥管理和处分债务人的财产；

⑦代表债务人参加诉讼、仲裁或者其他法律程序；

⑧提议召开债权人会议；

⑨人民法院认为管理人应当履行的其他职责。

该条规定的职责基本上可以适用于各种破产程序。《企业破产法》对管理人的职责另有规定的，适用其规定。这些规定主要是指适用于某一破产程序的特殊职责。例如，在重整程序中，管理人负责管理财产和营业事务的，由管理人制作重整计划草案。这一职责在破产清算程序与和解程序中则不存在。

（四）报酬

管理人是以其专业技能提供有偿服务，因此可以从破产企业的财产中获得报酬。为防止侵害债务人及其债权人的利益，管理人的报酬由人民法院确定。债权人会议有权审查管理人的费用和报酬，对管理人的报酬有异议的，有权向人民法院提出，但无权决定管理人的报酬。管理人的报酬属于共益费用，应当优先从债务人财产中支付。确定管理人报酬的办法，由最高人民法院规定。

（五）管理人的义务

1. 依法执行职务

管理人应当勤勉尽责，以自己名义忠实执行职务。管理人未依法勤勉尽责，忠实执行职务的，人民法院可以依法处以罚款；给债权人、债务人或者第三人造成损失的，依法承担赔偿责任。

2. 接受人民法院的监督

为保证管理人合法、公正地履行职责，管理人应当接受人民法院的监督。人民法院的监督主要表现在：

①听取管理人汇报工作；

②批准管理人实施的重要行为；

③人民法院可以根据债权人会议的申请或依职权更换管理人。

3. 接受债权人会议和债权人委员会的监督

债权人会议有权监督管理人，管理人应当列席债权人会议，向债权人会议报告职务执行情况，并回答询问；债权人会议有权申请人民法院更换管理人。债权人委员会也有权对管理人实施监督，主要表现在：监督债务人财产的管理和处分；监督破产财产分配。

二、债权人会议

（一）概念

债权人会议，是指在各种破产程序中，为维护债权人的共同利益，表达债权人意志而由依法申报债权的债权人组成的自治机构。

各种破产程序虽然均为司法程序，但是由于全体债权人均可以参加，各种破产程序事务都牵涉债权人的切身利益，为使债权人充分表达自己的意愿，有必要使债权人在一定范围内实施集体自治。设置债权人会议不但是表达债权人意志所必需的，同时也有利于提高各种破产程序效率。

（二）组成

债权人会议由依法申报债权的债权人组成。债权人，不论其债权是否具有财产担保，债权是否到期，是否附有条件或是否确定，只要依法向人民法院申报了债权，均可以成为债权人会议的成员。债权人会议应当有债务人的职工和工会的代表参加，对有关事项发表意见。

债权人会议设主席一人，由人民法院从有表决权的债权人中指定。债权人会议主席主持债权人会议。

另外，债务人的有关人员和管理人应当列席债权人会议。这些列席人员不是债权人会议成员。

（三）职权

根据《企业破产法》第六十一条的规定，债权人会议行使下列职权：

①核查债权；

②申请人民法院更换管理人，审查管理人的费用和报酬；

③监督管理人；

④选任和更换债权人委员会成员；

⑤决定继续或者停止债务人的营业；

⑥通过重整计划；

⑦通过和解协议；

⑧通过债务人财产的管理方案；

⑨通过破产财产的变价方案；

⑩通过破产财产的分配方案；

⑪人民法院认为应当由债权人会议行使的其他职权。

（四）召集

第一次债权人会议由人民法院召集，自债权申报期限届满之日起十五日内召开。第一次债权人会议是法定的，必须在法定期限内召开。

以后的债权人会议，在人民法院认为必要时，或者管理人、债权人委员会、占债权总额四分之一以上的债权人向债权人会议主席提议时召开。以后的债权人会议是任意的，并不是必须召开，召开时间和次数视具体情况而定。

召开债权人会议，管理人应当提前十五日通知已知的债权人。

（五）决议

债权人会议是代表债权人整体利益的集体自治机构，其意思表示的形成必须通过少数服从多数的民主机制，即任何一项决议的形成均须多数债权人的同意。

1. 表决权

依法申报债权的普通债权人或无担保债权人为债权人会议的成员，有权参加债权人会议，享有表决权。

但是债权尚未确定的债权人，除人民法院能够为其行使表决权而临时确定债权额的外，不得行使表决权。所谓债权尚未确定，包括两种情形：一种是债权已经发生，但数额尚未确定；另一种是债权为或然债权，是否发生不确定，例如附停止条件的债权和诉讼、仲裁未决的债权。无论是哪一种情况，因其尚未确定，难以计算其所代表的债权额，所以除非人民法院能够为其临时确定债权额，否则不能享有表决权。

对债务人的特定财产享有担保权的债权人，未放弃优先受偿权利的，对于通过和解协议和通过破产财产的分配方案不享有表决权。这意味着有财产担保的债权人其表决权受到限制。

2. 决议的通过

对于债权人会议决议的通过，我国采用人数和债权额双重标准。因为单采用人数标准，虽能保障多数债权人的利益，却未必符合少数大额债权人的利益；而单采用债权额标准，则又可能损害多数小额债权人的利益。《企业破产法》第六十四条规定："债权人会议的决议，由出席会议的有表决权的债权人过半数通过，并且其所代表的债权额占无财产担保债权总额的二分之一以上。但是，本法另有规定的除外。"也就是说，对于一般决议的形成，只需要人数和债权额超过半数即可通过，但是对于重大决议，则需要更高的比例。例如，债权人会议通过和解协议的决议，由出席会议的有表决权的债权人过半数同意，并且其所代表的债权额占无财产担保债权总额的三分之二以上。

债权人会议应当对所议事项的决议作成会议记录。

3. 决议的效力

债权人会议的决议，对于全体债权人包括缺席者、反对者、放弃表决者均有约束力。但是，有关和解协议、破产财产分配方案的决议对于有财产担保的债权人没有约束力。

债权人认为债权人会议的决议违反法律规定，损害其利益的，可以自债权人会议作出决议之日起十五日内，请求人民法院裁定撤销该决议，责令债权人会议依法重新作出决议。

债权人会议的决议通过后，并不当然发生法律效力。例如，重整计划须经人民法院裁定批准才能生效，而和解协议、破产财产分配方案须经人民法院裁定认可才能生效。

4. 表决事项的强制裁定

债务人财产的管理方案、破产财产的变价方案，经债权人会议表决未通过的，由人民法院裁定。债权人对该裁定不服的，可以自裁定宣布之日或者收到通知之日起十五日内向该人民法院申请复议。复议期间不停止裁定的执行。

破产财产的分配方案，经债权人会议二次表决仍未通过的，由人民法院裁定。债权额占无财产担保债权总额二分之一以上的债权人对该裁定不服的，可以自裁定宣布之日或者收到通知之日起十五日内向该人民法院申请复议。复议期间不停止裁定的执行。

三、债权人委员会

1. 概念

债权人委员会是由债权人会议设置，为维护债权人的整体利益对各种破产程序进行监督的专门组织。

债权人会议虽然也是代表债权人整体利益的机构，但其人数众多，集体共同监督，困难很多；而且债权人会议召开次数有限，无法对各种破产程序事务进行日常监督。因此，设立债权人委员会对各种破产程序进行日常监督就尤为必要。

但是债权人委员会不是必设机构，债权人会议可以通过决议决定是否设立债权人委员会。一般情况下在第一次债权人会议上决定是否设立债权人委员会，也可以在以后的债权人会议上决定是否设立。

2. 组成

选任和更换债权人委员会成员是债权人会议的法定职权。债权人委员会由债权人会议选任的债权人代表和一名债务人的职工代表或者工会代表组成。债权人委员会委员原则上应当从申报债权的债权人中选出，其中必须有一名职工代表，因为职工也是债务人的债权人，但职工代表可以由工会代表代替。债权人委员会成员不得超过九人。《企业破产法》没有明确说明债权人委员会的委员是否应当是单数，也没有明确从职工之外的债权人中选任的代表委员是否应当包含有财产担保的债权人。

债权人委员会成员经选任后，应当经人民法院书面决定认可。

3. 职权

根据《企业破产法》第六十八条的规定，债权人委员会行使下列职权：

(1) 监督债务人财产的管理和处分。为便于债权人委员会行使监督权，根据《企业破产法》第六十九条的规定，管理人实施下列行为，应当及时报告债权人委员会：不动产权益、探矿权、采矿权、知识产权、全部库存或营业、债权和有价证券的转让；借款；设立财产担保；履行债务人和对方当事人均未履行完毕的合同；放弃权利；担保物的取回；对债权人利益有重大影响的其他财产处分行为。

在第一次债权人会议召开之前，管理人实施上述行为之一的，应当经人民法院许可。未设立债权人委员会的，管理人实施上述行为应当及时报告人民法院。

(2) 监督破产财产分配。

(3) 提议召开债权人会议。

(4) 债权人会议委托的其他职权。

债权人委员会是常设机构，其行使职权的方式是通过少数服从多数的民主机制作出决议。

债权人委员会执行职务时，有权要求管理人、债务人的有关人员对其职权范围内的事务作出说明或者提供有关文件。管理人、债务人的有关人员违反规定拒绝接受监督的，债权人委员会有权就监督事项请求人民法院作出决定；人民法院应当在五日内作出决定。

债权人委员会成员履行职责时应当勤勉尽责，忠实执行职务，同时有权获取报酬，该报酬应当属于共益费用，从债务人财产中优先支付。

第三节　破产财产与破产债权

一、破产财产

(一) 破产财产的概念

破产财产，是指从破产受理至破产终结期间，由管理人接收和管理，属于破产人的全部无担保财产。

破产财产与债务人财产有所不同。债务人被宣告破产后，债务人称为破产人，债务人财产称为破产财产。所以，在债务人被宣告破产之前，只能称为债务人财产。

(二) 破产财产的构成条件

破产财产并非破产企业所拥有的全部财产，只有符合以下三个条件才能认定为破产财产：

（1）必须是由债务人所有的积极财产。破产财产应当是积极的财产。积极财产是指具有金钱价值的物、权利等，不包含消极财产。破产财产应当归属债务人所有。第三人所有的财产，即使由债务人占有或使用，也不属于破产财产。

（2）必须是可以强制执行的财产。破产程序具有执行程序的性质，禁止强制执行的财产不可以成为破产财产。如企业保卫部门的枪支弹药、警械，涉及国家机密的文件档案或技术资料等。

（3）必须是无担保财产。《企业破产法》第一百零九条规定："对破产人的特定财产享有担保权的权利人，对该特定财产享有优先受偿的权利。"从规定可以看出，已经设立担保物权的财产不属于破产财产，债权人可以不依照破产程序而行使其优先受偿权。

（三）破产财产的范围

1. 时间范围

从时间范围来看，破产财产由下列财产构成：

（1）债务人在破产受理时所有的全部财产。债务人在破产受理时所有的全部财产通常称为固有财产，固有财产即使被他人合法或非法占有，仍然属于破产财产，由管理人追回。

（2）债务人在破产受理后至破产程序终结前取得的财产。债务人在破产受理后至破产程序终结前取得的财产通常称为新得财产。破产受理后，债务人原则上不再从事生产经营活动，但仍可能通过各种途径获得新财产。例如，破产财产所产生的自然或法定孳息，新取得的工业产权，管理人决定继续履行合同而取得的财产，投资收益，破产企业的投资人补足的出资等等。这表明，在破产财产的时间范围上，我国采取膨胀主义而非固定主义。

2. 空间范围

从空间范围看，破产财产不仅包括债务人在国内的财产，而且包括其在国外的财产。现在，跨国经营的企业越来越多，其财产分布于世界各地，这些财产也属于破产财产。《企业破产法》第五条规定："依照本法开始的破产程序，对债务人在中华人民共和国领域外的财产发生效力。"这表明，在破产财产的空间范围上，我国采取普及主义而非属地主义。

二、破产撤销权

（一）概念

破产撤销权，又称破产否认权，是指人民法院受理破产申请前的法定期间内，对于债务人所为的损害债权人整体利益的行为，管理人申请人民法院否认其效力从而重新收回流失的破产财产的权利。

债务人在明知自己破产必不可免的情况下，往往自愿地或在某些债权人的压力之下给予他们某种优惠待遇，或者放弃财产，从而损害了债权人的整体利益，这不但破坏了破产法公平清偿的基本原则，而且可能导致债权人在破产程序启动前争先恐后地谋求清偿。设立破产撤销权的目的，就是为了防止不公平清偿和无序清偿现象，防止债务人财产不当减少。

（二）行使撤销权的条件

债务人的有害行为根据其损害债权人整体利益的程度，可以分为个别清偿行为和其他有害行为。《企业破产法》对这两类行为分别规定了不同的撤销条件。

1. 撤销个别清偿行为的条件

个别清偿行为，即债务人在履行期限届满时对个别债权人进行清偿的行为。对个别清偿行为的撤销规定了比较严格的条件：

（1）债务人在实施个别清偿行为时，已经具备了《企业破产法》第二条规定的破产原因，即企业法人不能清偿到期债务，并且资产不足以清偿全部债务或者明显缺乏清偿能力。

（2）个别清偿行为发生在法定期间内。作为撤销对象的债务人的行为应当发生在法定期间内，如果没有法定期间的限制，必将危及交易安全。个别清偿行为，应当发生在人民法院受理破产申请前六个月内。

（3）个别清偿未使债务人财产受益，如果债务人相应获得了财产利益，就不会损害全体债权人的利益，自然不能撤销。

2. 撤销其他有害行为的条件

债务人的其他有害行为是指债务人实施的优惠个别债权人或直接侵害债权人整体利益的行为。这类行为的有害性比较明显，法律规定的撤销条件相应地也比较宽松：

（1）债务人的行为损害了债权人整体利益。债务人的行为必须直接损害了全体债权人的利益或者直接优惠了个别债权人从而间接损害了其他债权人的利益。《企业破产法》第三十一条规定了以下几种典型行为：

①无偿转让财产的；

②以明显不合理的价格进行交易的；

③对没有财产担保的债务提供财产担保的；

④对未到期的债务提前清偿的；

⑤放弃债权的。

其中①⑤属于无偿行为，②属于非正常交易行为，③④属于优惠行为。

（2）债务人的行为发生在法定期间内。上述五种行为，应当发生在人民法院受理破产申请前一年内。

（三）撤销权的行使

撤销权的行使主体应当是管理人，因为回收破产财产是其法定职责。管理人行使撤销权，应当向人民法院提出申请。

撤销权原则上应当在破产分配之前行使，行使时间最迟不晚于自破产程序终结之日起二年内，在这种情况下，则直接由人民法院行使。破产程序终结后追回的破产财产，应当实施追加分配。

撤销权行使的结果，使得债务人的财产恢复原状，同时对方已向债务人交付的财产，应允许其取回。债务人实施前述有害行为，损害债权人利益的，债务人的法定代表人和其他直接责任人员还应依法承担赔偿责任。

三、取回权

（一）概念

取回权是指对于不属于破产财产的他人财产，财产的权利人不依照破产程序，直接行使返还请求权，取回其财产的权利。

管理人接管债务人财产和营业事务时，企业中可能存在第三人所有的财产，不能用于财产分配，只能返还于权利人。设立取回权制度，主要是为了保护财产权利人的合法权益，避免侵权行为的发生，同时也有助于准确认定破产财产的范围。

（二）取回权的行使

根据债务人是否已经占有标的物，可以将取回权分为一般取回权和特别取回权两类。一般取回权是指对于债务人占有的他人财产，财产的权利人不依照破产程序，直接对该项财产行使权利，取回其财产的权利。通常所说的取回权就是指一般取回权。特别取回权即出卖人取回权，是指出卖人将已经向作为买受人的债务人发运、正在运输途中的买卖物予以取回的权利。

行使一般取回权需要具备以下条件：

（1）取回权的标的物须现实存在，标的物已经灭失或者为第三人合法取得时，取回权人只能请求损害赔偿。

（2）取回权人履行了对待给付义务。如果取回权人同时又是破产人的债务人，其履行债务与取回标的物构成同时履行抗辩，取回权人不履行债务，管理人有权拒绝返还标的物。

而行使出卖人取回权应当具备以下条件：

（1）人民法院受理破产申请时，出卖人已将买卖标的物向作为买受人的债务人发运。

（2）债务人尚未收到且未付清全部价款。

但是，对于运输途中的买卖物（“路货”），管理人可以支付全部价款，请求出卖人交付标的物。管理人如提出这种请求，出卖人不得拒绝。

取回权之所以不依照破产程序行使，是因为取回权不是破产债权，无需申报和参加破产分配。但不依照破产程序行使，并不是与破产程序无关，取回权人应当向管理人主张权利，必要时，可以提起确认之诉或给付之诉。

四、破产债权

（一）破产债权的概念

广义的破产债权泛指对被宣告破产的债务人所享有的债权，不管该债权是否有财产担保，也不管该债权是否产生于破产申请之前。狭义的破产债权是指基于破产受理之前的原因产生的、依法申报并经法院确认的，只能通过破产清算程序才能接受清偿的无担保债权。通常所说的破产债权仅指狭义的破产债权。

（二）破产债权的构成条件

1. 基于破产受理之前的原因产生

破产债权的产生原因必须存在于破产受理之前。这是因为，破产受理后债务人即丧失对其财产的管理处分权，而客观上没有再举新债的可能。但是，在特殊情况下，为维持实质公平，某些在破产受理后发生的债权也属于破产债权。

2. 财产上的请求权

破产债权应当是财产上的请求权，即破产债权应以债务人作出财产给付为内容，所以破产债权应当是金钱债权或者能够用货币计算或衡量（如交付货物的请求权）。

3. 可以强制执行的请求权

破产债权必须是可以强制执行的请求权。由于破产是一般执行，所以，破产债权必须是具有此种性质的可以强制执行的请求权。而超过诉讼时效的债权则不得作为破产债权。

4. 无担保的请求权

破产债权必须是无财产担保的请求权。这种债权是以债务人所有的非特定的全部财产为清偿保障，必须经过债务人的履行行为或者执行程序才能获得满足，因此必须依照破产程序受偿。有财产担保的债权，因以债务人的特定财产为担保物，债务人不能清偿债务时，债权人有权依法以该财产变价优先受偿，不受破产程序的约束。但是，有财产担保的债权，其数额超过担保物的价值的，未受清偿的部分，仍作为破产债权，依照破产程序受偿。

5. 依法申报并取得确认

债权人只有在法定期间内向管理人申报债权，才能接受清偿，否则视为放弃通过破产程序接受清偿的权利。债权人依法申报的债权还必须最终得到人民法院的确认，才有资格参加破产分配。

（三）破产债权的范围

1. 破产受理时发生的无财产担保的债权

在破产受理之前发生的债权，只要是无财产担保债权，不论是否到期，都属于破产债权。主要包括以下几类债权：

（1）破产受理前发生的虽有财产担保但是债权人放弃优先受偿的债权。

（2）破产受理前发生的虽有财产担保但是债权数额超过担保物价值部分的

债权。

（3）债务人发行债券形成的债权。

（4）债务人的保证人或者其他连带债务人代替债务人清偿债务后依法可以向债务人追偿的债权。

（5）债务人的保证人或者其他连带债务人尚未代替债务人清偿债务、预先行使追偿权而申报的债权。

（6）债务人为保证人的，在破产宣告前已经被生效的法律文书确定承担的保证责任。

（7）债务人在破产宣告前因侵权、违约给他人造成财产损失而产生的赔偿责任等。

2. 破产受理后发生的无财产担保的债权

破产债权应当产生于破产受理之前，但是为了维护债权人之间的实质公平，对于产生于破产受理之后的某些特定债权，法律也把它作为破产债权。常见的有以下几类：

（1）票据出票人被裁定适用破产程序，付款人或者承兑人继续付款或者承兑所产生的债权。

（2）管理人或者债务人依法解除合同，对方当事人因合同解除所产生的损害赔偿债权。

（3）债务人被裁定适用破产程序，受托人不知该事实，继续处理委托事务所发生的债权。

五、破产抵消权

（一）概念

破产抵消权，是指破产债权人不依照破产程序以其破产债权冲抵其对债务人所负债务，从而使自己的破产债权在对等数额内消灭的权利。《企业破产法》第四十条规定："债权人在破产申请受理前对债务人负有债务的，可以向管理人主张抵消。"

破产抵消制度，是破产债权只能依照破产程序才能行使的一个例外。从表面上看，承认破产抵消权违反了破产债权公平清偿原则，因为破产债权人通过行使抵消权，不依照破产程序就能优先得到清偿，使破产债权人获得了担保债权人的待遇。但是，另一方面，如果不允许抵消，就会产生不公平的现象：即自己欠破产人的债务，被要求作出全面履行；与此相对，自己拥有的债权，则作为破产债权，只能受到按比例的平均分配。因此，为避免这种不公平，就设立了破产抵消制度。

（二）条件

债权人行使抵消权，应当具备以下条件：

（1）债权人的债权已经得到确认。

（2）主张抵消的债权债务均发生在破产受理之前。至于债权债务的种类是否相同，履行期限是否届至，均不影响抵消权的行使。但是，无论主动债权还是被动债权均有发生时间的限制。

（三）排除

由于能否行使撤销权，对于债权人能否最大限度减少自己的损失利害攸关，债权人有时会不择手段对债务人负担债务，谋求进行抵消，这将使其他债权人的利益受到不公平地损害。因此，有下列情形之一的，债权人不得抵消：

（1）债务人的债务人在破产申请受理后取得他人对债务人的债权的。

（2）债权人已知债务人有不能清偿到期债务或者破产申请的事实，对债务人负担债务的。但是，债权人因为法律规定或者有破产申请一年前所发生的原因而负担债务的除外。

（3）债务人的债务人已知债务人有不能清偿到期债务或者破产申请的事实，对债务人取得债权的；但是，债务人的债务人因为法律规定或者有破产申请一年前所发生的原因而取得债权的除外。

（四）行使

债权人不依照破产程序行使抵消权，无须参加破产分配。但应注意以下几点：

（1）只有债权人有权主张抵消。只有破产债权人才能行使抵消权，管理人不能主动行使抵消权。因为管理人主动行使抵消权，无疑导致债务人财产的积极减少，与管理人的职责相违背。

（2）必须向管理人作出意思表示。债权人应当向管理人请求行使抵消权，管理人对此无异议的，才能发生抵消效果。

（3）在破产分配前行使。债权人至迟应当在破产财产最终分配前行使，否则债务人对债权人享有的债权作为破产财产将被变价分配，债权人只能接受破产分配。

行使抵消权后，如果债权人的债权额与其对债务人所负的债务额相等，则债权人免除履行义务，无须参加破产分配；债权额少于债务额的，债权人仍须向管理人履行债务；债权额多于债务额的，债权人仍可以申报债权，参加破产分配。

第四节　破产清算程序

一、破产案件的管辖

破产管辖是指对于申请破产清算的案件，法院之间如何确定其受理范围。

1. 地域管辖

破产案件由债务人住所地人民法院管辖。债务人住所地指债务人的主要办事机构所在地。债务人无办事机构的，由其注册地人民法院管辖。在破产申请后变更住所地的，对管辖权也没有影响。

2. 级别管辖

对于破产案件的级别管辖，我国的做法独树一帜。根据《破产规定》第二条的规定，原则上根据破产企业核准登记的工商部门的级别确定管辖法院。基层人民法院一般管辖县、县级市或者区的工商行政管理机关核准登记企业的破产案件。中级人民法院一般管辖地区、地级市（含本级）以上的工商行政管理机关核准登记企业的破产案件。

二、破产申请

1. 概念

破产申请是指债权人、债务人或其他法定当事人，依照法定事由，向管辖法院提出申请，请求宣告债务人破产的意思表示。

《企业破产法》继承了以前的一贯做法，无破产申请，人民法院不得主动启动破产程序。在民事诉讼程序或民事执行程序进行中，人民法院获悉债务人不能清偿到期债务时，应当告知债务人可以向其所在地人民法院申请破产；不申请破产的，不依职权宣告债务人破产；原诉讼程序或执行程序可继续进行。

2. 申请人

破产程序必须由法律规定的申请人提出申请，破产程序才能启动。对于破产清算程序，债权人有权提出申请，由债权人提出申请，称为非自愿申请。债权人是否已经取得执行名义，有无财产担保，均可以提出申请。但是对于债务人所负的自然债务，因不具有强制执行力，故其债权人不能提出申请。

破产清算程序也可以由债务人提出申请，由债务人提出申请，称为自愿申请。是否提出申请，由债务人自由决定。但是，对于已解散但未清算或者未清算完毕，资产不足以清偿债务的企业法人，依法负有清算责任的人（例如公司清算组）有义务提出申请，而且只能由依法负有清算责任的人提出申请，这是债务人提出申请的一种特殊形式。

商业银行、证券公司、保险公司等金融机构有破产原因的，国务院金融监督管理机构也可以提出申请。这是为了避免该金融机构或其债权人不主动提出破产申请的情况下风险进一步扩大。

3. 申请时应当提交的文件

向人民法院提出破产申请，应当提交破产申请书和有关证据。破产申请书应当载明下列事项：

①申请人、被申请人的基本情况；

②申请目的；

③申请的事实和理由；

④人民法院认为应当载明的其他事项。

债务人提出申请的，还应当向人民法院提交财产状况说明、债务清册、债权清册、有关财务会计报告、职工安置预案以及职工工资的支付和社会保险费用的缴纳情况。债务人违反法律规定，拒不向人民法院提交或者提交不真实的财产状况说明、债务清册、债权清册、有关财务会计报告以及职工工资的支付情况和社会保险费用的缴纳情况的，人民法院可以对直接责任人员依法处以罚款。

4. 破产申请的撤回

《企业破产法》第九条规定："人民法院受理破产申请前，申请人可以请求撤回申请。"该条表明，申请人能否撤回申请，须经人民法院裁定。法院受理后至破产宣告前，申请人要求撤回申请的，不予准许。

三、破产案件的受理（立案）

（一）受理时间

受理时间应为二种情形。一种情形是，如果债权人提出破产申请，人民法院应当自收到申请之日起五日内通知债务人。债务人对申请有异议的，应当自收到人民法院的通知之日起七日内向人民法院提出。人民法院应当自异议期满之日起十日内裁定是否受理。除上述情形外，债务人对申请无异议的或由其他主体提出破产申请的，人民法院应当自收到破产申请之日起十五日内裁定是否受理。

有特殊情况需要延长裁定受理期限的，经上一级人民法院批准，可以延长十五日。

（二）审查

人民法院收到提交的破产申请资料后，应当审查是否符合受理案件的形式要件和实质要件。形式要件包括：是否属于本院管辖；申请人是否具有破产申请权；提交的文件是否齐备等。实质要件包括：债务人有无破产能力；债务人是否已达破产界限。根据审查结果，相应作出是否受理的裁定。

1. 受理

人民法院经审查认为符合受理条件的，裁定予以受理。人民法院裁定受理破产申请，并不意味着已对债务人宣告其破产，因为债权人还需要申报债权并得到确认，有关当事人还可以提出和解申请，破产原因有可能消除，所以对债务人必须另外做出破产宣告。

人民法院受理破产申请的，裁定书均应当自裁定作出之日起五日内送达申请人。债权人提出申请的，人民法院还应当自裁定作出之日起五日内将裁定书送达债务人。债务人应当自裁定书送达之日起十五日内，向人民法院提交财产状况说明、债务清册、债权清册、有关财务会计报告以及职工工资的支付和社会保险费用的缴纳情况。

2. 不予受理

人民法院认为不符合受理条件的，裁定不予受理。人民法院裁定不受理破产申请的，应当自裁定作出之日起五日内送达申请人并说明理由。申请人对裁定不服的，可以自裁定送达之日起十日内向上一级人民法院提起上诉。

（三）驳回申请

人民法院受理破产申请后至破产宣告前，经审查发现债务人不具有破产原因的，可以裁定驳回申请。申请人对裁定不服的，可以自裁定送达之日起十日内向上一级人民法院提起上诉。

（四）人民法院受理破产案件后的工作

人民法院决定受理企业破产案件后，应当在法定期限内完成下列工作。

1. 指定管理人

人民法院裁定受理破产申请的，应当同时指定管理人。

2. 通知和公告

人民法院应当自裁定受理破产申请之日起二十五日内通知已知债权人，并予以公告。破产受理公告应当在法院公告栏张贴，还应当在国家、地方有影响的报纸上刊登。

通知和公告应当载明下列事项：

①申请人、被申请人的名称或者姓名；

②人民法院受理破产申请的时间；

③申报债权的期限、地点和注意事项；

④管理人的名称或者姓名及其处理事务的地址；

⑤债务人的债务人或者财产持有人应当向管理人清偿债务或者交付财产的要求；

⑥第一次债权人会议召开的时间和地点；

⑦人民法院认为应当通知和公告的其他事项。

（五）破产案件受理的效力

1. 对债务人的效力

人民法院受理破产申请后，债务人丧失对其财产的处分权，债务人对个别债权人的债务清偿无效，应由管理人追回该用以清偿的财产。

2. 对债务人的有关人员的效力

债务人的有关人员，是指企业的法定代表人；经人民法院决定，可以包括企业的财务管理人员和其他经营管理人员。

为保证破产程序顺利进行，有必要对债务人有关人员的人身自由和相关行为予以适当限制。根据《企业破产法》第十五条的规定，自人民法院受理破产申请的裁定送达债务人之日起至破产程序终结之日，债务人的有关人员承担下列义务：

①妥善保管其占有和管理的财产、印章和账簿、文书等资料；

②根据人民法院、管理人的要求进行工作，并如实回答询问；

③列席债权人会议并如实回答债权人的询问；

④未经人民法院许可，不得离开住所地；

⑤不得新任其他企业的董事、监事、高级管理人员。

债务人的有关人员违反上述义务，应当相应地承担法律责任：有义务列席债权人会议的债务人的有关人员，经人民法院传唤，无正当理由拒不列席债权人会议的，人民法院可以拘传，并依法处以罚款；债务人的有关人员违反法律规定，拒不陈述、回答，或者作虚假陈述、回答的，人民法院可以依法处以罚款；债务人的有关人员违反法律规定，擅自离开住所地的，人民法院可以予以训诫、拘留，并可以依法并处罚款。

3. 对债权人的效力

债权人应当在人民法院确定的债权申报期限内向管理人申报债权。债权人不得接受债务人个别清偿。未到期的债权，在破产申请受理时视为到期，但是应当减去未到期的利息。附利息的债权自破产申请受理时起停止计息。

4. 对第三人的效力

人民法院受理破产申请后，债务人的债务人或者财产持有人应当向管理人清偿债务或者交付财产。债务人的债务人或者财产持有人故意违反规定向债务人清偿债务或者交付财产，使债权人受到损失的，不免除其清偿债务或者交付财产的义务。这意味着，第三人有正当理由不知道人民法院受理破产申请而直接向债务人清偿债务或交付财产的，可以免责。

5. 对管理人的效力

管理人应当接管企业的财产和营业事务。债务人违反法律规定，拒不向管理人移交财产、印章和账簿、文书等资料的，或者伪造、销毁有关财产证据材料而使财产状况不明的，人民法院可以对直接责任人员依法处以罚款。

6. 对执行程序、诉讼或仲裁案件的效力

人民法院受理破产申请后，有关债务人财产的保全措施应当解除，执行程序应当中止。保全措施是为执行程序作准备的，它妨碍了管理人对债务人财产的清理和处分，因此应当解除。

人民法院受理破产申请后，已经开始而尚未终结的有关债务人的民事诉讼或者仲裁应当中止；在管理人接管债务人的财产后，该诉讼或者仲裁继续进行。这说明，在人民法院受理破产案件前已经开始的民事诉讼，原管辖法院并不因破产受理而影响其管辖权，破产案件和诉讼案件各自适用不同程序。

人民法院受理破产申请后，有关债务人的民事诉讼，只能向受理破产申请的人民法院提起。这便于人民法院集中处理民事纠纷案件，提高破产程序的效率，但是这类诉讼案件仍应按照《民事诉讼法》的规定审理。

应当说明的是，上述破产受理的效力准用于裁定和解和裁定重整，但是法律另有规定的除外，也就是说，裁定和解和裁定重整还会发生不同于破产受理的效力。

四、债权申报

1. 债权申报的概念和要求

债权申报，是指债权人或其代理人，在法院确定的申报期间内，向法院主张并证明债权，表明其参加各种破产程序的行为。债权人申报债权的目的在于成为各种破产程序上的债权人，可以行使法律赋予的各种权利。

债权人有权决定是否申报债权，任何人均不得强迫其申报债权，但债权申报是债权人参加各种破产程序的前提，这意味着任何债权人，如希望从各种破产程序中获得清偿，则必须申报债权。反过来说，债权人不申报债权的，其债权并不丧失，只是不能通过各种破产程序实现而已。

但是，债务人所欠职工的工资和医疗、伤残补助、抚恤费用，所欠的应当划入职工个人账户的基本养老保险、基本医疗保险费用，以及法律、行政法规规定应当支付给职工的补偿金，不必申报，由管理人调查后列出清单并予以公示。职工对清单记载有异议的，可以要求管理人更正；管理人不予更正的，职工可以向人民法院提起诉讼。

债权申报应当遵守下列要求：

（1）债权申报必须在法定期限内进行。债权人应当在人民法院确定的债权申报期限内申报债权。人民法院受理破产申请后，应当确定债权人申报债权的期限。债权申报期限自人民法院发布受理破产申请公告之日起计算，最短不得少于三十日，最长不得超过三个月。

在人民法院确定的债权申报期限内，债权人未申报债权的，可以在破产财产最后分配前补充申报；但是，此前已进行的分配，不再对其补充分配。为审查和确认补充申报债权的费用，由补充申报人承担。这表明，在破产清算程序中，债权申报的底线是破产财产最终分配前。

（2）债权申报应当采用书面形式。债权人申报债权时，应当书面说明债权的数额和有无财产担保，并提交有关证据。申报的债权是连带债权的，应当说明。

（3）向管理人申报债权。债权人应当向管理人申报债权，以便于管理人进行审查和编制债权表。

2. 债权的审查、核查与确认

债权的审查是指管理人对申报的债权的数额、性质及有关证据进行检查，为编制债权表作准备。根据《企业破产法》第五十七条的规定，管理人收到债权申报材料后，应当登记造册，对申报的债权进行审查，并编制债权表。债权表和债权申报材料由管理人保存，供利害关系人查阅。

债权的核查是指债权人会议对于管理人编制的债权表予以核实，也就是债权人会议的成员对于债权表中的债权提出异议或予以同意。《企业破产法》第五十八条规定，管理人依法编制的债权表，应当提交第一次债权人会议核查。

债权的确认是指人民法院对债权表的最终批准。这可以分为两种情况：债务人、债权人对债权表记载的债权无异议的，由人民法院直接裁定确认；债务人、债权人对债权表记载的债权有异议的，可以向受理破产申请的人民法院提起诉讼，经人民法院作出判决予以确认。

五、破产宣告

1. 破产宣告的概念

破产宣告是人民法院依申请或依职权确认债务人已达到破产界限且无法消除并予以公告的司法行为。破产宣告是破产清算程序正式开始的标志。

在破产清算程序中，在债权申报并确认后，如果没有另外提出和解申请或重整申请，人民法院就可以宣告债务人破产。但是，如果第三人为债务人提供足额担保或者为债务人清偿全部到期债务，或者债务人自己已清偿全部到期债务，这就意味着破产原因已经消除，人民法院就不能对其作出破产宣告。

与破产案件的受理不同，人民法院既可以根据利害关系人的申请也可以依职权宣告债务人破产。

2. 破产宣告的裁定与公告

破产宣告应当由人民法院以裁定方式作出。破产裁定书应记载破产宣告的时间。宣告债务人破产应当公开进行。由债权人提出破产申请的，破产宣告时应当通知债务人到庭。

人民法院依法宣告债务人破产的，应当自裁定作出之日起五日内送达债务人和管理人，自裁定作出之日起十日内通知已知债权人，并予以公告。公告内容包括债务人亏损情况、资产负债状况、破产宣告时间、破产宣告理由和法律依据以及对债务人的财产、账册、文书、资料和印章的保护等内容。

3. 破产宣告的效力

债务人在被宣告破产后，仅在破产目的范围内，仍视为存续。与债务人有关的一切活动都应当由管理人进行。

因破产受理而中止的执行程序终结，破产债权人不得对破产财产开始新的执行程序，只能依照破产程序获得清偿。但是，对破产企业负有债务的破产债权人其抵消权不受影响。另外，对破产人的特定财产享有担保权的债权人也不受影响。

六、破产财产的变价

破产分配以金钱分配为原则，非金钱财产如果不转变为金钱，往往很难直接向破产债权人分配，因此破产财产的变价是必不可少的。

1. 及时拟订破产财产变价方案

一般情况下，管理人应当在清理破产财产并且对破产财产进行评估后拟订破产财产变价方案。清理破产财产的目的在于明确破产财产的范围，对破产财产进行评估（估价）的目的在于了解破产财产的价值，明确破产财产变价的底线。破产财产的清理和评估为拟订破产财产变价方案奠定基础。

管理人应当及时拟订破产财产变价方案，提交债权人会议讨论。对于破产财产的变价方案，经债权人会议表决未通过的，由人民法院直接裁定。债权人对该裁定不服的，可以自裁定宣布之日或者收到通知之日起十五日内向该人民法院申请复议。复议期间不停止裁定的执行。

2. 适时变价

管理人应当根据债权人会议通过或人民法院直接裁定的破产财产变价方案及时对破产财产进行变价。破产财产受破产程序的影响，变价时间愈晚，变价款项愈低，所以应当尽快实施变价，尤其对易损、易腐、跌价或者保管费用较高的财产应当及时变卖。

3. 采取法定方式变价

破产财产的变价应当通过拍卖进行，但是债权人会议另有决议的除外。拍卖是指以公开竞价的形式，将特定物品或者财产权利转让给最高应价者的买卖方式。变价采取拍卖方式的，由管理人负责委托拍卖机构进行拍卖。不易拍卖的，可采取其他变价方式。

为最大限度实现破产财产的价值，提高破产债权分配的比例，破产企业可以全部或者部分变价出售。企业变价出售时，可以将其中的无形资产和其他财产单独变价出售。

按照国家规定不能拍卖或者限制转让的财产，应当按照国家规定的方式处理。

七、破产分配

（一）概念

破产分配是指管理人按照法定方式及顺序以破产财产清偿破产债权的行为。破产分配是用破产财产集体满足破产债权的行为，它是破产程序的核心。

（二）种类

破产财产分配，可以一次分配，也可以多次分配。以分配的时间为标准，可以将分配分为中间分配、最后分配和追加分配。

不等全部财产变价结束而在有了适合于分配的财产时，就马上进行的分配，称为中间分配。中间分配可以进行一次或多次，其目的在于保证债权人能够得到及时分配。将全部破产财产变价之后所进行的分配，称为最后分配。通常，破产程序因最后分配而结束。最后分配完成后，又发现可供分配的破产财产时，作为最后分配的补充所进行的分配称为追加分配。

以上三种分配，最终分配是必须实施的，而中间分配和追加分配却不是必然的。

（三）破产财产分配方案的内容

破产财产分配方案是进行破产分配的根据。按照《企业破产法》第一百一十五条的规定，破产财产分配方案应当载明下列事项：

（1）参加破产财产分配的债权人名称或者姓名、住所。参加破产分配的债权人只能是申报债权的无担保债权人，未放弃优先受偿权的担保债权人不得参与分配。

（2）参加破产财产分配的债权额。参加破产分配的债权必须经过人民法院的确认，其性质应当明确，其数额必须确定。

（3）可供分配的破产财产数额。可供分配的破产财产不包括设定担保物权的特定财产（超过担保债权数额的部分除外），用于支付破产费用和清偿共益债务的财产也不包括在内。

（4）破产财产分配的顺序、比例及数额。破产债权应当按照法定顺序依次受偿，在前一顺序的债权清偿完毕后，才能清偿下一顺序的债权。破产财产不足以清偿同一顺序债权的，按照比例分配。根据《企业破产法》第一百一十三条的规定，破产财产在优先清偿破产费用和共益债务后，依照下列顺序清偿：

①破产人所欠职工的工资和医疗、伤残补助、抚恤费用，所欠的应当划入职工个人账户的基本养老保险、基本医疗保险费用，以及法律、行政法规规定应当支付给职工的补偿金；

②破产人欠缴的除前项规定以外的社会保险费用和破产人所欠税款；

③普通破产债权。破产财产不足以清偿同一顺序的清偿要求的，按照比例分配。

（5）实施破产财产分配的方法。《企业破产法》第一百一十四条规定："破产财产的分配应当以货币分配方式进行。但是，债权人会议另有决议的除外。"破产财产的分配，以金钱分配为原则，也可以采用实物分配甚至债权分配的方式。

（四）破产财产分配方案的提出、通过及执行

管理人提出破产财产分配方案，经债权人会议讨论通过，报请人民法院裁定后执行。

1. 提出

管理人应当及时拟订破产财产分配方案，提交债权人会议讨论。拟订破产财产分配方案一般应在破产财产变价完成之后，但进行中间分配的，无需等到全部破产财产变价完毕。

2. 债权人会议通过

债权人会议对破产财产分配方案的决议，由出席会议的有表决权的债权人过半数通过，并且其所代表的债权额占无财产担保债权总额的二分之一以上。但是，经债权人会议二次表决仍未通过的，由人民法院直接裁定。债权额占无财产担保债权总额二分之一以上的债权人对该裁定不服的，可以自裁定宣布之日或者收到通知之日起十五日内向该人民法院申请复议。复议期间不停止裁定的执行。

3. 人民法院裁定

债权人会议通过破产财产分配方案后，由管理人将该方案提请人民法院裁定认可。

4. 执行

破产财产分配方案经人民法院裁定认可后即具有强制执行力，管理人必须遵照执行。管理人按照破产财产分配方案实施多次分配的，应当公告本次分配的财产额和债权额。管理人实施最后分配的，应当在公告中指明。在执行过程中应注意以下特殊问题：

（1）附条件债权。对于附生效条件或者解除条件的债权，管理人应当将其分配额提存。提存的分配额，在最后分配公告日，生效条件未成就或者解除条件成就的，应当分配给其他债权人；在最后分配公告日，生效条件成就或者解除条件未成就的，应当交付给债权人。

（2）未决债权。破产财产分配时，对于诉讼或者仲裁未决的债权，管理人应当

将其分配额提存。自破产程序终结之日起满二年仍不能受领分配的，人民法院应当将提存的分配额分配给其他债权人。

（3）未受领。债权人未受领的破产财产分配额，管理人应当提存。债权人自最后分配公告之日起满二个月仍不领取的，视为放弃受领分配的权利，管理人或者人民法院应当将提存的分配额分配给其他债权人。

（五）破产费用和共益债务的清偿

1. 破产费用

破产费用，又称为共益费用，是指在破产程序开始后，为了债权人整体利益处理破产事务而发生的各项费用的总称。破产程序涉及各种各样的事务，人民法院、债权人会议、债权人委员会、管理人等处理破产事务都会消耗一定的费用，如果不及时清偿这些费用，破产程序将无法进行。

根据《企业破产法》第四十一条的规定，人民法院受理破产申请后发生的下列费用，为破产费用：

①破产案件的诉讼费用；

②管理、变价和分配债务人财产的费用；

③管理人执行职务的费用、报酬和聘用工作人员的费用。

2. 共益债务

共益债务是指在破产程序开始后，为了债权人整体利益而对第三人所负担的债务。共益债务是从债务人的角度而言的，从第三人的角度而言就是共益债权。在破产程序开始后，仍然可能与第三人形成一些法定或约定债务，特别是在债务人继续营业的情况下。共益债务产生于破产程序开始之后，如果不及时清偿这些债务，破产程序将难以顺利进行。

根据《企业破产法》第四十二条的规定，人民法院受理破产申请后发生的下列债务，为共益债务：

①因管理人或者债务人请求对方当事人履行双方均未履行完毕的合同所产生的债务；

②债务人财产受无因管理所产生的债务；

③因债务人不当得利所产生的债务；

④为债务人继续营业而应支付的劳动报酬和社会保险费用以及由此产生的其他债务；

⑤管理人或者相关人员执行职务致人损害所产生的债务；

⑥债务人财产致人损害所产生的债务。

3. 破产费用和共益债务清偿的规则

破产费用和共益债务的清偿应遵循以下规则：

（1）优先清偿。破产费用和共益债务从破产财产中优先清偿，只有清偿了二者之后，破产财产才用于清偿破产债权。

（2）随时清偿。破产费用和共益债务产生后，由债务人财产随时清偿，没必要也不可能等到破产分配之时。

（3）清偿顺序。债务人财产不足以清偿所有破产费用和共益债务的，先行清偿破产费用。债务人财产不足以清偿所有破产费用或者共益债务的，按照比例清偿。

八、破产终结

（一）原因

破产终结，即破产终止，是指在破产程序进行过程中，出现法定原因时，由人民法院裁定结束破产程序的行为。破产终结的原因，是指引起破产程序终结的法律事实。《企业破产法》规定了五种破产终结的原因，即债务人财产不足以支付破产费用；自行达成协议；提供足额担保或清偿全部到期债务；破产人无财产可供分配；破产财产分配完毕。

1. 债务人财产不足以支付破产费用

正因为破产费用是实施破产程序所必需的费用，所以，如果债务人财产连破产费用都不足以支付，破产债权人就根本不可能再从破产财产中得到任何分配。此时，破产程序继续进行既不可能，也无实益，只能结束破产程序。根据《企业破产法》第四十三条的规定，债务人财产不足以清偿破产费用的，管理人应当提请人民法院终结破产程序。人民法院应当自收到请求之日起十五日内裁定终结破产程序，并予以公告。

2. 自行达成协议

人民法院受理破产申请后，债务人与全体债权人就债权债务的处理自行达成协议的，可以请求人民法院裁定认可，并终结破产程序。

3. 提供足额担保或清偿全部到期债务

破产宣告前，第三人为债务人提供足额担保或者为债务人清偿全部到期债务的，或者债务人已清偿全部到期债务的，人民法院应当裁定终结破产程序，并予以公告。

4. 破产人无财产可供分配

破产人无财产可供分配的，管理人应当请求人民法院裁定终结破产程序。人民法院应当自收到管理人终结破产程序的请求之日起十五日内作出是否终结破产程序的裁定。裁定终结的，应当予以公告。

5. 破产财产分配完毕

管理人在最后分配完结后，应当及时向人民法院提交破产财产分配报告，并提请人民法院裁定终结破产程序。人民法院应当自收到管理人终结破产程序的请求之日起十五日内作出是否终结破产程序的裁定。裁定终结的，应当予以公告。这是最常见的破产终结原因。

（二）破产程序终结的效力

破产程序终结的原因不同，其效力也不相同。因破产财产分配完毕而导致破产终结的，发生以下效力。

1. 对于破产人的效力

由于我国现行破产法仅适用于企业，因此，破产程序因破产财产分配完毕而终结后，企业的主体资格归于消灭。

2. 对破产债权人的效力

如果破产人是企业法人，破产程序终结后，未得到清偿的债权不再清偿，破产债权人不得于破产程序结束后向破产企业的投资人另行主张权利。如果破产人是合伙企业，普通合伙人对合伙企业债务仍应承担无限连带责任，因此破产债权人仍然可以要求普通合伙人履行债务。

但是，破产程序终结后，债权人对破产企业的保证人、连带债务人等享有的权利，不受影响。破产人的保证人和其他连带债务人，在破产程序终结后，对债权人依照破产清算程序未受清偿的债权，依法继续承担清偿责任。

自破产程序终结之日起二年内，发现应当追回的财产的或发现破产人有应当供分配的其他财产的，债权人可以请求人民法院按照破产财产分配方案进行追加分配。追加分配的标准，应当按照最终分配的标准进行。但是财产数量不足以支付分配费用的，不再进行追加分配，由人民法院将其上缴国库。

3. 对于管理人的效力

破产程序终结后，管理人并不当然解任，必须在完成相关职责并经人民法院确认后才能解任。

（1）办理破产企业注销登记。管理人应当自破产程序终结之日起十日内，持人民法院终结破产程序的裁定，向破产人的原登记机关办理注销登记。

（2）处理未决诉讼或仲裁案件。管理人原则上于办理注销登记完毕的次日终止执行职务。但是，存在未决诉讼或者仲裁案件的，管理人应当继续办理，直至其最终解决。

思 考 题

1. 企业的破产原因有哪些？
2. 债权人会议的职权有哪些？
3. 管理人有哪些职责？
4. 简述破产财产的构成要件及范围。
5. 简述破产债权的构成要件及范围。
6. 什么是取回权、撤销权和抵消权？
7. 破产受理的效果是什么？
8. 简述破产分配的种类、方式和顺序。

第七章

工业产权法

本章提要

知识产权是重要的民事权利，知识产权法是我国法律制度中相对独立的法律部门，主要包括工业产权法和著作权法。本章将概括介绍作为市场经济法律体系重要组成部分的工业产权法律制度，包括专利法律制度和商标法律制度。专利法所调整的是因授予发明创造专利权和利用发明创造专利权而产生的各种社会关系；商标法是调整因商标而发生的社会关系。学习本章应掌握工业产权法律关系的主体、客体，权利的取得、内容和保护等要点。

第一节　工业产权法概述

一、知识产权与工业产权

1. 知识产权

知识产权，也称“智力成果权”，是指人们对其在科学技术、文学艺术以及生产等领域从事智力活动所创作的成果依法享有的专有权利。知识产权的核心，就是通过法律赋予和保护人们对其创造性的智力成果享有的权利。

广义的或现代的知识产权，可以包括一切人类智力创作的成果；狭义的或传统的知识产权，主要是工业产权和著作权。我国《民法通则》规定我国知识产权包括著作权、专利权、商标权、发明权、发现权以及其他科技成果权。工业产权是知识产权的重要组成部分。

2. 工业产权

工业产权是指人们对其在科学技术和生产流通领域内创造性的智力成果和某些识别性标记依法所享受的专有权利，主要是专利权、商标权，以及禁止不正当竞争。

二、工业产权的特点

1. 工业产权客体的无形性

工业产权是把特定的智力成果和识别性标记作为保护对象，赋予创造者和其他合法所有人以专有权利。智力成果也叫智力产品或知识产品，是人的意识、思维等精神活动的成果，是人们脑力劳动的结晶。智力活动本身不具有形态，不占据空间，因此工业产权的客体本身具有无形性或无实体性，法律只能规定客体的范围，即发明创造和某些识别性标记。但是智力活动的成果又必须通过具体的物质形态表现出来，使人们能够感知它、利用它。所以工业产权的客体要以一定的载体形式出现，发明创造的表现形式为发明、实用新型、外观设计；某些识别性标记则是指商标（包括商品商标和服务商标）、商号或者厂商名称、原产地标记（或者叫地理标志、货源标记）等。

2. 工业产权的专有性

工业产权的专有性是指对无形智力成果是否利用、由谁利用、如何利用的决定权，这种决定权只能由工业产权人自己享有。由于工业产权客体的无形性，所以工业产权的权利人对其智力成果和识别性标记享有和行使专有权，并不是对其物质载体进行具体的、实际的控制和支配，而是可以脱离物质载体，多次和反复地行使相同的权利。例如专利权人在行使对产品专利的转让权时，并非直接转让专利产品本身，而是转让对该专利产品的制造、销售等项决定权。

3. 工业产权的独占性和排他性

工业产权是因行政授权而取得的，当不同的主体就相同的发明、实用新型或者外观设计，分别申请专利权，对相同或相近似的商标，分别申请商标注册时，只可能授予其中一个专有权，而其他申请人却不得继续使用（除法律另有规定外）。这种独占性和排他性反映了工业产权专有性的广度和深度。

4. 工业产权的时间性

工业产权的时间性是指专有权利的法定时间效力，即对工业产权的法律保护，都有一定的时间限制，有效期届满，除依法续展外，任何人都可以无偿地、自由地使用智力成果。

5. 工业产权的地域性

工业产权的地域性是指工业产权的范围、内容等都是由法律来确定的，而立法权属于国家主权。因此，由一国法律所确认和保护的工业产权，只在该国领域内有效，而不是具有域外效力。

三、工业产权法及其调整范围

工业产权法是由国家制定或认可的，调整因工业产权的取得、利用和保护而产生的各种社会关系的法律规范的总称。

1. 工业产权法调整的是工业产权关系

从工业产权法调整的特定社会关系的范围来看，它只调整公民之间 、法人之间、公民与法人之间以及公民、法人与国家之间基于工业产权的取得、利用和保护而产生的权利义务关系。

2. 工业产权法保护特定的智力成果

从工业产权法调整对象的形态来看，是公民或法人在科学技术领域所完成的发明创造，在生产流通领域所使用的工商业标记等智力成果，以及由此而形成的专利权、发明权、发现权、科技进步权、商标权等。

3. 工业产权法调整工业产权在产生和运转过程中产生的关系

从工业产权法规范和协调的领域来看，它调整：

①因确认或授予工业产权而发生的关系；

②因使用工业产权而发生的关系；

③因转让工业产权而发生的关系；

④因保护工业产权从而禁止侵权行为而产生的关系；

⑤因管理工业产权而产生的关系。

4. 工业产权法调整人身关系和财产关系

从工业产权法的内容来看，它确认和保护工业产权人的人身和财产关系，即保护智力成果的创造者或者合法所有者依据智力成果而形成的人身权利和财产权利。

5. 工业产权法调整综合的工业产权关系

从工业产权法调整的工业产权关系的性质来看，它调整：

①民事关系，即平等主体之间的工业产权关系；

②经济管理关系；

③行政关系；

④刑事关系。

除以上各种关系外，工业产权法还调整国内和国际工业产权关系。

四、我国保护工业产权的法律制度

我国保护工业产权法的法律制度已经确立，主要法律法规有：《中华人民共和国专利法》及其《实施细则》，《中华人民共和国科学技术进步法》，《中华人民共和国科学技术进步奖励条例》，《中华人民共和国发明奖励条例》，《中华人民共和国自然科学奖励条例》及其《实施细则》，《中华人民共和国商标法》及其《实施条例》，《中华人民共和国反不正当竞争法》等。

我国参加的保护工业产权的国际公约主要有：《建立世界知识产权组织公约》，《保护工业产权巴黎公约》，《商标国际注册马德里协定》，《专利合作条约》，《与贸易有关的知识产权协议》（TRIPS 协议）等。

第二节 专 利 法

一、专利的概念及特征

1. 专利的概念

专利一词本身有三个含义，可以在不同意义上使用。

第一，从法律意义上，专利就是专利权的简称，是指依照专利法的规定，发明人或其权利受让人对某项发明创造在一定期限内享有的独占权或专用权。

第二，从智力成果的类型来看，专利就是取得了专利权的发明创造，即具有独占权或专用权的科学技术，包括发明专利、实用新型专利和外观设计专利三种具体形式。

第三，专利还指有关发明创造的文献，包括授予专利权的发明创造的说明书及其摘要、权利要求书、表示外观设计的图形或照片。

通常使用专利一词，是指第一种法律意义上的专利权，但不能因此而将专利理解为“保密的技术”。专利意味着对发明创造的公开与独占的统一，简言之，专利是具有独占权的公开技术。

2. 专利的特征

这里所讲的专利，就是专利权。专利权作为知识产权的重要组成部分，具有与知识产权相同的法律特征，即无形性、专有性、地域性和时间性。

（1）专利权的专有性。专利权的专有性主要是指授予专利权的唯一性和享有专利权的排他性。所谓授予专利权的唯一性，是指对两个内容相同的发明创造，在一国范围内，只将专利权授予最先申请的人或最先发明的人，也就是说只有其中一个能够获得专利权。所谓享有专利权的排他性，是指除法律、法规另有规定外，任何单位和个人未经专利权人许可，不得实施其专利。所以，专有性是专利权的核心内容。

（2）专利权的地域性。专利权的地域性是指在一个国家依法取得的专利权，只在该国范围内有效；如果想在其他国家得到相同的法律保护，发明创造人必须向其他国家的专利机关分别提交依照那个国家专利法规定而撰写的专利申请书，并在相应的国家分别委托专利代理人，交纳申请费等。经各国专利机关对这一专利申请进行检索和审查，授予专利权后，该项发明创造才在这些国家得到法律保护。

（3）专利权的时间性。专利权的时间性是指一项专利权在法定有效期届满后，各项权利即行终止，该发明创造进入公有领域，任何人均可自由无偿地使用。

二、专利法

1. 专利法的概念和调整对象

专利法是调整因授予发明创造专利权和利用发明创造专利权而产生的各种社会关系的法律规范。

从概念中可以看出，专利法所调整的社会关系是发生在授予（或确认）发明创造专利权和利用发明创造专利权过程中的。换句话，专利法以发明创造专利权在申请、取得、使用和保护过程中所发生的社会关系为自己的调整对象。这种社会关系具体表现为三种：

（1）发明创造的专有权关系。专利法确认发明创造是一种无形财产，它同有形财产一样是具有使用价值和价值的商品，因此发明创造人具有相对独立的商品生产者的地位，经过法定程序审批授予发明创造专利权后，该项发明创造便属于发明创造的个人或组织所有，专利权人将依法行使专有权。

(2) 发明创造专利权在流转中产生的财产关系。发明创造一旦获得专利，就意味着同时要向社会公开，并且要通过发明创造的使用价值来体现其价值。而这种使用价值和价值的实现一般要经过流转，即经过专利权人的使用或许可使用或合同转让。在流转过程中，必然产生财产关系，这种财产关系需要专利法来调整。

(3) 发明创造的人身关系。专利权是一种智力成果权，发明创造人在获得专利权时，不但享有对发明创造的专有权，而且也享有姓名权、荣誉权。这种人身权利虽然没有财产内容，但却与财产权利密切相关。从一定阶段上讲，人身权是发明创造人获得专利进而享有财产权的前提。因为国家专利机关授予发明创造人专利权之前，发明创造人就有权在其发明创造上署名。同时，对发明创造专利财产权的侵权，往往也涉及专利权人的人身权。所以专利法要把保护发明创造人的人身权利作为任务之一。

2. 专利法的主要内容

专利法的主要内容或基本内容，就是专利法在调整因确认发明创造的所有权和因利用发明创造而产生的社会关系时，所涉及的主要问题，具体包括：

①专利申请权和专利权的归属，主要解决专利权的主体问题；

②规定对哪些发明创造可以授予专利权，即专利权的客体；

③授予专利权的条件，主要解决专利权的标准；

④申请专利和审批专利的程序；

⑤专利权的内容，即专利权人的权利和义务；

⑥专利权的期限、终止和无效，规定专利权的有效时间；

⑦对专利权的保护；

⑧专利的实施和强制许可；

⑨有关专利的各种费用；

⑩专利纠纷和诉讼问题等。

我国《专利法》于 1984 年 3 月 12 日由第六届全国人民代表大会常务委员会第四次会议通过，1992 年 9 月 4 日第七届全国人民代表大会常务委员会第二十七次会议第一次修正，2000 年 8 月 25 日第九届全国人民代表大会常务委员会第十七次会议第二次修正，自 2001 年 7 月 1 日起施行。

三、专利法律关系的主体

专利法律关系的主体也称专利权主体，是指有权申请专利和取得专利权，并且承担相应义务的组织或者个人。确认专利权主体的意义，在于明确谁有资格申请专利并取得专利权。所以，专利权主体分为两大类，即专利申请人和专利权人。两者具有不同的法律地位。

（一）专利法律关系主体的种类

（1）专利申请人。这是指依法请求专利局授予专利权的组织或个人。专利申请人是在专利申请和专利审查阶段享受权利并承担义务的主体。

（2）专利权人。这是指专利权的所有人。专利权人既可以是专利申请被批准，从而获得专利权的专利申请人，也可以是其他依法获得专利权的非专利申请人。

因此，专利申请人并不必然就是专利权人，而有些专利权人也并不一定就是专利申请人。例如，专利申请被专利主管机关驳回的申请人，或者对同一内容的发明创造两人分别提出专利申请时，未被批准的专利申请人或者后一个提出相同专利的申请人，就不能取得专利权，也就不具有专利权人法律地位。又如，当专利申请人在取得专利权后，由于转让专利权而丧失了专利权人的法律地位，接受专利权转让的组织或个人则成为专利权人，但他们却不是专利申请人。

（二）专利权的归属

专利权的取得是以专利申请为前提，以专利申请被批准为结果。但是，并非任何组织或个人都有资格申请专利并获得专利权。能够成为专利权主体即能够申请专利并获得专利权的组织和个人有以下几种：

1. 发明人、设计人可以是非职务发明创造的专利申请人和专利权人

（1）发明人与设计人。发明人是指对产品、方法或者其改进提出新技术方案的人。设计人是指对产品的形状、构造或者其结合提出适于实用的新的技术方案的人，或者是对产品的形状、图案、色彩或其结合提出富有美感、并适合于工业上应用的新设计的人。发明人与设计人的本质特征，就是他们对发明创造的实质性特征作出了创造性的贡献。没有这种创造性贡献的其他人，如只负责组织工作的人、为物质条件的利用提供方便的人、其他从事辅助工作的人等，都不能成为发明人或者设计人。发明人或者设计人只能是自然人。

（2）非职务发明创造。非职务发明创造是指发明人、设计人所完成的发明创造与其工作和职务，或者与任何单位均没有直接关系。以下三种情况下完成的发明创造都属于非职务发明创造：

第一，发明人、设计人不在自己本职工作中，不是执行本单位分配的任务，也不是主要利用本单位的物质条件完成的发明创造。

第二，发明人、设计人虽然是在本职工作中或者属于完成本单位分配的任务，但却是在其退职、退休、调离本单位一年后才完成的发明创造。

第三，发明人、设计人不属于任何单位，也没有任何单位资助而完成的发明创造。

（3）非职务发明创造的专利申请人和专利权人。我国《专利法》规定，非职务发明创造申请专利的权利属于发明人或者设计人；申请被批准后，专利权归发明人或者设计人所有。这就是说，对于非职务发明创造，只有发明人或者设计人才有权申请专利并获得专利权，发明人或者设计人如果是无民事行为能力的人或者限制民事行为能力的人，则由其法定代理人为他代办申请专利的手续。《专利法》还规定，

对发明人或者设计人的非职务发明创造申请专利，任何单位或者个人不得压制，从而为公民从事职务以外的发明创造活动提供了法律保障。

2. 发明人或者设计人所在单位可以是职务发明创造的专利申请人或专利权人

（1）职务发明创造。职务发明创造是指发明人或者设计人为执行本单位的任务或者主要是利用本单位的物资条件所完成的发明创造。职务发明创造有两种：

第一，发明人或者设计人执行本单位的任务所完成的职务发明创造。具体有：

①发明人或者设计人在本职工作中作出的发明创造；

②发明人或者设计人履行本单位交付的本职工作以外的任务所作出的发明创造；

③发明人或者设计人退职、退休、调动工作后一年内作出的、与其在原单位承担的本职工作或者原单位分配的任务有关的发明创造。

第二，发明人或者设计人主要利用本单位的物质条件所完成的发明创造。这是指利用本单位的资金、设备、零部件、原材料或者不对外公开的技术资料、实验室等而完成的发明创造。根据这项标准，发明人或者设计人的发明创造虽然不在本职工作中进行，也不属于执行本单位分配的任务，但由于他主要利用了本单位的物质条件，所以仍属于职务发明创造。但是，根据修改后的《专利法》第六条所规定的合同优先原则，允许科技人员和单位通过合同约定发明创造的归属，即对主要利用本单位的物质条件所完成的发明创造，发明人或者设计人按照事先约定向单位返还资金或交纳使用费的，可不作为职务发明创造。

（2）职务发明创造的专利申请人和专利权人。根据《专利法》的规定，职务发明创造申请专利的权利属于单位。这表明，职务发明创造的专利申请人一般不是该发明创造的发明人或者设计人，而是其所在的单位。职务发明创造的专利申请被批准后，单位为专利权人。但如果是主要利用本单位的物质条件所完成的发明创造，单位与发明人或者设计人订有合同，对申请专利的权利和专利权的归属作出约定的，从其约定。

需要说明的是，职务发明创造的发明人或者设计人一般情况下虽然没有专利申请权和专利权，但仍享有两项重要的权利：一是发明人或者设计人的署名权，即在专利文件中写明自己是发明人或者设计人的权利，并由此获得荣誉和精神奖励。二是取得物质报酬的权利，根据《专利法》的规定，被授予专利权的单位应当对职务发明创造的发明人或者设计人给予奖励；发明创造专利实施后，根据其推广应用的范围和取得的经济效益，对发明人或者设计人给予合理的报酬。

3. 合法继受人可以是专利申请人和专利权人

根据《专利法》的规定，作为非职务发明创造所有者的发明人或设计人，有权将其非职务发明创造的专利申请权和专利权通过赠与、出卖、继承等法律形式和法律程序，转移给权利继承人或权利受让人（统称为继受人）。同样，职务发明创造的专利申请权和专利权也可以转让。专利申请权和专利权转移后，专利权的主体也相应发生变化，继受人成为专利申请人和专利权人。

4. 外国人可以在我国成为专利申请人和专利权人

根据我国《专利法》和国际条约及国际惯例，在一定条件下，外国人（包括外国自然人和外国法人）可以在我国成为专利申请人和专利权人。按照《保护工业产权巴黎公约》中的国民待遇原则，在我国境内有经常居所或者营业所的外国人，享有与我国的自然人和法人一样的待遇，能够成为专利申请人和专利权人。根据《专利法》的规定，在我国没有经常居所或营业所的外国人、外国企业或者外国其他组织，只有符合下例条件之一的，才可以享有申请我国专利的权利：

（1）其所属国与我国订有协议的。

（2）其所属国与我国共同参加了《保护工业产权巴黎公约》，凡是该公约缔约国的国民均可在我国申请专利。

（3）按照互惠原则，允许外国人在我国申请专利并获得专利权。所谓互惠原则，就是指外国人的所属国虽然没有与我国签订双边条约，也没参加同一国际公约，但允许我国自然人或法人在该国申请专利并获得专利权，我国也同样对待。

5. 共同发明或设计的专利申请人和专利权人

（1）共同发明或设计。一项发明或设计由两个以上的单位或个人共同创造完成，该发明创造为共同发明或共同设计。对该项发明创造共同构思，对共同发明或设计的实质性特点都作出过创造性贡献的人员，称为共同发明人或者共同设计人。由此可以看出，共同发明人或者共同设计人只能是自然人。

（2）共同发明或设计的专利申请权和专利权的归属。共同发明或设计完成之后，根据共同发明人或设计人的不同情况，专利申请权和专利权的归属有以下几种：

第一，非职务的共同发明或设计，其专利申请权或专利权归共同发明人或设计人共同所有。即专利申请必须由共同发明人或设计人全体共同提出，国务院专利行政部门才予受理；专利申请被批准后，专利权也必然归共同发明人或设计人共同所有。

第二，从事职务发明创造的共同发明人或设计人都属于同一单位，专利申请权归所在单位所有；申请的专利被批准后，专利权归单位所有（单位与共同发明人或设计人就专利申请权和专利权归属另有约定的除外）。

第三，从事职务发明创造的共同发明人或设计人分别属于不同的单位，首先要按照各自所在单位之间签订的协议确定专利申请人；如果没有协议，申请并取得专利的权利才由几个单位共同共有。

6. 对同一种发明创造专利权归先申请人所有

《专利法》规定：两个以上的申请人分别就同样的发明创造申请专利的，专利权授予最先申请的人。确定申请先后的标准是申请日，即专利行政部门收到专利申请文件之日。申请文件如果是直接递交的，以递交之日为申请日；如果是邮寄的，以寄出的邮戳标明的日期为申请日，邮戳日不清晰的，除当事人能够提出证明外，以专利行政部门收到日为申请日。

在专利法律关系中，除上述主体之外，还要涉及专利管理机关。根据新修改的《专利法》的规定，国务院专利行政部门负责管理全国的专利工作；国务院专利行政部门所属的专利申请受理审查机构受理和审查专利申请。此外还规定，省、自治区、直辖市人民政府管理专利工作的部门负责本行政区域内的专利管理工作。

四、专利法律关系的客体

专利法律关系的客体，亦称专利权客体，是指专利权主体的权利和义务所共同指向的对象，也就是专利法所保护的对象，即依法授予专利权的发明创造。《专利法》第二条指出："本法所称的发明创造是指发明、实用新型和外观设计。"这表明专利权的客体有三种。

（一）发明

1. 发明的概念及特征

广义的发明，是指人们制造或设计出来的某种前所未有的东西。作为专利法保护对象的发明却比一般意义上或广义上的发明要求更严格，内容更具体，范围更明确。《专利法实施细则》第二条规定："专利法所称发明，是指对产品、方法或者其改进所提出的新的技术方案。"从法律的规定和发明的具体表现形式上可以归纳出专利法所保护的发明的本质特征：

（1）发明是体现创造性思想的技术方案，是技术思想和技术方案的统一。

（2）发明必须能够通过物品或者作用于物品的方法表现出来。

2. 发明的种类

根据发明的本质特征，把发明分为产品发明、方法发明和改进发明三种。

（1）产品发明。这是指制造出自然界和人类社会从未有过、具有实际应用价值的有形物品（或产品）的发明。产品发明中还应包括物质发明，即用一定的方法取得的两种或两种以上的元素的新化合物，这种物质也是自然界或人类社会前所未有的。

（2）方法发明。这是指作用于一个对象或物质时所利用的手段的发明。方法发明包括制造方法的发明、化学方法的发明、生物方法的发明、测量方法的发明以及其他方法的发明。

（3）改进发明。这是指对已有的产品发明和方法发明提出实质性的新的技术方案。改进发明与前两种发明的区别是，它并没有创制新的产品或创造新的方法，而是对已有的产品或方法的重大改善，使其具有新的技术特性，发生部分新的质变，但并未突破原有产品或方法的根本格局。改进发明对于推动技术进步具有重要作用。

（二）实用新型

实用新型是指对产品的形状、构造或者它们的结合所提出的适于实用的新技术方案。这种新的技术方案能够在产业上制造出具有使用价值和实际用途的产品。实用新型的特点是：

（1）实用新型表现为某种产品，而制造这种产品的工艺方法则不授予实用新型专利。

（2）实用新型必须具备一定形状和结构或者是两者相结合的产品。所谓形状，就是产品的外观形态；结构是指组件或零件的有机结合。对于形状不确定的产品，如液体、气体、粉状物（砂糖、面粉）、光电等，都不属实用新型。

（3）实用新型必须能在产业上有直接的实用价值。

（三）外观设计

外观设计是指对产品形状、图案、色彩或者其结合所作出的富有美感并适合于工业上应用的新设计。外观设计具有下列特征：

（1）外观设计必须与产品有关，是对产品的外表所作出的设计。

（2）外观设计表现为形状、图案、色彩或其结合的设计。

（3）外观设计必须富有美感。

（4）外观设计必须是适合于工业上应用。

五、专利法不保护的发明创造

所谓专利不保护的发明创造，是指对某些发明创造不授予专利权。根据《专利法》的规定，这些发明创造有两类。

第一类是违反国家法律、社会公德，妨害公众利益的发明创造。这些类发明创造虽然从技术上看符合获得专利权的实质性条件，但依《专利法》不授予专利权。

第二类是不属于《专利法》保护的发明创造。《专利法》第二十五条明确规定："对下列各项，不授予专利权：（一）科学发现；（二）智力活动的规则和方法；（三）疾病的诊断和治疗方法；（四）动物和植物品种；（五）用原子核变换方法获得的物质。"

六、授予专利权的条件

（一）授予发明创造专利权的形式条件

授予专利权的形式条件有两个：一是授予专利权的发明创造，必须是符合《专利法》中所规定的发明、实用新型或者外观设计。二是申请专利所提交的各类文件在形式上必须符合《专利法》及其实施细则的要求，否则也有可能不授予专利权。

（二）授予发明创造专利权的实质性条件

1. 授予发明、实用新型专利权的实质性条件

《专利法》规定：授予专利权的发明和实用新型，应当具备新颖性、创造性和实用性。所以发明、实用新型获得专利权的实质性条件，就是必须同时具备新颖性、创造性和实用性。

（1）新颖性。这是指申请专利的发明或实用新型是新的，前所未有的，未被公知和公用的。《专利法》第二十二条规定："新颖性，是指在申请日以前没有同样的发明或者实用新型在国内外出版物上公开发表过、在国内公开使用过或者以其他方

式为公众所知，也没有同样的发明或者实用新型由他人向国务院专利行政部门提出过申请并且记载在申请日以后公布的专利申请文件中。”根据上述规定，判断（确定）发明或实用新型新颖性的客观标准有三个：

一是公开标准，就是看一项发明或实用新型是否已经脱离秘密状态，为人们所公知。公开的形式有书面公开、口头公开和使用公开。公开的程度应当以本专业具有中等技术水平的人员能够实施为准。公开标准是判断发明或实用新型新颖性的重要根据。

二是时间标准，即在什么时间以前发明或实用新型的技术内容未曾公开才具有新颖性。当两个或两个以上的人分别独立地完成了同一种发明或实用新型时，判断谁的具有新颖性，就要采用时间标准。时间标准又分为两种，一种是发明日标准，即只要发明或实用新型的实质内容在发明日之前未被公开，就具有新颖性。如果两个以上的人就相同内容的发明或实用新型申请专利，则将专利权授予最先发明的专利申请人。另一种是申请日标准，即发明或实用新型的实质内容在申请之日前未被公知公用就具有新颖性，也就是把提出专利申请的日期作为确定发明或实用新型新颖性的时间标准。我国就是采用申请日标准。《专利法》规定：两个以上的申请人分别就同样的发明创造申请专利的，专利权授予最先申请的人。

三是地域标准，即在一法定的地区内未被人们所公知公用的发明或实用新型，便可确认为具有新颖性。《专利法》规定，书面公开以申请日前在世界范围内是否公开发表为准，这也叫世界标准；使用公开或其他方式的公开，以申请日前在我国范围内公知公用为准，也叫国内标准。

（2）创造性。这是指同申请日以前已有技术相比，该发明有突出的实质性特点和显著的进步；该实用新型有实质性特点和进步。这是对授予专利权的发明或实用新型的质量要求。

（3）实用性。这是指该发明或实用新型能够制造或者使用，并且能够产生积极效果。《专利法》所要求的实用性，应具有三个特征或标准。

一是可实施性，即取得专利权的发明或实用新型必须能够在实践中实施，它不能是纯理论性的或仅仅是一种设想。

二是可复制性，即发明或实用新型专利能够重复无数次，有反复再现的可能性，并且其所属技术领域的中等技术人员按照说明书就能制造并使用，进行批量生产。

三是有益性，即发明或实用新型在应用中能够产生经济效果，发挥推动技术进步和经济发展的作用。

2．授予外观设计专利权的条件

《专利法》第二十三条规定：“授予专利权的外观设计，应当同申请日以前在国内外出版物上公开发表过或者国内公开使用过的外观设计不相同和不相近似，并不得与他人在先取得的合法权利相冲突”。根据《专利法实施细则》第二条的规定：“专利法所称外观设计，是指对产品的形状、图案或者其结合以及色彩与形状、图案的结合所作出的富有美感并适于工业应用的新设计。”因此，授予外观设计专利的条件有三个，即新颖性、富有美感和适于工业应用。对新颖性的判断，时间标准以申请日为准；地域标准，在出版物上公开采用世界标准，使用公开则采用国内标准。

（三）授予专利权的新颖性标准的例外规定

新颖性是发明创造获得专利权的首要条件，不论发明、实用新型，还是外观设计都必须具备。但是，为了科学研究和国际交流的需要，《专利法》在规定发明创造的新颖性标准时，也规定了例外条款，主要有两种：

(1)《专利法》规定，申请专利的发明创造在申请日以前六个月内，在中国政府主办或者承认的国际展览会上首次发表的；或者在规定的学术会议或者技术会议上首次发表的；或者他人未经申请人同意而泄露其内容的，都不丧失新颖性。以上三种情况，法定的期限是六个月，在此期限内不提出专利申请，发明创造自公开之日起便不再具有新颖性。

(2)《专利法》关于优先权的规定，即申请人自发明或者实用新型在外国（或中国）第一次提出专利申请之日起十二个月内，或者自外观设计在外国第一次提出专利申请之日起六个月内，又在中国就相同主题提出专利申请的，在一定条件下，可以享有优先权，即以其在外国（或中国）第一次提出专利申请之日为申请日。也就是说，对该申请人的第二次专利申请，不认为已丧失新颖性。

七、专利法律关系的内容

专利法律关系的内容可以从两方面来掌握，一方面是指专利权的具体内容，即专利权的权能有哪些；另一方面是指专利权人依法享有或承担的权利与义务。

（一）专利权的内容

根据《专利法》的规定，不同类型的专利，其专利权的具体内容是不一样的。产品专利和实用新型专利的专利权的内容包括制造权、使用权、许诺销售权、销售权、进口专利产品权；方法发明专利的专利权的内容是使用方法权和使用、许诺销售、销售、进口依照该专利方法直接获得的产品的权利；外观设计专利权的内容是制造、销售、进口外观设计专利产品的权利。

(1) 制造权。这指生产、加工专利产品的专有权利。

(2) 使用权。使用权包括两个方面：

①对于产品专利和实用新型专利来讲，是指使用该专利产品，即使专利产品得到应用。

②对于方法发明专利来讲，是指使用该方法，以及使用依照该专利方法直接获得的产品。根据《专利法》的有关规定，对专利产品的使用权是一次性的，即当专利权人或经其许可的人制造、进口的专利产品一旦售出后，使用权就不存在了。

(3) 许诺销售权。许诺销售是以做广告、在商店货架或者展销会陈列等方式做出销售商品的许诺。新修改的《专利法》为强化保护并和《与贸易有关的知识产权协议》(TRIPS 协议）相一致，增加了专利权人的许诺销售权。

（4）销售权。这指销售专利产品的专有权利。行使专利产品销售权的是专利权人或经其许可进行销售的人。销售由专利产品构成或包含专利产品的物品，也须获得专利权人的许可。

（5）进口权。这指专利权人或者经其许可的人进口与专利产品相同的产品的权利，不管这种产品在国外是否享有专利权，关键是进口的产品所包含的发明创造已在我国获得了专利权。

（二）专利权人的权利和义务

1. 专利权人的权利

（1）利用自己的专利和禁止他人利用其专利的权利。这项权利的实质就是对专利的独占权，即专利权人独自行使专利权中的制造、使用、许诺销售、销售和进口权。专利权人在行使专利专有权、独占权的同时，有权禁止他人实施其专利，即除《专利法》有特别规定外，任何单位或者个人未经专利权人许可，不得为生产经营目的而擅自制造、使用、许诺销售、销售、进口其专利产品，或者使用其专利方法以及使用、许诺销售、销售、进口依照该专利方法直接取得的产品。其中他人未经许可而制造出与其专利产品相同的产品，是指制造出与专利说明书和权利要求书中所描述的产品相同或相近似的产品，至于用什么方法制造的，制造的数量多少等都无关紧要；而未经专利权人许可使用其专利产品的，是指只要与专利权人权利要求书中所描述的产品相同，在专利权人尚未销售之前，他人都无权使用；关于许诺销售的规定，是授权专利权人禁止他人进行销售前的推销或促销行为，使其能将侵权行为消除在萌芽状态。

（2）许可他人利用其专利并获得报酬的权利。即权利人准许他人制造、使用、许诺销售、销售、进口其专利产品或者使用其专利方法等。被许可人在实施或者利用专利之后，必须向专利权人支付报酬，或叫专利使用费。专利权人行使许可权时，应当依法与被许可人订立书面实施许可合同。

（3）转让其专利的权利。即专利权人以买卖、交换、赠与、继承等方式处分其专利权，从而丧失专利所有权。转让专利权依法须经有关主管部门批准的，专利权人应当履行批准程序。转让专利时，出让人与受让人依法必须订立书面合同，并经国务院专利行政部门登记后才生效。

（4）放弃其专利的权利。即专利权人对其在法定保护期内的专利，不再主张独占的权利。根据《专利法》的规定，专利权人放弃专利的方式有两种：一是不按规定缴纳年费，即以不作为方式自动放弃其权利；二是以书面声明的作为方式宣布放弃其专利。

专利权人在行使放弃权时，要受一定限制：第一，如果专利权是两人以上共有的，未经共有人一致同意，任何一方均无权宣布放弃；第二，专利权人已与他人签订许可实施合同，在有效期内放弃专利权，应征得被许可方的同意，否则要赔偿被许可方由此遭受的损失。

（5）标明专利标记和署名的权利。即专利权人有权在其专利产品或者该产品包装上标明专利标记和专利号。署名权是指发明人或者设计人无论是否为专利权人，都有在专利文件上写明自己是发明人或者设计人的权利。

2．专利权人的义务

（1）实施专利的义务。实施或利用专利不仅是专利权人的一项权利，同时也是其应尽的义务。国家建立专利制度，目的是通过对专利的实施或利用以及保护，启迪和激发人们的想象力、创造力，促进科学技术的传播和发展，为社会提供更加丰富的物质和精神财富，推动社会不断前进。因此，实施或利用专利是专利权人对国家和社会必须履行的义务。

（2）保证充分公开专利内容的义务。这是指专利权人应当在说明书内把发明创造的内容按《专利法》的要求，详细、清楚、确切地加以阐述，使同行业的技术人员能够理解和实施。

（3）缴纳年费的义务。按照《专利法》的规定，专利权人应当自被授予专利权的当年开始缴纳年费。专利权人超过法定期限未缴纳年费的，即丧失专利权。

（4）职务发明创造的专利权人应当对发明人或者设计人给予奖励和报酬。根据《专利法实施细则》的规定，被授予专利权的国有企业事业单位应当自专利权公告之日起三个月内发给发明人或者设计人奖金。一项发明专利的奖金最低不少于两千元；一项实用新型专利或者外观设计专利的奖金最低不少于五百元。实施发明创造专利后，每年应当从实施该项发明或者实用新型专利所得利润纳税后提取不低于百分之二或者从实施该项外观设计专利所得利润纳税后提取不低于百分之零点二，作为报酬支付发明人或者设计人；或者参照上述比例，发给发明人或者设计人一次性报酬。许可其他单位或者个人实施其专利的，应当从收取的许可使用费纳税后提取不低于百分之十作为报酬支付发明人或者设计人。

八、对专利权人权利的限制

专利权是一种具有排他性的专有权，其实质在于：未经专利权人同意，任何单位或个人不得实施其专利，否则即构成对专利权的侵犯。但是，专利权人行使其权利并非是无条件的、绝对的，而是受到一定的限制。这种限制，就是《专利法》所规定的以下几种情况。

（一）不视为侵犯专利权的行为

（1）使用、许诺销售或者销售专利权人售出后的专利产品。根据《专利法》的规定，专利权人制造、进口或者经专利人许可制造、进口的专利产品或者依照专利方法直接获得的产品售出后，使用、许诺销售或者销售该产品的，不视为侵犯专利权。

（2）“先用权人”的使用。先用权人，也叫在先使用人，是指《专利法》第六十三条第二款规定的在专利申请日前已经制造相同产品、使用相同方法或者已经作好制造、使用的必要准备，并且仅在原有范围内继续制造、使用的。在先使用人在上述情况下的制造、使用行为，不视为侵犯专利权。但享有先用权的条件必须严格：

①先用权人必须能够证明其发明创造与专利权人毫无关系；

②先用权人必须在专利申请日前已经在制造相同产品或使用相同方法，或者已经作好制造、使用的必要准备；

③先用权人制造的产品、使用方法不得因专利人专利的公开而扩大其范围和规模。

(3) 某些非生产经营性的利用。《专利法》规定：专为科学研究和实验而使用有关专利的，不视为侵犯专利权。这种使用不是工业方式的使用和以营利为目的的使用，而是为了推动和发展科学技术。

(4) 外国运输工具运行中的使用。《专利法》规定：临时通过中国领土、领水、领空的外国运输工具，依照其所属国同中国签订的协议或者共同参加的国际条约，或者依照互惠原则，为运输工具自身需要而在其装置和设备中使用有关专利的，不视为侵犯专利权。

(二) 专利实施的强制许可

1. 专利实施的强制许可的概念

强制许可是指国务院专利行政部门依照《专利法》的规定，不经专利权人的同意，通过行政申请程序直接允许申请者实施发明或实用新型专利，并向其颁发实施该专利的强制许可证。强制许可是防止专利权人垄断专利或者滥用专利权而采取的一项限制性措施。

2. 强制许可的适用条件

(1) 强制许可只适用于发明专利和实用新型专利，不适用外观设计专利。

(2) 合理条件强制许可，根据《专利法》的规定，具备实施条件的单位以合理的条件请求发明或实用新型专利权人许可实施其专利，而未能在合理长的时间内获得这种许可时，适用强制许可。

(3) 公共利益强制许可，根据《专利法》的规定，在国家出现紧急状态或者非常情况时，或者为了公共利益的目的，适用强制许可。

(4) 依存强制许可，《专利法》第五十条规定："一项取得专利权的发明或者实用新型比前已经取得专利权的发明或者实用新型具有显著经济意义的重大技术进步，其实施又有赖于前一发明或者实用新型的实施的，国务院专利行政部门根据后一专利权人的申请，可以给予实施前一发明或者实用新型的强制许可"。在相同情形下，对前一专利权人的申请，也可以给予实施后一发明或者实用新型的强制许可。这是根据两项专利之间的相互依存关系而采取的有利于科技发展的强制许可。

3. 强制许可的申请和获得的程序

申请实施强制许可的单位或者个人要向国务院专利行政部门提出请求，并提出未能以合理条件与专利权人签订实施许可合同的证明。国务院专利行政部门对申请人的请示进行审查，并通知专利权人在指定的时间内陈述自己的理由和意见。国务院专利行政部门根据事实和《专利法》的规定，对是否准予强制许可作出相应的决定，对给予申请人实施强制许可的决定，应当及时通知专利权人，并予以登记和公告。

4．强制许可的范围

根据《专利法》的规定，给予实施强制许可的决定，应当根据强制许可的理由规定实施的范围和时间。取得实施强制许可的单位或者个人不享有独占的实施权，并且无权允许他人实施。

5．取得强制许可的单位应支付使用费

《专利法》规定：取得实施强制许可的单位或者个人应当付给专利权人合理的使用费，其数额由双方协商；双方不能达成协议的，由国务院专利行政部门裁决。同时《专利法》还规定：专利权人对国务院专利行政部门关于实施强制许可的决定不服的，专利权人和取得实施强制许可的单位或者个人对国务院专利行政部门关于实施强制许可的使用费的裁决不服的，可以自收到通知之日起三个月内向人民法院起诉。

（三）指定许可

指定许可，是指根据《专利法》的规定，对国家利益或者公共利益具有重大意义的发明专利，由国务院有关主管部门和省、自治区、直辖市人民政府报经国务院批准，不经专利权人同意，允许指定的单位实施该项发明专利，而实施单位按照国家规定向专利权人支付使用费。在实施指定许可的同时，专利权人仍享有其相应的权利。

九、专利的申请

根据《专利法》的规定，发明创造人或其代理人必须向专利机关提出书面申请，经国务院专利行政部门依法定程序审批后，才能获得专利权。专利申请应当注意以下几点：

（一）申请专利的原则

（1）一发明一申请原则。即一件专利申请应当限于一项发明创造。《专利法》规定：一件发明或者实用新型专利申请应当限于一项发明或者实用新型。属于一个总的发明构思的两项以上的发明或者实用新型，可以作为一件申请提出。一件外观设计专利申请应当限于一种产品所使用的一项外观设计。用于同一类别并且成套出售或者使用的产品的两项以上的外观设计，可以作为一件申请提出。

（2）先申请原则。这是指两个以上的申请人分别就同样的发明创造申请专利的，专利权授予最先申请的人。

（3）优先权原则。这包括外国和本国优先权。外国优先权是指一项发明创造在外国第一次提出专利申请以后，在一定期限内，又在我国就相同主题提出专利申请的，申请人有权依照该外国与我国共同参加的国际公约、两国之间签订的协议、或者相互承认优先权的原则，要求将第一次提出专利申请的日期，作为后来在我国提出专利申请的日期。优先权只要求具有首次申请专利的申请日，而不要求首次申请即获得专利权。根据《专利法》第二十九条的规定，发明或者实用新型的优先权期间为十二个月，外观设计优先权期间为六个月。

本国优先权是指申请人自发明或者实用新型在中国第一次提出专利申请之日起十二个月内，又向国务院专利行政部门就相同主题提出专利申请的，可以享有优先权。优先权的意义在于：在优先权期间，专利申请不受所公开的有关资料的影响，但他人提出的相同主题的专利申请则丧失新颖性。

（4）书面原则。即以书面的形式办理专利申请的各种手续。这是因为申请专利的发明创造是一种无形的技术解决方案，其技术特征构成、新颖性、创造性、实用性以及要求法律保护的内容和范围，都必须用文字才能进行详细、具体的描述，口头表述或实物显示均不能达到书面描述的效果。

（二）申请专利应提交的文件

1. 申请发明或者实用新型专利应提交的文件

《专利法》要求：申请发明或者实用新型专利的，应当提交请求书、说明书及其摘要和权利要求书等文件。

（1）请求书是申请人表示请求专利局授予其发明或者实用新型专利的愿望的书面文件。请求书由国务院专利行政部门制定统一式样，由申请人填写。其中主要项目有：

①发明或者实用新型的名称，该名称要求反映出是产品发明还是方法发明；

②申请人、代理人或代表人的身份，包括姓名或者名称、国籍、住址或营业地址等；

③申请文件及附加文件的清单，包括请求书、权利要求书、说明书及其附图和摘要，要求优先权声明及证明材料，要求提前公开声明、实质审查请求书，代理人委托书，不丧失新颖性证明材料等；

④其他事项。

请求书由申请人或代理机构签章。

（2）说明书既是技术文件，又是法律文件。作为技术文件，它是发明创造内容的具体说明，申请人通过说明书将发明或者实用新型向社会公开，达到使所属技术领域的技术人员能够实施的程度。作为法律文件，它是权利要求的依据，并且用来解释权利要求，一旦获准取得专利，说明书的内容就构成了专利权的客体。因此，说明书是专利申请的核心文件。《专利法》及其实施细则对说明书的撰写作了明确规定，内容包括：

①发明或者实用新型的名称；

②发明或者实用新型所属技术领域；

③最为接近的现有技术；

④发明或者实用新型的发明目的；

⑤发明或者实用新型的内容；

⑥发明或者实用新型与现有技术相比所具有的优点和积极效果；

⑦附图及其说明；

⑧发明或者实用新型的实施举例及最佳实施方案。

(3) 权利要求书是申请人请求专利法保护的范围或具体权项的文件。当发明或者实用新型被授予专利权之后，权利要求书就是确定该发明或者实用新型专利权范围的根据，也是判断他人是否侵权的依据。权利要求书与说明书有密切的关系，权利要求书应当以说明书为依据，说明要求专利法保护的范围，说明书中没有的内容，不能作为权利要求提出。

(4) 摘要主要说明发明或者实用新型所属的技术领域，主要技术特征和用途，所要解决的技术问题，从而作为技术情报供公众检索。

2. 外观设计专利应提交的文件

《专利法》要求：申请外观设计专利的，应当提交请求书以及该外观设计的图片或者照片等文件，并且应当写明使用该外观设计的产品及其所属的类别。申请外观设计专利的请求书的内容、形式，原则上与发明或者实用新型专利请求书相同；外观设计专利权的保护范围则以表示在图片或照片中的该外观设计产品为准。

(三) 涉外专利的申请

1. 中国单位或者个人向外国申请专利

《专利法》规定：中国单位或者个人将其在国内完成的发明创造向外国申请专利时，应当先向国务院专利行政部门申请专利，委托其指定的专利代理机构办理。

2. 外国单位或者个人在中国申请专利

《专利法》对外国单位或者个人在中国申请专利作了明确规定，内容参考本章第二节的相关说明。凡符合《专利法》规定的外国个人或者外国单位在中国申请专利和办理其他专利事务的，都应当委托我国国务院专利行政部门指定的专利代理机构办理。

(四) 专利申请的修正和撤回

根据《专利法》的规定，申请人可以对其专利申请文件进行修改。但是，对发明和实用新型专利申请文件的修改不得超出原说明书和权利要求书记载的范围，对外观设计专利申请文件的修改不得超出原图片或者照片表示的范围。

申请人提出申请以后，在被授予专利权之前，还可以随时撤回专利申请。

十、专利申请的审查和批准

《专利法》对发明、实用新型和外观设计三种专利申请，规定了两种不同的审批制度。对发明专利申请采取早期公开，迟延审查制度；对实用新型、外观设计专利申请采用登记制度。

1. 发明专利的审批

(1) 初步审查。也称形式审查，主要是审查发明专利申请是否符合《专利法》关于形式条件的规定。具体有两项内容：

①对专利申请文件的格式进行审查；

②对专利申请的内容审查，即审查发明主题是否符合法律规定，是否属于专利法保护的范围。

(2) 早期公开。国务院专利行政部门经初步审查认为发明专利申请符合专利法要求的，自申请日起满十八个月，即行公布；国务院专利行政部门根据申请人的请求，也可以早日公布其专利申请。该发明一旦公布，便受到法律的相应保护。《专利法》第十三条规定："发明专利申请公布后，申请人可以要求实施其发明的单位或者个人支付适当的费用"。

(3) 实质审查。这是指国务院专利行政部门对申请专利的发明的新颖性、创造性和实用性等实质性内容所作的审查。根据《专利法》的规定，发明专利的申请人应当自申请日起三年内随时向国务院专利行政部门提出实质审查的请求；申请人无正当理由逾期不请求实质审查的，专利申请被视为撤回。国务院专利行政部门认为必要的时候，也可以自行对发明专利申请进行实质审查。

国务院专利行政部门对发明专利申请进行实质审查后，对符合专利法规定的，作出授予发明专利权的决定，发给发明专利证书，同时予以登记和公告；发明专利权自公告之日起生效。认为不符合专利法规定的，要求申请人在指定的期限内陈述意见，或者对其申请进行修改；无正当理由逾期不答复的，该申请即被视为撤回。申请人陈述意见或进行修改后，国务院专利行政部门认为仍不符合专利法规定的，对该发明申请予以驳回。

2. 实用新型和外观设计的审批

《专利法》规定：实用新型和外观设计专利申请经初步审查没有发现驳回理由的，由国务院专利行政部门作出授予实用新型专利权或者外观设计专利权的决定，发给相应的专利证书，同时予以登记和公告。实用新型专利权和外观设计专利权自公告之日起生效。这表明对实用新型或者外观设计的专利申请，只要经形式审查，认为手续完备且合法，便可以登记，授予其专利权，所以也叫登记制度。但是，形式审查认为不符合专利法的，则予以驳回。

3. 复审

根据《专利法》的规定，国务院专利行政部门设立专利复审委员会，申请人对驳回申请的决定不服的，可以自收到通知之日起三个月内，向专利复审委员会请求复审。对专利复审委员会经过复审后所作出的决定不服的，可以自收到通知之日起三个月内向人民法院起诉。

十一、专利权的期限、终止和无效

(一) 专利权的期限

专利权的期限是指专利权的法律保护期限，在这个期限内，除法律特别规定外，任何单位或者个人未经专利权人同意，都不得实施其专利；超过这个期限，该发明创造进入公有领域，任何人均可自由使用。

《专利法》规定：发明专利权的期限为二十年，实用新型专利权和外观设计专利权的期限为十年，均自申请日起计算。

在统一的专利权保护期内，专利权人还可以根据本专业技术发展的周期以及专利技术的实施情况，通过不缴纳年费或者声明放弃专利权的作法，自行决定其实际受保护的期限长短。

（二）专利权的终止

专利权的终止是指专利权由于保护期届满或其他原因而失去法律效力。一旦专利权终止，该发明创造即成为社会的公共财富。

专利权终止的原因有以下几种：

①因保护期届满而终止；

②因没有按期缴纳年费而终止；

③因专利权人自动书面声明放弃专利权而终止；

④由于专利权人死亡又无继承人而终止。

专利权在期限届满前终止的，由国务院专利行政部门登记和公告。

（三）专利权的无效

1. 专利权无效的概念

专利权的无效，是指被授予的专利权因不符合专利法的规定，由专利复审委员会根据有关单位或者个人的请求，通过行政审查程序宣告无效。

2. 宣告专利权无效的理由

宣告专利权无效的理由，概括地讲就是该专利的授予不符合专利法的规定。具体有以下几个理由：

①不符合授予专利权的条件，即已经授予专利权的发明或者实用新型不具备新颖性、创造性和实用性，外观设计不具备新颖性、实用性和富于美感；

②属于不授予专利权的法定项目；

③违反合法条件；

④权利的归属不当；

⑤专利文件撰写有明显不当。

3. 请求宣告专利权无效的法律程序

《专利法》规定：自国务院专利行政部门公告授予专利之日起，任何单位或者个人认为该专利权的授予不符合本法有关规定的，都可以请求专利复审委员会宣告该专利权无效。请求宣告专利无效的单位或者个人，应当向专利复审委员会提出请求书，说明理由。专利复审委员会对该请求进行审查，分别作出维持专利权或者专利权无效的决定，并通知请求人和专利权人。对专利复审委员会决定不服的，当事人可以自收到通知之日起三个月内向人民法院起诉。

4. 宣告专利权无效的法律后果

根据《专利法》的规定，宣告专利权无效的决定，由国务院专利行政部门登记和公告。宣告专利权无效会带来以下法律后果：

（1）宣告无效的专利权视为自始即不存在。

（2）宣告专利权无效的决定，对在该决定以前人民法院作出并已执行的专利侵权的判决、裁定，已经履行或者强制执行的专利侵权纠纷处理决定，以及已经履行的专利实施许可合同和专利权转让合同，不产生追溯力。但是因专利权人的恶意给他人造成的损失，应当给予赔偿。

（3）依照上述规定，专利权人或者专利权转让人不向被许可实施专利人或者专利权受让人返还专利权使用费或者转让费；但是明显违反公平原则的，则应当全部或部分返还。

十二、专利侵权和专利保护

1. 专利侵权的表现形式

专利侵权是指违反专利法的规定，侵犯专利人权利的行为。具体表现为：

（1）除法律另有规定外，未经专利权人许可，为生产经营目的制造、使用、许诺销售、销售、进口其专利产品，或者使用其专利方法以及使用、许诺销售、销售、进口依照该专利方法直接获得的产品。

（2）假冒他人专利，即欺骗公众以营利为目的而冒充他人获得专利权的发明创造。

（3）国务院专利行政部门所作出的不符合专利法规定的决定，例如错误地对专利实施强制许可，错误地作出驳回专利申请、宣告专利权无效的决定等。

2. 专利权的保护范围

专利权是一种无形财产权，其保护范围需要法律来界定。《专利法》规定：发明或者实用新型专利权的保护范围以其权利要求书的内容为准，说明书及附图可以用于解释权利要求。外观设计专利权的保护范围以表示在图片或者照片中的该外观设计专利产品为准。

3. 专利权的法律保护

专利权的法律保护是指依照《专利法》和有关法律，解决专利纠纷，从而维护专利权人的合法利益。所谓专利纠纷，是指因侵权行为、专利许可合同、专利权或专利申请权转让合同、专利申请权和专利权归属等问题，在发明人、设计人、专利权人、国务院专利行政部门以及其他人之间发生的争议。具体有：

①在发明专利申请公布后专利权授予前使用发明而未支付适当费用的纠纷；

②因侵权行为而发生的纠纷；

③当事人双方履行专利许可合同过程中发生的纠纷；

④专利权转让或专利申请权转让过程中发生的合同纠纷；

⑤发明人或者设计人资格纠纷；

⑥专利申请权和专利权归属纠纷；

⑦职务发明的发明人、设计人的奖励和报酬纠纷等。

根据《专利法》的规定，发生专利纠纷时，专利权人或者利害关系人可以请求管理专利工作的部门处理，也可以向人民法院起诉。

请求管理专利工作的部门或者人民法院处理纠纷的时效为两年，自专利权人或者利害关系人得知或者应当得知之日起计算。

（1）专利管理机关对专利纠纷的受理和处理。根据《专利法》关于"国务院专利行政部门负责管理全国的专利工作"，"省、自治区、直辖市人民政府管理专利工作的部门负责本行政区域内的专利管理工作"的规定，以及《专利法实施细则》的相关规定，当事人请求处理或者调解专利纠纷的，由被申请人所在地或者侵权行为地的管理专利工作的部门管辖。

管理专利工作的部门是行政机关，其对专利纠纷的处理属于行政执法行为。调解不成可以作出如下处理：

①责令停止侵权，公开更正；

②对侵权行为人或责任人员给予行政处分；

③行政没收；

④责令返还专利使用费用或专利转让费；

⑤责令给付奖金或报酬等。

（2）人民法院对专利纠纷的受理和处理。人民法院受理的专利案件，从性质上分三种：一是专利纠纷当事人直接向人民法院起诉的案件；二是当事人不服专利管理机关的决定而向人民法院提起的行政诉讼；三是侵犯专利权构成犯罪的案件。

人民法院对第一种案件的处理的结果有：

①责令侵权人停止侵权行为；

②责令赔偿损失；

③责令继续履行合同；

④责令返还专利使用费用或专利转让费等。

人民法院对第二种行政诉讼案件，依法判决撤销或维持管理专利工作的部门所作的决定。

人民法院对第三种侵犯专利权构成犯罪的案件，依法追究行为人的刑事责任。

对于专利侵权赔偿数额的计算原则，《专利法》规定：按照权利人因被侵权所受到的损失或者侵权人因侵权所获得的利益确定；被侵权人的损失或者侵权人获得的利益难以确定的，参照该专利许可使用费的倍数合理确定。

另外，对于当事人为生产经营目的使用或者销售不知道是未经专利权人许可而制造并售出的专利产品或者依照专利方法直接获得的产品，能证明其产品合法来源的，虽然构成侵权行为，但依法可不承担赔偿责任。

为了有效保护专利权，《专利法》规定：专利权人或者利害关系人有证据证明他人正在实施或者即将实施侵犯其专利权的行为，如不及时制止将会使其合法权益受到难以弥补的损害的，可以在起诉前向人民法院申请采取责令停止有关行为和财产保全的措施。

第三节 商 标 法

一、商标法概述

(一) 商标的概念及特征

商标是区别不同生产者和经营者的商品和服务的特殊标记。

1. 商标的本质特征

(1) 商标是使用在商品或者服务项目上的标志，是与商品或服务紧密相连的。

(2) 商标是表明某种商品或者某项服务的来源，并与相同或者相类似的商品或服务项目的生产者或经营者相区别的特殊标志。

(3) 商标的所有者或使用者是商品的生产者、经营者或者服务项目的提供者，在一定程度上代表着他们的商业信誉。

商标的本质特征决定了商标具有区别性或识别性，即商标是区别商品或者服务项目的来源、质量及特点的标志；不具有这种特性的标志，即使使用在商品或服务项目上，也不是商标。

2. 商标的形式特征

商标必须是可视的，能够通过某种载体使人们看到或者触摸到。在国外也有气味商标和音响商标。

(二) 商标的种类

(1) 根据商标的结构组成，商标可分为文字商标、图形商标、字母商标、数字商标、立体商标（三维标志和颜色组合)，以及上述要素结合而成的组合商标等。

(2) 根据商标的使用对象，商标可分为商品商标、服务商标和集体商标。

(3) 根据商标使用的动机和作用，商标可分为联合商标、防御商标、证明商标和备用商标。

(三) 商标法

商标的特点和作用决定了商标是一种财富，但商标与一般民事财产又有区别，所以必须建立商标法律制度。运用法律手段保护商标，既是保护商品或服务的生产经营者和提供者的利益，也是保护消费者的利益，进而维护市场经济秩序。

商标法是调整因商标而发生的社会关系的法律规范的总称。商标社会关系是指在确认、保护商标专用权，以及在商标的使用和管理过程中所发生的社会关系。商标法是知识产权法的重要组成部分。

在我国，商标的出现和使用有着悠久的历史，但对商标的法律管理却非常落后。新中国成立后，商标立法开启了新的历史篇章。从 1950 年到 1963 年，我国先后颁布了《商标注册暂行条例》、《关于未注册商标处理原则和处理办法》、《关于商标管理的几点意见》、《未注册商标暂行管理办法》、《商标管理条例》等商标法规。

1982 年 8 月 23 日第五届全国人大常委会第二十四次会议通过了《中华人民共和国商标法》（以下简称《商标法》），于 1983 年 3 月 1 日施行；同时，国务院颁布了《商标法实施条例》（以下简称《实施条例》）。1993 年对《商标法》及《实施条例》作了重要修正。国家工商行政管理局还制定了《商标印制管理办法》、《驰名商标的认定和保护条例》等一系列商标行政管理规章。1993 年 9 月全国人大常委会通过了《中华人民共和国反不正当竞争法》，进一步强化和拓宽了对商标权的保护。为了适应我国市场经济的发展，适应中国加入 WTO 以后进一步发展的需要，适应商标国际保护的需要，2001 年 10 月 27 日，第九届全国人大常委会第二十四次会议对《商标法》进行了第二次修正，自 2001 年 12 月 1 日起施行；国家工商行政管理局也相应修正了《商标法实施条例》，从而使我国的商标法律制度更为完善。

二、商标注册

（一）商标注册的概念及意义

狭义的商标注册是指国务院工商行政管理部门商标局（以下简称商标局）依法受理、审查、批准商标注册申请的法律行为。经过注册的商标即为注册商标，是商标权的客体，其所有人享有受法律保护的商标专用权。

广义的商标注册则包括对已经注册的商标进行变更注册、续展注册。这里所讲的是狭义的商标注册。

商标注册是我国商标法的一项重要制度。商标注册的法律意义在于：通过商标注册，商标所有人即可取得商标专用权；通过商标注册，便于国家对商标进行管理和保护，防止商标混乱，减少商标纠纷；通过本国注册后，有利于将商标在外国进行注册。所以，商标注册是获得和保护商标权的基本法律制度。商标注册的经济意义在于，它使商标权人的利益具有法律上的稳定性；商标注册更有利于发挥商标的作用。

（二）商标注册的申请

商标注册的申请，是指申请人依照《商标法》规定的条件，向商标局请求确认商标专用权的行为。商标注册的申请，是取得商标专用权的必经法律程序。

1. 商标注册申请人

根据《商标法》及其《实施条例》的规定，商标注册申请人包括我国的自然人、法人或者其他组织，以及其所属国与我国订有协议或者共同参加了国际条约或者按对等原则对待的外国个人或企业。上述个人或者组织对其生产、制造、加工、拣选、经销的商品或者提供的服务项目，需要取得商标专用权的，应当向商标局申请商品商标注册或者服务商标注册。

2. 申请注册的商标应当符合法定条件

根据《商标法》的规定，申请注册的商标必须符合三个条件：

第一，具有可视性。商标不能是可听的音响，可嗅的气味。

第二，具有显著性。即商标不能混同于商品名称，也不能等同于商品本身的性质。

第三，具有识别性。即商标设计应立意新颖、独具特色、鲜明简洁，不得与他人在先取得的合法权利相冲突。

显著性和识别性是相辅相成的，商标的设计越是有个性和鲜明，也就越便于识别和区分，因而也就更具有显著性。所以，不具备上述法定条件的标志，例如仅有本商品的通用名称、图形、型号的，或仅仅直接表示商品的质量、主要原料、功能、用途、重量、数量及其他特点的，都是不得作为商标注册的，除非经过使用取得显著特征，并便于识别的，才可以作为商标注册。

根据《商标法》第十条的规定，下列标志不得作为商标使用，更不应当予以注册：

（1）同中华人民共和国的国家名称、国旗、国徽、军旗、勋章相同或者近似的，以及同中央国家机关所在地特定地点的名称或者标志性建筑物的名称、图形相同的。

（2）同外国的国家名称、国旗、国徽、军旗相同或者近似的，但该国政府同意的除外。

（3）同政府间国际组织的名称、旗帜、徽记、相同或者近似的，但经该组织同意或者不易误导公众的除外。

（4）与表明实施控制、予以保证的官方标志、检验印记相同或者近似的，但经授权的除外。

（5）同“红十字”、“红新月”的名称、标志相同或者近似的。

（6）带有民族歧视性的。

（7）夸大宣传并带有欺骗性的。

（8）有害于社会主义道德风尚或者有其他不良影响的。此外，县级以上行政区划的地名或者公众知晓的外国地名，不得作为商标。但是，地名具有其他含义或者作为集体商标、证明商标组成部分的除外，已经注册的使用地名的商标继续有效。

3. 申请商标注册适用的原则

（1）自愿注册为主，强制注册为辅的原则。自愿注册是指商标使用人自己决定是否申请商标注册。强制注册是指某些生产者或经营者在某种商品上使用商标，必须申请注册，否则这种商品不得在市场上销售。

（2）一类商品、一个商标、一份申请的原则。根据《商标法》的规定，商标注册申请人在不同类别的商品上申请注册同一商标的，应当按照商品分类表分别提出注册申请；在同类商品上使用两个或者两上以上商标的，也应当分别提出申请。

（3）优先权原则。根据《商标法》的规定，商标注册申请人自其商标在外国第一次提出商标注册申请之日起六个月内，又在中国就相同商品以同一商标提出商标注册申请的，依照该外国同中国签订的协议或者共同参加的国际条约，或者按照相互承认优先权的原则，可以享有优先权。商标在中国政府主办的或者承认的国际展览会展出的商品上首次使用的，自该商品展出之日起六个月内，该商标的注册申请人可以享有优先权。

4. 申请商标注册的程序

首次申请商标注册，应按下列顺序进行：

（1）办理商标查询，了解申请注册的商标是否与他人已注册或申请注册的商标相同或者近似。

（2）按照商品分类提交申请书。

（3）报送商标图样。

（4）提交证明文件，包括营业执照副本、代理委托书、主管部门颁发的生产许可证、经销许可证，优先权证明等。

（5）缴纳申请费用。

根据《商标法》的规定，已经注册的商标需要在同一类其他商品上使用的，或者需要改变其标志的，应当重新填报商标注册申请书，按照商标首次注册申请的顺序办理。

根据《商标法》及其《实施条例》的规定，已经注册的商标需要变更注册人的名义、地址或其他注册事项的，应连同其全部注册商标一起提出变更申请，经商标局核准后，将原商标注册证加注发还，并予以公告。

（三）商标注册的审查和核准

商标注册的审查，广义上包括首次申请注册的审查、注册商标变更、转让的审查和续展审查等。这里主要讲首次商标注册申请的审查。

1. 商标注册的审查原则

（1）“申请在先”为主，“使用在先”为辅的原则。“申请在先”为主，是指两个或两个以上的商标注册申请人，在同一种商品或者类似商品上，以相同或者近似的商标申请注册的，初步审定并公告申请在先的商标。“使用在先”为辅，是指两个或两个以上的申请人在同一种商品或者类似商品上，分别以相同或者近似的商标在同一天申请注册的，初步审定并公告使用在先的商标，驳回其他人的申请，不予公告。在审查商标注册申请时，还适用《商标法》关于优先权的规定。此外，为了防止恶意抢注行为，《商标法》还规定：申请商标注册不得损害他人现有的在先权利，也不得以不正当手段抢先注册他人已经使用并有一定影响的商标。

（2）先公告后注册的原则。先公告后注册也叫两次公告，是指申请注册的商标，由商标局初步审定后，通过商标公告向公众发出通知。自公告之日起三个月内，任何人均可提出异议。无异议或者经裁定异议不能成立的，予以核准注册，发给商标注册证，并予公告；经裁定异议成立的，则不予核准注册。

2. 商标注册审查的内容

（1）形式审查。这是指商标局收到注册申请后，对申请手续进行的审查。形式审查合格的，进入实质审查程序；形式审查不合格的，退回申请或者通知申请人在指定期限内补齐。

（2）实质审查。这是指对申请注册的商标的合法性进行的审查，即商标是否具备法定构成要素；商标是否违反《商标法》的禁止规定；商标是否与他人已经注册或者审定公告的商标相同或者近似。实质审查合格的，商标局将初步审定的商标刊登在商标公告上，予以公告；实质审查不合格，驳回申请，不予公告，发给申请人驳回通知书。

3. 申请的异议

异议是指任何人认为商标局初步审定予以公告的商标不具有合法性，在公告之日起三个月内向商标局提出不应准予注册的意见。异议人可以是注册商标人，商标注册申请在先、初步审定在先的申请人，注册商标许可使用的被许可人等利害关系人，也可以是任何其他公民和组织。异议的理由与实质审查的内容是一致的，即初步审定予以公告的商标不符合法定的构成条件，或者有法律禁止的情况，或者与在先权利相冲突。商标局受理异议后，应当听取异议人和商标注册申请人陈述事实和理由，经调查核实后，做出异议成立或不成立的裁定。

4. 商标注册申请的复审

商标注册申请的复审，是指由商标局内设立的商标评审委员会，对不服驳回申请的决定或驳回异议的裁定的申诉案件进行重新审查的制度。

《商标法》规定，申请人不服商标局作出的驳回申请、不予公告的决定，以及当事人不服商标局作出的异议裁定的，可以自收到通知之日起十五日内申请复审，由商标评审委员会作出决定或者裁定。当事人对该决定或者裁定仍不服的，可以自收到通知之日起三十日内向人民法院起诉。

5. 商标注册申请的核准

根据《商标法》的规定，初步审定的商标在公告期满（三个月）无异议，或者经裁定异议不能成立的，商标局予以正式核准注册，在商标公告上刊登注册公告，发给商标注册证。商标注册申请人自注册证签发之日起成为商标权人。

三、商标权

（一）商标权的含义及内容

商标权即商标专用权，是指商标注册人对其注册商标依法享有的专有权。商标权是一个集合概念，其具体内容包括：

（1）专有使用权。也叫独占使用权，是指商标权人对其注册商标独占专用的权利。专有使用权是一种绝对的、排他的权利。

（2）禁用权。这是指商标权人有权禁止他人未经其许可，使用其注册商标，有权禁止他人擅自制造或者销售其注册商标标识，有权禁止他人在同一种或者类似商品上，使用与其注册商标相同或者近似的商标，或者将与其注册商标相同或者近似的文字、图形作为商品的名称或者商品装潢。

（3）许可使用权。这是指商标权人通过订立合同的形式，允许他人使用其注册商标。

（4）转让权。这是指商标权人将其注册商标及其专用权转让给他人所有的权利。这是商标权人处分其商标专用权的一种方式。

(5) 续展权。这是指商标权人在其注册商标的有效期届满时，有权申请续展注册，经核准后继续享有商标专用权。

(6) 注册商标放弃权。这是指商标权人享有放弃其注册商标专用权的权利，这是商标权人处分其商标权的又一种方式。商标权人行使放弃权有两条途径：一是在其注册商标有效期届满前，主动向商标局提出放弃使用其注册商标，并报请注销；二是在注册商标有效期届满时，不申请续展注册，从而自动丧失其商标专用权。

(二) 商标权的范围

商标权的范围，是指商标权人在什么范围内享有法律的保护。根据《商标法》的规定，商标权是由注册产生的，商标权人行使权利的范围以核准注册的商标和核定使用的商品为限。商标权人不得任意扩大或者改变保护范围，也就是说商标权人对经商标局核准注册的商标只能使用在经批准的商品上。否则，擅自更改注册商标，扩大注册商标的使用范围，注册商标便不再受法律保护。

(三) 商标权的取得

商标权的取得是指注册商标所有人通过何种方式取得的商标专用权。商标权的取得方式分为原始取得和传来取得两种。原始取得也叫直接取得，是商标所有人对其使用的商标最初经过注册而取得商标权。传来取得也叫继受取得，是指接受原商标权人的转让、赠与，或者通过继承而取得商标权。商标权的原始取得，是商标权的首要问题和关键环节，没有原始取得也就不存在继受取得。所以，一般情况下商标权是由注册取得的，只有经过注册的商标，其所有人才能获得专用权并受法律保护。

(四) 商标权的利用

商标权的利用是指商标权人如何行使其商标权。

1. 注册商标的使用

商标权人对其注册商标享有的首要权利就是专有使用权，即商标权人将其注册商标用于核定使用的商品上、各种广告宣传及商品交易文书上，或者用于展览及其他推销商品和服务的活动中。

2. 注册商标的转让

注册商标的转让，是指商标权人依法将其注册商标转让给他人所有，从而丧失商标权但获得相应的对价，受让人则成为新的商标权人。商标权的转让最主要的是通过合同来实现；继承也会实现商标权的转移，但它属于继承法的调整范围，仅在程序上应报商标局备案。转让商标权应注意以下几点。

(1) 转让注册商标必须将商标专用权全体转让，包括：

①该注册商标的所有权利；

②该商标所核定使用的全部商品或服务项目；

③在同一种或类似商品上注册的相同或近似的商标。

(2) 注册商标所有人转让其已许可他人使用的注册商标，必须征得被许可人同意；被许可人同意后，双方原订的商标使用许可合同即告失效或终止；注册商标转让给第三人后，原被许可使用人不得继续使用该注册商标。

(3) 注册商标的转让必须履行法定手续，由商标权人与受让人签订注册商标转让合同，并共同向商标局提出申请。商标局对转让注册商标的申请核准后，予以公告，受让人自公告之日起享有商标专用权。对于自行转让注册商标的行为，商标局将责令限期改正或者撤销注册商标。

(4) 受让人应当保证使用该注册商标的商品质量。也就是说，商标权的转让应当以受让人能保证使用该注册商标的商品质量为条件，从而防止商标权人滥用其转让权，也防止受让人借商标转让欺骗消费者。

3. 注册商标的许可使用

注册商标的许可使用是指商标权人将其注册商标许可他人使用，被许可使用人支付使用费。注册商标的许可使用有利于双方当事人的利益，许可人可以得到商标许可使用费，并在更大范围内排除他人使用其注册商标的可能性；被许可人则可以借助名牌商标推销其商品，从而获得更多的经济利益。

注册商标的许可使用是通过签订合同来实现的，其主要条款有：

①双方当事人的名称、地址；

②许可使用的注册商标名称、注册证号码；

③许可使用注册商标的商品范围；

④许可使用的方式（独占许可、一般许可）；

⑤许可使用的期限；

⑥许可人监督商品质量和被许可人保证商品质量的措施；

⑦许可使用费的数额和支付方式；

⑧违约责任。

许可使用合同必须依法报商标局备案。许可使用合同生效后，在合同有效期内，许可方未经被许可方同意，不得转让其注册商标，不得放弃续展注册，也不得申请注销注册商标。被许可方必须在使用该注册商标的商品上标明被许可人的名称和商品产地。当注册商标被依法撤销时，许可使用合同亦随之终止。

（五）商标权的期限和续展

1. 商标权的期限

商标权的期限，是指注册商标受法律保护的时间。《商标法》规定，注册商标的有效期为十年，自核准注册之日起计算。

2. 商标权的续展

商标权的续展，是指注册商标有效期的延续。根据《商标法》的规定，注册商标有效期满，需要继续使用的，应当在期满前六个月内申请续展注册；在此期间未能提出申请的，可给予六个月的宽展期。宽展期满仍未提出申请的，注销该注册商标。申请商标续展注册的，要向商标局送交申请书，经商标局核准后，在原商标注册证上加注发还，并予以公告。续展申请的次数没有限制，每次续展注册的有效期仍为十年。

（六）商标权争议及裁定

1. 商标权争议

商标权争议，是指对已经注册的商标发生的争议。对于违反《商标法》第十、十一、十二条的规定已经注册的商标，或者是以欺骗手段以及其他不正当手段取得注册的商标，任何单位或个人都可以请求商标评审委员会裁定撤销该注册商标。对于违反《商标法》第十三、十五、十六、三十一条规定的，或者因其他理由对注册商标有争议的，自该商标注册之日起五年内，商标所有人或者利害关系人可以向商标评审委员会申请裁定。对恶意注册的，驰名商标所有人不受五年的时间限制。根据《商标法》的规定，对核准注册前已经提出异议但被裁定驳回的，不得再以相同的事实和理由申请商标权争议的裁定。

2. 商标权争议的裁定

商标权争议的裁定，是指因发生商标权争议，商标评审委员会对于撤销注册商标的申请进行审查，作出撤销或者维持该注册商标裁定的活动。当事人对商标评审委员会的裁定不服的，仍可以自收到通知之日起三十日内向人民法院起诉。

（七）商标权的终止

商标权的终止，是指商标权人由于法定原因丧失商标权，其注册商标不再受法律保护。

商标权终止的法定原因主要有两个：一是被注销终止；二是被撤销终止。

1. 注销终止

注册商标因下列情况之一被商标局注销而终止商标权：

（1）注册商标有效期届满，商标权人在法定续展注册申请期内或宽展期内均未提出续展注册申请的。

（2）注册商标有效期内，商标权人自愿申请放弃商标权并主动向商标局办理注销手续的。

（3）因注册商标所有人终止或者死亡满一年，而该注册商标没有办理转移手续的，任何人均可以向商标局申请注销该注册商标。

2. 撤销终止

注册商标因下列情况之一被商标局撤销，或者被商标评审委员会裁定撤销而终止商标权：

（1）违反《商标法》第十、十一、十二条的规定，或者是以欺骗手段及其他不正当手段取得注册的。

（2）自行改变注册商标的。

（3）自行改变注册商标的注册人名义、地址或其他注册事项的。

（4）自行转让注册商标的。

（5）连续三年停止使用注册商标的。

（6）使用注册商标，其商品粗制滥造、以次充好，或者服务项目存在严重质量问题，欺骗消费者的。

（7）对于违反《商标法》第十三、十五、十六、三十一条规定的，或者因其他理由对注册商标有争议的，自该商标注册之日起五年内，商标所有人或者利害关系人向商标评审委员会申请裁定的。对恶意注册的，驰名商标所有人不受五年的时间限制。

四、商标权的保护

商标权的保护是指国家商标管理机关、司法机关运用法律手段制止和惩处侵犯商标专用权行为，保障注册商标所有人合法权益的执法和司法活动。

1. 侵犯商标权的主要行为表现

（1）擅自使用他人注册商标。这种侵权行为是指未经注册商标所有人的许可，在同一种商品或服务项目上，或者类似商品或服务项目上，使用与其注册相同或者近似的商标，或者使用的商标是复制、模仿、翻译他人未在中国注册的驰名商标，容易导致混淆的。在不相同或者不相类似的商品或服务项目上，使用的商标是复制、模仿、翻译他人已经在中国注册的驰名商标，误导公众的。

（2）销售侵犯注册商标专用权的商品。这是指侵权人所销售的商品上非法使用了他人的注册商标，但是如果销售不知道是侵犯注册商标专用权的商品，能证明该商品是自己合法取得的并说明提供者的，根据《商标法》的规定，不承担赔偿责任。

（3）伪造、擅自制造他人注册商标标识或者销售伪造、擅自制造的注册商标标识。商标标识是商标的载体，注册商标标识受法律保护，注册商标标识必须由指定的单位负责印刷。所谓伪造，是指仿照他人注册商标标识的式样，印制假注册商标标识的行为；所谓擅自制造，是指未经注册商标所有人的许可或委托，自作主张地制造其注册商标标识的行为。

（4）“反向假冒”。即未经商标注册人同意，更换其注册商标并将该更换商标的商品又投入市场。

（5）给他人注册商标专用权造成其他损失的行为。根据《商标法实施条例》第五十条和《最高人民法院关于审理商标民事纠纷案件适用法律若干问题的解释》第一条的规定，这种侵犯行为的具体表现有：

①在同一种或者类似商品上，将与他人注册商标相同或者近似的标志作为商品名称或者商品装潢使用，误导公众的；

②故意为侵犯他人注册商标专用权行为提供仓储、运输、邮寄、隐匿等便利条件的；

③将与他人注册商标相同或者近似的文字作为企业的字号在相同或者类似的商品上突出使用，容易使相关公众产生误认的；

④复制、模仿、翻译他人注册的驰名商标或者其主要部分在不相同或者不相类似的商品上作为商标使用，误导公众，致使该驰名商标注册人的利益可能受到损

害的；

⑤将与他人注册商标相同或者近似的文字注册为域名，并且通过该域名进行相关商品交易的电子商务，容易使相关公众产生误认的。

2. 对侵犯商标权行为的处理

对侵犯商标权行为的处理，是指对商标侵权行为予以制裁，进而实现对商标权人的保护。实施制裁的机关是商标管理机关和人民法院。制裁的形式有行政制裁、民事制裁和刑事制裁。

（1）行政制裁。行政制裁是由商标管理机关对商标侵权行为人依法予以行政处罚。根据《商标法》及其《实施条例》的有关规定，对侵犯注册商标专用权的行为，任何人可以向工商行政管理部门投诉或者举报。工商行政管理部门认定商标侵权行为成立的，依法作出下列处理：

①责令立即停止侵权行为；

②没收、销毁侵权商品和专门用于制造侵权商品、伪造注册商标标识的工具；

③处以非法经营额三倍以下的罚款；非法经营额无法计算的，罚款数额为十万元以下。

（2）民事制裁。根据《商标法》及其《实施条例》的有关规定，对侵犯注册商标专用权的行为，被侵权人可以直接向有管辖权的人民法院起诉；对工商行政管理部门所作的处理不服的，当事人也可以在法定期限内向人民法院提起行政诉讼。

人民法院对商标侵权的民事诉讼，依法对侵权人做出以下处理：

①责令侵权人停止侵害；

②排除妨碍；

③赔偿损失；

④消除影响，恢复名誉；

⑤责令具结悔过；

⑥收缴进行侵权活动的财物和非法所得；

⑦依法处以罚款。

人民法院确定侵犯商标专用权的赔偿数额标准，主要根据侵权人在侵权期间因侵权所获得的利益，或者根据被侵权人在被侵权期间因被侵权而受到的损失，包括被侵权人为制止侵权行为所支付的合理费用。当以上两种情况均难以确定时，可根据侵权行为的情节判决给予 50 万元以下的赔偿。

人民法院对当事人提出的行政诉讼，依法作出判决，维持或者撤销工商行政管理部门所作的处理决定。

（3）刑事制裁。根据《商标法》第五十九条和《刑法》第三章第七节侵犯知识产权罪的有关规定，对于侵犯商标权情节严重，触犯刑律而构成犯罪的，分别给予下列刑事处罚：

①未经注册商标所有人许可，在同一种商品上使用与其注册商标相同的商标，情节严重的，处三年以下有期徒刑或者拘役，并处或者单处罚金；情节特别严重

的，处三年以上七年以下有期徒刑，并处罚金。

②销售假冒注册商标的商品，销售数额较大或者巨大的，与第一项处罚相同。

③伪造、擅自制造他人注册商标标识或者销售伪造、擅自制造的注册商标标识，情节严重的，处三年以下有期徒刑、拘役或者管制，并处或者单处罚金；情节特别严重的，处三年以上七年以下有期徒刑，并处罚金。

④单位犯上述罪行的，对单位判处罚金，并对直接负责的主管人员和其他直接责任人员，依照前三项规定处罚。

思 考 题

1. 简述工业产权及其特征。
2. 简述专利法的概念和调整对象。
3. 职务发明创造和非职务发明创造的专利申请人和专利权人有哪些?
4. 授予发明创造专利权的实质性条件是什么?
5. 简述专利法律关系的内容。
6. 简述商标的特征。
7. 简述商标注册（包括商标注册的意义、商标注册的申请及审核）。
8. 简述商标权的含义。
9. 侵犯商标专用权的行为有哪些?
10. 对侵犯商标专用权行为的法律制裁有哪几种?

第八章

合同法律制度

本章提要

本章以《中华人民共和国合同法》（以下简称《合同法》）为基础，着重介绍该法总则中规定的基本的合同法律制度。主要内容包括合同的基本概念、合同的内容及订立的方式、合同的效力、合同的履行、合同的变更和转让、合同权利义务的终止、违约责任的承担等。

第一节　合同与合同法

一、合同的概念与特征

合同在我们日常生活中经常见到，在市场经济活动中，市场经济主体进行经营活动也离不开合同，合同成为联结不同主体之间经营关系的法律形式。

关于合同的概念，《中华人民共和国民法通则》（以下简称《民法通则》）第八十五条的定义是："合同是当事人之间设立、变更、终止民事关系的协议。"《合同法》对合同表述为："本法所称合同是平等主体的自然人、法人、其他组织之间设立、变更、终止民事权利义务关系的协议。"《合同法》为合同下的定义与《民法通则》中的定义没有本质上的区别，而是更加具体了。从立法本意和整体内容看，两者的规定是一致的。因此，合同具有如下法律特征。

1. 合同是一种民事法律行为

从法律性质上讲，合同是一种民事法律行为。民事法律行为是一种重要的法律事实，它是民事主体实施的能够引起民事权利义务产生、变更或者终止的行为。合同有着明确的目的性，即当事人主观上追求设立、变更或者消灭民事权利义务关系的法律效果。所谓设立民事权利义务关系，是指当事人订立合同旨在形成某种法律关系，该法律关系中具体的民事权利和民事义务由当事人享有和承担。所谓变更民事权利义务关系，是指当事人通过订立合同变更原有合同关系中权利义务的内容。所谓终止民事权利义务关系，是指当事人订立合同旨在使原有的合同关系归于消灭。合同作为能够产生法律后果的民事法律行为，以当事人的意思表示为成立要件，其性质不同于行为人主观上并无产生某种法律效果意图的事实行为。通过依法订立合同建立的法律关系是受国家法律保护的，当事人不履行合同规定的义务时，需要依法承担法律责任。

2. 合同是两方或者多方意思表示一致的法律行为

根据民事法律行为成立时对当事人意思表示的要求不同，法律行为分为单方法律行为和双方法律行为。单方法律行为是指基于一方当事人的意思表示即可以成立的法律行为，单方法律行为虽然可以产生法律后果，但不是合同关系。双方法律行为是只有在双方意思表示一致时才可以成立的法律行为，合同即为最典型的双方法律行为。作为双方法律行为，要求合同的成立要有两个或者两个以上的当事人；同时，各方当事人要想通过订立合同达到预期的法律后果，必须作出自己的意思表示，而且各方的意思表示必须达成一致，即在各方意思表示基础上形成的权利义务的内容为全体当事人所共同接受，形成“合意”。只有符合这些要件，合同关系才能成立。

3. 合同是当事人在平等的基础上自愿达成协议的行为

当事人的法律地位平等，是其自由表达意志的前提，没有平等，不可能有真正的协商。只有在平等的基础上自愿协商，才能使当事人的意思表示一致。在合同关系中，不论是自然人还是法人，不论法人组织的大小或者级别高低，都是平等的法律关系的主体，任何一方不得对另一方进行限制或者强迫对方接受自己的主张。以强迫的手段订立的合同，由于一方的意思表示不是自愿作出的，是不真实的，因而应当是无效的。

二、合同法的适用范围和基本原则

（一）合同法的概念和适用范围

合同是反映交易关系的法律形式。合同法所称的合同，是平等主体之间设立、变更、终止民事权利义务关系的协议。合同法以其为调整对象，规范合同的订立、履行、变更、转让、解除、保全及违约责任等，因此合同法是调整平等主体之间交易关系的法律。

合同法是社会主义市场经济法律体系的重要组成部分。《合同法》第一条指出了合同法的立法目的有三个方面：

第一，保护合同当事人的合法权益；

第二，维护社会经济秩序；

第三，促进社会主义现代化建设。

从合同法的适用范围上说，合同法并非适用于所有的合同。合同法只适用于平等主体之间基于平等自愿原则所订立的民事权利义务关系的协议。那些不属于平等主体订立的权利义务的协议不适用合同法。如下关系不应由合同法调整：

第一，政府机关采用协议形式进行的管理活动。例如有关综合治理、计划生育、环境保护等协议，是政府机关行使行政管理职权进行行政管理形成的，不是民事合同，不适用合同法。但是，政府机关作为平等民事主体与他人订立的有关民事权利义务的合同，如购买办公用品的合同，因其不属于行政管理活动，因此应适用合同法调整。

第二，法人及其他组织内部管理关系。企业内部进行管理活动的合同，如企业内部的生产责任制合同等，当事人之间仍然是管理和被管理的关系，因此应由其他相关的法律调整，而不适用合同法调整。

第三，身份关系。《合同法》第二条第二款规定："婚姻、收养、监护等有关身份关系的协议，适用其他法律的规定。"身份关系是与民事主体的人身和身份不可分离的民事法律关系，它不以直接物质利益为内容。由于身份关系不属于交易关系，因此不应当适用调整交易关系的合同法，而应适用婚姻法、收养法等法律。

（二）合同法的基本原则

合同订立和履行应当遵循以下基本原则。

1. 平等原则

平等原则是指在合同关系中，当事人的法律地位是平等的，任何一方都具有独立的法律人格，有独立的为意思表示的能力，不受对方的限制或者强迫命令。在订立合同阶段，平等原则体现为合同成立必须经双方协商一致，任何一方无权将自己的意志强加给对方。在合同履行阶段，平等原则体现为双方都要严格按照合同履行义务，任何一方都无权擅自变更或者解除合同。在合同责任的承担上，平等原则要求，任何一方当事人违反合同，不履行合同义务，都必须承担相应的责任，其不同的身份、所有制、企业规模等不能成为是否承担责任的衡量标准。

2. 自愿原则

自愿原则体现在当事人的合同行为上，是指当事人在作出有关合同的各种决定时不应受到他人的强制和欺骗，应当是在对自身权益充分了解的基础上愿意作出该行为。自愿原则应当贯穿于合同的始终，包括选择合同伙伴、决定合同形式、确定合同内容、协商变更或者转让合同等都应当出于当事人的自愿，任何一方不应以任何理由对另一方予以强制。当事人一方以欺诈、胁迫的手段订立合同，或者乘人之危，使对方在违背自己真实意思的情况下作出同意订立合同的表示，此种合同是无效的，或者可以经无过错当事人行使权利予以撤销。

3. 公平原则

公平原则是商品经济道德规范的法律化。在合同法上，公平原则体现在，合同主体之间的交换关系以利益均衡作为价值判断的标准，合同权利义务要兼顾各方的利益。

公平原则要求合同主体有同等的机会参加民事法律关系，进行交易活动，通过合同取得民事上的权益。按照公平原则，当事人各方的权利义务应当对等，任何一方不得利用自己的优势强迫对方接受不合理的条款，进行不等价的交换。在承担合同责任时，公平原则体现在，当事人各方都应当为自己的违约行为承担责任，其责任与其违约的后果相适应。

4. 诚实信用原则

诚实信用原则是市场经济活动中的道德准则。诚实，是指当事人进行民事活动时其言行要符合实际，意思表示真实。信用，是指当事人在民事活动中要说到做到，允诺的内容要兑现。诚实信用原则应当贯穿于合同订立、履行、变更和终止等各个环节中。

在订立合同时，当事人应当如实陈述与订立和履行合同相关的情况，以使各方都在充分了解对方真实情况的基础上作出是否与之交易的决定。如果当事人一方以隐瞒真相、制造假象的欺诈手段诱使对方订立合同，根据其情节，合同或者无效，或者可经对方申请而撤销。

在履行合同时，诚实信用原则要求当事人恪守合同，全面履行自己的义务，并为对方的履行提供协助。当发生影响合同履行的情况时，应及时向对方通报情况，以使对方及时采取措施，尽量减少损失。除了法定的行使变更解除权的情形以外，需要变更解除合同的，应当与对方协商一致，不得单方面撕毁合同。

5. 合法原则

《合同法》第七条规定："当事人订立、履行合同，应当遵守法律、行政法规，尊重社会公德，不得扰乱社会经济秩序，损害社会公共利益。"合同的订立和履行合法，这是合同具有法律效力的基本条件。在民法规范中，有任意性规范和强制性规范之分。遵守法律、行政法规主要指遵守法律、行政法规的强制性规定，不违反强制性规定的，允许当事人根据自己的意志协商确定其内容。

"尊重社会公德，不得扰乱社会经济秩序，损害社会公共利益"的规定，相当于其他国家的"公序良俗"原则，它是对当事人滥用合同权利的限制。当事人在追求自己利益的时候，不能以损害社会公众的利益和社会秩序为代价。当事人的合同意志违反社会公德，对公共利益和社会秩序有损害的，则这种意志是不能援用合同自由而受到保护的。

第二节　合同的订立

一、当事人的主体资格

根据《合同法》第九条的规定，合同的主体必须具有相应的民事权利能力和民事行为能力。

民事权利能力是法律赋予民事主体享有民事权利、承担民事义务的资格。民事权利能力是合同主体取得具体的合同权利和义务的前提和资格。民事行为能力是民事主体独立地以自己的行为为自己取得民事权利和承担民事义务的能力。民事行为能力是实现民事权利能力的条件。因此，具有相应的民事权利能力和行为能力是合同主体的法定资格。

自然人、法人和其他组织都可以成为合同主体，但必须具有与其所订立合同相适应的缔约资格。对于自然人而言，10 周岁以上的未成年人和不能完全辨认自己行为的精神病人是限制行为能力人。当他们签订与其年龄、智力不相适应的合同时，则不是合格的主体，如不经其法定代理人追认，该合同不能生效。对于法人和其他组织，其缔约资格与其核准登记的经营范围相联系，超越经营范围而订立合同则属于缺乏缔约资格。

二、合同的形式与内容

（一）合同形式

合同形式是指体现合同内容的具体方式，是合同内容的外在表现。根据合同法的规定，合同可以采用书面形式、口头形式和其他形式。除法律法规有特别规定的以外，当事人可以自由约定合同的形式。

1. 书面形式

书面形式是以文字等有形的表现形式反映当事人权利义务的合同形式。书面合同可以使协议的内容明确具体，它一方面有利于当事人依照文字凭据履行合同，另一方面能够起到证据作用，当发生合同纠纷时便于举证。因此，在实践中书面合同是主要的合同形式。根据《合同法》第十一条，书面形式的合同有以下几种：

（1）合同书。合同书是载有合同条款的文书，经双方当事人签字或盖章成立。

（2）信件。作为书面合同的信件不同于一般的书信，它载有合同的内容。由于信件不是规范的合同书，通常只有一方的签字或盖章，因此当事人可以要求签订确认书确认信件的内容。

（3）数据电文。数据电文包括电报、电传、传真、电子数据交换和电子邮件，这是随着现代信息技术的发展而产生的新型书面合同形式。通过数据电文形式订立的合同，通常称为电子合同。

2. 口头形式

口头形式即以语言对话的形式缔结合同。合同采用口头形式订立简便易行，快捷迅速，符合市场经济条件下讲究效率、交易迅速的要求，因此，当事人无采用书面合同的约定及法律未规定采用书面形式的，均可以采用口头形式订立合同。但口头合同的缺点也很明显，由于无文字凭据使得当事人在发生纠纷时不易举证，难以分清责任。原《经济合同法》规定，口头形式只适用于能够即时清结的合同，不能即时清结的合同应当采用书面形式。现行《合同法》从尊重当事人的合同自由和鼓励交易出发，取消了关于即时清结的限制，允许当事人采用口头形式缔约，这符合市场经济的特点。但是当事人在订立口头合同时还是应当慎重，必要时可采取见证人或者录音等方式以备举证。

3. 其他形式

其他形式是概括性规定，指除书面合同、口头合同之外的其他能够表现当事人缔约意思的形式。例如，当事人既未用语言也未用文字表达其意思表示，而是仅用行为进行要约和承诺，可以推定合同成立。

（二）合同内容

合同内容是指当事人协商确定的合同权利和义务，它通过具体的合同条款反映出来。合同内容由当事人根据需要自主约定，一般包括以下条款。

1. 当事人的名称或者姓名和住址

该条反映当事人的基本情况。自然人的姓名和法人及其他组织的名称用以确定其身份，当事人的住所对于确定债务履行地点及诉讼管辖等有重要意义。

2. 标的

标的是当事人权利义务所指向的对象，它体现着当事人订立合同的目的与要求，没有标的，合同无从订立。不同的合同，其标的的类型是不同的，主要有以下几种：

(1) 财产。这包括有形财产和无形财产。前者如买卖合同中的货物，后者如商标转让合同中的商标专用权。

(2) 行为。这主要指不以有形财产表现其成果的劳动和服务，如保管行为、运输行为等。

(3) 一定的工作成果。这主要指通过合同履行产生的，体现义务方履行行为的工作成果，如建筑工程合同的工程项目等。

3. 数量和质量

标的的数量和质量是标的的具体化。确定标的的数量要明确计量单位和计量方法，除国家明文规定的以外，当事人可以使用非国家或国际标准的计量单位，但是应当确定其具体含义，以免发生误解，影响合同履行。

对于质量，合同中应明确规定所采用的质量标准、技术等级等，以便将来按照标准验收。但是质量条款欠缺并不影响合同的成立，当事人在合同中对质量的内容没有约定或者约定不明确的，可以根据《合同法》第六十二条的规定填补漏洞。

4. 价款或者报酬

价款或者报酬是取得财产或者接受服务的一方当事人向提供财产或者服务的一方当事人支付的代价，它是有偿合同的主要条款。合同中应当明确约定价款或者报酬的计算标准、金额总数、结算方式、支付条件和日期等内容，以便于履行。但是当事人在合同中对价款或者报酬没有约定或者约定不明确的，并不影响合同的成立，可以按照《合同法》第六十二条的规定，按照订立合同时履行地的市场价格履行。

5. 履行期限、地点和方式

履行期限是履行合同的时间界限。当事人应当在约定的时间履行合同，只有明确具体的约定履行期限，才能在将来对是否按时履行予以认定。当事人未在约定的履行期限内履行合同，则构成履行迟延，应当承担相应的责任。

履行地点是指当事人履行义务的场所。履行地点对确定验收地点、确定标的物所有权转移及确定诉讼管辖等都有重要意义。履行地点一般由当事人约定，也可以按照履行的性质确定。

履行方式指当事人履行合同义务的途径和方法，例如是一次性交货还是分批交货，是卖方送货还是买方自提等。

当事人应当严格按照合同规定的时间、地点和方式履行合同，但是如果当事人对此没有明确的约定，并不导致合同不成立，可以适用《合同法》第六十二条的规定填补漏洞。

6. 违约责任

违约责任是当事人因违反合同义务应承担的民事责任。违约责任条款对于督促当事人认真履行合同，及时解决合同纠纷，保护当事人的合法权益有重要意义。承担违约责任的形式有支付违约金、赔偿损失等，当事人应当对违约责任的形式作出具体的约定。但是违约责任条款并不是决定合同成立的必要条款，对此未明确约定不影响合同的成立。

7. 解决争议的方法

在合同中约定解决争议的方法，有利于及时解决争议。解决争议的方法主要有协商、调解、仲裁、诉讼等。仲裁与诉讼两种方式只能二者选一，约定了仲裁则不能就同一纠纷提起诉讼，因此当事人应当就此事先加以约定。

三、订立合同的方式

《合同法》第十三条规定："当事人订立合同采用要约承诺方式。"要约和承诺是从当事人一方提议到达成协议订立合同过程中的两个阶段，要约承诺两个阶段的完结标志着合同的成立。

(一) 要约

1. 要约的概念及构成条件

在商业活动中及对外贸易中，要约又称为报价、发价、发盘等。要约是订立合同的第一个阶段，是订立合同的启动点。根据《合同法》第十四条的表述，要约是希望和他人订立合同的意思表示，即当事人一方以缔结合同为目的向对方所作出的意思表示。发出要约的一方称为要约人，相对的一方称为受要约人。要约的提出旨在与他人订立合同，因此要约人应当具有订立合同的行为能力。

根据《合同法》第十四条的规定，要约应当符合下列条件：

(1) 意思表示的内容具体、确定。要约的目的是引出受要约人对要约的承诺而使合同成立，因此要约应当有明确具体的内容。如果要约中没有具体的内容，对方就无从了解要约人的实际意图，也就无从决定是否作出承诺而订立合同。内容具体确定，是指要约应当具备拟订立的合同的主要内容，例如标的、价格等，受要约人据此可以作出是否承诺的决定。

(2) 表明经受要约人承诺，要约人即受该意思表示的约束。要约以订立合同为目的，这种缔约的意图要由要约人通过要约充分表达出来。要约中应当体现出这样的意旨，即只要受要约人同意要约的内容，要约人就会按照要约的内容与其订立合同。因此，如果一方只是向他方表示“正在考虑”或者“准备”与其订约，并没有明确地表明要与对方订约，该种表述对表意人并无约束力，不能使对方确信其订约的诚意，则这种表述就不能发生要约的效力。

要约的上述要件将要约与要约邀请区别开来。要约邀请又称要约引诱，是希望他人向自己发出要约的意思表示。例如一般的商业广告，其内容只是宣传自己的产品或服务，扩大知名度，并无具体确定的合同内容，其作用是引出用户向其订货的要约，而不是引出对要约的承诺，因此它不属于要约，不发生要约的效力。根据《合同法》第十五条的规定，寄送的价目表、拍卖公告、招标公告、招股说明书、一般的商业广告都属于典型的要约邀请行为。实践中对要约和要约邀请做出区分有时有一定的困难，一般需根据法律规定、当事人的意愿、当事人历来的交易习惯等方面综合考虑作出认定。

2. 要约的效力

符合法定要件的要约对要约人和受要约人产生相应的效力。要约的效力体现在：对要约人来说，他有与对要约作出承诺的受要约人订立合同的义务；对受要约人来说，他取得了对要约作出承诺而成立合同的资格，有权根据需要承诺要约而与要约人订立合同。

要约的这种效力从何时产生，就是要约的生效时间问题。《合同法》第十六条规定：“要约到达受要约人时生效”。据此，要约的上述效力自要约到达受要约人时发生。但是，“到达受要约人”并不一定实际送达到要约人手中，只要送达到受要约人所能控制的地方即为到达。采用数据电文形式订立合同的，收件人指定特定系统接收数据电文的，该数据电文进入该特定系统的时间视为到达时间；未指定特定系统的，该数据电文进入收件人的任何系统的首次时间视为到达时间。

3. 要约的撤回和撤销

要约的撤回是指要约在发出之后而尚未发生效力之前被要约人取消。允许要约人撤回要约是尊重要约人意志和利益的体现。《合同法》规定，只有符合下列两种情况之一的，才能发生撤回要约的效力：

①撤回要约的通知先于要约到达要约人；

②撤回要约的通知与要约同时到达受要约人。

由于此时要约还未生效，因此不会影响受要约人的利益。

要约的撤销是指要约人在要约到达受要约人并生效以后，取消该要约，使要约的效力归于消灭。要约撤回与要约撤销都是旨在消灭要约的拘束力，二者的区别在于：要约撤回发生在要约生效之前，而要约撤销发生在要约已生效之后。应当注意的是，撤销要约的通知必须在受要约人发出承诺之前到达受要约人才能发生要约撤销的效力。同时，具有下列情形之一的，要约不得撤销：

第一，要约人确定了承诺期限或者以其他形式明示要约不可撤销；

第二，受要约人有理由认为要约是不可撤销的，并已经为履行合同作了准备工作。

4. 要约的失效

要约失效是指要约失去法律约束力，要约人不再承担与受要约人订立合同的义务，受要约人也丧失了承诺的资格。要约失效的原因主要有以下几种：

（1）拒绝要约的通知到达要约人。如果受要约人明确表示拒绝要约，当拒绝要约的通知到达要约人时，无论要约的有效期限是否届满，要约都失效。

（2）要约人依法撤销要约。要约人在受要约人发出承诺通知之前将撤销要约的通知送达到受要约人时，要约即失去效力。

（3）承诺期限届满受要约人未作出承诺。受要约人拒绝要约并不限于明示的方式，凡是要约中规定了承诺期限的，受要约人未在该期限内做出承诺，则要约自动失效。

（4）要约人对要约的内容作出实质性变更。有关合同标的、数量、质量、价款或者报酬、履行期限、履行地点和方式等内容是合同的实质性内容，如果受要约人对要约中的这些实质性内容作出限制或更改，实际上等于拒绝了要约，要约即失效。

（二）承诺

1. 承诺的概念及构成条件

根据《合同法》第二十一条的规定，承诺是受要约人同意要约的意思表示，即受要约人同意要约中的条件以达到缔结合同的目的。承诺的效力在于，一经承诺并到达要约人，合同便成立。承诺应当符合下列条件：

（1）承诺必须是由受要约人向要约人作出。承诺必须是受要约人向要约人所作出的同意要约的意思表示。无论是受要约人以外的其他人向要约人表示接受要约，还是受要约人向要约人以外的其他人表示接受要约，都不是承诺，不能发生承诺的效力。

（2）承诺的内容应当与要约的内容一致。承诺的效力在于表明受要约人接受要约，愿意按照要约的内容与要约人订立合同，因此承诺的内容应当与要约的内容一致。但是《合同法》并未将承诺局限于与要约完全一致，而是作了变通规定。根据《合同法》第三十条、第三十一条的规定，受要约人对要约中有关合同标的、质量与数量、价款或者报酬、履行期限、地点和方式等实质性内容作了更改的，不能构成承诺，而是视为受要约人的新要约，或称反要约；受要约人对非实质性内容作出变更的，除要约人及时表示反对或者要约表明承诺不得对要约的内容作出任何变更的以外，该承诺是有效的。由此可见，承诺在一定情况下可以与要约不完全一致，但这种情况只限于对非实质性内容的变更，而且如果要约人对此及时表示反对，或者要约中已表明承诺不得对要约内容作出任何变更，则受要约人对要约的非实质性变更也不构成承诺。

（3）承诺必须在有效期限内到达要约人。如果要约规定了承诺的期限，则承诺必须在规定的期限内到达要约人才能发生法律效力。要约未规定承诺期限的，则对于对话方式作出的要约，除另有约定的以外，应当即时作出承诺；要约以非对话方式作出的，承诺应当在合理的期限内到达要约人。受要约人同意要约的意思表示未在有效期限内到达要约人的，不能发生承诺的效力，只能视为新要约。

2. 承诺的方式及生效时间

承诺的方式是指受要约人将其承诺的意思表示传达给要约人所采用的方式。承诺通常以通知的方式作出，包括书面通知和口头通知。要约对通知的方式有要求的，应当按照要约的要求予以通知。但是承诺的方式并不局限于通知的方式，在有些情况下，行为也可以成为承诺的意思表示方式。可以构成承诺的行为，通常指有相对固定关系的交易伙伴之间长期交往中建立了某种习惯做法，双方都认可，当一方发出要约后，另一方按照交易习惯作出相应的行为，即构成对要约的承诺。也可以是要约人在要约中已经表明，受要约人无需作出通知，直接以行为作出承诺即可。

承诺的生效时间是指承诺自何时发生效力。《合同法》规定，承诺以通知的方式作出的，承诺自通知到达要约人时生效；承诺不需要通知的，则根据交易习惯或者要约的要求作出承诺的行为时生效。应当明确的是，承诺到达要约人时生效，是指在规定的承诺期内到达要约人时生效，对于超过期限发出承诺的，一般情况下不发生承诺的效力，而被视为新要约。只有当要约人接到该迟发的承诺后及时通知受要约人承诺有效时，该承诺才有效。对于受要约人在承诺期限内发出承诺，但由于其他原因致使承诺迟到的，除要约人及时通知受要约人因承诺超过期限不接受该承诺的以外，该承诺有效。

3. 承诺的撤回

承诺撤回是指受要约人发出承诺通知以后，在承诺生效之前撤回其承诺，阻止承诺发生效力。由于承诺以到达要约人为生效条件，因此在此之前阻止其生效对要约人不会产生损害。但是，撤回承诺的通知必须在承诺到达要约人之前或者与承诺同时到达要约人，承诺才可以被撤回，否则不发生撤回承诺的效力。

四、格式条款

1. 格式条款的概念和特征

一般而言，合同应由当事人双方协商而成立，但是在现实经济交往中有许多合同并非是经协商而成立的，如不动产买卖、信贷等合同都是由一方当事人事先订好条款，另一方一般没有讨价还价的余地。这种由一方当事人预先拟订，在订立合同时未与对方协商的条款叫做格式条款。格式条款具有以下特征：

（1）格式条款是由单方事先拟订的。格式条款是在订约之前就由一方已经制定出来了，而不是在双方协商的基础上制定出来的。制定格式条款的一方往往在经济方面占有绝对优势，而相对人在订约中则居于附随地位，他们并不参与条款的制定，只能对格式条款制定者制定的格式条款概括地予以接受。

（2）格式条款具有重复性、不变性。重复性是指该条款在同类合同中多次重复使用，而不是为一次性使用制定的。不变性是指该格式条款已经定型，他人若与格式条款的提供者订立合同只能对其内容全部接受，不能讨价还价。

（3）格式条款只能是书面形式，以明示为原则。格式条款被制成标准合同，在订立合同时由一方向另一方出示。

格式条款有节省交易时间，提高交易效率等优点，但由于是占优势地位的一方单方面制定的，因而使合同自由、当事人平等、公平合理的原则受到一定的限制。因此，合同法为提供格式条款的当事人规定了三项义务：

第一，应当遵循公平原则确定当事人之间的权利和义务；

第二，应当以合理的方式提请对方注意那些免除或者限制格式条款提供者责任的条款，以便使对方在充分知情的情况下作出决定；

第三，在对方对某些条款不理解时，应当应其要求给予确定的解释。

格式条款具有合同法规定的无效合同的情形的，该格式条款无效。格式条款提供者在格式条款中免除自己的责任，加重对方的责任，排除对方主要权利的，该格式条款也是无效的。

2. 格式条款争议的解决

在格式条款的履行中，可能发生当事人双方对格式条款产生不同理解的情况，也可能产生格式条款与非格式条款不一致的情况。为了解决这一问题，《合同法》事先确定了特殊的解释规则。

首先，对格式条款的理解发生争议时，按照通常的理解解释，当有两种以上解释时，则采用不利于格式条款提供者的解释。“通常理解”是以一般人普遍的认知水平为参照的，而不是以专门人员的认知为准。对格式条款有两种以上解释的，《合同法》确立了不利于格式条款提供者的解释原则。这是因为格式条款的提供者占据主动和优势，往往容易将自己的意志强加于人，而采用不利于格式条款提供者的解释，则体现了公平的原理，平衡了双方的利益关系，有利于保护对方的合法权益。

其次，当某一内容既有格式条款又有非格式条款，并且二者规定不一致时，应当采用非格式条款。这是因为格式条款是由单方拟订的，未曾与对方协商，容易忽视对方的利益。而非格式条款是经双方协商成立的，更能体现双方的意志，保护双方的利益，因此，非格式条款优于格式条款适用。

第三节　合同的效力

一、合同成立与合同生效

合同成立与合同生效既有联系，又不能完全等同。合同成立是指当事人意思表示达到一致，是要约和承诺过程的完结，表明合同已经存在，其要件是订约当事人就合同主要条款达成合意。但是合同成立解决的只是当事人之间有没有合同存在的问题，体现的是一种事实状态，并不意味着成立的合同一定能产生法律约束力。而合同生效是指已经成立的合同产生法律约束力，其要件是合同符合法律规定的生效条件。合同效力的问题解决的是合同是否具有法律约束力的问题，属于法律上的价值判断。

合同的生效要件，在《合同法》中未具体规定，但是，合同作为一种民事法律行为，同样适用《民法通则》规定的民事法律行为的生效要件。《民法通则》第五十五条规定："民事法律行为应当具备下列条件：（一）行为人具有相应的民事行为能力；（二）意思表示真实；（三）不违反法律或者社会公共利益。"这一规定也是合同的一般生效要件，不符合法律规定要件的合同是无效的。同时，即使是合法的合同，在特殊情况下也不是一经成立即生效，例如附生效条件的合同，只有在所附条件成就时才开始生效。根据《合同法》第四十四条规定，依法成立的合同自成立时生效；法律、行政法规规定应当办理批准、登记等手续的，自批准、登记时生效。

二、附条件和附期限的合同

（一）附条件的合同

附条件的合同，是指当事人在订立合同时约定，将一定事实的发生作为合同生效或者失效的条件，当该事实发生时合同才生效或者失效。附条件合同中的"条件"，必须是在订立合同时尚未发生，而且是否能够发生并不确定的情况，已经发生的确定的事实则失去了以此作为约定的意义。同时，只有当事人自己约定的情况才可以作为合同所附的条件，如果合同是依据法律直接规定的情况而生效或者失效的，则不属于附条件的合同。

附条件的合同有以下两种。

1. 附生效条件的合同

附生效条件的合同是指以所附条件的成就决定发生效力的合同，即当当事人约定的特定事实已经发生时，合同才开始生效，当事人双方才需要履行合同规定的义务。在所附条件成就之前，合同虽然成立，但效力并不发生，当事人无需履行合同。

2. 附解除条件的合同

附解除条件的合同是指以所附条件的成就决定已经生效的合同失去效力的合同。解除条件的效力在于，在当事人约定的特定事实发生之前，合同已经生效，而该事实的发生则使合同的效力终止。

生效条件和解除条件由当事人根据自己的意志确定，但是条件是否成就必须是客观的。如果当事人为了自己的利益不正当地阻止条件成就的，视为条件已成就；不正当地促成条件成就的，视为条件不成就。

（二）附期限的合同

附期限的合同是指当事人在合同中指明一定的期限，把该期限的到来作为合同生效或者终止的依据。期限与条件的不同在于，期限是必然会到来的，不存在是否到来不确定的情况。附期限的合同有以下两种。

1. 附生效期限的合同

生效期限是决定合同效力开始发生的期限，该期限到来之前，合同效力并不发生，当事人无需履行合同。只有当约定的期限到来时，合同才开始生效，当事人才有履行合同的现实义务。

2. 附终止期限的合同

终止期限是决定合同效力终止的期限。在终止期限届满之前，合同的效力持续存在，当事人要按约定履行合同，当约定的期限届满时，合同权利义务终止。

三、效力待定的合同

效力待定的合同，是指已经成立的合同，因不符合其生效要件，其效力是否发生尚未确定，而有待于其他行为使之确定的合同。此类合同欠缺生效要件，但又非当然无效，而是既可能转变为有效合同，也可能转变为无效合同。究竟向哪一方转化，取决于承认权人的行为。根据《合同法》的规定，以下几类合同属于效力待定的合同。

1. 限制民事行为能力人订立的合同

限制民事行为能力人是指10周岁以上的未成年人和不能完全辨认自己行为的精神病人。限制民事行为能力人只能进行与其年龄、智力、精神健康状况相适应的民事行为，其他民事活动须经其法定代理人同意，或者由其法定代理人代理进行。限制民事行为能力人订立与其年龄、智力、精神健康状况不相适应的合同，如果未事先征得其法定代理人同意，则该合同是否发生效力取决于法定代理人是否在事后予以追认。法定代理人追认的，该合同有效，当事人应予履行；法定代理人不予追认的，则合同不发生效力，合同不应履行。但是，如果限制民事行为能力人订立的是纯获利益的合同，如接受奖励、赠与、报酬等，因其不会为限制行为能力人带来负担和损害，因而无需其法定代理人追认即可生效。

与限制行为能力人订立合同的相对人，在得知对方是限制行为能力人后，可以行使催告权，催告其法定代理人在一个月内予以追认。法定代理人给予追认的，该合同即可发生效力。需注意的是，法定代理人在催告期内未作表示的，视为拒绝追认，而非默认追认。

在合同被追认之前，善意的相对人享有撤销该合同的权利，以通知的方式宣布撤销合同，使其不生效。善意的相对人是指不知对方为限制行为能力人而与其订立合同的相对人。明知对方为限制行为能力人而仍与其订立合同的相对人，不享有撤销权。

2. 无权代理订立的合同

无权代理订立合同，既包括行为人未被授予代理权而以他人名义订立合同，也包括超越代理权限和代理权终止后的代理行为。无权代理订立的合同能否发生法律效力，取决于被代理人是否予以追认。因为无权代理对被代理人来说未必都是不利的，因此，当被代理人认为无权代理行为人订立的合同对自己有利而乐于接受时，其事后的追认导致无权代理订立的合同产生有权代理的效力，被代理人承担履行合同的义务。当被代理人对该合同不追认时，合同即不发生效力，其后果由无权代理行为人自负。

对无权代理订立的合同，法律也赋予相对人以催告权和撤销权。相对人有权催告被代理人在一个月内予以追认。被代理人应明确作出予以追认或者不予追认的答复。但若被代理人在催告期内未作表示的，则视为拒绝追认。同时，善意的相对人还有权撤销该合同，但其撤销权的行使应当在被代理人作出追认之前。

3. 无处分权人处分他人财产的合同

对财产的处分，如将财产转让、赠与、在其上设定抵押等，只能由享有处分权的人行使。无处分权人处分他人财产的，则构成对他人财产的侵害。无处分权人处分他人财产的合同，是以无处分权人自己的名义订立的，这就使该类合同区别于无代理权而以他人名义订立的无权代理的合同。无处分权人处分他人财产的合同，在下列两种情形下可以转化为有效的合同：

（1）经权利人追认而有效。有处分权人对该合同予以追认，等于在事后为无处分权人补授了代替其处分财产的权利，因此，该合同产生溯及既往有效的效力。

（2）因无处分权人事后取得处分权而有效。无处分权人事后取得处分权，是指无处分权人在处分他人财产后，通过权利人追认以外的途径取得处分权，例如权利人事后与无处分权人达成将该财产转让给无处分权人的协议，这样原无处分权人就成为该财产的新所有人，从而具有处分权，该合同即可发生效力。

四、无效合同

（一）无效合同的概念

无效合同是指虽经当事人协商订立，但由于存在法定的无效事由而自始不具有法律约束力的合同。无效合同是因其具有违法性而无效，无效的原因是由《合同法》直接规定的。由于无效合同具有违法性，因此对此类合同实行国家干预，即法院和仲裁机构可以主动审查合同是否具有无效的因素，如果发现合同具有法律规定的无效情形，则不待当事人请求，即可主动做出合同无效的确认，当事人不得履行。也就是说，合同的无效并非基于当事人的主张，只要存在法定的无效情形，合同即为法律上的当然无效，这是无效合同与可撤销合同的本质区别。

（二）无效合同的种类

根据《合同法》第五十二条的规定，无效合同主要有以下几种类型。

1. 一方以欺诈、胁迫的手段订立的损害国家利益的合同

以欺诈手段订立合同，是指一方故意告知对方虚假情况，或者故意隐瞒真实情况，诱使对方当事人作出错误意思表示而同意与之订立合同。实践中欺诈的方式很多，如提供虚假的质量证明、产地证明等，其目的都是以此骗取对方信任而购买其假冒伪劣产品。构成欺诈的要素包括：

（1）欺诈方在主观上具有欺诈的故意。欺诈方在主观上出于故意是认定欺诈的

主要条件，即欺诈方明知自己告知对方的情况是虚假的而且会使被欺诈人陷入错误认识，而希望或者放任这种结果的发生。

（2）欺诈方客观上实施了告知对方虚假情况或者隐瞒真实情况的欺诈行为。故意向对方告知虚假情况或者故意隐瞒真实情况是欺诈行为的主要表现。前者主要指虚伪陈述，例如将非真皮产品说成真皮产品，后者主要指行为人有义务向对方如实告知某种情况而故意不告知，例如故意隐瞒产品的瑕疵。

（3）被欺诈方因受欺诈陷于错误认识而同意订立合同。这是指欺诈者的虚假陈述使对方产生了错误的认识，对方是基于错误的认识而作出了同意缔约的意思表示，即欺诈者的欺诈行为与被欺诈者的错误意思表示有着直接的因果关系。

以胁迫手段订立合同，是指一方当事人以将来要发生的损害或者以直接施加损害相要挟，迫使对方同意与之订立合同。认定胁迫注意的要件是：胁迫人主观上是出于故意，其胁迫的手段包括以给对方的经营造成损害相威胁、以给对方的名誉造成损害相威胁，或者直接对其施加暴力等，被胁迫人是出于恐惧而违心地作出同意与胁迫者订立合同的表示。

以欺诈、胁迫的手段订立合同，违反了订立合同应当平等互利、协商一致的基本原则。根据《合同法》的规定，以欺诈、胁迫手段订立的合同，如果损害了国家利益，从法律上即认定其当然无效。

2. 恶意串通，损害国家、集体或者第三人利益的合同

恶意串通是指当事人为谋取不正当利益而合谋订立损害国家、集体或者第三人的合同。恶意串通具有如下特征：

（1）当事人双方都具有恶意。恶意的本质在于通过损害他人利益为自己谋取非法利益。所谓恶意串通，就是双方对这种后果都是明知而故意追求。如果一方不知或者不应知其行为的后果，则不构成恶意串通。

（2）有互相串通的行为，即双方共同实施了损害国家、集体或者第三人利益的行为。

3. 以合法形式掩盖非法目的的合同

此种情形是通过实施表面上合法的行为将其非法目的掩盖起来。在这种合同中，当事人在形式上所达成的协议并不是其真实意图，而只是掩盖其非法目的的手段。例如，为掩盖非法借贷资金的目的而假装订立形式上合法的联营合同，其内容当事人并不打算履行，只是作为非法借贷的掩护。对此类合同的认定，关键是要掌握其真正的目的。

4. 损害社会公共利益的合同

社会公共利益包括社会生活的政治基础、社会秩序、道德准则和生活习惯等内容。违反公序良俗、公共秩序的合同无效，这是各国立法通行的原则。合同法规定的无效合同的情形，实际上都具有直接或者间接损害社会公共利益的属性，但是在实际认定时，一些损害公共利益的合同如果符合某一具体的无效事由，则应以该具体的无效事由认定，而不是以损害公共利益认定，只有无法归于其他具体事由，但

又确实有损社会公共利益的，才归于此类。

5. 违反法律、行政法规的强制性规定的合同

法律指由全国人大及其常委会通过立法程序制定的规范性文件，行政法规是指由国务院制定颁布的规范性文件。法律法规中的规定有的是任意性规定，有的则是强制性规定。任意性规定允许当事人选择适用，而强制性规定排斥了当事人的自由意志，不允许当事人协议改变。因此，违反法律、法规的强制性规定的合同必然是无效的。

五、可变更或可撤销的合同

可变更或可撤销的合同是指存在着法律规定的可以变更或者撤销的情形，可以由当事人行使权利变更或者撤销的合同。

（一）可变更或可撤销合同的种类

根据《合同法》第五十四条的规定，对于下列合同，当事人一方有权请求人民法院或者仲裁机构变更或者撤销。

1. 因重大误解订立的合同

误解是行为人由于自己的原因对某些情况发生错误的认识。误解既可以是单方面的误解，也可以是双方的误解。要注意将误解与受欺诈陷于错误认识区别开来，误解是在没有对方欺诈的情况下，由于误解方自己的过失造成的误认。

《合同法》将影响合同效力的误解限定在“重大误解”的范围内。所谓重大误解是指误解人在作出意思表示时，对涉及合同法律效力的重大事项存在认识上的显著缺陷。根据最高人民法院的司法解释，行为人因对行为的性质、对方当事人、标的物的品种、质量、规格和数量等的错误认识，使行为的后果与自己的意思相悖，并造成较大损失的，即属于重大误解，当事人可以此为由请求变更或者撤销合同。

2. 显失公平的合同

显失公平的合同，是指一方当事人利用其优势，或者利用对方没有经验而订立的对对方明显有重大不利的合同。此类合同是一方当事人在订立合同之时即积极追求不公平的合同后果，其手段一般是利用自己的优势而使对方接受对其明显不利的条款，或者利用对方缺乏经验，故意隐瞒对其不利的情况，或者抬高价格等。此类合同双方的权利义务极不对等，利益极不平衡，违反了平等、等价、公平的原则，因此，当事人有权要求予以变更或者撤销。

3. 一方以欺诈、胁迫的手段或者乘人之危，使对方在违背真实意思的情况下订立的合同

根据《合同法》的规定，以欺诈、胁迫手段订立的合同分为两类：一类是损害国家利益的，属于当然无效的合同；另一类是并未损害国家利益，仅损害当事人个体或者第三人利益的合同，对此可由当事人自主决定其效力，只在当事人要求变更或者撤销时，法院或者仲裁机构才可能决定予以变更或者撤销。

乘人之危订立合同，是指一方当事人利用对方的危难处境或者急迫需要，迫使

对方接受明显不公平的条件，在违背真实意思的情况下同意订立合同。乘人之危订立的合同往往是显失公平的，但与前述显失公平的合同的区别在于，在乘人之危订立的合同中，一方当事人是利用对方急于摆脱危难处境或者满足急迫需要的心理，使其被迫接受不公平的条款，对方在订立合同时对其不公平性已经知道；而在显失公平的合同中，受害的一方在订立合同时并不知情，例如因不了解行情而接受了过高的价格。

（二）撤销权的行使与消灭

当合同存在上述情形时，受害的一方当事人可以通过行使法律赋予的撤销权而使合同归于无效。行使撤销权为单方法律行为，无需经对方同意。

关于撤销权的行使，《合同法》规定，撤销权人应在法定期限内向法院或者仲裁机构提出请求，由法院或者仲裁机构决定其变更和撤销，直接向对方表示变更或者撤销的意思，不发生行使撤销权的效力。

在以下两种情形下，撤销权人的撤销权消灭。

1. 撤销权的期限届满而未行使撤销权

具有撤销权的当事人行使撤销权的期限为一年，自其知道或者应当知道撤销事由之日起计算。该期限届满而撤销权人未行使撤销权的，撤销权消灭。

2. 撤销权人放弃撤销权

撤销权作为民事权利可依权利人的意思而放弃。放弃撤销权的方式有两种：一是以明示的方式表示放弃；二是以自己的行为表明放弃，例如当事人已经知道具有撤销事由却还积极履行该合同，则依其行为推定为放弃了撤销权。

撤销权消灭后，合同因未被撤销而继续有效，其内容对当事人具有约束力。如若此时一方当事人有不再履行合同的愿望，只能通过与对方协商解除合同的方式解决，而此种情况下已不再是单方面行使撤销权了，而是要经双方协商同意，属于双方法律行为。

六、合同被确认无效与被撤销的法律后果

合同被确认无效或者被撤销后，其法律效力终止，不能再履行。合同被确认无效或者被撤销的效力主要表现为：

1. 合同自始没有法律约束力

从确认合同无效或者宣布撤销合同的法律效力来说，合同被确认无效或者被撤销的法律效力溯及既往，即虽然确认合同无效或者撤销合同可以发生在履行过程中，但确认无效或者撤销合同的效力溯及至合同成立之时，也就是合同自成立之时就没有法律约束力，而不是从确认合同无效和撤销合同之时起无效。在合同部分内容无效的情况下，如果无效部分不影响合同的其他部分，则其他部分可以仍然有效。

合同中解决争议的条款通常具有相对的独立性，在合同被确认无效或者被撤销后，该条款并不因此而失效，可以作为解决当事人争议的有效约定条款。

2. 当事人承担返还财产、赔偿损失等民事责任

合同被确认无效或者被撤销后，虽然不能产生当事人订立合同时所预期的法律后果，但不是不产生任何法律后果。被确认无效或者被撤销的合同如果已经履行的，由于其自始没有约束力，便产生对已经履行的合同承担返还财产、赔偿损失等民事责任。

《合同法》第五十八条规定："合同无效或者被撤销后，因该合同取得的财产，应当予以返还；不能返还或者没有必要返还的，应当折价补偿。"由于无效合同和被撤销的合同自始无效，因此已经做出的履行是没有效力的，应当恢复为未履行时的状态。返还财产就是一种恢复原状的措施。所谓返还财产，是指在合同被确认无效或者被撤销后，当事人负有将根据该合同从对方取得的财产返还给对方的义务，其目的旨在使财产关系恢复到合同订立前的状态。返还财产的对象仅限于原物及原物所产生的孳息，如果原物已经毁损、灭失或者因法律上的原因使返还财产在客观上已不可能，则应当折合成货币予以返还。

合同被确认无效或者被撤销后，也将产生损害赔偿的责任。构成损害赔偿责任的要件主要有：首先，必须有损害事实的存在，即要求损害赔偿的当事人确因合同无效或者被撤销而遭受了损失；其次，赔偿义务人具有过错，如采取了欺诈手段或者乘人之危等；再次，一方或者双方的过错与对方的损失之间具有因果关系，即确实是由于一方的过错造成了合同被确认无效或者被撤销，从而导致对方的损失。如果不存在因果关系，即使一方具有过错，也无赔偿对方损失的责任。

此外，对于当事人恶意串通，损害国家、集体或者第三人利益的合同，还发生追缴财产的法律后果，即将当事人通过恶意串通损害国家、集体或者第三人利益而取得的财产收归国家所有，或者返还给受损害的集体、第三人，以此作为对违法当事人的惩戒。

第四节　合同的履行

合同履行是合同当事人为了实现订立合同的目的而作出合同约定的行为，即按照合同约定的内容全面地完成各自所承担的义务。当事人履行合同应当遵守实际履行、全面履行、协作履行的原则。

一、合同内容约定不明确的履行依据

虽然不同种类的合同具有不同的内容，但是一般都要包括标的、数量和质量、履行期限、地点和方式、价款或报酬等内容。当事人应当在合同中对这些内容予以明确的约定，以使当事人能够明确自己的义务，按照约定履行合同。

根据《合同法》第六十一条、第六十二条的规定，合同生效后，当事人就质量、价格或者报酬、履行期限、地点和方式等内容没有约定或者约定不明确的，首先可以通过补充协议对合同未明确的内容进一步明确，该补充协议构成合同的组成

部分。如果补充协议仍不能确定的，则适用法律的直接规定履行，即用法律的直接规定填补合同中的漏洞。这些规定如下：

（1）质量要求不明确的，按照国家标准、行业标准履行；没有国家标准、行业标准的，按照通常标准或者符合合同目的的特定标准履行。

（2）价款或者报酬不明确的，按照订立合同时履行地的市场价格履行；依法应当执行政府定价或者政府指导价的，按照规定执行。

（3）履行地点不明确的，给付货币的，在接受货币的一方所在地履行；交付不动产的，在不动产所在地履行；其他标的，在履行义务一方所在地履行。

（4）履行期限不明确的，债务人可以随时履行，债权人可以随时要求履行，但应给对方必要的准备时间。

（5）履行方式不明确的，按照有利于实现合同目的的方式履行。

（6）履行的负担不明确的，由履行义务的一方负担。

以上规定涉及的都是合同的重要内容，有了这些规定，使得在当事人对相关内容没有约定或者约定不明确时有了直接适用的依据，这有利于减少争议，及时解决纠纷。

二、涉及第三人的履行

合同履行中涉及第三人的情况有两种，一是由债务人向第三人履行，二是由第三人向债权人履行。

1．由债务人向第三人履行

通常情况下，合同履行只发生在当事人之间，即债务人向债权人履行，债权人接受履行。但是当事人也可以约定，由债务人向合同以外的第三人履行债务，替代向债权人的履行。

在经约定债务人向第三人履行的情况下，第三人有权要求债务人向其履行债务，第三人的履行请求等同于债权人的履行请求，债务人不应拒绝。当债务人按照约定向第三人履行了债务后，就产生与债权人之间的债务消灭的法律后果，债权人无权再要求债务人履行。债务人因向第三人履行比向债权人履行增加的费用，应由债权人承担。

应当注意的是，第三人只是根据合同当事人的约定接受履行，其本身并未成为合同当事人。因此，当债务人未向第三人履行或者履行不符合约定时，第三人无权要求债务人向其承担违约责任，债务人的违约责任应当向债权人承担。

2．由第三人向债权人履行

当事人可以约定，由合同当事人之外的第三人代替债务人履行合同债务。在此种情况下，第三人虽然不是合同当事人，但却是履行合同的主体。第三人代替债务人向债权人履行了合同的，产生债务人的债务消灭的法律后果。但是，法律规定或者合同约定必须由当事人亲自履行的义务，不得由第三人代为履行。

第三人由于并未成为当事人，因而不具备承担违约责任的资格。当第三人未按照当事人的约定向债权人履行债务，或者履行债务不符合约定时，应当由债务人向债权人承担违约责任，而不是由第三人承担违约责任。

三、合同履行中的抗辩权

抗辩权是对抗他人请求权的权利。合同履行中的抗辩权，是在双务合同中，当事人一方在对方未履行或者不能保证履行时，可以自己不履行的保留性权利。抗辩权是《合同法》为确保双务合同履行而特别设立的法律制度，在合同履行中对于保障当事人的合法权益具有重要意义。

1. 同时履行抗辩权

《合同法》规定，当事人互负债务而未约定先后履行顺序的，应当同时履行，一方在对方履行之前，有权拒绝其履行请求，这便是同时履行抗辩权。适用同时履行抗辩权应当符合下列条件：

（1）双方当事人因同一合同互负债务。这里强调的是，双方互负的债务必须是基于同一个双务合同而产生的，双方所负的债务存在着对价关系。如果双方之间存在着不同的合同，例如既有买卖合同，又有租赁合同，此时若甲方未履行向乙方给付货款的义务，乙方则以此为由拒绝向甲方给付租金并不成立同时履行抗辩权。

（2）双方互负的债务没有履行顺序的约定且均已届清偿期。如果合同对双方履行债务约定了先后顺序，则当事人应按约定的顺序履行，负有先履行义务的一方应当先履行义务，不存在同时履行的问题，因而不产生同时履行抗辩权。只有在没有履行顺序约定的情况下，当事人才应当同时履行，此时一方当事人在对方未履行时有拒绝履行自己义务的权利。

适用同时履行抗辩权旨在使双方所负的债务同时履行，以同时实现债权，因此，只有双方互负的债务均已届清偿期，当事人才有履行合同的现实义务，只有这时，才产生同时履行抗辩权。

（3）对方当事人未履行债务或未按约定履行债务。在没有约定先后履行顺序的双务合同中，一方当事人援用同时履行抗辩权对抗对方的履行要求，必须是在对方本身没有履行义务的情况下。如果对方已经履行了债务，则被请求方不能主张行使同时履行抗辩权。

2. 后履行抗辩权

对于约定了先后履行顺序的双务合同，应当按照约定的顺序履行，即承担先履行义务的一方履行了义务之后，承担后履行义务的一方才履行。在先履行一方未按照约定履行义务的情况下，后履行一方在自己的履行期届至时，有权拒绝对方的履行请求，这是后履行的一方享有的抗辩权。由于先履行一方已经违约在先，因此，后履行一方享有的抗辩权实际上是对对方违约的抗辩，也可称为违约救济权。

3. 不安抗辩权

对于承担先履行义务的一方，法律也为其设定了维护其利益的抗辩权，即不安抗辩权。不安抗辩权是指，负有先履行义务的当事人，在履行之前有充分的证据证明，对方有在未来不履行或者无力履行合同的可能时，可以暂时中止自己的履行，待对方在合理期限内提供适当的担保时再恢复履行。若对方未在合理期限内提供担保，则中止履行的当事人有权解除合同。不安抗辩权的适用条件主要有：

(1) 当事人一方负有先履行合同债务的义务，而且该债务已届履行期。不安抗辩权是在双方于同一合同中互负债务，且有先后履行顺序的情况下，由依约应当先履行的一方享有的中止履行的权利。若无履行顺序的约定，只可能产生同时履行抗辩权。同时，当事人的履行义务只在履行期届至时才实际地发生，因此，承担先履行义务的当事人只有在履行期届至而得知对方将不能履行合同时才有必要援用不安抗辩权而中止履行。

(2) 先履行一方有确切的证据证明后履行一方有丧失或者可能丧失履行能力的情形。对于先履行的一方当事人来说，由于其履行在先，经常会处于不利的地位，一旦对方不履行，则其利益就会受到损失。因此，《合同法》规定，当先履行的一方有确切的证据证明对方有不能履行合同的情况时可以中止自己的履行。这些情形包括：

①经营状况严重恶化；

②转移财产、抽逃资金，以逃避债务；

③严重丧失商业信誉；

④有丧失或者可能丧失履行能力的其他情形。

上述情形，必须有确切的证据予以证明，先履行一方才产生不安抗辩权，有权中止自己的履行。如果没有确切的证据而中止履行合同的，中止履行的一方应当承担违约责任。

不安抗辩权的主要效力在于，抗辩权人中止履行合同而不发生违约责任。但是，行使不安抗辩权的当事人，负有及时通知对方的义务，同时有权要求其提供适当担保。对方提供了适当担保的，中止履行的一方应当恢复履行。对方在合理期限内未恢复履行能力也未提供担保的，中止履行的当事人有权解除合同。

四、合同履行中的代位权和撤销权

1. 代位权

代位权是指因债务人怠于行使其到期债权，对债权人造成损害时，债权人可以向人民法院请求以自己的名义代位行使债务人的债权的权利。行使代位权应具备以下条件：

(1) 债务人对第三人享有合法的债权。代位权的标的是债务人对第三人的债权，即债权人以自己的名义行使债务人的债权，因此，如果债务人没有对第三人的债权，代位权也就无从产生。同时，债务人对第三人的债权必须是合法有效的。

(2) 债务人怠于行使其到期债权。这里包含两层含义：一是债权人行使代位权只能针对债务人对第三人的已经到期的债权，对于尚未到期的债务人的债权，债权人无权代位行使；二是只有在债务人怠于行使其债权的情况下，债权人才可以代位行使。怠于行使债权，是指债务人在应当行使而且能够行使其债权的情况下而不行使，例如在自己的债务人被申请破产时不及时申报破产债权，致使不能得到破产清偿，或者债权已到期而不要求对方履行。

（3）债务人怠于行使对第三人的债权对债权人造成了损害。只有在债务人不行使自己的到期债权，致使应增加的财产未增加，从而使其不能向债权人履行债务，给债权人造成了损害时，债权人才有行使代位权的必要。

（4）债务人的债权不是专属于债务人自身的债权。根据《合同法》的规定，债权人可以代位行使的权利必须是非专属于债务人自身的债权，债务人享有的基于扶养关系、抚养关系、赡养关系、继承关系而产生的给付请求权和劳动报酬、退休金、养老金、抚恤金、安置费、人寿保险、人身伤害赔偿请求权等权利是专属于债务人自身的债权，他人不得代位行使。

代位权的行使，需由债权人向人民法院提出请求，债权人不经人民法院而径自要求次债务人履行的，不成立代位权。在行使代位权的范围上，债权人行使代位权只能以自己对债务人享有的债权为限度，对超出自身债权范围的债务人的债权，债权人无权代位行使。因行使代位权而产生的费用，由债务人负担。

2. 撤销权

撤销权，是指债权人对于债务人所为的危害债权的行为，请求人民法院予以撤销的权利。设立撤销权的目的，是为了保全债权人的债权，防止债务人滥用财产处分权而使财产减少，以致损害债权人的利益。

债权人可请求人民法院给予撤销的债务人的行为包括：放弃到期债权、无偿转让财产和以不合理的低价转让财产等。债务人实施上述行为的结果是导致其财产减少，如果因财产减少而使履行债务能力降低，从而影响到向债权人履行债务，则债权人有权请求人民法院确认债务人的上述行为无效，以保证债权人的债权能够实现。债务人的上述行为被撤销的，该行为自始无效。

债权人行使撤销权的目的是实现自己的债权，因此，撤销权的行使范围以其自身的债权为限，并非包括债务人所处分财产的全部范围。债权人行使撤销权的必要费用，由债务人负担。

债权人行使撤销权必须在法定的期限内，超过期限的则撤销权消灭。撤销权的行使期限有两种情况：一种情况是，债权人知道或者应当知道撤销事由的，应在知道或者应当知道撤销事由之日起一年内行使，超过期限的，撤销权消灭；另一种情况是，自债务人行为发生之日起五年内债权人未行使撤销权的，撤销权也消灭。

第五节 合同的变更和转让

一、合同变更

合同变更，是指在合同尚未履行或者尚未全部履行时，经双方协商同意，对原合同条款进行修改或者补充。合同变更的条件主要有：

1. 原已存在合同关系

合同的变更是建立在已存在的合同关系基础之上的，没有原合同关系，便没有变更的对象。如果已成立的合同被确认无效，可撤销的合同被撤销，以及效力待定的合同被拒绝追认，则合同均为无效。在这些情况下，不存在合同变更的问题。

2. 合同变更须依当事人协商或者法律规定

合同是双方意思表示一致的结果，同理，变更合同也应当按照平等互利、协商一致的原则进行。对于法律法规规定变更合同应当办理批准、登记手续的，在办理相应的手续后，合同变更才生效。

合同变更并不导致合同权利义务的终止，因此，当事人对变更后的合同内容应当明确约定，以便按照变更后的内容履行。如果对变更的内容约定不明确，则推定为未变更，原合同内容仍然有效，当事人按原合同履行不属于违约。

二、合同转让

合同转让，是指在不改变合同内容的情况下，将合同权利或者义务转让给第三人，或者将权利义务一并转让给第三人，由受让人承担合同权利义务。

1. 合同权利的转让

合同权利转让是指债权人将其合同权利部分或者全部转让给第三人的行为。将合同权利转让给第三人的债权人为让与人，接受转让的第三人为受让人。合同权利转让应具备以下条件：

（1）须有有效的合同权利存在。对于不存在或者无效以及已经消灭的合同债权，其转让是无效的。因此给受让人造成损失的，让与人应承担责任。

（2）让与人与受让人应达成转让协议。转让协议是债权转让的法律依据，双方应本着自愿、意思表示真实的原则达成协议。以欺诈、胁迫或者乘人之危订立的转让协议是无效的。

（3）转让的债权必须是依法可以转让的。对于存在禁止转让情形的债权，其转让协议无效。禁止转让的权利有：第一，根据合同性质不得转让的权利，如根据个人信任关系而发生的债权。第二，按照当事人的约定不得转让的权利。任何一方违反约定转让合同权利，将构成违约。第三，法律规定不得转让的权利。

（4）转让协议应通知债务人。根据《合同法》的规定，债权人转让合同中的权利无需经过债务人的同意，这是因为权利的转让对债务人履行债务并无影响。但是债权人应将权利转让的情况通知债务人，未经向债务人通知的，该转让对债务人不发生效力。

合同权利转让时，依附于该权利的从权利，如抵押权、留置权等也随之转移。合同权利转让后，债务人应向受让人履行义务。同时，债务人对让与人享有抗辩权的，其抗辩权也转为向受让人主张。债务人对让与人享有到期债权的，可以向受让人主张抵销。

2. 合同义务的转移

合同义务转移，是指债务人将其合同义务部分或者全部转移给第三人的行为。合同义务全部转移的，接受转移的第三人成为新的债务人，承担原债务人的义务。在合同义务部分转移的情况下，接受义务转移的第三人就转移的义务与债务人共同承担向债权人履行合同的义务。

转移合同义务应当符合下列条件：

(1) 须有有效的合同义务存在。未生效的合同、被确认无效的合同，以及被撤销的合同，因其没有有效的义务存在，故其转让是无效的。

(2) 转移的义务具有可转移性。根据合同性质不得转让的义务、当事人约定或者法律规定不得转让的义务即不具有可转让性，若将其转让是无效的。

(3) 债务人转移合同义务须经债权人同意。由于接受转移的第三人是否具备相应的履行债务的能力直接关系到债权人的利益，因此，与权利的转让无需经债务人同意不同，债务人转移合同义务时必须经过债权人的同意，否则其转移债务的行为无效。

债务人将合同义务转移给新债务人后，新债务人不仅承担了原债务人的主债务，而且一并承担与主债务有关的从债务。同时，原债务人对债权人享有的抗辩权，也转由新债务人向债权人主张。

3. 合同权利义务一并转让

合同权利义务一并转让也称概括转让，是指一方当事人将其合同权利和义务一并转让给第三人，由第三人概括继受这些权利和义务。

概括转让既包括权利的转让，又包括义务的转移，因此，其转让应当同时符合上述转让权利和转移义务的条件，权利转让与义务转移的效力同样适用于权利与义务一并转让的情形。

第六节　合同权利义务的终止

合同权利义务终止，是指当事人双方终止合同关系，合同确立的权利义务关系消灭。合同权利义务终止基于一定的法律事实而发生。合同法规定了以下几种情形可以发生合同终止的效力。

一、因债务履行而终止

合同履行即清偿债务的行为。双方当事人都按照约定将自己承担的合同义务付诸实施，使双方的利益全部得到实现，合同的目的达到，则合同关系自然归于消灭。合同因履行而终止是最正常、最理想的终止方式。

二、因解除合同而终止

合同解除是指在合同尚未履行或者尚未全部履行时，因当事人一方行使解除权或者双方协议而提前终止合同。合同解除的前提是合同为有效合同，无效合同自始没有法律效力，不存在解除的问题。合同解除是消灭合同关系的法律行为，在具备解除合同条件的情况下，通过当事人实施解除合同的行为达到解除合同的目的。合同的解除根据其方式不同，可以分为协议解除和法定解除两大类。

1. 协议解除

协议解除是当事人通过协商达成协议解除合同的方式。协议解除包括两种情况：一是在订立合同时约定一方解除合同的条件，当该条件成就时解除权人行使解除权；二是订立合同时没有约定，事后经协商而解除。

《合同法》第九十四条规定，当事人在订立合同时可以约定解除权，即约定单方解除合同的条件。合同生效后，当约定的解除合同的情况发生时，则可以依照约定单方面行使解除权解除合同，而不必再行协商。以此种方式解除合同，虽然在解除时是单方行使权利，但其解除权是经双方事先协商确定的，因此可以看做是一种特殊的协议解除。

经当事人协商一致解除合同，是在无事先约定解除权的情况下，当发生某些情况变化影响到合同的履行时，任何一方都有权向对方发出解除合同的建议，经双方协商达成解除合同的协议而使双方权利义务终止。在不存在单方解除权的情况下，必须经双方达成协议才能发生解除合同的效力。

2. 法定解除

法定解除是法律直接规定当事人可以解除合同的情况，当发生这些情况时，当事人一方行使依法产生的解除权而使合同效力消灭。

解除合同的法定情形有：

（1）因不可抗力致使不能实现合同目的。不可抗力是指人们不能预见、不能避免并且不能克服的客观情况，主要包括严重的自然灾害、社会异常事件等。当发生不可抗力致使合同无法履行，因而合同目的无法实现时，则可以解除合同。在因不可抗力致使不能实现合同目的而解除的情况下，当事人双方都享有解除权。

（2）履行期限届满之前，当事人一方明确表示或者以行为表明不履行主要债务。在履行期限届至之前，当事人还不具有履行合同的现实义务，但此时当事人一方就明确表示或者以行为表明自己将不履行主要债务，这种情况属于先期违约。由于先期违约一方已表示将不履行合同，因此合同目的实际上已不能实现，为了保护对方当事人的合法权益，对方当事人有权在履行期限届满之前行使权利解除合同，先期违约方可不再履行合同，但是应当承担违约责任。

（3）当事人一方迟延履行主要债务，经催告后在合理期限内仍未履行。迟延履行指当事人一方未在合同规定的履行期限内履行合同债务。主要债务指合同中约定的对当事人影响较大的债务。当事人一方到期未履行合同时，另一方可以进行催告，并给予一定的延缓履行的期限，在该期限内如能够履行，合同可继续有效。如果违约方经对方给予合理的延缓履行期限仍然不履行主要债务，则另一方有权解除合同。

（4）当事人一方迟延履行债务，或者有其他违约行为致使不能实现合同目的。有些合同的履行期限对当事人实现合同目的有重大影响，例如季节性、时间性很强的供货合同。如果因一方履行迟延而使对方不能实现原有的利益目标，合同再履行已无实际意义，则对方当事人即享有解除合同的权利，可以不经催告而通知迟延履行的一方解除合同。

（5）法律规定的其他情形。这主要指除上述几种情形之外的，合同法及其他法律法规所规定的允许解除合同的情形。

3. 解除权的行使与解除的效力

当事人行使解除权解除合同，属于单方行为，无需经对方同意，只需通知对方，合同自通知到达对方时解除。对方如果对此有异议，可以请求法院或者仲裁机构确认解除合同的效力。

同时，行使解除权还要注意其行使期限。如果法律规定或者当事人约定了解除权的行使期限的，必须在此期限内行使解除权才发生单方解除的效力。在法律没有规定或者当事人没有约定解除权行使期限情况下，经对方催告在合理的期限内不行使权利的，解除权也消灭。

无论是协议解除，还是法定解除，都发生合同关系终止的效力。首先，尚未履行的部分不再履行；其次，解除之前已经履行的部分，根据履行情况和合同性质，当事人有权要求恢复原状，或者采取其他补救措施。恢复原状是指恢复到合同订立前的状态，主要适用于财产给付的合同，通过返还财产的方式恢复原状；再次，确因一方过错致使合同解除而给对方造成损害的，受损害的当事人有权要求过错方赔偿损失。

三、因债务相互抵销而终止

抵销指当事人双方互相负有给付义务时，按照法律规定或者当事人的约定而将两项义务相互冲抵，在冲抵的范围内债务消灭。通过抵销的方式可以省去当事人双方在给付上的交换，降低交易成本。抵销根据其产生的依据不同，可以分为法定抵销和协议抵销两类。

1. 法定抵销

法定抵销是基于法律规定的抵销条件出现而进行的抵销。法定抵销应符合下列条件：

（1）双方当事人互负到期债务。双方互负债务就是双方都承担向对方给付的义务，而抵销就使双方都不必再向对方履行给付而产生与履行给付相同的后果。同时，双方互负的债务必须是都已到履行期，即都产生了向对方履行的现实义务，此时才可以当然抵销。任何一方的债务未到履行期，另一方都不得强令其抵销。

（2）标的物的种类、品质相同。两项债务的标的物种类、品质相同，就是两项债务的性质具有同一性，能够产生相同的效用，因此不必非要相互实际履行。实践中，适宜抵销的以货币、种类物居多。

（3）债务的性质或者法律规定可以抵销。凡法律规定或者根据合同性质不得抵销的债务，不得以抵销的方式代替债务的履行。

在具备了法定抵销条件的情况下，任何一方都可以主张抵销权，由单方意思表示实现抵销而不必经对方同意。当事人主张抵销的，应当通知对方，通知自到达对方时生效。此外，抵销的通知不得附期限和附条件，因为附有条件或者期限就使抵销的效力变得不确定，与抵销的意图相悖，并且有害于他人的利益。

2. 协议抵销

协议抵销是基于双方的协议而达到抵销的后果。协议抵销当然也必须具备双方互负债务的基本条件，然而当事人一方可以在债务未到履行期或者双方标的物种类、品质不相同的情况下提出抵销的建议，经双方协商一致即可产生抵销债务的效力。协议抵销与法定抵销的区别在于，它是双方法律行为，以双方协商同意为要件。

四、因债务人将标的物提存而终止

提存是债务人在因债权人的原因致使其无法履行债务的情况下，通过一定程序，将标的物提交特定部门，从而产生与向债权人交付相同的效果。

债务的履行是通过债权人的受领而实现的，无债权人的受领则无法实现债务的履行。设立提存制度，可以及时解除债务人的履行负担，通过提存机关这个中介，及时消灭当事人之间的债权债务关系。提存不能任意采用，只有具备法律规定的可以适用提存的特定条件，债务人才可以采用提存的方式清偿债务，否则即应当直接向债权人履行。

根据《合同法》的规定，可以适用提存的情形有以下几种：

（1）债权人无正当理由拒绝受领标的物。在债务人的履行不适当的情况下，债权人拒绝受领是正当的，此时，债务人不得提存。如果债务人的履行是符合合同约定或法律规定的，则债权人应当及时受领，其拒绝受领为无正当理由。此时，债务人无法向债权人履行，有权通过提存完成交付。

（2）债权人下落不明。债权人下落不明，包括债权人地址不详、失踪等，此种情况下，债务人无法向债权人履行，构成提存的原因。

（3）债权人死亡未确定继承人，或者丧失行为能力未确定监护人。债权人死亡的，应由其继承人继承财产，包括其合法的债权。死亡的债权人有继承人的，债务人应当向其继承人履行债务。债权人丧失行为能力的，债务人应向其监护人履行债务。在债权人死亡而未确定继承人，或者丧失行为能力未确定监护人的情况下，债务人因缺乏履行的对象而无法履行时，债务人可以办理提存。

（4）法律规定的其他情形。

提存的效力是，虽然未直接向债权人履行交付，但发生债务消灭的法律后果。除债权人下落不明的情况以外，债务人办理提存后，有义务将提存的情况及时通知债权人或者其继承人、监护人，以便其及时领取提存物或者作出相应的处置。

提存之后，债权人随时可以领取提存物，但债权人对债务人负有到期债务的，经债务人向提存机关要求，提存机关只有在债权人履行了该债务或者提供担保的情况下，才能向债权人交付提存物。在提存期间，提存物所产生的孳息归债权人所有，同时，提存物毁损、灭失的风险也由债权人负担。此外，债权人还要承担提存所产生的各项费用。

五、因债权人免除债务而终止

合同债务的免除，是债权人放弃债权，从而消灭债权债务关系的单方行为。免除为无因行为，依债权人向债务人表示免除债务的意思而发生效力。免除的效力是债务的绝对消灭。免除部分债务的，合同权利义务部分终止，未免除的部分仍需履行；免除全部债务的，合同权利义务全部终止。

六、因债权债务同归于一人而终止

债权债务同归于一人也称为混同，是指双方当事人合为一体，合同的权利义务全部归于一人承受。债权人与债务人混同后，双方当事人成为一方，其原来的合同债权债务则没有再相互履行的必要，因而合同关系即告终止。但是，《合同法》规定，如果合同关系涉及第三人的利益，则不能因为当事人的混同而终止。

第七节 违约责任

一、违约责任的概念、特征及构成要件

（一）违约责任的概念及特征

违约责任是指合同当事人违反合同义务所应承担的民事责任。违约责任制度是保证当事人履行合同义务的重要措施，有利于促进合同的履行和弥补违约造成的损失，起到避免或者减少违约行为发生的预防作用，对当事人和社会经济秩序都是有益的。

违约责任具有以下特征：

（1）违约责任是一种民事责任。民事责任是民事主体因实施民事违法行为或者基于法律的特别规定所应承担的法律责任。违约责任不同于行政责任和刑事责任，它是民事责任的一种形式。承担违约责任的形式有继续履行、赔偿损失、支付违约金等。

（2）违约责任是违反合同义务所产生的责任。民事责任有多种形式，违约责任

只是其中的一种形式。与其他民事责任不同在于，违约责任是以合同债务的存在为前提的，是由于债务人不履行债务而引起的。如果没有合同关系的存在，就无从产生违约责任。

（3）违约责任具有相对性。违约责任的相对性是指违约责任只能在合同当事人之间产生。因为合同只对当事人有约束力，对其他人没有约束力，其他人既不能享有合同权利和承担合同义务，也不能承担违约责任。例如，当事人约定由第三人向债权人履行而第三人未履行的，第三人并不向债权人承担违约责任，其不履行债务的责任要由债务人承担。

（二）违约责任的构成要件

违约责任的构成要件是指当事人承担违约责任应当具备的必要条件。违约责任的构成要件由违约责任的归责原则所决定。违约责任的归责原则是指基于一定的归责事由而确定当事人是否承担违约责任的法律准则。违约责任的归责原则主要有过错责任原则和严格责任原则两种不同类型，前者在确定违约责任时以违约方主观上有过错为条件，而根据后者，违约方主观上有无过错对其承担责任没有影响。我国《合同法》规定的一般归责原则为严格责任，在此种归责原则下，承担违约责任的构成要件主要包括以下部分。

1. 有违约行为

违约行为是指合同当事人违反合同义务的行为。违约行为是以有效的合同关系的存在为前提的，当事人应当严格按照合同条款履行义务。当事人不按照合同履行义务，即为违约行为，在后果上导致了对债权的侵害，违约的当事人应当对此承担责任。

从违约行为的形态上，违约行为有预期违约和实际违约两种不同的形态。预期违约，是指在履行期限到来之前当事人无正当理由而明确表示或者以行为表明在履行期到来后将不履行债务。实际违约，是在履行期限到来之后当事人不履行或者不完全履行合同义务，包括拒绝履行、迟延履行、不适当履行等情形。

2. 不存在法定的和约定的免责事由

免责事由是违约者可以免负违约责任的情形。免责事由可以分为法定的免责事由和约定的免责事由两大基本类型。如果存在着免责事由，则当事人虽未按照合同履行债务，但可以不负违约责任，只有在不存在免责事由的情况下，当事人才应当对自己不履行合同的后果承担责任。

（1）法定的免责事由。根据《合同法》的规定，合同履行期间发生不可抗力是法定的免责事由。不可抗力是指当事人不能预见、不能避免并且不能克服的客观情况，主要指地震、洪水、台风等自然现象，也包括战争、罢工等社会异常事件。

根据《合同法》第一百十一七条、第一百一十八条的规定，合同订立以后发生不可抗力事件，致使合同不能履行的，视不可抗力的影响程度，部分或者全部免除当事人的违约责任。但是因不可抗力不能履行合同的一方当事人应当将该情况及时通知对方，以减轻可能给对方造成的损失，如因未及时通知而使对方受到不必要的损失，则应对其损失负赔偿责任。同时，当事人因不可抗力而免除责任还需在合理的期限内提供证明。此外，应特别注意的是，必须是在合同规定的履行期限内发生不可抗力的，才可以免除因此而不能履行合同的当事人的责任，如果不可抗力发生在当事人迟延履行期间，则不能免除其违约责任。

（2）约定的免责事由。根据合同自由原则，当事人可以在法律规定的范围内自由约定合同条款，其中也包括约定免除违约责任的条款，即免责条款。免责条款是合同的组成部分，旨在免除或者限制当事人未来所应负的责任。免责条款订入合同，意味着当事人已经就免责事由达成了合意，因此，当违约后果发生时，如果存在着事先约定的可以免除责任的情形，则违约当事人的责任就可以被免除。

有违约行为和不存在免责事由是当事人应当承担违约责任的构成要件，符合该要件的，违约的当事人便应当依法承担违约责任。《合同法》第一百二十一条规定："当事人一方因第三人的原因造成违约的，应当向对方承担违约责任。当事人一方和第三人之间的纠纷，依照法律规定或者按照约定解决。"这里规定的是由第三人的原因造成当事人不能履行合同时的责任承担问题。该条法律规定确立了当事人要为自己一方的第三人原因负责的原则。根据该原则，第三人原因并不是当事人免除违约责任的事由。从这里体现出，合同法对于合同责任的承担实行的是严格责任原则，只要发生了违约事实，又没有法定或约定的免责事由，违约的当事人无论是否有过错都要向对方承担违约责任，其与第三人之间的纠纷，依据与第三人之间的合同另行解决。

二、承担违约责任的方式

根据《合同法》关于违约责任的规定，当事人一方不履行合同义务或者履行义务不符合约定的，应当承担继续履行、采取补救措施、赔偿损失、支付违约金和定金责任等违约责任。

1. 继续履行

《合同法》将继续履行规定为一种责任形式，实际上是强制的实际履行。在当事人一方不履行合同义务，或者履行合同义务不符合约定条件而使债权未能得到满足时，另一方有权向法院请求强制违约方按照合同标的履行。这里的继续履行与一般的履行不同，它是对违约人的一种强制措施，不论违约人是否愿意，只要具备实际履行的条件，就应当继续履行。

合同债务按其内容的不同，可以分为金钱债务和非金钱债务。对于金钱债务，继续履行就要按照合同约定的方式、数额履行。非金钱债务是金钱债务以外的，以物或者行为为标的的债务，当事人一方不履行非金钱债务或者其履行不符合约定的，另一方有权要求继续履行，但是在具有下列情形时，可以不继续履行：

（1）法律上或者事实上不能履行。例如，在当事人一方到期未交付标的物之后，该标的物被法律禁止流通，即为法律上的不能履行，而作为标的物的特定物已经灭失，则属于事实上的不能履行。

（2）债务的标的不适宜强制履行或者履行费用过高。例如以特定的劳务为标的的，其特定的劳务是不适宜强制履行的。此外，强制履行也需考虑经济合理性，如果在经济上极不合理，强制履行会造成社会的浪费，就不应强制履行。

（3）债权人在合理期限内未要求履行。强制履行主要是为保护债权人的利益而规定的，如果债权人未在合理期限内请求强制履行，则可视为债权人放弃此请求权，因而不再强制履行。

2. 采取补救措施

补救措施是当事人发生违约后，为防止损失发生或者扩大，违约人依照法律规定或者约定采取的修理、更换、重做、减少价款或报酬等措施。

采取补救措施是为权利人弥补或者挽回损失的责任，一般只在不适当履行合同的情况下才采用，较多发生在标的的质量不符合约定的情况中。

受损害方对补救措施具有选择权，可以合理选择请求修理、更换、重做、退货、减少价款等方式。而且，对于质量不符合约定造成其他损失的，受损害方还可以请求赔偿损失，即采取补救措施不免除赔偿损失等其他违约责任。

3. 赔偿损失

赔偿损失也称损害赔偿，是违约方以支付金钱的方式对受害方因违约方违约受到的损失进行补偿。损害赔偿是最基本、最常用的违约责任形式。

承担赔偿损失责任的基本条件有两个，一是当事人一方有违约行为，即未按照约定履行义务，或者履行义务不符合约定；二是其违约行为给对方造成了损失。如果虽然一方违约但并未给对方造成实际损失，则不需承担此项责任。

由于赔偿责任属于补偿性的责任，即损害赔偿旨在弥补违约行为给对方造成的损失，它通常不具有惩罚性，因此，其赔偿额应当相当于违约所造成的损失。至于损失的范围，应当既包括直接损失，也包括间接损失。对间接损失的计算在实践中容易发生争议，通常应结合当事人的预期、市场行情、同类交易的一般获利情况等进行判断，尽量做到公平合理。

在计算受害一方的损失时，还需考虑一个问题，即受害人在对方违约后，是否采取了适当的措施防止损失的扩大。根据《合同法》第一百一十九条的规定，当事人一方违约后，对方没有采取适当的措施致使损失扩大的，不得就扩大的损失要求赔偿。如果受害人有条件防止损失扩大而未采取适当措施，致使本可以不发生的损失成为事实，对这部分扩大的损失应由受害人自己承担，无权要求违约方赔偿。

4. 支付违约金

违约金指当事人一方因违约而向对方支付的一定数额的货币。违约金责任的成立有两个基本条件：

（1）有违约行为发生。由于违约金是为违反合同义务而承担责任的形式，因此，如果没有违约的事实存在，也就谈不到支付违约金。违约的形态有多种，如不履行、不适当履行、迟延履行等，如无特别约定，应当认为对任何形式的违约都可以要求承担违约金责任，但是当事人仅就某种具体的违约行为约定违约金的，则应当在发生了该特定行为时才按照约定承担责任。

（2）当事人对违约金有预先的约定。《合同法》将是否以违约金承担责任作为当事人的权利由其自主约定，只有当事人对违约金有约定的，才在发生了约定的违约行为时按照约定令违约方承担违约金责任。当事人约定违约金，可以是约定固定的数额，也可以是约定一种因违约产生的损失赔偿额的计算方法。根据《合同法》第一百一十四条的规定，约定的违约金低于因违约造成的损失的，当事人可以请求人民法院或者仲裁机构予以增加；约定的违约金过分高于因违约造成的损失的，当事人可以请求人民法院或者仲裁机构予以适当减少。同时，当事人就迟延履行债务约定违约金的，违约方支付违约金后，还应当履行债务。

5. 定金责任

定金是指合同双方当事人约定的，为保证合同的履行，由一方预先向对方给付的一定数额的货币。定金是担保法规定的一种担保方式，在《合同法》中定金被规定在“违约责任”一章中，表明《合同法》将定金责任作为违约责任的形式对待。承担定金责任只适用于根据约定交付了定金的合同。《合同法》第一百一十五条规定：“当事人可以依照《中华人民共和国担保法》约定一方向对方给付定金作为债权的担保。债务人履行债务后，定金应当抵作价款或者收回。给付定金的一方不履行约定的债务的，无权要求返还定金；收受定金的一方不履行约定的债务的，应当双倍返还定金。”

第八节　涉外合同的法律适用

一、涉外合同法律适用的概念

涉外合同一般是指中国的自然人、法人或者其他组织与外国的企业或者个人订立的合同。涉外合同的法律适用，是指涉外合同准据法的选择，即当涉外合同发生争议时，应当适用哪国的法律作为确定当事人权利义务的依据。各个国家一般都根据合同自由原则允许当事人自行选择处理合同争议的法律，同时又根据主权原则对当事人选择适用外国法做了一些限制，在一定情况下强行规定适用国内法。

二、由当事人选择适用的法律

根据《合同法》第一百二十六条的规定，在我国，涉外合同的法律适用，除了法律另有规定的以外，当事人可以在订立合同时预先选择处理合同争议的法律，也可以在发生合同争议后协议选择适用的法律。当事人选择的法律可以是中国法律，也可以是对方国家的法律，甚至是与合同没有任何关系的国家的法律。

三、适用与合同有最密切联系的国家的法律

对于允许当事人选择准据法而当事人未选择的，根据《合同法》规定，适用与合同有最密切联系的国家的法律。所谓“与合同有最密切联系”，通常是指合同签订地、合同履行地、标的物所在地、当事人住所地、当事人营业所在地、当事人代表机构住所地等与合同有密切联系的情形。而上述地方所在国的法律，就可以成为处理合同争议的准据法，人民法院应当按照最密切联系原则确定所适用的准据法。

四、适用中国法律

《合同法》第一百二十六条规定：“涉外合同的当事人可以选择处理合同争议所适用的法律，但法律另有规定的除外。”“法律另有规定”表明并不是所有涉外合同都可以由当事人选择适用的法律，对于某些涉外合同，法律直接规定了它们必须适用中国的法律，当事人应当遵照执行，无权协议变更。必须适用中国法律的涉外合同包括：在中国境内履行的中外合资经营企业合同、中外合作经营企业合同和中外合作勘探开发自然资源合同。法律做出这种限制性规定，主要是基于国家主权和维护社会公共利益等方面的考虑。

第九节　合同争议的解决

一、合同争议的解决方式

在合同订立和履行过程中，当事人对合同的某些问题发生争议是难免的，发生了合同纠纷，就要选择解决的方法。根据实践和《合同法》的有关规定，合同争议的解决方式主要有以下几种。

1. 协商

协商解决是指当事人各方在自愿的基础上，本着相互沟通、相互谅解的精神对合同争议自行进行协商，达成协议解决争议。

当事人对合同发生争议后，一般情况下首先采取协商的方式寻求解决。协商时要遵循自愿原则、平等原则、合法原则，摆事实讲道理，争取达到双方意思表示一致，达成解决争议的协议，任何一方都无权强迫对方接受自己的意见。当事人若能达成和解协议，可以及时解决争议，并且避免发生仲裁或诉讼的费用，节省人力财力。

2. 调解

调解是指当事人以外的第三人在当事人之间进行协调，对双方做说服工作，主持双方进行协商的活动。

以调解的方式解决纠纷也要在双方自愿的基础上进行，调解一般由双方都比较

信任的第三人来进行。调解人应当站在公正的立场上，帮助双方分析问题，促使双方达成协议。在调解中，调解人可以提出自己的意见，但是其意见对当事人没有约束力，只供当事人参考。调解不成的，当事人可以申请仲裁或者提起诉讼。

3. 仲裁

仲裁是由仲裁机构根据当事人的申请，依照法定程序，就当事人之间的合同纠纷做出裁决，解决合同争议的活动。以仲裁方式解决合同争议，当事人应当达成仲裁协议，该协议可以以合同条款的方式订立在合同中，也可以在发生争议后经协商达成。当事人达成仲裁协议的，一旦发生纠纷，当事人应当根据协议申请仲裁，而不能向人民法院起诉。由于仲裁不实行地域管辖和级别管辖，因此，在仲裁协议中当事人要对仲裁机构作出选择，经协议选择的仲裁机构即对该当事人之间的合同争议具有管辖权。仲裁实行一裁终局制度，即一次裁决就发生法律效力，当事人应当执行该裁决，而不能就同一纠纷再次要求仲裁或者向法院起诉。当事人拒不履行裁决的，另一方可以请求人民法院执行。

4. 诉讼

当事人之间没有仲裁协议或者仲裁协议无效的，发生合同纠纷后，可以通过诉讼的方式来解决，由人民法院对合同纠纷作出裁判。

与仲裁不同，人民法院审理案件实行地域管辖和级别管辖，因此，当事人只能根据法律规定，向有管辖权的人民法院提起诉讼。人民法院在审理合同纠纷时，通常要进行调解，调解成功的，制作调解书，经双方签字盖章发生效力，当事人应按调解书履行。调解不成时，人民法院依法作出判决。当事人一方拒不履行调解书、判决书的，对方可以向人民法院申请强制执行。

二、提起诉讼或者申请仲裁的期限

发生合同争议后依法提起诉讼或者申请仲裁，这是当事人的权利。但是提起诉讼或者申请仲裁的权利必须在法律规定的期限内行使，当法定期限届满而当事人未行使权利的，该权利即丧失，这就是法律规定的诉讼时效制度。

对于合同争议的诉讼时效期间，法律没有作特别规定的，应当适用一般的诉讼时效期间。《民法通则》第一百三十五条规定的一般诉讼时效为两年。法律对诉讼时效期间有特别规定的，则要适用特别的规定。《合同法》第一百二十九条对国际货物买卖合同和技术进出口合同规定了特殊的时效期间。根据该条规定，上述两类合同发生争议提起诉讼或者仲裁的期限为四年。无论一般的时效还是特殊的时效，其时效期间都是自当事人知道或者应当知道其权利受到侵害之日起计算，因此，当事人应当及时地行使诉讼或者申请仲裁的权利，以保护自己的合法权益。

思 考 题

1. 合同的概念和特征是什么？

2. 什么是合同订立中的要约和承诺？它们有哪些特征和效力？

3. 无效合同与可撤销合同有什么区别，它们的法律后果是什么？

4. 什么是合同履行中的代位权和撤销权？

5. 在什么情况下可以解除合同？

6. 违约责任的构成要件及承担责任的方式是什么？

第九章

担 保 法

本 章 提 要

担保是保证债权实现的重要法律措施。本章主要阐述担保法的概念、原则；保证与保证人的条件；保证合同；抵押合同；抵押的效力与抵押权的实现；质押的特征与形式；留置担保的条件、范围；定金合同。

第一节 担保法概述

一、担保的概念

担保又称债的担保，是指依照法律规定或按照当事人的约定，为促使债务人履行债务，保证债权人债权的实现而设定的保证措施。

担保是一种为保证债的履行而设立的从属之债，它的存在是以它所担保的主债的存在为前提，也就是说，担保随着主债的建立而建立，随着主债的变更而变更，如果主债消灭了，担保亦随之消灭。因此，担保合同应是主合同的从合同，如果主合同无效，担保合同亦无效。但是法律另有规定或担保合同另有约定的除外。

担保也是一种法律关系，担保一旦成立，便在参与担保的法律关系的当事人之间设定了某种权利义务关系，借助这种权利义务的约束，促使债务人履行债务，从而保证债权人债权的实现。

二、担保的原则

担保活动应当遵循平等、自愿、公平、诚实信用原则。

1. 平等原则

这是担保活动应当遵循的重要原则之一，体现在：

（1）参与担保活动的当事人地位平等。担保是一项民事法律行为，所有参加者，包括债权人、债务人、担保人等，同是民事法律活动的主体，其法律地位是完全平等的。

（2）在担保活动中，当事人平等地享有权利，承担义务。

2. 自愿原则

担保活动是公民、法人和其他组织依据其权利能力和行为能力，依法独立进行的民事活动，因此在担保活动中应当遵循自愿原则。自愿原则的表现是：

(1) 合同之债或其他债权债务的设立，是否设定担保形式，应当由当事人自愿决定。

(2) 在担保活动中，采用哪种担保方式进行担保，也由当事人自愿选择。

(3) 公民、法人或其他组织是否为他人提供担保责任，由其自己决定。任何单位或个人，不得强令其为他人提供担保。

3. 公平原则

担保活动应遵循公平原则进行。这种公平原则主要体现为：

(1) 担保合同的条款内容对当事人各方应当是公平的。

(2) 当事人既享有权利又承担义务，在承担义务的同时又公平地享有某些权利。

例如我国《担保法》规定，第三人为债务人向债权人提供担保时，可以要求债务人提供反担保。这一规定改变了过去单纯要求保证人履行保证义务的状况。要求债务人提供反担保，目的是让担保人在承担担保责任的同时，使自己的合法权益得到保障，这对担保人来说是公平的，也是合理的。

4. 诚实信用原则

担保合同的订立和履行，担保活动当事人都应遵循诚实信用原则。诚实信用，是担保真实、有效的保证，如果违背了该项原则，担保活动便无法正常进行。例如，主合同当事人双方串通，骗取保证人提供保证，或者主合同债权人采取欺诈、胁迫等手段，使保证人在违背真实意思的情况下提供保证的，都是违背诚实信用原则的行为。在上述情况下，即使保证人在被骗或被胁迫情况下答应提供保证，其保证也是无效的，保证人对此不承担任何民事责任。

总之，平等、自愿、公平、诚实信用是进行担保活动必须遵循的基本原则，也是衡量担保是否合法、有效的基本标准。坚持上述原则，对保证担保活动的正常进行，保障担保当事人的合法权益，具有十分重要的意义。

三、《中华人民共和国担保法》

《中华人民共和国担保法》(以下简称《担保法》) 由第八届全国人民代表大会常务委员会第十四次会议于 1995 年 6 月 30 日通过，自 1995 年 10 月 1 日起施行。这是新中国制定的第一部担保法，该法全面系统地规定了进行担保活动的原则、制度、要求，是指导担保活动依法进行的专门法律。

《担保法》适用于在借贷、买卖、货物运输、加工承揽等经济活动中，债权人需要以担保方式保障其债权实现的领域；同时也适用于担保人在提供担保时要求债务人提供反担保的行为。但要注意在适用《担保法》的规定时，如遇到《中华人民共和国海商法》等法律对担保有特别规定时，则依照该特别规定执行。

《担保法》主要规定了保证、抵押、质押、留置、定金五种担保形式。

第二节 保 证

一、保证的概念

保证是指保证人和债权人约定，当债务人不履行债务时，保证人按照约定履行债务或者承担责任的行为。保证概念的含义：

（1）保证是保证人和债权人之间的一种约定，这种约定通过签订保证合同的形式体现出来，因此保证是一种合同关系。

（2）保证人与债权人是保证合同的当事人。主合同的债权人也是保证合同的债权人，保证人是保证合同的债务人。

（3）保证人与债务人的关系是保证与被保证的关系，保证人有权督促债务人履行债务。当债务人不履行债务时，保证人就应承担保证责任，即按照约定履行债务或者承担相应责任或赔偿损失。

两个以上的保证人保证同一债务的，称为共同保证。共同保证又可分为按保证份额承担责任的保证和负连带责任的保证两种。按份额分担责任的保证，是指每个保证人只对自己担保的那一部分债务负责，对其他部分债务不承担保证责任。按份额担保应当在合同中约定保证份额。没有约定保证份额的保证人之间承担连带责任。连带责任的保证是指所有的保证人共同对债务的担保承担连带责任，债权人可以要求任何一个保证人承担全部保证责任，每个保证人都负有担保全部债权实现的义务。已经承担保证责任的保证人，有权向债务人追偿，或者要求承担连带责任的其他保证人清偿其应当承担的份额。

二、保证人

1. 保证人的条件

保证人是在保证合同中约定，保证债务人履行债务，如果债务人不履行债务，则由其按照约定履行债务或承担责任的人。根据我国《担保法》第七条的规定，保证人应具备以下条件：

（1）具有代为清偿债务的能力。保证合同的设立，就是为了保证债务的履行，一旦债务人不能履行债务，保证人就有义务根据合同代债务人清偿债务。因此保证合同的保证人，必须具有代为清偿债务的能力，这是担当保证人的首要条件。如果保证人不具有代为清偿债务的能力，或其清偿能力不足，其所拥有的财产不足以清偿债务人的债务，便不能为超过其偿付能力的债务提供担保。

（2）符合规定的法人、其他组织、公民可以做保证人。根据我国民法规定，我国的法人、其他组织在其成立和存在时，必须有独立的财产，能以自己的名义享有民事权利和承担民事义务。因此充当保证合同的保证人必须是合法法人、其他组织，并且还必须是不属于《担保法》禁止性规定中的法人、其他组织。

（3）提供保证应当是保证人自愿的行为。保证行为是一种法律行为，保证人作为保证合同的当事人，合同一旦生效，保证人便承担了合同规定的法律义务及享有相应的权利。因此，保证人是否作为担保法律关系的一方当事人，一方面看其是否具有保证能力，另一方面也要看其是否愿意为债务人提供担保。我国《担保法》第十一条规定，任何单位和个人不得强令银行等金融机构或者企业为他人提供保证；银行等金融机构或者企业对强令其为他人提供保证的行为，有权拒绝。

2. 关于保证人的禁止性规定

根据我国《担保法》的规定，下列法人、其他组织不得作为保证合同的保证人：

（1）国家机关。

（2）学校、幼儿园、医院等以公益为目的的事业单位、社会团体。

（3）企业法人的分支机构、职能部门。

3. 关于保证人的例外规定

（1）为使用外国政府或国际经济组织贷款进行转贷，经国务院批准，国家机关可以作为保证人。

（2）企业法人的分支机构有法人书面授权的，可以在授权范围内提供保证。

4. 保证人的权利与义务

保证人与债权人一经签订保证合同，担保法律关系产生，保证人即享有该法律关系规定的权利和义务。

保证人享有的权利主要为：

（1）要求债务人提供反担保的权利。对于该项权利保证人应在提供担保时，向债务人提出。

（2）享有对债务的抗辩权。即使债务人放弃了对债务的抗辩权，保证人仍有权抗辩。

（3）享有对债务人的追偿权。保证人代替债务人清偿债务后，有权向债务人追偿其代为履行的债务。

保证人在享有上述权利的同时，承担下列义务：

（1）监督债务人履行债务的义务。

（2）当债务人不履行债务时，保证人负有代为清偿的义务。

三、保证合同

根据我国《担保法》规定，保证合同必须采用书面形式订立。这一规定是保证合同合法有效的必要条件，也是合同严肃性、准确性的表现，为合同的履行及争议的解决奠定一个良好基础。

书面形式的保证合同可以分为两种：一种是保证人与债权人就单个主合同分别订立的保证合同；另一种是保证人与债权人就一定时期内连续发生的某项经济活动，在最高债权额限度内所订立的保证合同。这种保证合同适用于在一定期间内连续发生的同一性质的合同，包括借款合同、某项商品交易合同。

保证合同应当包括的内容主要有：

①被保证的主债权种类、数额；

②债务人履行债务的期限；

③保证的方式；

④保证担保的范围；

⑤保证的期间；

⑥双方认为需要约定的其他事项。

保证合同不完全具备上述规定内容的，可以补正。

四、保证方式

保证方式分为一般保证和连带责任保证两种。

1. 一般保证

当事人在保证合同中约定，债务人不能履行债务时，由保证人承担“保证责任”的，为一般保证。

一般保证与连带责任保证最大的区别是，保证人在一定条件下可以拒绝承担保证责任。依据《担保法》第十七条第二款的规定，一般保证的保证人在下列情况下，有权对债权人拒绝承担保证责任：主合同纠纷未经审判或者仲裁，并就债务人财产依法强制执行仍不能履行债务之前。

但是有下列情形之一的，一般保证的保证人不得拒绝承担保证责任：

(1) 债务人住所变更，致使债权人要求其履行债务发生重大困难的。

(2) 人民法院受理债务人破产案件，中止执行程序的。

(3) 保证人以书面形式放弃前款（《担保法》第十七条第二款）规定的权利的。

2. 连带责任保证

当事人在保证合同中约定保证人与债务人对债务承担连带责任的，为连带责任保证。

作为保证方式之一的连带责任保证，其债务人在主合同规定的债务履行期届满没有履行债务的，债权人可以要求债务人履行债务，也可以要求保证人在其保证范围内承担保证责任。

保证合同的当事人应当在保证合同中约定保证方式。如果当事人在合同中没有约定保证方式或者约定不明确，保证人将按连带责任保证方式承担保证责任。

五、保证责任

保证责任是指当债务人不履行债务时，保证人依据保证合同的约定所应承担的责任。保证责任通常有两种：一是代替债务人履行债务；二是负责赔偿损失。保证人承担保证责任的形式依保证合同约定。保证人只对保证合同约定的保证期间内的保证事项承担责任。因此，保证责任的确定，与保证期间和保证范围紧密相关。

1. 保证期间

（1）保证人与债权人应在保证合同内约定保证期间。如果未约定保证期间的，依据《担保法》规定，保证期间为主债务履行期届满之日起六个月。在此期间债权人可以要求保证人承担保证责任。

（2）如果超过了合同约定的保证期间或法律规定的保证期间，债权人未对债务人提起诉讼或仲裁，保证人便免除保证责任。如果在此期间债权人提起了诉讼或仲裁，保证时效中断。

（3）保证人就一定时间内连续发生的债权作保证，但未约定保证期间的，保证人可以随时书面通知债权人终止保证合同，保证人对于通知到达债权人之前所发生的债权，承担保证责任。

2. 保证范围

保证担保的范围包括主债权及利息、违约金、损害赔偿金和实现债权的费用。

保证合同当事人各方应当在合同中约定保证人担保的范围。如果当事人对保证担保的范围没有约定，或约定不明确，保证人应当对全部债务承担保证责任。

对于既有物的担保又有保证担保的同一债权，保证人只对物的担保以外的债权承担保证责任。

3. 保证责任的免除

依据《担保法》规定，保证人在下列情况下不承担保证责任：

（1）保证期间，债权人许可债务人转让债务，未经保证人同意的。

（2）债权人与债务人协议变更主合同，未经保证人书面同意的，保证合同另有约定的除外。

（3）在保证合同约定的保证期间或法定保证期间，一般保证的债权人未对债务人提起诉讼或申请仲裁的；连带责任保证债权人未要求保证人承担保证责任的。

（4）对既有物的担保又有保证担保的同一债权，如果债权人放弃物的担保，保证人在债权人放弃权利的范围内免除保证责任。

4. 保证人无责任情况

《担保法》第三十条规定，有下列情形之一的，保证人不承担民事责任：

（1）主合同当事人双方串通，骗取保证人提供保证的。

（2）主合同债权人采取欺诈、胁迫等手段，使保证人在违背真实意思的情况下提供保证的。

第三节 抵 押

一、抵押的概念与特征

抵押是指债务人或者第三人为保证债务的履行，在不转移对财产占有的情况下，将该财产作为债权的担保。如果债务人不履行债务时，债权人有权依法以该财产折价或者以拍卖、变卖该财产的价款优先受偿。享有抵押权的债权人称为抵押权人。提供抵押物的债务人或第三人称为抵押人。抵押人所提供担保的财产称为抵押物。

抵押权作为担保物权的一种，具有如下特征：

（1）抵押权是一种约定的担保物权。抵押权人对抵押物所直接享有的权利具有排他性，可以对抗物的所有人和第三人，因而抵押权是一种物权。

（2）抵押权的标的物大多为不动产和法律规定可以进行抵押的动产。

（3）抵押权不移转标的物的占有。债务人或第三人将财产抵押后，仍然占有抵押物并对抵押物行使使用、收益等权利。债权人通过登记制度了解抵押权的存在情况。

（4）抵押权的优先受偿性。这是抵押权的最本质的特征。当主债债务存在多个债权人时，抵押权人有就抵押财产的价值优先于其他债权人受偿的权利。即使抵押财产灭失，抵押权人对抵押财产的保险金，仍然享有优先受偿权。

二、抵押物

抵押物是抵押人提供担保的财产，并非所有的财产都可以充当抵押物。根据我国《担保法》规定，某些财产可以抵押，某些财产禁止抵押。

1. 允许抵押的财产

《担保法》第三十四条规定，下列财产可以抵押：

①抵押人所有的房屋和其他地上定着物；

②抵押人所有的机器、交通运输工具和其他财产；

③抵押人依法有权处分的国有的土地使用权、房屋和其他地上定着物；

④抵押人依法有权处分的国有的机器、交通运输工具和其他财产；

⑤抵押人依法承包并经发包方同意抵押的荒山、荒沟、荒丘、荒滩等荒地的土地使用权；

⑥依法可以抵押的其他财产。

抵押人进行抵押时需要注意：

①可以就上述财产的某一项进行抵押，也可以将上述财产一并抵押。

②抵押时应注意债权数额与抵押物的价值。根据《担保法》第三十五条的规定，抵押人所担保的债权不得超出其抵押物的价值。财产抵押后，该财产的价值大于所担保债权的余额部分，可以再次抵押，但也不得超出其余额部分。

③因土地使用权与地上房屋、建筑物的关联性，二者应同时抵押。《担保法》第三十六条规定，以依法取得的国有土地上的房屋抵押的，该房屋占用范围内的国有土地使用权同时抵押。以出让方式取得的国有土地使用权抵押的，应当将抵押时该国有土地上的房屋同时抵押。

④乡（镇）、村企业的土地使用权不得单独抵押。以乡（镇）、村企业的厂房等建筑物抵押的，其占用范围内的土地使用权同时抵押（《担保法》第三十六条第三款）。

2. 禁止抵押的财产

根据《担保法》第三十七条的规定，下列财产不得抵押：

①土地所有权；

②耕地、宅基地、自留地、自留山等集体所有的土地使用权；

③学校、幼儿园、医院等以公益为目的的事业单位、社会团体的教育设施、医疗卫生设施和其他社会公益设施；

④所有权、使用权不明或者有争议的财产；

⑤依法被查封、扣押、监管的财产；

⑥依法不得抵押的其他财产。

上述禁止抵押财产的第②项，不包括《担保法》第三十四条第⑤项和第三十六条第三款所规定的内容。

3. 抵押物登记

我国《担保法》规定了抵押登记制度并指定了登记部门：

①以无地上定着物的土地使用权抵押的，登记部门为核发土地使用权证书的土地管理部门；

②以城市房地产或者乡（镇）、村企业的厂房等建筑物抵押的，登记部门为县级以上地方人民政府规定的部门；

③以林木抵押的，登记部门为县级以上林木主管部门；

④以航空器、船舶、车辆抵押的，登记部门为运输工具的登记部门；

⑤以企业的设备和其他动产抵押的，登记部门为财产所在地的工商行政管理部门。

当事人以其他财产作抵押的，可以自愿办理抵押物登记，登记部门为抵押人所在地的公证部门。

办理抵押物登记时，当事人应当向登记部门提供主合同和抵押合同，以及抵押物的所有权或使用权证书。

三、抵押合同

抵押合同是抵押人和抵押权人为保证主合同履行所订立的以一定财产做抵押的担保合同。当事人必须以书面形式订立抵押合同。

1. 抵押合同的主要内容

抵押合同应当包括以下内容：

①被担保的主债权种类、数额；

②债务人履行债务的期限；

③抵押物的名称、数量、质量、状况、所在地、所有权权属或者使用权权属；

④抵押担保的范围；

⑤当事人认为需要约定的其他事项。

订立抵押合同的目的是为了保证抵押权人的优先受偿权，因此，法律禁止在债务履行期届满抵押权人未受清偿时，将抵押物的所有权转移为债权人所有。抵押人和抵押权人在订立的抵押合同中也不得作这种约定。

2. 特殊抵押合同

除一般抵押合同外，还有一些就特殊抵押权订立的抵押合同，例如我国《担保法》规定的最高额抵押便是其中之一。最高额抵押是指抵押人与抵押权人达成协议，在最高债权额限度以内，以抵押物为一定期间内连续发生的债权做担保。这种最高额抵押与一般抵押的不同之处在于，一般抵押是先有债权，然后再设定抵押权；而最高额抵押是对于将来发生的债权，预先确定一个最高的数额限度，作为抵押物担保的范围标准而设立的抵押权。如果最高额抵押担保的债权确定不发生时，最高额抵押消灭。借款合同以及当事人就某项商品在一定期间内连续发生交易而签订的合同，可以附最高额抵押合同。

设定最高额抵押，当事人必须签订最高额抵押合同，合同中除包括一般抵押合同的内容外，应特别订明最高限额和决算期。决算期届满时，确定最高额抵押实际担保的债权数额。根据我国《担保法》的规定，最高额抵押的主合同债权不能转让。

四、抵押的效力

1. 对抵押物的效力

（1）关于抵押物的转让。在抵押期间，抵押人转让已办理登记的抵押物的，应当通知抵押权人并告知受让人转让物已经抵押的情况；抵押人未通知抵押权人或者未告知受让人的，转让行为无效。抵押人不得任意决定和处置转让抵押物的价款。法律规定转让抵押物的价款明显低于其价值的，抵押权人可以要求抵押人提供相应的担保，抵押人不提供的，不得转让抵押物。抵押人转让抵押物所得的价款，应当向抵押权人提前清偿所担保的债权或者向与抵押权人约定的第三人提存。超过债权数额的部分，归抵押人所有，不足部分由债务人清偿。

（2）关于抵押物价值的减损。抵押权人依靠抵押物的价值保证其抵押权的实现。因此，抵押物价值的减损，必然会影响抵押权人的利益。为此，《担保法》第五十一条规定，抵押人的行为足以使抵押物价值减少的，抵押权人有权要求抵押人停止其行为。抵押物价值减少时，抵押权人有权要求抵押人恢复抵押物的价值，或者提供与减少的价值相当的担保。如果抵押人对抵押物价值减少无过错的，抵押权人只能在抵押人因损害而得到的赔偿范围内要求提供担保。抵押物价值未减少的部分，仍然作为债权的担保。

2. 对抵押物孳息的效力

抵押权的效力从抵押权行使时起就及于抵押物的天然孳息和法定孳息。我国《担保法》第四十七条规定，债务履行期届满，债务人不履行债务致使抵押物被人民法院依法扣押的，自扣押之日起抵押权人有权收取由抵押物分离的天然孳息以及抵押人就抵押物可以收取的法定孳息。也就是说，抵押权人对抵押物孳息的效力是从抵押物被依法扣押之时开始的。如果抵押权人未将抵押物被扣押的事实通知应当清偿法定孳息的义务人，则抵押权的效力不及于该孳息。

3. 抵押权的处分

抵押权作为一种财产权，权利人可以对其进行处分。抵押权人在对其抵押权进行处分时，必须在法律规定允许的范围内进行。

（1）抵押权不得单独转让或担保。我国《担保法》第五十条规定，抵押权不得与债权分离而单独转让或者作为其他债权的担保。抵押权之所以不得与债权分离而单独转让或担保，是由抵押权的从属性决定的。因此，抵押权人如果转让其抵押权，或者就抵押权为他人提供担保，必须将抵押权与其所担保的债权一同转让；或将抵押权与其所担保的债权一同提供担保。

（2）抵押权与债权同时存在。我国《担保法》第五十二条规定，抵押权与其所担保的债权同时存在，债权消灭的，抵押权也消灭。由于抵押权对于债权的从属性，决定了抵押权不能单独存在。抵押权人可以抛弃抵押权只保留债权，变成一个普通债权人，其债权依然存在。但是，抵押权人不能抛弃债权只保留抵押权，如果抵押权人抛弃了债权，其债权归于消灭，其抵押权亦随之消灭。

五、抵押权的实现

抵押权的实现是指债务履行期届满抵押权人未受清偿的，抵押权人就抵押物受偿的行为。抵押权的实现应具备一定的条件，通过一定的方式和途径，从而使抵押权的作用得到发挥，保证债权受偿。抵押权实现的基本条件有两个：一是抵押权有效存在；二是债务已届清偿期。这两个条件缺一不可，但因债务人解散或破产而提前清偿的除外。此外，抵押权因抵押物灭失而消灭。因灭失所得的赔偿金，应当作为抵押财产。

抵押权可以通过拍卖、变卖抵押物或抵押物折价等方法实现。究竟采用哪种方法，可以由抵押权人与抵押人协议决定，协议不成的，抵押权人可以向人民法院提起诉讼。

第四节　质　　押

质押是为了担保债权的清偿，由债权人占有债务人或第三人移交的动产或权利凭证并享有就该质物优先受偿的权利。质押分为动产质押和权利质押。质押中的债务人或第三人为出质人，债权人为质权人，移交的动产为质物。

一、质押的法律特征

质押是我国《担保法》明文规定的一种担保方式。质押具有如下法律特征：

（1）质押是担保物权的一种，称为质权。质权是为担保债权的清偿而设定的，是从属于主债权的担保物权。质权与其所担保的债权同时存在，债权消灭的，质权也消灭。

（2）质押的标的是动产和权利。提供担保用的质物应是特定物或特定化的种类物，并且必须是法律允许在民事主体之间自由流转的物。质权因质物的灭失而消灭。因质物灭失所得的赔偿金应当作为出质财产。

（3）质押移转质物的占有。占有质物是质押成立的要件之一。因此在设定质押担保时，出质人必须将质物移交给质权人占有。

（4）质押是质权人就质物优先受偿的权利。质权人占有质物，促使债务人履行债务。如果债务履行期届满而债务人仍未履行时，质权人可以就质物优先受偿。

质押担保与抵押担保的主要区别是：质押中的质物由出质人移交质权人占有，抵押担保中的抵押物则由抵押人占有；此外质押担保以质物的移转占有为成立要件，而抵押担保则可以用登记的方法公示，通过抵押物登记使抵押生效。

二、质押的形式

质押可分为动产质押和权利质押两种。

（一）动产质押

动产质押是指债务人或者第三人将其动产移交债权人占有作为债权的担保。债务人不履行债务时，债权人有权依照《担保法》的规定，以该动产折价或者以拍卖、变卖该动产的价款优先受偿。

1. 动产质押成立的条件

动产质押的成立，应符合下列条件：

（1）依法订立质押合同。法律规定出质人和质权人必须以书面形式订立质押合同。质押合同应包括以下内容：被担保的主债权种类、数额；债务人履行债务的期限；质物的名称、数量、质量、状况；质押担保的范围；质物移交的时间；当事人认为需要约定的其他事项。质押合同不完全具备这些规定内容的，可以补正。

（2）质押合同生效时间。《担保法》规定，质押合同自质物移交于质权人占有时生效。这一规定是质押合同成立的必要条件，也是质押合同区别于抵押合同的重要之处。

（3）禁止性规定。《担保法》第六十六条规定，出质人和质权人在合同中不得约定在债务履行期届满质权人未受清偿时，质物的所有权转移为质权人所有。这种禁止性规定是当事人在订立质押合同时必须遵守的。

2. 质押担保的范围

《担保法》规定，质押担保的范围包括主债权及利息、违约金、损害赔偿金、质物保管费用和实现质权的费用。质押合同另有约定的，按照约定。

3. 质权人的权利与义务

（1）质权人的权利。在质押担保活动中，质权人主要享有如下权利：

①占有质物。质权人在债务人履行债务之前，依质押合同规定，有权占有质物，这也是质押成立的要件。

②收取孳息。除质押合同另有约定外，质权人有权收取质物所生孳息。

③优先受偿权。质权人就质物有较之其他债权人的优先受偿权，这是质权人的主要权利。

④拍卖、变卖质物的权利。这一权利的行使有两种情况，一是当质物出现损坏或者价值明显减少的可能时，质权人可以要求出质人提供相应担保。出质人不提供的，质权人可以拍卖或者变卖质物；并与出质人协议将拍卖或者变卖所得的价款用于提前清偿所担保的债权或者向与出质人约定的第三人提存。二是当债务履行期届满质权人未受清偿的，可以与出质人协议以质物折价，也可以依法拍卖、变卖质物。

（2）质权人的义务。质权人在享有权利的同时，还承担下列义务：

①妥善保管质物。《担保法》第六十九条规定，质权人负有妥善保管质物的义务。因保管不善致使质物灭失或者毁损的，质权人应当承担民事责任。

②返还质物。债权消灭时，质权人不得再占有质物，应当将质物返还给出质人。

4. 出质人的权利

出质人的权利主要有以下各项：

（1）享有质物的所有权。质物在质押期间为质权人占有，但其所有权仍为出质人所有，即使在债务履行期届满质权人未受清偿时，质物的所有权也不能转移为质权人所有。

（2）监督质权人妥善保管质物。质权人不能妥善保管质物可能使其灭失或者毁损的，出质人可以要求质权人将质物提存，或者要求提前清偿债权而返还质物。

（3）出质人如果是债务人以外的第三人，如果该人代为清偿了债务或因质权实现而丧失了质物的所有权，有向债务人追偿的权利。

5. 质权的实现

债务履行期届满质权人未受清偿的，可以与出质人协议以质物折价，也可以依法拍卖、变卖质物，质权人就所得价款受偿。如果质物折价或者拍卖、变卖后，其价款超过债权数额部分，应归出质人所有，不足部分由债务人清偿。但是这部分未受清偿的债权额就成为无担保的普通债权。

（二）权利质押

权利质押是为了担保债权的清偿，就债务人或第三人享有的权利所设定的质权。权利质押是债务人或者第三人将其权利凭证移交债权人占有，并将该权利凭证作为债权的担保。权利质押与动产质押同属质押担保的范围，因此权利质押除法律另有规定外，适用动产质押的法律规定。

1. 权利质押的标的

权利质押的标的是权利，可以作为权利质押标的的权利应具备以下条件：

（1）必须是财产权，例如物权、债权、无体财产权等可以用金钱价格评估的权利。

（2）该项财产权必须是可以让与的，只有可以让与的财产权，才能使债权人通过质押权利的价金受偿。

可以作为质押担保的权利由法律规定，这些权利包括债权、证券权利、知识产权等。我国《担保法》第七十五条规定，下列权利可以质押：

①汇票、支票、本票、债券、存款单、仓单、提单；

②依法可以转让的股份、股票；

③依法可以转让的商标专用权，专利权、著作权中的财产权；

④依法可以质押的其他权利。

2. 权利质押合同的生效时间

权利质押合同由出质人和质权人采用书面形式依法订立，合同内容与动产质押合同的内容大体相同。合同订立后，当事人可以修改或补正合同内容。但是权利质押合同的生效时间因质押标的的不同而有所区别，对此法律有明文规定，主要有以下几种：

(1) 以汇票、支票、本票、债券、存款单、仓单、提单出质的，质押合同自权利凭证交付之日起生效。

(2) 以依法可以转让的股票出质的，应向证券登记机构办理出质登记，质押合同自登记之日起生效。

(3) 以有限责任公司的股份出质的，质押合同自股份出质记载于股东名册之日起生效。

(4) 以依法可以转让的商标专用权，专利权、著作权中的财产权出质的，应向其管理部门办理出质登记，质押合同自登记之日起生效。

3. 权利质押的实现

由于质押担保的标的是权利，因此难于用拍卖等方法实现质权。一般是由质权人直接收取该项权利。我国《担保法》规定：

(1) 以载明兑现或者提货日期的汇票、支票、本票、债券、存款单、仓单、提单出质的，汇票、支票、本票、债券、存款单、仓单、提单兑现或提货日期先于债务履行期的，质权人可以在债务履行期届满前兑现或者提货，并与出质人协议将兑现的价款或者提取的货物用于提前清偿所担保的债权或者向与出质人约定的第三人提存。

(2) 股票出质后，不得转让，但经出质人与质权人协商同意的可以转让。出质人转让股票所得的价款应当向质权人提前清偿所担保的债权或者向与质权人约定的第三人提存。

(3) 以依法可以转让的商标专用权，专利权、著作权中的财产权出质的，权利出质后，出质人不得转让或者许可他人使用，但经出质人与质权人协商同意的可以转让或者许可他人使用。出质人所得的转让费、许可费应当向质权人提前清偿所担保的债权或者向与质权人约定的第三人提存。

第五节 留 置

一、留置的概念与特征

留置是债权人按照合同约定占有债务人的动产，债务人不按照合同约定的期限履行债务的，债权人有权依照法律规定留置该财产，以该财产折价或者以拍卖、变卖该财产的价款优先受偿。享有留置权的债权人称为留置权人。

留置权具有如下特征：

（1）留置权是以动产为标的物的担保物权。首先留置权是一种为担保债权的清偿而设定的担保，具有担保物权的共同属性。其次留置权的标的物，依据我国《担保法》的规定，仅限于动产，是一种动产物权。留置权是债权人留置债务人动产的权利。

（2）留置权是一种法定担保物权。留置权的产生是依据法律规定，而非依据当事人之间的协议。这也是留置权不同于其他担保方式之处。例如留置权与抵押权相比较，留置财产是留置权所担保的主合同标的物，留置权是依据法律规定采取，如加工承揽合同的定做物超过六个月未领取的，承揽方可以依据法律规定行使留置权，不管当事人事先有无约定。而抵押权的对象则不是主合同的标的物，是由债务人或第三人提供的特定物，并且抵押权的行使必须依据当事人的事先约定。

二、留置的发生

1. 留置权发生的必要条件

（1）债权人合法占有债务人的动产。债权人对债务人动产的占有必须符合法律规定，包括债的合法性和占有的合法性。

（2）债权已届清偿期。债权已届清偿期是留置发生的基本条件之一。债权清偿期依当事人约定，无约定时依当事人催告或法定方式确定。如果债务人被宣告破产，可以将其未届清偿期的债权视为已届清偿期的债权。

（3）债权同债权人所占有的动产有牵连关系。所谓牵连关系，是指债权和债权人占有的标的物之间存在着能够引起某种法律后果的联系。依据我国《担保法》第八十四条规定，因保管合同、运输合同、加工承揽合同发生的债权，债务人不履行债务的，债权人有留置权。

2. 留置担保的范围

根据我国《担保法》规定，留置担保的范围包括主债权及利息、违约金、损害赔偿金、留置物保管费用和实现留置权的费用。

三、留置的效力与实现

1. 留置的效力

(1) 对债权的担保效力。我国《担保法》规定，债权人与债务人应当在合同中约定，债权人留置财产后，债务人应当在不少于两个月的期限内履行债务。债务人逾期不履行的，债权人可以与债务人协议以留置物折价，也可以依法拍卖、变卖留置物，以其价款清偿债权。

(2) 对留置标的物有支配的效力。这种支配效力体现为：

①留置权人对留置标的物的占有权。只要债务人不履行债务，留置权人就有权继续占有留置物。

②留置权人对留置标的物孳息的收取权。

③留置权人对留置标的物的变现权。当留置权人对标的物的留置，经过法定合理期限，债务人仍未履行债务的，留置权人可以与债务人协议以留置物折价，也可以依法将留置物拍卖、变卖以清偿自己的债权。

2. 留置权的实现

留置权的实现，除应具备留置权发生的必要条件外，还应符合下列两个条件：一是留置权人在实现留置权前，应当催告债务人履行债务。二是催告应经过法定期限或合理期限。我国《担保法》规定的债权人留置财产后，债务人履行债务的期限为两个月或两个月以上，债权人与债务人应当在上述期限内约定或通知债务人履行债务。

留置权实现的方式有留置物折价、依法拍卖、变卖留置物等。留置物折价或变卖的，应当参照市场价格。留置物折价或者拍卖、变卖后，其价款超过债权数额的部分归债务人所有，不足部分由债务人清偿。

3. 留置权人的权利与义务

留置权人的权利主要体现在对留置物的支配效力上，包括留置标的物、收取孳息、请求偿还费用、就留置物优先受偿。

留置权人在享有上述权利时，也承担下列义务：一是妥善保管留置物。我国《担保法》规定，留置权人负有妥善保管留置物的义务。因保管不善致使留置物灭失或者毁损的，留置权人应当承担民事责任。二是返还留置物。在留置权所担保的债权消灭时，债权人应当将留置物返还给债务人。债务人另行提供担保并被债权人接受时，债权人亦应将留置物返还给债务人。

第六节 定　　金

一、定金的概念与作用

定金是指合同当事人约定的一方向对方给付一定数额的货币作为债权担保的一种担保方式。债务人履行债务后，定金应当收回或抵作价款。

定金的担保作用在于定金的罚则，即给付定金的一方不履行债务（或合同），无权要求返还定金；收受定金的一方不履行债务（或合同），应当双倍返还定金。

除此之外，收受定金和给付定金的事实，也可起到证明合同的作用。

二、定金合同

以定金作为债权担保方式的，当事人必须以书面方式约定。这里所说的书面方式包括单独订立的定金合同、当事人之间具有担保性质的信函、传真等文件以及主合同中的担保条款。

当事人在定金合同中应当约定定金的数额、交付定金的期限，这是定金合同有效性的必要条件。定金的数额由双方当事人约定。但是我国《担保法》规定，定金数额最高不得超过主合同标的额的百分之二十。

定金合同的生效期，依据我国《担保法》第九十条的规定，定金合同从定金实际交付之日起生效。

思　考　题

1. 担保活动应当遵循哪些原则？
2. 保证人的条件有哪些？
3. 允许抵押的财产和禁止抵押的财产是什么？
4. 简述质押的特征与形式。
5. 留置担保的范围与效力是什么？
6. 简述定金合同。

第十章

竞 争 法

本 章 提 要

竞争法是典型的经济法，是市场经济的产物。世界上最早的经济法是以竞争法的内容和形式表现出来的，竞争法主要包括两个组成部分：反不正当竞争法和反垄断法。本章结合我国及市场经济发达国家的经济发展状况以及在立法执法方面的理论和实践经验，阐述了竞争法与市场经济的关系、竞争法产生的根源、竞争法的执法情况，尤其是对各种不正当竞争行为和垄断行为及其法律责任作出了较为详细的阐述。

第一节 竞争法概述

一、市场经济与竞争

市场经济的有效运行有赖于竞争机制，市场竞争构成了市场经济的本质特征。市场竞争实质上就是两个或者两个以上的经营者在市场上以比较有利的价格、数量、质量或者其他交易条件争取市场地位或顾客的行为。市场经济通过竞争的优胜劣汰机制，淘汰低效率的企业，剔出不合理的生产程序和劣质产品，促进社会资源的合理配置；通过竞争的价格机制，调整市场上的供求关系，满足人民群众的不同需要，改善人民的生活水平；通过竞争的激励机制推动企业进行技术创新和产品更新，改善经营管理，努力降低生产成本和价格，以最少最低的投入，实现最大最优的产出。总之，竞争作为市场的调节机制构成了市场经济的活力和源泉，竞争构成了市场经济的本质和灵魂，没有竞争，就没有市场经济。

竞争在给市场主体带来动力，促进市场经济有效运行的同时，也给市场主体带来了压力。竞争的价格机制在一定程度上限制了市场主体定价的随意性，直接影响到其利润的多寡；竞争的激励机制虽然能够促进技术进步，但是在一定程度上也增加了市场主体的成本和负担；尤其是竞争的优胜劣汰机制更是会使一些市场主体面临着破产、倒闭的危险，那些在市场竞争中经营不善的企业，随时都有可能被逐出市场之外。总之，竞争也给市场主体带来了压力和经营风险。为了摆脱这种压力和风险，一些不法经营者在实践中就产生了两种倾向：一种就是违背诚实信用原则，在竞争中采取损人利己的不正当竞争行为；另一种就是在经营中实施限制竞争行为，也就是实施不竞争行为，人为地消除了竞争机制在市场经济中的巨大作用。

所以，竞争在促进市场经济有效运行，合理地配置社会资源中发挥了巨大的作用，但是竞争也使得在实践中产生了不正当竞争行为和限制竞争行为，竞争对于市场经济的作用具有两面性。

二、竞争法与国家干预

面对竞争的两面性，就需要我们制定法律，依法规制市场竞争行为，发扬竞争对市场经济的积极作用，规避竞争对市场经济的消极作用。国家制定法律，依法规制市场竞争行为，维护市场竞争秩序是国家干预经济的一种手段，它表明市场本身并不是万能的，市场对优化资源配置，发展社会经济具有巨大的促进作用，但市场本身也是有缺陷和不足的，许多先进市场经济国家的经验表明，市场本身并不具备维护公平、有效竞争的功能，这就需要国家的适当干预来弥补这种缺陷和不足，即用“市场之手”和“国家之手”来共同促进市场经济全面健康的发展。规制市场竞争行为的法律就是竞争法，它包括反不正当竞争法和反垄断法两部分。

现代竞争法的诞生是以美国 1890 年的《谢尔曼法》的制定为标志的，该法规定了“以契约、联合或共谋等形式对州际间、与外国之间的贸易和商业进行限制和垄断都是非法的”这一重要原则。在此之后，美国又于 1914 年颁布了《克莱顿法》和《联邦贸易委员会法》，进一步丰富了反垄断法和反不正当竞争法的内容，并且确立了专门的执法机构，美国的竞争法对世界各国竞争法的发展产生了深远的影响。在此之后，各国纷纷效仿美国制定竞争法，以规制市场竞争行为，如德国的《反不正当竞争法》和《反限制竞争法》，日本的《反不正当竞争法》和《关于禁止私人垄断和确保公平交易的法律》等等。我国在市场经济体制确立后，于 1993 年 9 月 2 日第八届全国人民代表大会常务委员会第三次会议通过了《中华人民共和国反不正当竞争法》。《中华人民共和国反垄断法（草案）》也在历经十多年的起草之后，于 2006 年 6 月正式提交全国人大人民代表大会常务委员会审议，预计在不久的将来该法就会得到通过。

三、竞争法的立法体例

竞争法的两个组成部分反不正当竞争法和反垄断法在很多方面都具有相同之处，例如它们的目的都是推动和保护市场竞争秩序，禁止企业以不公平和不合理的手段牟取利益，禁止企业损害其他竞争者和消费者的合法权益，从而推动市场经济的健康运行。但是反不正当竞争法和反垄断法，又有很多不同之处：

首先，二者保护的对象不同。反不正当竞争法虽然有时也会涉及对消费者的保护问题，但其主要保护的是其他竞争者，使其他竞争者免受不正当竞争行为的危害；而反垄断法主要是维护消费者的利益，当然其维护消费者利益是通过保护“竞争”来实现的，普遍认为反垄断法保护的是“竞争”而不是“竞争者”。

其次，二者规制的对象不同。反不正当竞争法规制的是不正当竞争行为，不正当竞争行为本质上仍然是一种竞争行为，只不过这种竞争行为因违背了商业伦理和市场经济中的诚信经营原则而沦为了“不正当”之列而应该加以制止；而反垄断法规制的却是限制竞争行为，即“不竞争”行为，如限制竞争的协议、滥用市场支配地位等都属“不竞争”行为。

再次，二者认定违法行为的原则不同。反不正当竞争法对违法行为的认定实行的是本身违法原则，凡是法定的行为出现，即为违法行为，应当追究其法律责任；而反垄断法对违法行为的认定除了实行本身违法原则外，还实行合理性原则，对有些垄断行为，虽然具有限制竞争的效果，但是如果经过分析该垄断行为对市场经济的发展带来的利益大于其限制竞争的效果时，该垄断行为就是合法的行为了，即垄断有合法的垄断和非法的垄断之分，而不正当竞争行为却永远都是非法的。

最后，二者涉及的范围不同。反垄断法既涉及微观经济主体的经济行为，也涉及一国之宏观经济政策，反垄断法与一国之经济政策，尤其是产业政策具有密切的关系；而反不正当竞争法一般只涉及微观经济主体的经济行为，一般不会涉及一国之宏观经济政策。

鉴于反不正当竞争法和反垄断法的上述不同以及各国对于二者关系的不同理解，各国对于竞争法的立法体例也就采取了不同的做法。有的国家将反垄断法和反不正当竞争法合并规定在一部法律之中，采取合并立法的立法体例，如澳大利亚、俄罗斯和我国台湾地区采取的就是这种立法体例。例如我国台湾地区的《公平交易法》就包含了反不正当竞争法和反垄断法两部分内容。而有的国家对二者采取的是分别立法的体例，既有专门的反不正当竞争法，又有专门的反垄断法，如德国、瑞士、日本和韩国等国家采取的就是这种立法体例。例如日本的竞争法就既有《反不正当竞争法》，又有《关于禁止私人垄断和确保公平交易的法律》；韩国的竞争法主要由《反不正当竞争法》和《限制垄断及公平交易法》所组成。还有一些国家采取了更为复杂的立法体例，例如美国和英国采取的是制定法和判例法并存的立法体例，即反垄断法主要采取制定法形式，有专门的制定法，而反不正当竞争法主要存在于判例法之中，没有专门的反不正当竞争法。再比如法国有专门的反垄断法，即1986年通过的《关于价格和竞争自由的法律》，但是却没有专门的反不正当竞争法，法国把不正当竞争行为视为民事侵权行为适用于《民法典》1382条来加以处理。我国在竞争法的立法过程中对竞争法的立法体例问题曾经存在着不同的主张，但从目前的情况来看，我国已于1993年颁布了《反不正当竞争法》，目前又在紧锣密鼓地制定《反垄断法》，所以我国实际上采取了分别立法的立法体例。

第二节 不正当竞争行为

一、不正当竞争行为的概念和构成要件

1850年法国法院在根据《法国民法典》1382条对某些案件的判决中，最早提出了“不正当竞争行为”的概念，但是世界上第一部以“不正当竞争”命名的立法却是德国于1896年颁布的《反不正当竞争法》。实践中各国对于不正当竞争行为的称谓并非完全一致，例如我国台湾地区称之为“不公平行为”，而在日本则称之为“不公正交易方法”，美国则称之为“不公平贸易行为”。

对于不正当竞争的概念理解又有广义和狭义之分。广义的不正当竞争行为是指包括垄断行为或限制竞争行为在内的一切危害市场竞争秩序的行为，而狭义的不正当竞争行为是指除垄断行为或限制竞争行为之外的破坏市场竞争秩序的行为。本章所指的不正当竞争行为是狭义上的不正当竞争行为。

根据《中华人民共和国反不正当竞争法》（以下简称《反不正当竞争法》）第二条的规定，不正当竞争行为，是指“经营者违反本法规定，损害其他经营者合法权益，扰乱社会经济秩序的行为”。

从以上不正当竞争行为的概念中可以看出，不正当竞争行为具有如下构成要件：

（1）从事不正当竞争行为的主体。不正当竞争行为的主体，是指实施了不正当竞争行为的行为人。在我国，不正当竞争行为的主体以经营者为限，非经营者的行为不构成不正当竞争行为。《反不正当竞争法》将经营者界定为：从事商品经营或营利性服务活动的法人组织、非法人组织和个人。商品经营是指以营利为目的的商品交换活动，营利性服务是指营利性劳务。值得注意的是，此处的经营者是以主体的行为性质来认定，而不是以主体的行为资格来认定，实践中那些“无照经营者”仍然可能成为不正当竞争行为的主体。

（2）不正当竞争行为的客体。不正当竞争行为的客体，是指不正当竞争行为所侵犯的由《反不正当竞争法》所保护的社会关系。这种社会关系就是市场竞争关系，即健康的市场竞争秩序。

对于不正当竞争行为侵犯的竞争关系应从狭义和广义两方面来加以认定。广义的竞争关系是指竞争者之间没有直接的关系，市场上竞争者在数量和范围上都是不确定的，只是他们的产品或者服务在一定区域内存在着替代的关系，其中一方经营者实施不正当竞争行为会影响到消费者的消费决策，从而间接地影响到另一方经营者的交易机会。狭义的竞争关系是指经营者之间在商品的生产、销售、服务等方面具有直接的竞争关系，一方经营者实施不正当竞争行为就会直接影响到另一方的交易机会。无论不正当竞争行为侵犯的是直接的竞争关系还是间接的竞争关系，他们

都是应该受到处罚的。另外有些不正当竞争行为还会侵犯到消费者的利益。

（3）不正当竞争行为的主观方面。不正当竞争行为的主观方面，是指不正当竞争行为人行为时的主观心理态度。这主要从以下几方面来加以认定：首先，要看行为人是否具有损害和排挤竞争对手，提高自己的竞争优势，剥夺竞争对手的交易机会的目的。其次，要看行为人是否知道自己的行为会损害竞争对手和消费者的利益。一般来说，损害竞争对手的利益，应以行为人主观上故意为标准，而对于消费者利益的损害，应以行为人的过错为标准，即行为人既可能是故意，也可能是过失。另外还要看行为人是否违反了有关的合同、社会组织的规章或者商业习惯，对于自己已知或者应知的有关合同、社会组织规章或商业习惯却仍然违反，就足以表明行为人主观上具有过错。

（4）不正当竞争行为客观方面。不正当竞争行为的客观方面，表现为这种行为的违法性。这主要是指这种行为直接违反《反不正当竞争法》的具体规定。应当注意，我国在颁布《反不正当竞争法》后，反不正当竞争的执法机构又发布了一些配套法规，例如 1996 年国家工商总局发布的《关于禁止商业贿赂的暂行规定》，1998 年发布了《关于禁止有奖销售活动中不正当竞争行为的若干规定》等。所以反不正当竞争行为的违法性还包括这种行为违反了这些由反不正当竞争行为执法机构发布的部门规章。另外，根据《反不正当竞争法》确立的自愿、平等、公平、诚实信用和遵守公认的商业道德的基本原则，那些虽然不属于《反不正当竞争法》明确法定的违法行为，但是只要该种竞争行为违反了公认的商业道德准则就应认定为不正当竞争行为，而应受到处罚。

二、假冒、仿冒行为

假冒、仿冒行为，是指经营者采取假冒或模仿等手段造成自己的商品或服务与他人的商品或者服务在消费者看来发生混淆，误认为此商品或服务就是彼商品或服务，或者误认为至少这两种商品或服务之间存在着某种联系。假冒、仿冒行为的认定应把握两个方面。

1. 必须有假冒、仿冒行为

假冒、仿冒行为是指未经权利人许可，不正当地利用他人的商业信誉和商品信誉的行为。该种行为具体表现为：

（1）假冒他人的注册商标的行为。假冒他人的注册商标的行为，是指不正当竞争行为人未经注册商标所有人许可，在同一种商品或者类似商品上使用与其注册商标相同或者类似的商标的行为。

（2）擅自使用知名商品特有的名称、包装、装潢，或者使用与知名商品近似的名称、包装、装潢的行为。此处的知名商品是指在市场上有一定知名度，为相关公众所知悉的商品。司法机关在认定知名商品时，通常应当考虑该商品在市场上销售的时间长短、销售区域、销售额和市场占有率，以广告或者其他方式宣传该商品的资金投入、持续时间、程度和地理范围，该商品曾经被行政主管机关或者司法机关认定为知名商品记录等因素进行综合判断。擅自使用知名商品特有的名称、包装、装潢属于仿冒行为；使用与知名商品近似的名称、包装、装潢属于仿冒行为。两种行为的目的就是要造成和他人的知名商品相混淆，使购买者误认为是该知名商品。

(3) 擅自使用他人的企业名称或者姓名，引人误认为是他人的商品的行为。企业名称、公民姓名不仅是市场主体自身的区别性符号，而且也是他们所提供的产品或者服务的区别性标志，企业的名称、市场主体的名称、姓名往往承载着他们提供的商品或服务的商业信誉，是他们的无形资产，擅自使用他人的名称或者姓名实际上就是盗用他人的商业信誉，因此是一种不正当竞争行为。

(4) 在商品上伪造或者冒用认证标志、名优标志等质量标志，伪造产地，对商品质量作引人误解的虚假表示。

2. 必须能够在公众中产生混淆

假冒、仿冒行为必须能够在公众中产生混淆，能够使公众产生“误认”的后果，否则该不正当竞争行为就不成立。

假冒名牌行为具有极大的危害性，它不仅损害了诚实经营者的利益，使许多受害的经营者蒙受了重大的经济损失，同时这种行为也损害了广大消费者的利益，因此应予严厉打击。

三、商业贿赂行为

商业贿赂行为是指经营者采用财物或者其他手段进行贿赂以销售或者购买商品或服务的行为。市场经济中，经营者为争取交易机会，就要展开竞争，但是如果经营者竞争的行为不是通过提高自己产品或服务的质量和信誉，以及降低价格等多方面进行，而是通过暗中给予交易对方有关人员和能够影响交易的其他相关人员以财物或其他好处来实现的，这就是商业贿赂。商业贿赂的存在使得交易机会的取得不是谈判和竞争的结果，这就破坏了市场竞争机制，侵害了其他经营者的合法利益。商业贿赂行为具有如下特征：

(1) 商业贿赂行为的主体范围宽泛。我国《反不正当竞争法》将商业贿赂行为的主体规定为经营者，即公司、企业及其工作人员。实际上这尚不足以涵盖社会生活中实际发生的商业贿赂行为的主体范围，例如目前医疗、教育等领域的事业单位及其工作人员收受回扣，本质上也是一种商业贿赂行为。所以，对商业贿赂的主体范围，我们应从宽界定。

(2) 商业贿赂行为的目的是销售、购买商品或者服务。商业贿赂的目的是为了争夺市场交易机会，取得比其他经营者更为优越的市场竞争地位。商业贿赂行为的商业目的性使得它与其他贿赂行为区别开来，其他贿赂行为不具有商业目的性，而是为了其他目的，比如升官、子女上学、就业、工作调动等等。

(3) 商业贿赂行为的手段包括财物或其他手段。商业贿赂行为的手段相当广泛。财物手段是指经营者为了取得交易机会而假借促销、宣传费、赞助费、科研费、劳务费、咨询费、佣金等名义，或则以报销各种费用等方式，给付对方单位或个人财物。此外还有变相的财物手段，如出国经济担保、长期“借住”房屋，提供交通工具等等。

商业贿赂有时是通过支付回扣的形式进行的。所谓回扣，是指经营者销售商品时在账外暗中以现金、实物或者其他方式退给对方单位或者个人的一定比例的商品价款。回扣采取的是以“账外暗中给付”方式进行的，它不仅违反了会计制度，而且很容易出现“化公为私”、“化大公为小公”现象，造成回扣的财物最终流入个人腰包，所以回扣行为也是非法的。

四、虚假宣传的行为

虚假宣传行为，是指经营者利用广告或者其他方法，对商品的质量、制作成分、性能、用途、生产者、有效期限、产地等作引人误解的虚假宣传的行为。

构成不正当竞争的虚假宣传必须符合以下条件：

(1) 要有虚假宣传行为。这里的“虚假”包括两种情况：一种是虚伪的，捏造的，是无中生有；另一种就是歪曲事实，即不按照事物的真实面目，客观实际情况陈述。

宣传所采用的形式是广告或者其他方法。广告是经营者承担费用，通过一定的媒介和形式直接或者间接地介绍自己所提供的商品或服务的行为。其他宣传方法，包括海报、传单、产品说明等，例如对商品所作的现场演示，在经营场所作的文字标注或说明，通过新闻媒介所作的不同于广告的宣传报道等等。宣传的内容往往表现为对产品的性能、功效、来源、技术标准等的描述。

一般而言，下列行为可以认定为虚假宣传：

①所宣传的内容虽然是真实的，但是由于该项内容是片面的，不能全面反映所宣传的商品的真实情况；

②使用“最高级”、“最佳”等含有排斥竞争对手的文字；

③将科学上未定论的观点、现象等当作定论的事实，用作对商品质量、性能、用途等的宣传；

④以含糊、模棱两可或者歧义性的语言进行商品宣传。

(2) 能够造成“引人误解的”后果。“引人误解”中的“人”是消费者，即虚假宣传行为的受众，其划定范围要根据消费内容来定。对于普通的产品或服务，即是一般的消费者；对于专业性产品，则根据的是专业人士的专业注意力进行判断。

虚假宣传行为错误地向消费者和客户传达商品或服务的信息，欺骗和误导了消费者，剥夺了竞争对手的交易机会，增加了自己的市场份额，其侵害的对象有时是具体的，有时又是不确定的广泛的市场竞争关系。为了严惩虚假宣传行为，不仅从事虚假宣传行为的经营者应当承担法律责任，而且有关媒体在一定的情况下也应当承担一定的法律责任。根据《反不正当竞争法》的规定，广告媒体的经营者，在明知或者应知存在虚假宣传的情况下而代理、设计、制作、发布虚假广告的，执法机关应当责令停止违法行为，没收违法所得，并依法处以罚款。

五、侵犯商业秘密的行为

1．商业秘密的概念和构成条件

商业秘密，是指不为公众所知悉、能为权利人带来经济利益、具有实用性并经权利人采取保密措施的技术信息和经营信息。商业秘密本质上是一种技术或经营上的信息，故分为技术秘密和经营秘密。商业秘密的持有人是通过一定的精力、金钱投入而获得这些商业秘密的，并借助这些商业秘密，得以维护其在市场中的优势竞争地位。为了鼓励人们创新，各国法律都对商业秘密加以保护。

商业秘密的构成要件包括：

（1）商业秘密具有秘密性。商业秘密的秘密性，是指作为商业秘密的信息必须是不为公众所知悉的信息。商业秘密是一种未公开的属于创造人、持有人所有的无形财产。当然对这种秘密性不能作绝对的理解，只能是相对的理解，商业秘密并不是除所有人外在国际国内绝对没有人知悉，而是在本行业内未众所周知，并且知悉商业秘密的人还都具有约定或法定的义务保守该商业秘密。

（2）商业秘密具有实用性并能够为权利人带来竞争优势。“具有实用性并能够为权利人带来竞争优势”是强调商业秘密所具有的商业价值，可以体现为经济利益的增加，也可以体现为某种竞争优势。商业秘密能够为权利人带来现实的或潜在的经济价值，如能够为权利人提高生产率、降低生产成本，带来更多的客户源或简化生产、运营程序等等，从而能够使权利人因此而获取市场竞争中的优势地位。当然，商业秘密还应当具有实用性，实际上商业秘密的价值也只有在使用的过程中才能产生和体现出来。

（3）商业秘密须经权利人采取保密措施。所采取的保密措施被理解为是合理的、具体的、有效的措施。这些保密措施包括签订保密合同、建立保密制度、加强保密教育等等。如果经营者将有关信息资料放在容易被别人得到的地方而不是采取严格的保密措施，那么该信息即使具有经济价值，也不属于商业秘密。

2．侵犯商业秘密行为的类型

根据《反不正当竞争法》的规定，侵犯商业秘密的行为主要包括：

（1）以盗窃、利诱、胁迫或者其他不正当手段获取权利人的商业秘密。

（2）披露、使用或者允许他人使用以前项手段获取权利人的商业秘密。

（3）违反约定或者违反权利人有关保守商业秘密的要求，披露、使用或者允许他人使用其所掌握的商业秘密

第三人明知或者应知前款所列违法行为，获取、使用或者披露他人的商业秘密，视为侵犯商业秘密。

六、诋毁商业信誉的行为

诋毁商业信誉的行为，是指经营者捏造、散布虚伪的事实，损害竞争对手的商业信誉、商品声誉的行为。商业、商品信誉是市场主体的无形财产，也是市场主体

的一种荣誉权。良好的商业信誉是市场主体长期努力的结果，是市场主体获取竞争优势的源泉。但是一些不法经营者，意图通过诋毁竞争对手商业、商品信誉的方式方法使竞争对手处于不利的竞争地位而难以和自己形成竞争，并有可能将竞争对手排挤出去，从而构成了一种不正当竞争行为。诋毁商业信誉的行为是通过虚假宣传行为而进行的，因此它与前面所讲的虚假宣传行为具有密切的联系，但是又有一些不同之处。诋毁商业信誉在使用的方法上与前述的虚假宣传行为相同。“虚伪事实”在理解上与上述“虚假宣传”的情况类似，不仅包括虚假的事实，也包括其他引人误解的事实。

诋毁商业信誉的行为具有如下特点：

（1）诋毁商业信誉的行为一般发生在直接的竞争关系中，具有明确的竞争对象，商业诋毁行为的对象是特定的同类竞争者。

（2）诋毁商业信誉的行为中的宣传除了涉及自己的产品或服务之外，更多的是涉及竞争对手的商品或服务。

（3）诋毁商业信誉的行为的性质一般是“贬损性”的，通常都是通过片面介绍、夸大事实、歪曲产品服务性能等方式来贬低竞争对手的商品或服务的，丑化竞争对手的商业形象、降低其商业信誉，以此来达到降低竞争对手的竞争能力的目的。

七、不正当有奖销售

有奖销售，是指经营者销售商品或者提供服务时，附带性地向购买者提供物品、金钱或者其他经济上的利益的行为。有奖销售包括附赠式和抽奖式两种类型。附赠式有奖销售是奖励购买一定价值的商品或接受一定价值的服务的所有购买者的有奖销售，获奖带有必然性。抽奖式有奖销售是给予购买一定价值的商品或接受一定价值的服务的购买者可能获得奖励的机会的有奖销售，获奖带有偶然性。

不正当有奖销售借助于奖品或奖金的诱惑力，利用消费者的好奇、投机心理或者错觉来争取交易机会，会误导消费者的消费选择，往往会使消费者购买了其并不需要的产品或接受了其并不需要的服务，并破坏了与其他经营者的竞争关系，应当加以禁止。

我国《反不正当竞争法》规定的不正当有奖销售行为有以下几种：

（1）欺骗性有奖销售行为。欺骗性有奖销售行为表现为：谎称有奖销售或者对所设奖的种类，中奖概率，最高奖金额，总金额，奖品种类、数量、质量、提供方法等作虚假不实的表示；采取不正当的手段故意让内定人员中奖；故意将设有中奖标志的商品、奖券不投放市场或者不与商品、奖券同时投放市场；故意将带有不同奖金金额或者奖品标志的商品、奖券按不同时间投放市场；省级工商行政管理机关认定的并报国家工商行政管理总局备案的其他欺骗性有奖销售行为。

（2）利用有奖销售手段推销质次价高的商品。“质次价高商品”是指被指定的经营者所销售的商品属于不合格商品，或者属于质量与价格明显不符的合格商品，即商品虽然合格但其价格明显高于同类商品的通常市场价格。而同类商品的通常市场价格是指政府定价、政府指导价或者同期市场同类商品的市场价格。这里所指“质次价高”，由工商行政管理机关根据同期市场同类商品的价格、质量和购买者的投诉进行认定，必要时会同有关部门认定。

（3）最高奖超过五千元的抽奖式有奖销售。前面所述的两种不正当有奖销售既适用于附赠式有奖销售，也适用于抽奖式有奖销售，这种不正当有奖销售只适用于最高奖超过五千元的抽奖式有奖销售。抽签、摇号是典型的抽奖式有奖销售方式，但抽奖式有奖销售并不限于这些方式。在有奖销售中，凡以偶然性的方式决定参与人是否中奖的，均属于抽奖式有奖销售。而偶然性的方式是指具有不确定性的方式，即是否中奖只是一种可能性，即可能中奖，也可能不中奖，是否中奖不能由参与人完全控制。最高奖超过五千元的抽奖式有奖销售一律应加以禁止，如果是以非现金的物品或者其他经济利益作为奖励的，按照同期市场同类商品或者服务的正常价格折算其金额。

八、不正当竞争行为的法律责任

不正当竞争行为的法律责任是指由于行为人违反了竞争法的有关规定，所应承担的法律责任。根据我国《反不正当竞争法》的有关规定，行为人从事了不正当竞争行为应当承担下列法律责任：

（1）民事法律责任。民事法律责任是指不正当竞争的行为人因给其他经营者造成的损害而进行赔偿的责任，这种损害既有直接的损害，又有间接的损害；既有经济损失，又有精神损害。《反不正当竞争法》规定，经营者违反本法规定，给被侵害的经营者造成损害的，应当承担损害赔偿责任，被侵害的经营者的损失难以计算的，赔偿额为侵权期间因侵权所获得的利润；并应当承担被侵害的经营者因调查该经营者侵害其合法权益的不正当竞争行为所支付的合理费用。被侵害的经营者的合法权益受到不正当竞争行为损害的，可以向人民法院提起诉讼。

（2）行政法律责任。行政法律责任主要是指不正当竞争行为的监督检查机关对不正当竞争行为的实施者所给予的行政处罚。如强制停止虚假广告宣传行为；对假冒名优商品、商标、擅自使用知名商品特有的名称、包装、装潢、制作、发布虚假广告等行为所得的利润加以没收；对擅自制作知名商品特有的名称、包装、装潢，对采用财物或其他手段进行贿赂，对违反规定的有奖销售，对侵犯他人商业秘密等不正当竞争行为给予金额不等的罚款；如果不正当竞争行为者经教育不改，给他人造成经济损失或其他影响的，可以吊销其营业执照。我国对不正当竞争行为进行监督检查的部门主要是县级以上的工商行政管理部门。此外，也包括法律、行政法规规定的有权进行监督检查的其他部门，例如国家质量监督检验检疫总局有权对有关质量的不正当竞争行为进行监督，国家知识产权局有权对与专利和出版业等有关的不正当竞争行为进行监督，监察部、公安部、建设部、文化部等部委依法也有权对与其职能、行业相关的不正当竞争行为进行监督。

（3）刑事法律责任。不正当竞争行为情节严重，造成重大损失的，应当承担刑事责任。《反不正当竞争法》规定，销售伪劣商品，采用贿赂手段销售或购买商品或服务，情节严重，构成犯罪的，依法追究刑事责任。监督检查部门工作人员，滥用职权，玩忽职守和徇私舞弊，故意包庇犯罪行为人不受追诉构成犯罪的，依法追究其刑事责任。我国新修订的《刑法》还规定了侵害他人商业信誉、商品声誉罪、虚假广告罪、侵犯商业秘密罪。

第三节 限制竞争行为

一、反垄断法中的市场

1. 市场概念

限制竞争行为能否成立，是否应该受到法律的制裁，往往取决于具体案件中相关市场的界定。一般而言，反垄断法中的市场，是指相互间存在着竞争关系的产品或服务的类别范围和空间范围。经济合作与发展组织（OECD）作出了下列描述："市场界定有两个基本方面：（1）产品市场，即成为一类的产品；以及（2）地理市场，即成为一类产品的地理区域。"因此，相关市场就是展开竞争的产品和区域，具体可以分为相关产品市场和相关地域市场。

（1）相关产品市场。相关产品市场，是指能够与某种产品发生竞争关系的同类产品或服务的市场。当企业向市场推出产品时，不仅要与市场同类产品竞争，还要与市场中存在着替代关系的其他产品进行竞争。产品之间的替代程度越高，相关市场的范围就越大；反之，相关市场的范围就越小。产品的特性、用途、价格和消费者的偏好直接影响着产品的替代程度和产品市场范围的大小。

（2）相关地域市场。相关地域市场是指具有竞争关系的产品或服务所存在的地理区域。相关地域市场的范围界定受到地域大小的影响，因为空间上的障碍，使得市场竞争条件不同，所以在不同地域内的相同产品之间很可能是不存在竞争关系的；反之，在同一地域市场，产品竞争条件相同，相关产品才能竞争。相同产品根据竞争条件的异同，划分相互独立的地域市场。影响相关地域市场划分的因素有以下几方面：

①产品运输成本；

②产品特性；

③消费者的偏好；

④法律、法规限制，因法律法规、税收、货币政策的不同，使同一产品在不同的国家、地区的市场竞争条件不一致。

2. 市场分析在认定限制竞争行为中的重要作用

相关市场的分析在反垄断法的实施中具有重要的意义。一切垄断行为的确定都须从市场分析开始，对于同一涉案企业，若认定的相关市场范围比较大，则涉案企业产品的市场占有率较低，很可能认定该企业的行为就不违法。反之，若将相关市场的范围界定的足够小，那么一个微不足道的企业也可能被认定具有较高市场占有率，从而受到反垄断法的规制。例如，一个生产鞋子的企业，它的产品可能种类很多：男人鞋、女人鞋、老人鞋、成人鞋、儿童鞋、婴儿鞋、高档鞋、低档鞋等等，如果将所有的鞋子不加细分界定为一个市场，则该市场的范围就非常大，企业的市场份额就会较小。但是如果对这些不同种类的鞋子分别界定市场，分别加以分析，则该市场范围就很小，企业就会具有较高的市场份额。下文所述的三种经济性垄断无一不和市场分析有关：对滥用市场支配地位的指控能否成立完全取决于是否具有“市场支配地位”这一构成要件；企业合并是否应该被制止也完全取决于合并后的企业的市场份额是否达到了实质性地影响了市场竞争的程度；某一卡特尔是否应该受到制裁也要看该卡特尔是否实质性地限制了市场竞争，中小企业卡特尔往往会得到豁免。所以反垄断是离不开市场分析的，反垄断的基础在于经济分析。

二、限制竞争的协议

1. 限制竞争协议的概念

限制竞争的协议是严重的限制竞争行为之一，也是各国国家反垄断法中的一个重要的规制对象。各国对它的定义虽然不尽相同，但整体意思基本一致，一般认为：限制竞争的协议是指市场主体或其利益代表者，通过协议的方式以排除或限制竞争，谋取超额利益的行为。

限制竞争的协议一般通过协议、决议和一致行动三种方式表现出来。协议的方式，是指在经济上、法律上都具有独立性的成员共同签订的限制竞争的合同。决议的方式，是指行业协会等发布的对成员都具有约束力的限制竞争性文件。一致行动的方式，是指两个或两个以上的市场主体虽然没有明示的协议，但却根据共同的意思联络，心照不宣地采取一致的限制竞争的行为。

限制竞争的协议的内容涉及共同决定产品或服务的价格、产量、销量、技术标准、交易对象、销售区域等等。限制竞争的协议的目的是限制彼此之间的竞争，共同谋取超额利润。

2. 限制竞争协议的类型

限制竞争的协议有以下几种类型：

（1）卡特尔。卡特尔是指横向协议，是由处在相同生产阶段的经营者，即具有竞争关系的经营者之间所订立的协议，也称水平性协议。卡特尔包括但不限于：价格卡特尔、数量卡特尔、地区卡特尔、技术卡特尔、联合抵制卡特尔。价格卡特尔，即确定、维持或者变更商品价格的卡特尔；数量卡特尔，即限制商品的生产或者销售数量的卡特尔；地区卡特尔，即分割销售市场或者原材料采购市场的卡特尔；技术卡特尔，即限制购买新技术、新设备或者限制开发新技术、新产品的卡特尔；联合抵制卡特尔，即所有成员一致共同抵制交易。

（2）纵向限制竞争协议。纵向限制竞争协议，是指位于不同生产阶段的上下游企业达成的限制竞争协议，也称垂直协议，比如制造商和销售商订立的协议，批发商和零售商订立的协议。纵向限制竞争协议主要有纵向价格协议，例如限制转售价格的协议，独家销售协议，知识产权许可中的限制性协议等等。因为纵向协议自身危害性不大，各国法律基本上不全面禁止，但是如果经营者在交易活动中，限定向第三人转售商品的价格或者设定实质性排除、限制竞争的其他交易条件的还是应该加以禁止的。

（3）串通招投标。串通招投标是指经营者在招投标过程中串通招投标，排除或者限制竞争的行为。串通招投标包括串通投标和串通招标两种类型，前者是指投标者之间的串通行为，后者是指投标者与招标者之间的串通行为。

串通招投标的内容通常是：

①抬高或者压低投标标价；

②轮流以高价位或者低价位中标；

③其他损害招标者利益或者社会公共利益的行为；

④擅自开启标书，获取其他投标者的报价或者其他投标条件；

⑤非法获取或者泄露招标底价等暂不公开的信息；

⑥通过贿赂等不正当手段，在审查、评选标书时，对同样的标书实行差别对待。

3. 限制竞争协议的豁免

当限制竞争性协议以限制市场竞争而获取高额利润为目的时，就会对有效竞争产生巨大的负面影响，如价格卡特尔、数量卡特尔、划分市场的卡特尔等。这些限制性协议限制了竞争，减少了原本相互竞争的经营者之间对于价格、质量、产量或技术创新等的竞争热情，并且其参与者也可以不经竞争就获得相应的市场份额，使市场失去优胜劣汰的自我调节功能。因此，这些有损于有效竞争的卡特尔是要坚决予以规制的。

但是为确保整体市场更好的发展，竞争者有时是需要进行联合的。例如卡特尔还有很多的积极作用，如提高效率、降低风险、创造新的产品或营销方式，降低成本，帮助企业走出困境等等。这些积极作用可以归为两类，一是技术进步，也就是说当企业联合起来的时候，可以互相弥补不足，充分利用社会资源，取得以单独企业实力无法取得的技术成果，从而可以有效推动人类技术进步与发展。二是规模经济，即企业的联合相当于扩大了生产规模，从而可以极大地降低成本。这样也有利于整体产品价格的下降，最终使消费者获益。

所以对于那些对有效竞争具有积极作用的限制竞争协议应该予以适用反垄断法豁免。可豁免的限制性协议是指有些协议尽管符合法定的要件属于应禁止行为，但由于某种原因或在某种条件下可以经批准获得豁免的协议。不过可豁免的限制性协议应具备以下几个条件：第一，协议参加者的目的是为了维护自己的生存，提高竞争力，而不是故意限制竞争以获取高额利润；第二，协议的方式是公开的，而不是秘密共谋；第三，可豁免的协议对竞争应该是无损害的，或者其宏观的利益高于局部的对竞争的损害；第四，协议的豁免必须经过一定的程序，方可得到批准。一般由当事人向特定的机关报告并提出申请，经审核后予以批准。

《中华人民共和国反垄断法（草案）》（以下简称《反垄断法（草案）》）第十一条对垄断协议的豁免作出了规定："经营者为实现下列目的达成的垄断协议，可以豁免：（一）为改进技术、研究开发新产品的；（二）为提高产品质量、降低成本、增进效率，统一产品规格、标准的；（三）为提高中小经营者的经营效率、增强中小经营者的竞争能力的；（四）为实现节约能源、保护环境、救灾救助等社会公共利益的；（五）为增强出口商品在国际市场上的竞争力的；（六）在经济不景气时期，为缓解销售量严重下降或者生产明显过剩的。"

该草案还同时规定限制性协议要想得到豁免，经营者应当证明：

（1）垄断协议是为了实现前款规定的目的，并且是为实现该目的必须采取的。

（2）能够使消费者公平分享由此产生的利益。

（3）不会严重排除相关市场的竞争。

三、滥用市场支配地位

1. 滥用市场地位行为的概念

滥用市场支配地位是指企业凭其市场支配地位实施的限制或者排除市场竞争的行为。市场经济的本质在于竞争机制的有效运行，而具有市场支配地位的企业可以凭借自身的力量而不顾市场上其他竞争者的行为，自由决定市场价格、产量等，自由地限制市场竞争。

企业滥用市场支配地位的行为会严重地影响市场竞争秩序：

首先，具有支配地位的企业失去了竞争动力，降低了前进意识，怠于发展新科技和提高生产效率。

其次，滥用市场支配地位的企业还会威胁到中、小企业的生存。由于中、小企业具有生产能力较低、物质条件较差、生产成本较高、组织结构不稳定、竞争力较低等缺点，所以支配企业只要稍微调整其市场行为，就会影响到整个相关市场的经济，影响到中、小企业的利润，甚至影响了中、小企业的存亡。

2. 市场支配地位的认定

市场支配地位，又称市场优势地位或市场控制地位，是指企业在前述的相关产品市场和地域市场上，拥有决定产品产量、价格和销售条件等各方面的控制能力。市场支配地位的认定要考虑多方面的因素，如特定相关市场上新竞争者进入市场的障碍、企业的规模和财力、企业转向生产其他产品的可能性、交易对手转向生产其他产品的可能性以及市场行为等，但是市场份额在确定市场支配地位中仍然具有决定性的意义。很多国家都是根据市场份额的多少来界定市场支配地位的。下表列举了一些国家的反垄断法（包括我国的《反垄断法（草案）》）认定市场支配地位的市场份额标准：

各国或地区反垄断法	德国	英国	日本	俄国	中国（草案）	中国台湾
对具有市场支配地位的市场份额的规定	就某种特定的商品和劳务： ①一个企业在大多数情况下具有三分之一的市场比重； ②三个或三个以下的企业共同拥有百分之五十或百分之五十以上的市场比重； ③五个或五个以下的企业共同拥有三分之二或三分之二以上的市场比重	特定商品或劳务的供给，由一家企业或一群没有竞争关系的企业提供四分之一以上的产品	①一事业人市场占有率二分之一以上者； ②二事业人市场占有率达四分之三以上者	一个或若干企业在特定市场中，其市场份额超过百分之六十五	①一个经营者的市场占有率达到二分之一以上的； ②二个经营者的市场占有率达到三分之二以上的； ③三个经营者的市场占有率达到四分之三以上的	①一事业占有率二分之一以上者； ②二事业占有率三分之二以上者； ③三事业占有率四分之三以上者

3. 滥用行为

支配地位本身并不是违法的，只有当具有支配地位的企业又无视市场价格规律、竞争对手和消费者的反应而为显著独立的行为，排除了市场的有效竞争，破坏了市场的公平竞争时，才会受到法律的规制。因此，构成反垄断法所规制的滥用市场支配地位，不但要求企业具有市场支配地位，还要要求企业滥用了支配地位，实际上法律制裁的正是企业的这些滥用支配地位的违法行为。当然，法律应允许支配企业以合理的理由作为抗辩，如果支配企业能够证明其行为不损害市场竞争，或者所带来的正面效应远大于负面效应，则该行为不构成滥用。纵观各国反垄断法，有的对滥用行为的规定比较概括抽象，有的明确列举了数种典型的滥用行为，但不管采用何种体例，实际操作中一般都包含有以下五种滥用行为：

（1）超高定价。超高定价是传统的滥用行为，是在市场上占有支配地位的企业利用其支配地位将产品的价格定在超过竞争水平之上的行为，从而获取超过竞争水平之上的利润。在竞争市场上，合理的定价是结合产品成本而定的，不合理地超过产品成本的价格就是超高价格。具有市场支配地位的企业因超高定价所获得的高额利润是侵害和剥削消费者利益的行为。

（2）掠夺定价。掠夺定价是指具有市场竞争地位的企业把其产品价格定在生产成本之下，在其竞争对手被排挤出市场后，再提高价格，获取高额垄断利润的滥用行为。我国《反不正当竞争法》对此行为规定为低价倾销，此行为的意图在于通过降低销售价格，使竞争对手丧失市场，从而独占某一市场份额或者扩大自己市场份额。至于企业在实施滥用行为时因低价所受到的损失，它会在达到垄断地位后弥补，而此弥补却是从消费者那里掠夺来的。

（3）歧视行为。歧视行为是指具有市场支配地位的企业没有正当理由地对具有相同条件的不同企业要求不同的交易条件。歧视行为可以是对交易要求附加条件，也可以是价格歧视，实践中以歧视价格为主。歧视价格是要求不同买家支付不同价格或者是对不同的卖家支付不同价格的行为。

（4）拒绝交易。拒绝交易行为主要指的是占有市场支配地位的企业拒绝向交易相对人提供产品和服务的行为。拒绝交易也可以称之为选择性交易，居于交易主导地位的企业可以选择某些或某一个企业与之交易，而拒绝与另一些企业交易。拒绝交易使交易相对人与其竞争对手处于不平等的地位，阻碍了交易相对人在相关市场上的公平竞争。

（5）搭售。搭售是指具有市场支配地位的供货企业强迫购买方违背自己的意愿接受本不需要的产品或者服务的行为。一般认为，购买方在购销活动中想要购买的产品称之为结卖品，被迫接受的产品称之为搭卖品。搭售行为使购买方无法自由地交易，属于限制竞争行为，受到反垄断法的规制。

四、控制企业合并

1. 企业合并的概念

企业合并是兼并和收购的简称，在反垄断法上一般对其进行广义的界定，泛指以取得企业财产权与经营权为目的的并购、股票买入、营业权买入等活动，即个人、团体或者企业成为另一企业资产的所有者或取得其经营支配权的一项或多项活动的总称。

2. 企业合并的具体形态

（1）直接并购，即一个企业通过购买、承担债务或者以其他方式取得另一个企业全部或相当部分的财产。

（2）取得股份，即一个企业取得另一个企业股份达到一定百分比或掌握另一企业一定份额的表决权，通过控股的方式来对被控股企业施加支配性影响，法律应当对取得的股份在量上作适当的规定。

（3）订立合同，即企业与企业之间通过订立的有关承包、租赁及委托经营等协议的方式来达到影响、控制另一个企业的目的。

（4）高层兼任，即企业的管理或监督机构一半以上职位同时由对方企业的领导班子任职，从而使两企业产生协调性的关系。

（5）其他形式，例如通过购买债权、订立供货合同、确定管理和投资计划等行为，以及建立合营企业等可能使一企业受制于另一企业的行为。可见，反垄断法中的企业合并在外延上要大于公司法中的吸收和新设合并，其包括一个企业直接或间接地对他企业发生支配性影响的所有联合方式。

另外，基于合并对市场竞争的危害性大小不同，反垄断法还将合并分为横向（水平）合并、纵向（垂直）合并、混合合并等三种。

3. 对企业合并予以控制的意义

在市场经济中，企业的发展有内聚式扩张和外延式扩张两种途径。各国都鼓励企业通过自身的积累，依靠自己的力量走内聚式发展道路。外延式的发展途径，使得企业通过合并、兼并其他企业，依靠外部力量得以扩展。一方面，企业虽然能够通过合并迅速扩张，获取规模经济效益和提高国际竞争力；但另一方面，企业合并不仅消除了参与合并的企业之间的竞争，而且由于经济力量的集中和市场结构的改变，企业合并容易产生或加强市场支配力量，从而排除或限制竞争，妨碍经济民主，而经济民主被视为自由经济的灵魂。因此，企业合并行为需要由法律加以规制。

从各国反垄断立法的发展趋势来看，横向合并由于会提高市场的集中度，排除相关企业之间的竞争，因此世界各国的反垄断立法都对其加以限制，以避免市场结构的过度集中和形成垄断，从而破坏经济民主，妨碍有效竞争。而对纵向和混合合并，则采取了较为宽容的态度。

4. 合并申报

合并申报，是指达到一定规模的合并必须向反垄断执法机构提出申报。并不是所有合并都需要申报，只有达到了一定规模的合并才需要申报。合并申报制度一方面使得反垄断执法机构可以掌握市场中经济集中的情况，另一方面还可以使得反垄断执法机构有机会对一些合并加以审查，从而决定是否批准该合并。德国《反限制竞争法》第 35 条第 1 款规定，有关企业的合并，在合并之前的最后一个年度参与合并的企业在全世界范围内的总销售额超过十亿德国马克，并且至少一个参与企业在德国国内的销售额超过五千万德国马克的，该项合并在合并之前必须向执法机构提出合并申报。美国 1976 年《哈特—斯科特—罗迪诺反垄断修订法》也规定了合并申报制度，如果一个年销售额或资产在一千万美元以上的制造商被一个资产或年销售额达一亿美元的企业并购，或者合并企业取得了被合并企业有表决权的有价证券或总资产不低于一千五百万美元，或合并企业取得了被合并企业百分之十五以上的有表决权的有价证券或资产时，那么该企业合并就应当事先向司法部反托拉斯局或联邦贸易委员会提出申报。

5. 合并审查与批准

反垄断执法机构在收到企业的合并申报后，必须在一定期限内对该合并加以审查并作出是否批准该合并的决定。一般来说，反垄断执法机构在决定是否应该批准一项合并时要考虑以下因素：

①参与合并的经营者在相关市场上的市场份额及其对市场的控制力；

②相关市场的集中度；

③经营者集中后对相关市场竞争的影响；

④经营者集中后对市场进入、技术进步的影响；

⑤经营者集中后对消费者、上下游经营者的影响；

⑥经营者集中对经济效率的影响；

⑦经营者集中对国民经济发展和社会公共利益的影响等等。

五、行政性垄断行为

1. 行政垄断的概念

行政垄断，是指行政机关，尤其是国家授权的经济管理部门滥用行政权力限制市场主体公平竞争的行为。行政权力是国家授权的一定的机构或组织管理社会、政治、经济和文化等的权力。行政权力如果被滥用限制了市场竞争就是行政性垄断。可见行政性垄断并不是指行政机关自身的垄断，而是行政权力延伸到了市场导致的某一市场出现了垄断现象，其最终还是表现为市场主体的经济性垄断。

由于行政权力具有强制性、效果的直接性和效力的普遍性等特点，所以行政性垄断较之于经济性垄断的危害性更大。我国正处在社会经济制度的转型期，行政垄断一方面已经成为我国目前国内垄断的主要形式，严重地阻碍了我国经济以至民主制度的建设，破坏了统一大市场的形成，侵蚀了经济效率，助长了腐败之风。另一方面，行政垄断又往往和拥有的特权的官僚阶层有着密切的联系，有时候行政垄断又是官僚阶层贪污腐化的工具和手段。所以，我们要依法制止行政垄断行为。

2. 行政垄断的表现形式

现实中行政性垄断主要表现为如下形式：

(1) 地区壁垒。又称地方保护主义，即地方政府及其所属部门滥用行政权力，限制外地商品、资金、技术、人员进入本地市场，或者本地商品、资金、技术、人员流向外地市场。

(2) 部门壁垒。又称部门垄断、行业垄断，即政府及其所属部门滥用行政权力，限制经营者的市场准入，以排除或限制某一行业（部门）市场竞争的行为。大企业、企业联合组织和企业建立的自律性的行业组织实施的贸易壁垒，可以形成行业垄断，行政机关滥用行政权力，限制某一行业或某些业务的市场准入，也可以构成行业垄断。

(3) 行政性经济集中。一般来说，国家对经济集中的控制传统上属于经济性垄断的范畴，但是如果政府对不同性质的企业的经济集中采取歧视性的控制政策，比如在同等条件下政府对某类企业的合并采取较宽松的政策，甚至于怂恿、扶持这类企业合并而对另类企业的合并则采取较严格的政策，甚至于是禁止该类企业合并，那么国家的这种控制经济集中的政策就是行政性垄断行为，而不属于经济性垄断了。

(4) 抑制竞争。抑制竞争是指行政机关滥用行政权力，强制经营者从事排除或者限制市场竞争的行为。以我国电信业为例，1994 年中国联通公司进入电信业，打破了中国电信的独家垄断，2002 年中国电信又进行了南北拆分，到目前我国电信业已形成了中国联通、中国移动、中国网通等多家企业共同经营的局面，表面上看竞争局面已经形成。但是事实上，这些电信企业的竞争却受到了主管部门的抑制。例如，中国联通公司手机单向收费的电信业务多次被主管部门叫停，某些电信企业对电信收费实行的打折等竞争性行为也受到了主管行政机关的制止。

（5）指定交易。指定交易是指行政机关滥用行政权力，限定他人购买其指定的经营者的商品，接受其指定的经营者提供的服务，如某一房屋管理部门规定辖区范围内的商品房的测绘工作只能由其指定的测绘机构来完成。

3. 行政垄断的危害

我国长期实行计划经济体制，政府被赋予了强大的经济职能。然而，在市场经济体制的今天，经济活动应更多地依靠市场来调节。但是由于一些政府部门及其官员仍然受旧观点的束缚，不愿意退出市场，这形成了市场中的行政垄断。这些行政垄断，破坏了大市场的统一，损失了经济效率，并助长了行政机关的腐败之风，对整个社会经济造成了不可估量的危害：

（1）行政垄断破坏了统一大市场的形成。市场经济体制要求全国必须建立统一的大市场，实现商品、人员、服务和资金能在全国范围内自由流动。目前的行政垄断所造成的地区壁垒，人为地分割了市场，阻碍了商品、人员、服务和资金等在全国范围内的自由流动，严重地破坏了经济发展。最近巴黎国际研究和发展中心的经济学家庞赛特的一份研究报告揭示了我国地区壁垒大约相当于欧盟各国之间，或是加拿大和美国之间的水平。

（2）行政垄断侵蚀了经济效率。市场经济的源泉在于竞争，竞争是市场经济的灵魂。竞争能够给企业以压力和动力，促使企业加大科技开发，改善产品质量、降低产品成本，提高生产运营的效率。行政垄断在某些行业高筑起了行业壁垒，在这些行业内消除或降低了竞争，使一些企业免受了竞争的压力和动力，结果却大大地降低了这些企业的生产运营效率。例如中国电信的资费居高不下，使用效率相当低，中国电信拥有用户是德国的1.4倍，但德国的营业收入却是我国的2.8倍。另外还有研究表明，1996年我国垄断行业价格与1985年相比均有大幅度上涨，而且上涨幅度大大高于通货膨胀率，但是我国电力工业资金利税率与1985年相比却下降了54.58%，铁路运输亏损13.8亿元，与1985年盈利64亿元相比，减利120%，市话亏损35.6亿元，邮政亏损70亿元，可见垄断行业的利润在不断下降。

（3）行政垄断助长了腐败之风。每一个行政垄断的背后，都隐藏着一个部门、一个地区、甚至于个人的经济利益、政治利益。在维护既得利益之驱动下，一些行政机关及其工作人员，甚至一些握有重权的高官甚至会反对制定反垄断法。行政性垄断的背后多半都隐藏着严重的腐败现象。行政性垄断都是受不正当利益驱动的，不管是经济利益还是政治利益，不管是单位利益、地方利益还是局部利益。例如，政府部门强制交易，往往是为了下属单位的利益，也是为了自己的“小金库”的利益；地方封锁也往往以发展地方经济、保护地方利益为名。更为严重的是，伴随着行政垄断的往往是行政机关及其工作人员主动或者被动的行贿、受贿、索贿现象。在行政许可、地域封锁、部门封锁等过程中往往充斥着钱权交易，造成了严重的“权力商业化”。在行政垄断笼罩的经济领域，一些企业不是靠加大科研投入、提高产品质量、降低生产成本等来提升自己的竞争优势。他们采取的措施往往是跑关系、走门子、以重金收买等手段以“捕获”行政机关的决策人员，从而使这些行政机关制定出有利于自己的法规、规章和制度，这样就依靠行政机关的“合法”的行政决策来使自己获取某种竞争优势。

六、限制竞争行为的法律责任

限制性竞争行为破坏了市场经济的竞争秩序，不仅会损害社会整体利益，有时还会损害到特定的社会个体的利益。为了惩罚违法行为，防止垄断行为继续损害市场，反垄断法规定了不同的法律制裁方式。我国目前还没有较完善的反垄断法，但统观欧美等发达市场经济国家的经验，各国反垄断法一般都对限制性竞争行为规定了以下制裁措施：

（1）颁发禁令。执法机构通过调查和判断，对实施限制竞争行为的企业下达禁止令，让企业停止危害市场竞争秩序的行为。因垄断行为受到损害的企业也可请求执法机构对实施垄断行为的企业颁发停止侵害等措施。

（2）拆分占有市场支配地位的企业。企业之所以会实施滥用行为，以及损害市场竞争，是因为企业拥有的市场支配地位。将大企业拆分为若干个企业，使每个企业的市场份额均不构成优势地位，增加了相互的竞争对手。拆分后，企业不具有支配地位，即使它再实施了滥用行为，交易相对人可以转向其他的竞争企业。

（3）赔偿损失。交易双方具有平等的交易地位，某一方的行为侵害到对方的利益，应该承担相应的民事责任补偿对方的损失。承担民事责任首先要停止侵害行为，其次就是赔偿损失。我国《反垄断法（草案）》第六十一条规定：“经营者违反本法规定，损害他人合法权益的，应当承担损害赔偿责任。赔偿额度为受害人的实际损失和可预期的利益。受害人的损失难以计算的，赔偿额为侵权人在侵权期间因侵权所获得的利益。”

（4）罚款。对于实施严重限制性竞争行为的企业，需要对其进行经济制裁。罚款是让行为主体在违反了反垄断法后承担的行政责任。我国《反垄断法（草案）》规定罚款额为十万至一千万元人民币。企业实施垄断行为的目的就是获取高额的垄断利润。对违法企业实施高额罚款，让它们没有利润可图，使其失去实施垄断行为的积极性，可以从根本上抵制限制竞争行为。

（5）刑罚。许多国家的反垄断法都规定了用刑罚的方式惩罚实施垄断行为构成犯罪的企业和个人。多数国家只规定了罚金刑，只有少数国家还规定了有期徒刑。美国《谢尔曼法》规定：法院可以判处犯罪企业一千万美元以下的罚金，判处犯罪个人三十五万美元以下的罚金或三年以下的有期徒刑，或者罚金与监禁并罚。

思 考 题

1. 竞争法与市场竞争的关系是什么？
2. 反不正当竞争法和反垄断法有什么区别？
3. 何为商业秘密，侵犯商业秘密的行为有哪些？

4. 如何区分虚假宣传行为和商业诋毁行为？
5. 如何理解反垄断法中市场的含义？
6. 何为滥用市场支配地位的行为？
7. 限制竞争协议豁免适用的条件有哪些？
8. 行政垄断行为具有哪些危害？

第十一章

产品质量法律制度

本章提要

本章内容以《中华人民共和国产品质量法》（以下简称《产品质量法》）为基础，主要介绍该法的调整对象和适用范围、质量监督管理的基本体系和制度、产品生产者和销售者的质量责任，以及缺陷产品造成消费者损害后的责任承担等基本问题。

第一节　产品质量法概述

一、产品和产品质量

1. 产品

以最概括的方式来说，产品就是人类劳动创造出来的成果。随着劳动方式的不同，产品也表现为不同的形式，例如有物质产品，有精神产品。我们现在一般意义上讲的产品，是指人们通过有目的的劳动而生产制造出来的物质资料，即有形的物质产品，不包括精神产品。物质产品的种类也很多，它可以是商品，也可以是非商品；可以是动产，也可以是不动产；可以是工业产品，也可以是农业产品、手工艺品及建设工程等。《产品质量法》并非适用于所有的产品，因而这里讲的“产品”比一般意义上的产品范围要小。根据《产品质量法》的规定及国家技术监督局（现为国家质量监督检验检疫总局）发布的《中华人民共和国产品质量法条文解释》，对适用《产品质量法》的产品应做如下理解：

（1）本法所称产品是指经过加工、制作，用于销售的产品。首先，产品必须是经过加工、制作的，即经过工业加工、手工制作等生产方式改变原材料、毛坯或半成品的形状、性质或表面状态使之达到规定的要求。未经加工的天然形成的物品，如原油、原煤、石油、天然气等以及初级农产品等不适用本法。其次，产品必须是用于销售的。但从立法原意出发，不应将“用于销售”仅理解为只有通过销售而交付给使用者的产品才属于适用本法的产品，例如，企业无偿赠送消费者的或作为福利发放给员工的产品，仍然属于本法的产品范围。

（2）建设工程不属于本法所称产品，但是经过加工制作，用于销售的建筑材料、建筑构配件和设备适用本法规定。建设工程产品属于不动产，有其特殊的质量要求，其质量问题由《中华人民共和国建筑法》、《建筑工程质量管理条例》等法律法规调整。而建筑材料、建筑构配件和设备与其他工业品有相同的属性，因而其质量问题由产品质量法调整。

(3) 军工产品不适用本法。军工产品是指武器装备、弹药及其配套产品，包括专用的原材料及元器件。军工产品一般不进入市场销售，其质量监督管理办法由国务院、中央军委另行规定，不适用本法对一般产品的规定。

2. 产品质量

产品质量是指产品满足技术标准的规定或者满足使用者要求的性能特征的总和，它是产品各种使用性能的综合体现，是产品使用价值的象征。产品质量包括产品结构、性能、纯度、强度、物理性能和化合成分等内在的质量特征，同时还包括外观、形状、颜色、气味、包装等外部特征。产品质量从产品的安全性、适用性、经济性、使用效果等几方面体现出来。为保证和提高产品质量，国家建立了企业质量管理体系认证和产品质量认证制度，《产品质量法》的颁布实施使产品质量责任有了明确的法律依据。

二、产品质量法的调整对象及其立法意义

产品质量法是调整产品质量管理关系和产品质量责任关系的法律规定的总和。在《产品质量法》颁布之前，国家已先后颁布了《工业产品质量责任条例》、《产品质量认证管理条例》、《产品质量认证证书和认证标志管理办法》、《产品质量监督试行办法》等法规。《产品质量法》的颁布，使产品质量法律体系有了基本的准则。

1. 产品质量法调整的法律关系

产品质量法调整的法律关系主要有两个方面：

(1) 产品质量监督管理关系。这主要是指各级产品质量监督管理部门与产品生产者、销售者之间在产品质量监督管理活动中产生的法律关系，这种关系具有行政管理性质。

(2) 产品质量责任关系。这主要是指产品生产者、销售者与用户、消费者之间在产品质量责任中产生的法律关系，这种法律关系具有民事法律关系的性质。

产品质量问题涉及生产、流通等各个环节及社会生活的各个方面，关系到消费者的人身健康和财产安全，同时也关系到我国在国际上的声誉和形象。因此，产品质量不仅是经济问题，同时也是政治问题。加强产品质量立法是健全社会主义市场经济法律体系的重要一环。

我国的《产品质量法》是一部综合性的法律规范，它既包括行政法律规范，又包括民事法律规范；既规定了产品质量的监督管理，又规定了生产者、销售者所承担的产品质量责任。同时，它规定的一些质量管理措施，如产品质量体系认证和产品质量认证等都是在国际上普遍采用的，这说明《产品质量法》既考虑了我国的国情，又借鉴了国外的先进经验，标志着我国的产品质量法律体系逐步与国际接轨。

2. 产品质量立法的意义

产品质量立法的意义可以概括为以下几个方面：

（1）切实保障广大消费者和用户的合法权益。产品质量问题涉及广大人民群众的切身利益，产品质量法明确规定了消费者的社会监督权利和要求损害赔偿的权利，以法律形式规定了产品生产者和销售者对其生产和销售的产品所承担的法律责任，使消费者在受到产品损害时投诉有据。

（2）促进企业增强质量意识，改善经营管理，增强竞争力。企业参与市场竞争的重要途径之一就是以质量取胜，一些发达国家的产品之所以能够长期占领国际市场，无不因其具有良好的质量而获得用户和消费者的信任。产品质量法的法律强制力可以强化企业的质量责任意识，促使企业在生产和流通的各个环节上加强管理，落实责任，保证和提高产品质量，以增强其在市场经济中的竞争力。

（3）打击假冒伪劣产品，维护市场经济的正常秩序。生产、销售假冒伪劣商品给国家经济建设和人民生命财产造成了极大的损害。以《产品质量法》为基本法，建立完善的产品质量法律责任，有助于消除这种不良现象，维护市场正常秩序，保护合法经营者，同时也为产品质量争议案件的处理提供了法律依据。

（4）保证和提高产品质量，增强产品信誉，为我国产品走向国际市场，发展对外经济关系打下良好基础。面对各国的出口产品在国际市场上激烈竞争的形势，我国的产品若无过硬的质量很难在国际市场上站稳脚跟。产品质量低劣也极大地损害了我国在国际上的声誉和形象。因此，建立健全产品监督管理制度及产品责任制度，对于保证出口产品质量，发展我国的对外贸易，在国际上树立和维护我国的良好形象具有重要意义。

第二节　产品质量监督管理

一、产品质量监督管理部门

1. 产品质量监督行政主管部门

根据《产品质量法》第八条的规定，国务院产品质量监督部门主管全国产品质量监督工作，国务院有关部门在各自的职责范围内负责产品质量监督工作。县级以上地方产品质量监督部门主管本行政区域内的产品质量监督工作。

由国家质量技术监督局与国家出入境检验检疫总局合并组建的中华人民共和国国家质量监督检验检疫总局（以下简称国家质检总局），是国务院主管全国质量、计量、出入境商品检验、出入境卫生检疫、出入境动植物检疫、认证认可、标准化等工作，并行使行政执法职能的直属机构。

国家质检总局在质量监督管理方面的主要职责是：组织起草有关质量监督方面的法律、法规草案，研究拟定质量监督工作的方针政策；宏观管理和指导全国质量工作，研究拟定提高国家质量水平的发展战略，推进名牌战略的实施；统一管理计量工作；组织实施进出口食品和化妆品的安全、卫生、质量监督检验和监督管理；组织实施进出口商品法定检验和监督管理；依法监督管理质量检验机构；综合管理锅炉、压力容器、电梯等特种设备的安全监察、监督工作；管理和指导质量监督检查，负责对国内生产企业实施产品质量监控和强制检验，管理工业产品生产许可证工作，依法查处违反标准化、计量、质量法律、法规的违法行为；管理国家认证认可监督管理委员会和国家标准化管理委员会。

各省、直辖市、自治区及县以上各级政府也建有相应的质量监督部门，负责本行政区域的产品质量监督管理工作，各行业主管部门和各大中型企业也都设有管理产品质量的机构。

2. 产品质量的专业监督管理部门

在一些涉及卫生、安全等的产品质量监督管理方面，国家设立了相应的专业和专职的质量监督机构，对某些特殊产品的质量进行监督管理。例如，食品和药品的质量关系到人民群众的身体健康和生命安全，为此，国家设立了国家食品药品监督管理局。国家食品药品监督管理局负责对药品的研究、生产、流通、使用进行行政监督和技术监督；负责食品、保健品、化妆品安全管理的综合监督、组织协调和依法组织开展对重大事故查处。

3. 产品质量检验机构

产品质量检验机构是由县级以上人民政府产品质量监督部门依法设置或者授权的，为社会提供公正数据的产品质量检验机构。这些机构是为产品质量监督检查和行政执法机关、司法机关认定质量违法责任而提供技术检验数据的法定机构，其出具的检验结果对于质量行政机关、仲裁机关和司法机关断案，维护消费者合法权益具有重要意义。

由于这些机构的工作带有政策性、法制性和技术性，因此，法律规定这些机构必须具备相应的检测条件和能力，经省级以上人民政府产品质量监督部门或者其授权的部门考核合格后方可承担产品质量检验工作。

二、企业质量体系认证和产品质量认证

1. 企业质量体系认证

企业质量体系认证是指依据国家质量管理和质量保证系列标准，经过认证机构对企业质量体系的检查和确认，并通过颁发认证证书证明企业质量保证能力符合相应要求的活动。《产品质量法》规定，国家根据国际通用的质量管理标准，推行企业质量体系认证制度。

质量体系是企业质量体系认证的基础，一般由机构、职责、程序、过程、资源等几部分构成。通过对质量体系的审查，可以证实企业的质量管理水平和质量保证能力。企业质量体系认证实行自愿原则，企业可以向国务院产品质量监督管理部门认可的或者其授权的部门认可的认证机构申请企业质量体系认证。经认证合格的，

认证机构向企业颁发质量体系认证证书。但是，不能将质量体系认证与产品质量认证等同起来，获得质量体系认证证书而未进行产品质量认证的企业，不能在其产品上使用产品质量认证标志。

2. 产品质量认证

产品质量认证是指依据产品标准和相应的技术要求，经认证机构确认，并通过颁发认证证书和认证标志来证明某一产品符合相应标准和相应技术要求的活动。

产品质量认证的对象是实物产品，不包括劳务等非实物产品。认证的依据是相应的产品标准及其技术要求，因此，标准是产品质量认证的基础。《产品质量法》规定，国家参照国际先进的产品标准和技术要求，推行产品质量认证制度。

根据《产品质量法》第十四条的规定，产品质量认证实行自愿原则。要求进行产品质量认证的企业，要向国务院产品质量监督部门认可的或者国务院产品质量监督部门授权的部门认可的认证机构提出认证申请。经认证合格的，认证机构向企业颁发产品质量认证证书，并准许企业在其产品或者其包装上使用产品质量认证标志。

根据有关产品质量认证法规的规定，已取得产品质量认证证书的企业，应当接受认证委员会对其产品及其质量体系的监督检查，有下列情形之一的，由颁发认证证书的认证委员会撤销认证证书：

（1）认证产品的质量严重下降或者生产该产品的企业的质量体系达不到认证时所具备的条件，给用户或者消费者造成损害的。

（2）经监督检查，发现获准认证的产品不合格，属生产企业责任的。

已经获得认证证书的产品不符合认证时采用的标准而使用认证标志出厂销售的，由县级以上地方政府标准化行政主管部门责令停止销售，并处以违法所得二倍以下的罚款。

3. 产品质量监督检查

产品质量监督检查是产品质量监督部门依法代表政府实施的具有监督性质的检查活动。产品质量监督检查制度可以为领导机关掌握信息、作出决策提供依据，有利于促进企业提高产品质量，有利于打击生产、销售假冒伪劣商品的违法行为，保护广大消费者的合法权益。产品质量监督检查制度的主要形式有监督抽查、统一监督检验、定期监督检验等几种。

（1）监督抽查工作，由国务院产品质量监督部门规划和组织，县级以上地方产品质量监督部门在本行政区内也可以组织监督抽查。全国性抽查计划由国家质检总局统一组织协调，各主管部门组织的全国性抽查计划，应报国家质检总局审批，由主管部门组织协调和实施。

（2）统一监督检验，由国务院有关主管部门和省级产品质量监督部门向国家质检总局提出建议，由国家质检总局发布文件，指定计划，针对产品质量问题较多的某类产品在全国范围进行统一监督检查。

（3）定期监督检查由省级产品质量监督部门发布受检产品目录，由地方各级产品质量监督部门组织实施。

第三节　产品生产者、销售者的产品质量义务及责任

一、生产者的产品质量义务及责任

产品的生产者通常是工业企业，只有生产者生产出产品后，该产品才能通过销售到达使用者手中。因此，生产环节是保证产品质量的主要环节，生产者对产品质量负有重大责任。《产品质量法》规定的生产者的义务及责任主要有以下几方面。

1. 生产者应当使其生产的产品达到质量要求

首先，产品应当不存在危及人身、财产安全的不合理的危险性。例如，在电器中使用了可导致漏电伤人的劣质绝缘材料，很可能造成使用者在正常使用时受到伤害的后果，这就属于产品存在不合理的危险性。其次，产品应当符合保障人体健康及人身、财产安全的国家标准、行业标准和生产者明示要求达到的产品质量指标。没有标准的，应当具备基本的使用性能。

对于生产者生产不符合保障人体健康及人身、财产安全的国家标准、行业标准的产品的，根据《产品质量法》第四十九条规定，要责令停止生产，没收违法生产的产品，并处违法生产产品货值金额等值以上三倍以下的罚款；有违法所得的，并处没收违法所得；情节严重的，吊销营业执照；构成犯罪的，依法追究刑事责任。

2. 除裸装食品和其他根据产品的特点难以附加标识的裸装产品外，产品或者其包装上的标识应当符合法律、法规的要求

产品标识起着说明产品的来源、成分、安全使用期等作用，是消费者选购商品时的重要参考物。《产品质量法》对产品标识的规定包括：有产品质量检验合格证明；有中文标明的产品名称、生产厂厂名和厂址；根据产品的特点和使用要求，需要标明产品规格、等级、所含成分的名称和含量的，用中文相应予以标明；限期使用的产品，应当在显著位置清晰地标明生产日期和安全使用期限或者失效日期；使用不当容易造成产品本身损坏或者可能危及人身、财产安全的产品，应当有警示标志或者中文警示说明。

根据《产品质量法》第五十四条规定，产品标识不符合上述规定的，责令改正；对限期使用的产品，未标明生产日期和安全使用期或者失效日期，以及未在使用不当容易造成产品损坏或者可能危及人身、财产安全的产品上标明中文警示说明或者警示标志，情节严重的，责令停止生产，并处违法生产产品货值金额百分之三十以下的罚款；有违法所得的，并处没收违法所得。

3. 产品包装应当符合有关包装规定的要求

产品包装可以分为运输包装和销售包装，它不仅具有保护产品、方便运输的功能，而且可以美化商品，宣传商品，提高产品的附加值。生产者的产品包装应当符

合有关包装规定的要求。剧毒、危险、易碎、储运中不能倒置以及有其他特殊要求的产品，其包装必须符合相应的要求，并有警示标志或者中文警示说明，标明储运注意事项。

4. 生产者不得违反法律规定的禁止性规范

禁止性规范是明文规定禁止人们作出一定行为的法律规范。《产品质量法》为生产者规定的禁止性规范包括：

（1）不得生产国家明令淘汰的产品。对于仍然生产国家明令淘汰的产品的，责令停止生产，没收违法生产的产品，并处违法生产产品货值金额等值以下的罚款；有违法所得的，并处没收违法所得；情节严重的，吊销营业执照。

（2）不得伪造产地，不得伪造或者冒用他人的厂名厂址。违反规定的，责令改正，没收违法生产的产品，并处违法生产产品货值金额等值以下的罚款；有违法所得的，并处没收违法所得；情节严重的，吊销营业执照。

（3）不得伪造或者冒用认证标志、名优标志等质量标志。认证标志和名优标志代表着产品的质量和企业的信誉，不容许伪造和冒用。违反规定的，负与伪造产品产地，伪造或者冒用他人厂名厂址等行为同样的责任。

（4）生产产品不得掺杂、掺假，不得以假充真、以次充好，不得以不合格产品冒充合格产品。违反此项规定的，责令停止生产，没收违法生产的产品，并处违法生产的产品货值金额百分之五十以上三倍以下的罚款；有违法所得的，并处没收违法所得；情节严重的，吊销营业执照；构成犯罪的，依法追究刑事责任。

二、销售者的产品质量义务及责任

销售是产品从生产者手中到达用户、消费者手中的中间环节，销售者对其经营的商品同样负有重要责任。《产品质量法》规定销售者的义务及责任主要有以下几方面。

1. 销售者应当执行进货检查验收制度，验明产品合格证明和其他标识

销售者应当把好进货关，在进货时应当查明商品的质量情况及其应具备的标识，确认其符合销售的要求才予以接收。《产品质量法》第四十九条规定，销售不符合保障人体健康和人身、财产安全的国家标准、行业标准的产品的，责令停止销售，没收违法销售的产品，并处违法销售产品货值金额等值以上三倍以下的罚款；有违法所得的，并处没收违法所得；情节严重的，吊销营业执照；构成犯罪的，依法追究刑事责任。

2. 销售者应当采取措施，保持销售的产品的质量

销售者在进货后应妥善保管货物，避免其发生受潮、发霉等质量改变。由于销售者的原因造成产品缺陷，其质量责任由销售者承担。

3. 销售者销售的产品的标识应当符合产品质量法的规定

主要规定有：有产品质量检验合格证明；有中文标明的产品名称、厂名厂址；限期使用的产品在显著位置清晰地标明生产日期和安全使用期或者失效日期；使用

不当容易造成产品损坏或者可能危及人身、财产安全的产品，应当有警示标志或者中文警示说明。

4．销售者不得违反法律规定的禁止性规范

《产品质量法》对销售者规定的禁止性规范和违反规定应负的责任主要有：

（1）不得销售国家明令淘汰并停止销售的产品和失效、变质的产品。销售前一类产品的，责令停止销售，没收违法销售的产品，并处违法销售产品货值金额等值以下的罚款；有违法所得的，并处没收违法所得；情节严重的，吊销营业执照。销售后一类产品的，责令停止销售，没收违法销售的产品，并处违法销售产品货值金额二倍以下的罚款；有违法所得的，并处没收违法所得；情节严重的，吊销营业执照；构成犯罪的，依法追究刑事责任。

（2）不得伪造产品产地，不得伪造或者冒用他人的厂名厂址，不得伪造或者冒用认证标志等质量标志。实施此类行为的，责令改正，没收违法销售的产品，并处违法销售产品货值金额等值以下的罚款；有违法所得的，并处没收违法所得；情节严重的，吊销营业执照。

（3）销售产品不得掺杂、掺假，不得以假充真、以次充好，不得以不合格产品冒充合格产品。实施此类违法行为的，责令停止销售，没收违法销售的产品，并处违法销售产品货值金额百分之五十以上三倍以下的罚款；有违法所得的，并处没收违法所得；情节严重的，吊销营业执照；构成犯罪的，依法追究刑事责任。

第四节　产品责任

一、产品责任的概念及特征

产品责任是指产品由于存在缺陷而在使用中发生损害事故，造成消费者人身或者财产损害时，产品的生产者、销售者对此应当承担的赔偿责任。产品责任主要有以下特征：

（1）产品责任所承担的是缺陷产品所引起的损害后果。产品责任所解决的是存在缺陷的产品给产品使用者或者他人造成的人身或者财产损失的赔偿问题，而不是指缺陷产品本身的损失赔偿。例如，电视机图像不清显然是质量有问题，但由此引发的保修、更换、退货不属于产品责任问题。而电视机因内部有缺陷发生爆炸，导致人员伤亡或者造成其他财产损失，这时就产生了产品责任问题，产品的提供者要对人员伤亡及其他财产损失承担赔偿责任，而不仅仅是赔偿电视机本身的损失。

（2）产品责任不以合同关系为前提。产品责任不是一般的合同责任，而是属于一种特殊的侵权责任。产品责任的赔偿对象是因产品损害事故受到人身及财产损害的任何人，而不论其是否与产品的提供者有合同关系。

（3）产品责任实行严格责任的归责原则。严格责任也称无过错责任，即产品责任的成立不以主观有过错为条件，无论产品提供者有无过错，只要缺陷产品造成了消费者的人身及产品以外的其他财产损失，产品提供者就应对损害后果承担责任。

二、产品责任的构成

使产品责任得以成立的条件，称为产品责任的构成要件。根据有关法律规定及立法精神，产品责任的构成要件主要有以下几方面：

（1）产品存在缺陷。产品责任是以进入流通领域中的产品存在缺陷，造成受害人的损失为基础的。关于什么是缺陷，根据《产品质量法》第四十六条的规定，产品缺陷是指产品存在危及人身、他人财产安全的不合理的危险；产品有保障人体健康和人身、财产安全的国家标准、行业标准的，产品缺陷是指不符合该标准。

（2）有损害事实发生。产品造成了损害，是产品责任成立的事实依据。产品责任与一般的产品质量责任的不同在于：生产者、销售者所承担的责任不是针对有缺陷的产品本身，而是对其造成他人损害时的赔偿责任。如果仅仅是产品存在缺陷，但未造成产品以外的人身及财产损害，则不成立产品责任。

（3）产品缺陷与损害事实之间存在因果关系。这是指产品存在缺陷是造成产品损害的直接的、内在的原因，产品损害事实的发生是产品缺陷所导致的结果。如果只有损害事实的发生，但不是产品缺陷所致，而是使用者自己的过错造成的，则该产品的提供者不应承担产品责任。

三、产品责任诉讼

产品责任是侵权责任的一种特殊形式，其承担责任的方式就是致害产品的提供者对产品损害事故的受害人进行赔偿。对此发生纠纷的，可以通过调解、仲裁等方式解决，也可以到法院以诉讼方式解决争议。

1. 产品责任诉讼的当事人

产品责任诉讼的当事人是指因产品损害事故产生权利义务纠纷，以自己的名义参加诉讼，并受法院裁判约束的利害关系人，包括赔偿权利人和赔偿义务人。

赔偿权利人是产品责任诉讼中的原告人，即在产品损害事故中受到人身或者财产损害的受害人，包括产品的购买人、使用人以及第三人。一般情况下，是由直接受害人作为原告的，但在特殊情况下，例如受害人因产品损害死亡的，则其亲属也有权以原告人的身份提起诉讼。在原告方人数众多的情况下，可以采用代表人诉讼的方式，即由受害人推选代表，代表全体受害人进行诉讼，代表人的行为对其他人发生效力。

赔偿义务人即对原告人所受损害负有赔偿责任的被告人。根据《民法通则》和《产品质量法》的有关规定，消费者、用户因使用存在缺陷的产品造成损害的，受害人可以向产品的生产者要求赔偿，也可以向产品的销售者要求赔偿。因此，产品责任诉讼中的被告人既可以是生产者，也可以是销售者，他们都负有赔偿义务。根据《产品质量法》的规定，属于生产者的责任而销售者赔偿的，销售者有权向生产者追偿；属于销售者的责任而生产者赔偿的，生产者有权向销售者追偿。司法实践中，如果产品的运输者或者仓储者对产品缺陷负有责任，则生产者或者销售者可以向人民法院请求将其列为第三人参加诉讼，也可以在承担民事责任后另案提起对运输者或者仓储者的赔偿请求。

2. 产品诉讼时效及损害赔偿

诉讼时效，是规定权利人在法定期间内不行使权利即丧失请求法院依诉讼程序强制义务人履行义务的权利的法律制度。权利人可以行使请求权的有效期限叫做诉讼时效期间。时效期间由法律规定。关于产品责任诉讼的时效期间，《产品质量法》第三十三条第（一）款规定："因产品存在缺陷造成损害要求赔偿的诉讼时效期间为两年，自当事人知道或者应当知道其权益受到损害时起计算。"这就是说，如果当事人明知自己受到产品损害而不在两年之内行使权利，则通过诉讼求得赔偿的权利就会丧失。可见，消费者遵守诉讼时效的规定，及时行使权利对保护自己的合法权益是十分重要的。《产品质量法》同时还规定："因产品存在缺陷造成损害要求赔偿的请求权，在造成损害的缺陷产品交付最初用户、消费者满十年丧失；但是尚未超过明示的安全使用期的除外。"根据此规定，如果消费者受到产品损害的事实是取得产品十年之后发生的，或者损害虽发生于十年之内，但其在取得产品十年之后才知道的，其损害赔偿的请求权也丧失，产品提供者对此可不负赔偿责任。但是，如果产品上明确标示的安全使用期是十年以上的，则请求权的期限不受十年的限制，而适用明示的安全使用期限。

关于产品责任的赔偿范围，《民法通则》和《产品质量法》等有关法律、法规做了相应的规定。应当获得赔偿的包括人身伤害和财产损失两大类。对于人身伤害的赔偿范围，《产品质量法》第四十四条规定，应当由侵害人赔偿受害人的医疗费、治疗期间的护理费、因误工减少的收入等费用；造成受害人残疾的，还应当支付残疾者生活自助具费、生活补助费、残疾赔偿金以及由其抚养的人所必需的生活费等费用；造成受害人死亡的，并应当支付丧葬费、死亡赔偿金以及由死者生前抚养的人所必需的生活费等费用。关于财产损失，法律未明确规定赔偿范围，实践中主要包括财产毁损后的修理、更换、重做等所需的合理费用。

关于在产品责任诉讼中是否赔偿精神损害的问题，法律未予规定。但从实际情况看，消费者受到缺陷产品的伤害，特别是引起毁容、残疾等后果时，其精神损害是相当大的，对此不予适当赔偿是不合理的，是不足以有效地保护受害人的权益的。因此，对造成人身损害，特别是后果较严重的，应当根据实际情况对受害人给予适当的精神损害赔偿。

思 考 题

1.《产品质量法》适用于哪些产品?

2. 什么是产品质量体系认证和产品质量认证?此项制度有什么意义?

3. 产品生产者和产品销售者对产品质量负有哪些义务?

4. 产品责任的构成要件有哪些?

第十二章

税收法律制度

本 章 提 要

本章主要介绍了税法的基本概念和基本理论，并简要介绍了我国现行主要税种——流转税和所得税税法的基本内容。本章要求重点掌握税法的基本知识和基本理论；税收法律关系、税法构成要素的主要内容；我国现行增值税、消费税、营业税、关税、企业所得税、外商投资企业和外国企业所得税、个人所得税税法的主要内容。

第一节 税 法 概 述

税法是国家制定的用以调整国家与纳税人之间在征税方面的权利与义务关系的法律规范的总称。它是国家征税和纳税人纳税的行为准则。

税法与税收密不可分：有税必有法，无法不成税。税法是税收的法律表现形式，税收则是税法所确定的具体内容。

一、税收

税收是国家为了实现其职能，凭借其拥有的公共权力，强制地、无偿地参与社会产品分配，取得财政收入的一种基本形式。

税收具有征收的强制性、缴纳的无偿性和税额的固定性等形式特征。

所谓税收的强制性，是指税的征收，依靠的是国家的政治权力。它是国家以法律、法规的形式予以确定的，政府的税务机关依法行使征税权，社会成员依法履行纳税义务。征纳双方都必须以法律为准绳，不得违反税法的规定，否则会受到法律制裁。

所谓税收的无偿性，是指税收不具有直接的返还性。纳税人依法向国家缴纳税款，这部分收入就由纳税人的收入转化为政府的财政收入，意味着这部分商品、货币的所有权、使用权和支配权都由纳税人手中转移到政府手中，政府凭借公共权力征税，不需要付出任何报酬，也不需要再将相应的收入直接偿还给纳税人。

所谓税收的固定性，是指政府在征税以前，事先就以法律的形式规定了纳税人、征税范围、课税对象、税目、税率、减免条款、纳税期限等方面的内容，纳税人只要发生应税行为，取得应税收入就必须按照法律的规定依法纳税，这不仅有利于保证国家财政收入及时、稳定、可靠地取得，而且有利于维护纳税人的合法权益。

税收三性之间是密切联系、相辅相成的：税收的强制性，决定了征收的无偿性，如果是有偿的，就无需强制了；而税收的强制性、无偿性又决定了税额的固定性，它要求必须征收有度，否则就会破坏正常的经济秩序，导致经济生活的混乱，严重的，还会影响社会政治安定，危及国家政权。因此，税收是这三性的统一体，缺少其中任何一个特征，都不能称其为税。

二、税法

税法是国家法律的重要组成部分，它以宪法为依据，是调整国家与纳税人之间税收征纳关系，维护社会经济秩序和纳税秩序，保障国家利益，维护纳税人合法权益的法律规范的总称。它是国家向一切纳税人征税的法律依据，也是纳税人向国家缴纳税款的法律准绳。税法由全国人民代表大会及其常务委员会制定的税收法律、国务院及其所属机构颁布的规范性文件及地方性的税收法规所组成。

1. 我国税收法律体系

由于各级国家机关的税收立法权不同，因此其所制定的法律、法规的法律级次、法律效力也有所不同。我国税法的法律级次大致可以分为如下六个层次：全国人民代表大会和人大常委会制定的税收法律；全国人民代表大会或人大常委会授权国务院制定的税收法律暂行条例；国务院制定的税收行政法规；国务院税务主管部门——财政部和国家税务总局制定的税收部门规章；地方人民代表大会及其常委会制定的地方性税收法规以及地方政府制定的地方税收规章。这些法律、法规共同构成了我国的税法。

例如，我国的《个人所得税法》和《税收征收管理法》是由全国人民代表大会制定颁布的；《增值税暂行条例》、《消费税暂行条例》等是由全国人民代表大会及其常务委员会授权国务院制定颁布的；《增值税暂行条例实施细则》、《消费税暂行条例实施细则》等是由财政部制定颁布的；《增值税专用发票使用规定》等是由国家税务总局发布的；此外，各省、直辖市、自治区人民代表大会及其常务委员会制定在该地区内行之有效的地方性法规。这些法律、法规共同构成的我国税法法律体系。

2. 我国税法的特征

税法除了具有其他经济法的基本特征以外，还具有一些独特的特性。

（1）税法是由税收实体法和税收程序法所组成。所谓实体法，是指从实际内容上规定人们之间权利、义务及其产生、变更和消灭的法律。所谓程序法，是指为了保证实体法的权利义务关系的实现而制定的有关程序的法律。《税收征收管理暂行条例》颁布后，特别是 1993 年 1 月 1 日起实施的《税收征收管理法》统一规定了税收的法律程序之后，在 1994 年税制改革中颁布的一系列税收法规，都是实体法。

这样我国税收实体法和程序法基本分开，使我国的税法体系更为科学、合理和规范。

（2）在税收法律关系上，征纳双方的权利和义务具有不对等性。国家或作为国家代表的税务机关，具有依法向纳税人强制征税的权利，纳税人则必须依法无偿向国家缴纳税款。税收征纳双方权利和义务的不对等性充分体现出税法强制性的特征。

（3）在税务争议适用法律的程序上，税法不存在协商、调解的程序。当纳税人和国家税务机关在纳税问题上发生税务争议时，纳税人必须先依法纳税，然后在规定的时限内，按规定的程序向上级税务机关申请复议，对上级税务机关的复议不服的，可以在规定的时间内向法院起诉。没有经过税法规定的复议程序，法院不予受理。我国的《税收征收管理法》规定：纳税人、扣缴义务人、纳税担保人同税务机关在纳税上发生争议时，必须先依照法律、行政法规的规定缴纳或者解缴税款及滞纳金，然后在收到税务机关填发的缴款凭证之日起六十日内向上级税务机关申请复议。上级税务机关应当自收到复议申请之日起六十日内作出复议决定。对复议决定不服的，可以在接到复议决定书之日起十五日内向人民法院起诉。

三、税收法律关系

税收法律关系是指由税法所调整的国家与纳税人之间的税收征纳关系。它包括税收法律关系的主体、税收法律关系的客体、征纳双方的权利和义务。

1. 税收法律关系的主体

税收法律关系的主体是指在税收法律关系中享有权利和承担义务的当事人。在我国，税收法律关系的一方是征税主体，是指代表国家行使征税权的国家税务机关、财政机关和海关。税收法律关系的另一方是纳税主体，是指税法规定负有纳税义务的单位和个人。税收法律关系的双方当事人的权利、义务具有不对等性。

2. 税收法律关系的客体

税收法律关系的客体是指税收法律关系主体的权利义务所共同指向的对象，即征税对象。流转税法律关系的客体是货物销售额和营业收入额；所得税法律关系的客体是所得额；财产税法律关系的客体是财产；行为税法律关系的客体是特定行为。

3. 税收法律关系的内容

税收法律关系的内容是指征纳双方所享有的权利和应承担的义务。这是税收法律关系的实质。

征税主体的权利是依法征税，办理税务登记，进行税务检查，对违章者进行处罚；其义务是宣传、普及、辅导税法，及时、足额将税款解缴入库，依法受理税务争议申诉等。

纳税主体的权利是对多缴的税款有申请退还权，有依法申请延期纳税权、申请税收减免权，对税务争议有申请复议权和提起诉讼权；其义务是依法办理税务登记、进行税务申报、接受税务检查，依法纳税等。

第二节 税法构成要素

国家开征每一种税，都要制定相应的基本法规，以便依法征税。虽然每一部税法各有其特定的具体内容，但是构成税法的基本要素是相同的。也就是说，在税法中，都要相应地规定总则、纳税主体、课税客体、税目、税率、纳税环节、纳税期限、纳税地点、税收减免、罚则、附则等内容，这些就是税法的构成要素。

一、总则和纳税主体

总则包括立法的目的、依据和原则等内容。

纳税主体，简称纳税人，是税法上规定的直接负有纳税义务的单位和个人。它主要是解决对谁进行课征，由谁缴纳税款的问题。每个具体的税种都要规定其纳税人。纳税人包括法人与自然人。

二、课税客体

课税客体又称课税对象，是课税的依据，即确定对什么进行课征。它规定着征税的范围，是一种税收区别于另一种税收的主要标志。根据课税对象的不同性质，我国的税收可以分为流转税、收益税、资源税、财产税、行为税和其他税几大类。

所谓流转课税是以商品流转额为课税对象的税。例如：增值税、消费税、营业税、关税等。

所谓收益课税是以纳税人的所得额或收益额为课税对象的税。例如：企业所得税、个人所得税等。

所谓资源课税是以开采、使用国家资源及其所取得的级差收益为课税对象的税。例如：资源税、土地增值税、城镇土地使用税、耕地占用税等。

所谓财产课税是以纳税人所拥有、使用的财产或财产收益为课税对象的税。例如：房产税、契税以及酝酿很久但尚未开征的遗产与赠与税等。

所谓行为课税是以纳税人的特定行为为课税对象的税。例如：印花税、车船使用税，以及我国曾经开征过的屠宰税、筵席税、建筑税等。

三、税目

税目是课税对象的具体化，它具体规定了征税的项目。税目的作用表现在两个方面：一是明确征税的范围。凡是列入税目的就征税，没有列入税目的就不征税。二是解决课税对象的归类。每一个税目就是课税对象的一个具体类别。这有利于贯彻国家的税收政策，对不同税目区别对待，分别规定高低不同的税率，以体现国家的经济政策。

四、税率

税率是税额和课税对象数额（数量）之间的比例。在课税对象一定的前提下，税率的高低既关系到国家财政收入的规模，又关系到纳税人的税收负担。它涉及国家主权以及方方面面的经济利益，因此税率是税收制度的中心环节。税收杠杆作用的发挥，国家经济政策的实现，国家实施对经济的宏观调控，税率是其中一个很关键的因素。

我国现行税率大致可以分为以下三种。

1. 比例税率

比例税率是对课税对象不分数额大小，只规定一个征税的比例，税率不随课税对象数额的大小而相应变化。它一般适用于对流转额的课征。我国绝大部分的税种都采用比例税率。

2. 累进税率

累进税率是根据课税对象数量的大小，分别规定高低不同的税率，课税对象的数量越大，税率越高。累进税率可以充分体现税收量能负担的原则，有效地调节纳税人的收入水平，一般适用于对收益额的课征。

累进税率根据累进的程度不同，可以分为全累和超累；根据累进的依据不同，可以分为额累、率累和倍累。新中国成立以来曾经使用过以及现在正在使用的累进税率有全额累进税率、超额累进税率、超率累进税率和超倍累进税率。

（1）额累。当计税依据为一定的数额时的累进税率称为额累，包括全额累进税率和超额累进税率。

①全额累进税率。这是指在累进税率的前提下，在一定的级距范围内，将课税对象的全部数额都按照与之相适应的等级对应的一个税率计算纳税。

②超额累进税率。这是指在累进税率的前提下，将课税对象的数额根据税率表规定分为若干个不同的等级部分，每个部分分别按规定的税率计算税额，然后将各个部分计算出来的税额相加，就计算出实际应缴纳的税额，一定数额的课税对象同时适用几个不同等级的税率。也就是说，课税对象的数额每超过一级，就超过部分来讲，要按高一级的税率计算税额。我国现行个人所得税中对部分个人所得采用超额累进税率。

（2）率累和倍累。当计税依据不是一个具体的数额，而是一个相对数时，例如增值额占扣除项目金额的比例，这样的累进税率就称之为率累。若计税依据是计税基数的一定倍数时，就称之为倍累。同理，率累和倍累也有全累和超累之分。我国现行的土地增值税采用超率累进税率，过去的个人收入调节税曾采用超倍累进税率。

3. 定额税率

定额税率是指对单位课税对象直接规定一个固定的税额。它是比例税率的特殊形式。我国现行资源税、车船使用税等都使用定额税率。

五、附加、加成和减税、免税

纳税人税收负担的轻重，主要取决于税率的高低，此外还可以通过附加、加成和减税、免税等来进行调节。通过附加、加成和减税、免税等措施把税法的严肃性同必要的灵活性结合起来，通过调节纳税人的税负水平，贯彻国家的税收政策，实现国家的宏观调控。

1. 附加和加成

附加和加成是加重纳税人负担的措施。

（1）附加。即地方附加的简称，是地方政府在正税之外，附加征收的一部分税款。主要是为了增加地方收入，解决发展地方事业的资金，促进地方事业的发展。例如我国普遍开征教育费附加，就是要求纳税人按其缴纳的增值税、消费税、营业税税额的一定比例缴纳教育费附加。地方政府征收教育费附加主要用于发展地方教育事业。

（2）加成。即加成征税的简称，是政府为了实现某些限制政策或调节措施，而对特定纳税人实行加税的措施。例如我国为了调节纳税人的收入水平，防止个人收入差距过大，在个人所得税法中规定，纳税人一次性劳务报酬畸高的，要加成征税。加一成是加征正税税额的百分之十；加五成是加征正税税额的百分之五十；加十成是加征正税税额的百分之百。

2. 起征点、免征额、减税和免税

起征点、免征额、减税和免税是减轻纳税人负担的措施。

（1）起征点。顾名思义是征税的起点，是税法上规定的课税对象的数额达到一定标准，开始征税的界限。课税对象的数额没有达到起征点的，不征税；课税对象的数额达到并超过起征点的，要就其全部数额征税。我国现行增值税、营业税等都规定有起征点。

（2）免征额。即课税对象的数额中免于征税的数额，是计税时预先从课税对象的数额中扣除的数额。课税对象的数额没有达到免征额的，不征税；课税对象的数额超过免征额的，仅就其超过部分征税。我国现行个人所得税中对大部分个人所得项目都规定有免征额。

（3）减税与免税。减税是对应征税额减征一部分；免税是对应征税款全部免征。减税、免税主要是为了贯彻国家的奖限政策，照顾纳税人的特殊情况而作出的规定。减税、免税一般包括三种性质的减免：政策性减免、灾情减免和社会减免。

①政策性减免。一般是为了贯彻国家的经济政策而规定的税收减免。

②灾情减免。一般是当纳税人因受到重大灾害，生产和生活发生较大困难时，给予的减免。例如个人所得税法中规定纳税人因严重自然灾害造成重大损失的，经批准可以减征个人所得税。

③社会减免。一般是纳税人由于作出社会贡献，承担社会责任而给予的税收减免。例如在企业所得税和个人所得税中都对纳税人用于公益救济性的捐赠，在规定

比例范围内的所得可以免征所得税。

六、纳税环节

纳税环节，一般是指应税商品在其生产经营过程中要经过生产、批发、零售等各个环节直至消费，税法规定应该缴纳税款的那个环节，就称之为纳税环节。对一个税种规定只在一个环节征收的，称之为“一次课征制”；对一个税种规定在多个经营环节征收的，称之为“多次课征制”。流转税纳税环节的确定，有着极为重要的意义。一般要根据纯收入在生产经营各环节的分布状况，各部门生产经营的特点，以及方便税收稽征管理，有利于保证国家财政收入等多方面的因素来确定。

我国现行消费税采用“一次课征制”，即一般只在生产和进口环节征收，此后的各经营环节不再征消费税。增值税则采用“多次课征制”，即应税货物每经过一道生产经营环节，纳税人要就其在该环节的增值额缴纳增值税，直至该货物到达最终消费环节。

七、纳税期限

纳税期限是对纳税人缴纳税款的行为在时间上予以规定。为了保证国家财政收入及时、足额、稳定、均衡的取得，税法上必须对纳税期限作出明确的规定。纳税期限的确定，既要确保国家的财政收入，又要考虑到纳税人的实际情况，还要有利于税收稽征管理。因此对不同的税种分别规定了不同的纳税期限。纳税期限的具体形式有以下三种。

1. 按期纳税

对于具有长期、稳定收入来源的课税对象，一般采用确定税收间隔期，按期纳税的方法。例如增值税规定，根据纳税人的不同情况，分别以一天、三天、五天、十天、十五天或一个月为一个纳税期限。个人所得税对个人的工资薪金所得以一个月为一个纳税期限。

2. 按次纳税

对于收入不稳定的课税对象，如临时经营者的临时经营额，个人的劳务报酬、稿酬、股息、利息、红利和偶然所得等都采用按次纳税。即根据纳税人发生纳税行为的次数来控制纳税期限。

3. 分期预缴，年终汇算清缴

对于按年计征的税款，为了保证财政收入的稳定、均衡，防止税款年底或年初集中入库，一般都采用按年计征，分月、分季预缴，年终汇算清缴，多退少补的办法。

八、纳税地点

纳税地点是对纳税人（包括扣缴义务人）在纳税具体地点作出的法律规定。纳税地点的确定要有利于组织收入，控制税源，便于征管，降低征税成本。有的规定在机构所在地纳税，有的规定在收入来源地纳税。

九、罚则和附则

罚则是对纳税人违反税法行为作出的处罚规定。

附则是对税法的解释权、生效时间等作出说明。

第三节 流转税税法

流转税是以流转额为课税对象的税。流转额包括商品流转额和非商品流转额。商品流转额是指在商品交换中所发生的商品销售额；非商品流转额是指由于提供劳务、转让无形资产等所取得的营业收入额。流转税历来是我国的主要大税种。我国现在开征的流转税主要有增值税、消费税、营业税和关税，下面依次介绍流转税各税税法的主要内容。

一、增值税税法

增值税税法是国家制定的用以调整增值税征收与缴纳之间权利及义务关系的法律规范。

增值税是对在我国境内销售货物或者提供加工、修理修配劳务和进口货物的单位和个人，就其销售、进口货物和提供加工、修理修配劳务的增值额征收的一种税。

（一）开征增值税的意义

增值税是一个比较先进的税种，相对于我国以前征收的工商税、产品税来讲，具有明显的优越性，符合我国社会主义市场经济发展的要求，因此增值税是我国当前主要大税种。增值税的意义主要体现在下述几个方面。

1. 实行增值税，符合现代市场经济发展的要求

现行增值税税法，规定以纳税人生产经营各环节的增值额作为课税对象，有利于克服原流转税中存在的重复课税的弊病，平衡专业厂和全能厂的税收负担，有利于鼓励生产向着专业化的方向发展，符合社会主义市场经济发展的要求，符合社会化大生产发展的趋势。

2. 开征增值税，有利于保证国家财政收入

现行增值税税法规定的征税范围较大，税源充裕，覆盖我国生产、流通的全部过程，只要纳税人从事生产经营活动，取得增值额，就要向国家缴纳增值税。在市场经济的条件下，只要社会生产经营活动连续不断地进行，就能保证国家税收源源不断地取得。今后随着我国增值税的逐步完善，其征收范围将会进一步扩大。在现行营业税开征范围中，有一些项目仍然存在重复课税问题，为了公平税负，今后这些项目将会逐步列入增值税的开征范围。

现行增值税税法规定一般纳税人采用较为规范的购进扣税法计缴税款，以增值税专用发票作为扣税依据，环环征收，环环抵扣，有利于加强税收征管，确保税基，有效地防止税款的流失，确保国家财政收入。

现行增值税统一税法，统一税率，统一税收减免，有利于税收稽征管理，防止税收漏洞，将一切该收的收入全都组织上来。

3. 实行增值税，不会扭曲纳税人的经营成果

现行增值税税法规定以不含税的销售额作为计税依据，因此现行增值税是价外税，税收负担转嫁过程明晰清楚，能够充分体现其间接税的性质，使纳税人的成本不负担税收，利润不负担税收，税收不会扭曲纳税人的经营成果。

4. 实行增值税，有利于鼓励出口创汇

现行增值税税法规定对出口产品实行“零”税率，有利于出口退税，使我国的出口产品以不含税的价格进入国际市场，有利于鼓励出口创汇。

由于现行增值税税法规定购进固定资产的进项税不得抵扣，因此我国现行增值税属于生产型增值税，纳税人的固定资产部分仍不可避免地存在重复课税的现象，这样资金密集型的技术先进企业税负相对较重，同时也不利于鼓励纳税人投资，因此变生产型增值税为消费型增值税，彻底解决重复课税的问题迫在眉睫。我国当前在东北黑、吉、辽三省及大连市，对从事装备制造业、石油化工业、冶金业、船舶制造业、汽车制造业、农产品加工业产品生产为主的增值税一般纳税人进行增值税转型的试点，以后将逐步在全国推广。

（二）增值税税法的主要内容

1. 增值税的纳税人

增值税的纳税人是指在我国境内销售货物、提供加工、修理修配劳务和进口货物的单位和个人。增值税纳税人根据其经营规模、应税销售额的大小以及会计核算制度是否健全，分为一般纳税人和小规模纳税人。一般纳税人计税时采用购进扣税法；小规模纳税人计税时采用简易计税的方法。

2. 增值税的课税对象与课税范围

增值税的课税对象是货物的应税增值额。增值额是纳税人生产经营过程中新创造的价值。它大体上相当于纳税人的应税销售额，扣除外购商品金额后的余额。由于我国采用购进扣税法计算增值税，因此无需计算出增值额，就可以计算增值税额。

增值税的课税范围是指在我国境内销售货物、提供加工、修理修配劳务和进口货物的行为。在有些情况下，纳税人虽然没有实现销售，没有取得销售额，但是税法规定属于视同销售行为，也应当计算缴纳增值税。如果纳税人不按规定计缴税款，同样属于偷税行为。

3. 增值税税率

增值税税率遵循中性、简便的原则，共设计了三档税率和两档征收率。

增值税一般纳税人按规定的税率计税；小规模纳税人按规定的征收率计税。

（1）增值税的基本税率为17%，用于除销售低税率货物和出口货物以外的一般纳税人。

（2）增值税的低税率为13%，用于税法规定的需要国家扶持发展的粮食、部分公用事业商品、支农商品、宣传品、财政部门规定的其他货物等五大类商品。

（3）出口商品适用于零税率。

（4）商业小规模纳税人适用于4%征收率，其他的小规模纳税人一律适用于6%征收率。

4. 应纳税额计算

增值税应纳税额的计算是区别一般纳税人和小规模纳税人，分别采用不同的计税方法。对于一般纳税人来讲，一律采用购进扣税法计算税额；对于小规模纳税人来讲，采用按征收率计算税额的方法。

（1）一般纳税人计税的基本公式。

$$\text{应纳税额}=\text{当期销项税额}-\text{当期进项税额}$$

销项税额是纳税人根据销售额和税率计算出来，向购买方收取的税额。销项税额计算公式如下

$$\text{当期销项税额}=\text{当期销售额}\times\text{税率}$$

销售额是指纳税人销售货物或者提供应税劳务向购买方收取的全部价款和价外费用，但是不包括收取的销项税，因此它是不含增值税的销售额。如果是含增值税的销售额要将其先换算成不含税销售额，再计算应纳税额，其换算公式如下

$$\text{销售额}=\frac{\text{含税销售额}}{1+\text{税率}}$$

进项税额是指纳税人购进货物或应税劳务时，所支付或者所负担的增值税税额。它一般无需纳税人计算，是增值税扣税凭证上注明的税额。增值税扣税凭证包括销货方开具的增值税专用发票和进口货物时海关开具的完税凭证。只有下列三种情况需要纳税人计算可抵扣的进项税：

①当纳税人购进免税农产品时，国家允许纳税人按收购支付凭证上注明的金额和13%的扣除率，计算可以抵扣的进项税额；

②纳税人支付的运费（不计入销售额的代垫运费除外），可以根据运费结算单据所列金额和7%的扣除率计算可以抵扣的进项税额；

③从事废旧物资经营的纳税人收购的废旧物资，按收购支付凭证上注明金额和10%的扣除率计算可以抵扣的进项税额。

有些购进项目，纳税人虽然取得了增值税扣税凭证，但是按照现行税法规定也不得抵扣进项税税额。如果纳税人无视税法规定，故意加大可抵扣的进项税额，由此造成短缴税款，属于偷税行为。

若纳税人当期销项税不足以抵扣当期进项税的，其未抵扣完的进项税可以结转下期继续抵扣。

进口货物按组成计税价格和适用税率计算纳税，不得抵扣任何税额。其计算公

式如下

$$应纳税额=组成计税价格\times税率$$

$$组成计税价格=关税完税价格+关税+消费税$$

(2) 小规模纳税人计税的基本公式。小规模纳税人采用按征收率简易计税的方法计算纳税，不得抵扣任何进项税额。其计税公式如下

$$应纳税额=销售额\times征收率$$

由于小规模纳税人不得使用增值税专用发票，因此一般情况下，其所取得的销售额都是含税销售额，需要将其换算成不含税销售额计算纳税。其换算公式如下

$$销售额=\frac{含税销售额}{1+征收率}$$

二、消费税税法

消费税法是国家制定的用以调整消费税征收与缴纳之间权利及义务关系的法律规范。

消费税是对在我国境内生产、委托加工和进口应税消费品的单位和个人就其销售额征收的一种税。

(一) 开征消费税的意义

消费税是我国1994年税制改革中新设置的税种。开征消费税有着很重要的现实意义。

1. 有利于保证财政收入

开征消费税首先有利于国家筹集资金，保证财政收入。同时，我国现行消费税是建立在原产品税和增值税基础上的，集中体现了国家的产业政策和消费政策，有利于政府发挥宏观调控的职能，有利于国家财政收入的稳定。

2. 有利于贯彻国家的消费政策，引导消费方向

国家对限制消费的消费品开征消费税，有利于贯彻国家的消费政策，调节消费结构，引导消费方向。

3. 有利于调节收入水平，调节社会分配

消费税的课税范围主要限制在一些高档消费品、奢侈品和资源紧缺的产品中，而享受高层次消费的主要是高收入阶层。国家通过对小汽车、摩托车、游艇、贵重首饰、高档化妆品、烟、酒、实木地板、高尔夫球及球具、高档手表等高档消费品课以消费税，实现高收入者高消费，高消费者多纳税，这样既有利于调节收入水平，调节社会分配，也有利于引导节约使用资源。

(二) 消费税税法的主要内容

1. 消费税的纳税人、课征对象与范围

消费税的纳税人为凡是在中华人民共和国境内从事生产、委托加工和进口应税消费品的单位和个人。

消费税的课税对象是应税消费品的销售额。销售额是指纳税人销售货物或者提

供应税劳务向购买方收取的全部价款和价外费用，是不含增值税的销售额。若是含增值税的销售额要将其先换算成不含税销售额，再计算应纳税额。其换算公式如下

$$销售额=\frac{含税销售额}{1+增值税税率}$$

1994 年以来消费税的课征范围仅局限在《消费税条例》中列举的烟、酒及酒精、化妆品、护肤护发品、贵重首饰及珠宝玉石、鞭炮焰火、汽油、柴油、汽车轮胎、摩托车、小汽车等十一种消费品上。2006 年国家根据宏观经济政策的要求，对消费税的课征范围、税目和税率进行了调整：将高尔夫球及球具、高档手表、游艇、木制一次性筷子、实木地板、成品油列入征税范围，汽油、柴油改为成品油税目下的子目，同时新增石脑油、溶剂油、润滑油、燃料油、航空煤油五个子目，取消了护肤护发品税目。调整了小汽车的税目、税率；调整了摩托车、汽车轮胎、白酒的税率，以进一步发挥消费税调节经济的功能。

2. 消费税税率

消费税按产品设计税目、税率（税额），分别采用比例税率、定额税率和复合税率。消费税税法规定对成品油、啤酒和黄酒采用定额税率，其他税目采用 3%至 45%的比例税率，对卷烟和白酒采用复合税率，即比例税率和定额税率相结合的征收方法。

3. 应纳税额计算

消费税税额的计算，是消费税征管工作中的重点，只有准确地核算税额，才能既保证国家的财政收入，又维护纳税人的利益。由于消费税是以纳税人的销售额或销售数量为计税依据，分别采用比例税率、定额税率和复合税率计算纳税，因此在计算应纳税额时，分别有三种计算方法：

（1）采用比例税率，从价定率计算征收的。生产和委托加工应税消费品的纳税人消费税应纳税额计算公式如下

$$应纳税额=销售额\times税率$$

销售额不包括纳税人向购货方收取的增值税税款。如果是含增值税的销售额，应将其换算成不含增值税的销售额，再计算应纳税额。

进口的应税消费品在报关进口时按照组成计税价格计算纳税。组成计税价格的计算公式是

$$组成计税价格=\frac{关税完税价格+关税}{1-消费税税率}$$

$$应纳税额=组成计税价格\times税率$$

（2）采用定额税率，从量定额计算征收的。实行定额税率的消费品是黄酒、啤酒、成品油。其应纳税额的计算公式为

$$应纳税额=销售数量\times单位税额$$

$$进口应税消费品应纳税额=进口货物的数量\times单位税额$$

（3）采用复合税率的，实行复合税率的消费品是卷烟和白酒。其应纳税额的计

算公式为

应纳税额＝销售额×税率＋销售数量×单位税额

三、营业税税法

营业税法是国家制定的用以调整营业税征收与缴纳之间权利及义务关系的法律规范。

营业税是对在中华人民共和国境内提供应税劳务、转让无形资产或者销售不动产的单位和个人，就其营业额征收的一种税。

1. 营业税的纳税人、课税对象与征税范围

凡是在我国境内提供应税劳务、转让无形资产和销售不动产的单位和个人，都是营业税的纳税人。

营业税的课税对象是纳税人的流转额，包括有偿提供应税劳务所取得的营业额、转让无形资产的转让额、销售不动产的销售额（营业额、转让额、销售额以下简称营业额）。

营业税的征收范围包括提供应税劳务、转让无形资产和销售不动产。提供应税劳务是指交通运输业、建筑业、金融保险业、邮电通信业、文化体育业、娱乐业、服务业所提供的劳务。转让无形资产是指转让土地使用权、专利权、非专利技术、商标权、著作权、商誉等所取得的营业额。销售不动产是指销售房地产所取得的销售额。凡是在我国境内发生上述应税行为，都属于营业税的征收范围。将来随着增值税征税范围的扩大，营业税的征税范围将会做相应的调整。

2. 营业税税率

营业税按行业划分，共设计了九个税目，3％和 5％两档固定比例税率及一个幅度税率。交通运输业、建筑业、邮电通讯业、文化体育业税率为 3％；金融保险业、服务业、转让无形资产和销售不动产税率为 5％；娱乐业税率为 5％～20％。

3. 应纳税额计算

纳税人提供应税劳务、转让无形资产或者销售不动产，按照营业额和规定的税率计算应纳税额。营业税应纳税额的计算公式为

应纳税额＝营业额×税率

营业额是纳税人提供应税劳务、转让无形资产或者销售不动产向对方收取的全部价款和价外费用。在实际工作中，按营业税法的规定，营业额具体有三种形式：纳税人的营业收入全额、营业收入差额和组成计税价格。凡是按营业收入差额计税的，税法都有明确的规定，除此以外，均按营业收入全额计税。

四、关税税法

关税法是国家制定的用以调整关税征收与缴纳之间权利及义务关系的法律规范。现行关税法律规范以全国人民代表大会 2000 年 7 月修正颁布的《中华人民共和国海关法》为法律依据，以国务院 2003 年 11 月发布的《中华人民共和国进出口

关税条例》及由国务院关税税则委员会审定并报国务院批准作为条例组成部分的《中华人民共和国海关进出口税则》和《中华人民共和国海关入境旅客行李物品和个人邮递物品征收进口税办法》为基本法规，以由关税政策制定和征收管理的主管部门依据基本法规拟定的管理办法和实施细则为主要内容。

关税是对进出我国关境的应税货物和应税物品征收的一种税。由海关负责征收与管理。

（一）关税的分类

根据不同的标准，可以对关税进行不同的分类：

(1) 通过货物的流向，关税可以分为进口关税、出口关税和过境关税。我国目前对进出境货物和物品征收的关税分为进口关税和出口关税。

(2) 根据计征方式不同，关税可以分为从量关税、从价关税、复合关税、选择性关税和滑准关税。

(3) 根据关税的差别，可以分为特别关税和优惠关税。特别关税包括反倾销关税、反补贴关税和报复关税。优惠关税包括互惠关税、特惠关税、最惠国待遇关税和普惠制关税。

(4) 根据制定关税政策的目的不同，关税还可以分为财政关税和保护关税。

关税是维护国家主权，贯彻对外开放政策，平等互利，促进对外经济贸易发展，保护和促进国民经济发展，为国家建设积累资金的重要工具。它是国家实施宏观调控的重要经济手段，是联系国内外生产和市场的重要桥梁，在我国经济建设中起着重要的作用。

（二）关税税法的主要内容

1. 关税的纳税人、课税对象

关税的纳税人是进口货物的收货人、出口货物的发货人及其代理人，应税行李物品的持有人和应税个人邮递物品的收件人。

关税的课税对象是进出口我国关境的货物和物品。货物是指对外贸易进出口我国关境的商品；物品是指进出境的旅客携带的行李物品、个人邮递物品、运输工具服务人员携带的物品以及用其他方式进口个人自用的行李、邮包、商品等。

关税的计税依据是进出我国关境的应税货物和物品的数量或价值额（完税价格）。

2. 海关进出口税则

海关进出口税则是一国政府根据国家关税政策和经济政策，通过一定立法程序制定公布实施的进出口货物和物品应税的税目税率表，是海关据以征税的法律依据。

海关进出口税则以税率表为主体，还包括实施税则的法令、使用税则的有关说明和附录等。海关进出口税则是海关征收关税的法律依据，也是关税政策的具体体现。我国现行关税税则包括《中华人民共和国进出口条例》、《税率适用说明》、《中华人民共和国海关进口税则》、《中华人民共和国海关出口税则》，以及《进口商品从量税、复合税和滑准税税目税率表》、《进口商品税则暂定税率表》、《出口商品税则暂定税率表》、《非全税目信息技术产品税率表》等附录。

税率表作为关税税则的主体，包括商品分类目录和税率两大部分。

商品分类目录是将种类繁多的商品加以综合，按特点简化成有限的商品类目，分别编号按序排列，称为税则号列，逐号列出商品名称。商品分类原则包括归类总原则和各类、章、目和子目的具体注释。我国现行海关进出口税则是以国际通行的《商品名称及编码协调制度》为基础，结合我国实际情况确定的。

关税税率分为进口税率和出口税率两种。加入 WTO 前，我国进口税率又分为普通税率和优惠税率。对原产于与中华人民共和国未订有关税互惠协议的国家或者地区的进口货物，按照普通税率征税；对原产于与中华人民共和国订有关税互惠协议的国家或者地区的进口货物，按照优惠税率征税。加入 WTO 后，自 2002 年 1 月 1 日起，我国进口税则设有最惠国税率、协定税率、特惠税率、普通税率和关税配额税率等。对进口货物在一定期限内还可以实行暂定税率。

(1) 最惠国税率适用于原产于与我国共同适用最惠国待遇的 WTO 成员国或地区的进口货物，或原产于与我国订有相互给予最惠国待遇条款的双边贸易协定的国家或者地区的进口货物以及原产于我国境内的进口货物。

(2) 协定税率适用于原产于与中华人民共和国参加的含有关税优惠条款的区域性贸易协定有关缔约方的进口货物。

(3) 特惠税率适用于原产于与中华人民共和国订有特殊优惠关税协议的国家或者地区的进口货物。

(4) 普通税率适用于原产于上述国家或地区以外的其他国家或地区的进口货物。按照普通税率征税的进口货物，经国务院关税税则委员会批准，可以适用最惠国税率。

(5) 国家根据经济发展需要，对部分进口原材料、农药原药、乐器、生产设备等实行暂定税率。暂定税率优先适用于优惠税率和最惠国税率。

出口税则仅设一栏税率。出口货物一般不征出口关税。国家仅对少数资源性产品及易于竞相杀价，需要规范出口秩序的半成品征收出口关税，且税率较低。

任何国家或者地区对其进口的原产于中华人民共和国的货物征收歧视性关税或者给予其他歧视性待遇的；或者为抢占我国市场份额，采取不正当手段向我国低价倾销商品，对国内产业造成损害的，海关对原产于该国家或者地区的进口货物，可以征收特别关税。特别关税包括报复性关税、反倾销税、反补贴税、保障性关税。

进出口货物应当按照《海关进出口税则》规定的归类原则归入适当的税号，并按适用的税率征税。

3. 原产地规定

我国确定进口货物原产地标准采用国际通用的“全部产地标准”和“实质性加工标准”。

(1) 全部产地标准。即对于完全在一个国家内生产或制造的进口货物，生产或制造国为货物原产国。

（2）实质性加工标准。即对于经过由几个国家加工、制造的进口货物，以最后一个对货物进行经济上视为实质性加工的国家为有关货物原产国。

4. 应纳税额计算

（1）进口关税的计算。

①从价定率应纳税额的计算。进口关税按海关确定的关税的完税价格和进口税率计算，公式如下

$$应纳税额=关税的完税价格\times进口关税税率$$

进口货物关税的完税价格是海关以该货物的成交价格为基础审查确定的。成交价格不能确定时，由海关依法估定。

②从量定额应纳税额的计算。进口关税按海关确定的进口货物数量和单位税额计算，公式如下

$$应纳税额=进口货物数量\times单位税额$$

③复合税率应纳税额的计算。其计算公式如下

$$应纳税额=关税的完税价格\times进口关税税率+进口货物数量\times单位税额$$

④滑准税率应纳税额的计算。其计算公式如下

$$应纳税额=关税的完税价格\times滑准税率$$

（2）出口关税的计算。出口关税的计算按海关确定的关税的完税价格和出口关税税率计算，公式如下

$$应纳税额=关税的完税价格\times出口关税税率$$

出口货物关税的完税价格是海关以该货物向境外销售时的成交价格为基础审查确定的，但是其中包含的出口关税税额应扣除。其计算公式如下

$$关税的完税价格=\frac{离岸价格}{1+出口税率}$$

出口货物的成交价格不能确定时，由海关依法估定。

第四节 所得税税法

一、所得税概述

所得税又称收益税，是以纳税人的所得额或收益额为课税对象的税。收益额包括纯收益和总收益。纯收益一般是指纳税人的利润所得额，即：收入总额扣除成本、费用和损失后的余额。各种企业所得税一般都是以纯收益为课税对象的。总收益是指以纳税人的全部收入额作为课税对象，不进行任何扣除。所得税的特点在于税额的多少直接取决于纳税人的所得额水平。所得多的，多纳税；所得少的，少纳税；无所得的，不纳税，税收负担不易转嫁。由于所得税直接作用于纳税人的切身

利益，能够使政府的经济政策直接通过对纳税人税收负担的调整体现出来，有利于政府经济意图的实现，因此在发达国家，所得税是主体税种。在我国现阶段，所得税的作用也日益受到重视，在现行双主体的税制结构中，所得税已与流转税并重，成为我国税制体系中的核心税种。

我国现行对企业征收的所得税，区别内外资企业分设两套税制：对内资企业的所得依法征收企业所得税，对外资企业的所得依法征收外商投资企业和外国企业所得税。现行内外资企业税法不统一，扣除范围、扣除标准不统一，税率不统一，税收优惠不统一，使内资企业的税收负担大大超过外资企业；同时企业所得税和个人所得税存在交叉错位。这既不符合市场经济公平税负的要求，也不利于税收征管。

我国现行的个人所得税税法规定区别纳税人不同的收入项目，采用分类分项征税的方法。这既不利于公平税负，使个人所得税调节收入分配的功能受到极大的影响，又与国际通行做法有一定差距。将来在税收征管水平提高和征收技术现代化的基础上，我国的个人所得税税法将进一步完善，逐步向国际惯例靠拢，在有效控制税源的基础上，实行综合分类的个人所得税制度，科学确定扣除项目和扣除标准，消除个人所得税和企业所得税双重课税的问题，使个人所得税税负公平、合理。同时开征社会保障税，规范社会保障制度，支持我国社会保障制度的改革和完善。

在过去开征农业税的情况下，农业税也属于所得课税。近年来，为了进一步减轻农民的负担，在全国范围内停征农业税。

二、企业所得税税法

企业所得税法是国家制定的用以调整企业所得税征收与缴纳之间权利及义务关系的法律规范。

企业所得税是对中华人民共和国境内除外商投资企业和外国企业外的企业，就其生产、经营所得和其他所得征收的一种税。

1. 企业所得税的纳税人、课税对象

企业所得税的纳税人为实行独立核算的企业或者组织，具体包括：国有企业、集体企业、私营企业、联营企业、股份制企业以及有生产、经营所得和其他所得的其他组织。

企业所得税的课税对象是指纳税人年应纳税所得额。应纳税所得额包括企业来自我国境内外的生产经营所得和其他所得。

生产经营所得是指纳税人从事物质生产、交通运输、商品流通、劳务服务以及国务院财政部门确认的其他营利事业取得的所得。

其他所得是指纳税人取得的股息、利息、租金、转让各类资产、特许权使用费以及营业外收益等所得。

2. 企业所得税税率

税法规定企业所得税采用33%的比例税率。但是由于我国企业发展不平衡，为了照顾收入规模较少，利润较低或者经营规模较小的企业的实际情况，国家又补充规定了两档优惠低税率作为过渡，在规定的期限内使用。这两档优惠低税率为：

(1) 企业的年应税所得额在 3 万元以下（含 3 万元）的，减按 18%的税率征收。

(2) 企业的年应税所得额在 3 万元至 10 万元（含 10 万元）的，减按 27%的税率征收。

3. 应纳税额计算

企业所得税应纳税额计算的基本公式如下

应纳税额＝应纳税所得额×适用税率

应纳税所得额＝收入总额－准予扣除项目金额

收入总额包括生产经营收入、财产转让收入、利息收入、租赁收入、特许权使用费收入、股息收入和其他收入。

准予扣除的项目是指和纳税人取得收入有关的成本、费用、税金和损失。

成本即生产、经营成本，是指纳税人为生产、经营商品和提供劳务等所发生的各项直接费用和间接费用。

费用是指纳税人为生产经营商品和提供劳务等所发生的销售（经营）费用、管理费用和财务费用。

税金是指纳税人依法缴纳的消费税、营业税、城市维护建设税、资源税、土地增值税。企业缴纳的教育费附加可以视同税金。

损失是指纳税人生产经营过程中的各项营业外支出，已发生的经营亏损和投资损失以及其他损失。

税法对纳税人准予扣除的项目的扣除范围和扣除标准做了明确的规定，凡是纳税人财务会计制度与税法有冲突的，纳税时一律按税法规定进行调整。

计算企业所得税时，税法中规定的予以调整的具体项目和具体扣除标准如下：

(1) 借款利息支出的扣除。纳税人在生产、经营期间，向金融机构借款的利息支出，按照实际发生数额扣除；向非金融机构借款利息支出，不高于按照金融机构同类、同期贷款利率计算的数额以内的部分，准予扣除。

纳税人从关联方取得的借款金额超过其注册资本 50%的，超过部分的利息支出，不得在税前扣除。

(2) 计税工资的扣除。纳税人支付给职工的工资按照计税工资扣除。计税工资是指计算应纳税所得额时，允许扣除的工资标准。计税工资的具体标准，在财政部规定的范围内，由省、自治区、直辖市人民政府规定，报财政部备案。

当前财政部和国家税务总局确定的计税工资月扣除最高限额为 800 元/人。个别经济发达地区，可在不高于 20%的幅度内提高限额，报财政部审定。自 2004 年 7 月 1 日起，东北黑、吉、辽地区，企业的计税工资扣除标准提高到每月人均 1 200元。

①实行计税工资扣除办法的企业，其实际发放的工资、薪金在计税工资、薪金扣除标准以内的，可据实扣除，超过计税工资标准的部分，在计算应纳税所得额

时，不得税前扣除。

②对批准实行工资总额与经济效益挂钩办法的企业，其实际工资发放在工资总额增长幅度低于经济效益增长幅度，职工平均工资增长幅度低于劳动生产率增长幅度以内的，在计算应纳税所得额时，准予扣除。

③软件开发企业实际发放的工资总额允许税前扣除。

（3）职工工会经费、职工福利费和职工教育经费的扣除。纳税人的职工工会经费、职工福利费、职工教育经费分别按照计税工资总额的2%、14%、1.5%计算扣除。

（4）纳税人用于公益、救济性的捐赠，捐赠额在年度应纳税所得额3%以内的部分，可在计算应纳税所得额时予以扣除。金融保险企业用于公益、救济性的捐赠，捐赠额在年度应纳税所得额1.5%以内的部分，可在计算应纳税所得额时予以扣除。

企业、事业单位、社会团体等社会力量，通过中国境内非营利的社会团体、国家机关向红十字事业的捐赠、向福利性、非营利性的老年服务机构的捐赠、向农村义务教育的捐赠、向公益性的青少年活动场所的捐赠，准予在缴纳企业所得税前的所得额中全额扣除。

企业等社会力量，通过中华社会文化发展基金会向规定的文化事业的捐赠，纳税人捐赠额在年度应纳税所得额10%以内的部分，可在计算应纳税所得额时予以扣除。

纳税人直接向受赠人的捐赠，不允许扣除。

（5）业务招待费的扣除。纳税人按照财政部规定支出的与生产经营有关的业务招待费，由纳税人提供确实记录或单据，经核准准予扣除。

业务招待费的扣除限额标准如下：

①纳税人全年营业收入在1 500万元以下（含1 500万元）的，不超过年营业收入的5‰；

②纳税人全年营业收入在1 500万元以上的，不超过该部分营业收入的3‰。

（6）社保基金和统筹基金的扣除。纳税人按国家规定比例上缴的各类社保基金和社会统筹基金，包括职工养老基金、失业保险基金、医疗保险基金等，经过税务机关审核后，在规定的比例内扣除。

企业为全体雇员按国家规定比例缴纳的补充养老保险、补充医疗保险，可以在税前扣除。

企业按国家规定比例缴纳的住房公积金，可以在税前扣除。

（7）财产、运输保险费的扣除。纳税人参加企业财产保险、运输保险，按照规定缴纳的保险费准予税前扣除。保险公司给予纳税人的无赔偿优待，应计入当年应纳税所得额。

纳税人按国家规定为特殊工种职工支付的法定人身安全保险费，准予在计算应纳税所得额时据实扣除。

(8) 固定资产租赁费的扣除。租赁固定资产的方式有两种：经营租赁和融资租赁。税法规定以经营租赁方式租入固定资产而发生的租赁费，可以据实扣除。融资租赁发生的租赁费不得直接在所得税前扣除，应当通过提取折旧费的方式来解决。但是承租人支付的手续费，以及安装交付使用后支付的利息等支出可在支付时直接扣除。

(9) 坏账损失、坏账准备金的扣除。纳税人发生坏账损失，原则上应按实际发生额据实扣除。经税务机关批准，也可提取坏账准备金。提取坏账准备金后，纳税人发生坏账损失，应冲减坏账准备金，超过已提取的坏账准备的部分，可在发生当期直接扣除。已核销的坏账收回时，应相应增加当期应纳税所得额。当前税法规定：坏账准备金提取比例一般不超过年末应收账款余额的5‰。

(10) 企业资产发生永久或实质性损害的损失。自2003年1月1日起，企业资产有确凿证据证明已发生永久或实质性损害的损失时，扣除变价收入、可收回的金额以及责任和保险赔偿后，应确认为财产损失。

(11) 固定资产转让费用的扣除。税法规定纳税人转让各类固定资产发生的费用，允许扣除。

(12) 资产盘亏、毁损净损失的扣除。纳税人发生固定资产和流动资产盘亏、毁损净损失，由其提供清查盘存资料，经主管税务机关审核后，准予扣除。

(13) 汇兑损益的扣除。纳税人在生产经营期间发生的外国货币存、借和以外国货币结算的往来款项增减变动时，由于汇率变动而与记账本位币折合发生的汇兑损益，计入所得或者在当期扣除。

(14) 支付给总机构的管理费的扣除。纳税人（下属分支机构）按规定支付给总机构的与本企业生产、经营有关的管理费，需提供总机构出具的管理费汇集范围、定额、分配依据和方法等证明文件，经主管税务机关审核后，准予扣除。

管理费采取比例和定额控制，比例不超过总收入的2%。总机构管理费不包括技术开发费。

(15) 会员费。纳税人加入工商业联合会交纳的会员费，计算应纳税所得额时，准予扣除。

纳税人以省及省级以上民政、物价、财政部门批准的标准，向依法成立的协会、学会等社团组织交纳的会费，经主管税务机关审核后，准予在所得税前扣除。

(16) 残疾人就业保障金的扣除。纳税人按规定交纳的残疾人就业保障金，可以在税前扣除。

(17) 新产品、新技术、新工艺研究开发费用的扣除。企业研究新产品、新技术、新工艺所发生的各项开发费用，不受比例限制，计入管理费用扣除。

盈利工业企业发生的技术开发费比上年实际额增长达到10%（含）以上，其当年实际发生额除按规定据实列支外，经主管税务机关审核批准后，可再按其实际发生额的50%，直接抵扣当年应纳税所得额，增长未达到10%以上的，不得抵扣。

亏损企业发生的研究开发费用，只能按规定据实列支，不实行增长达到一定比例抵扣应纳税所得额的办法。

盈利企业研究开发费用比上年增长达到10%以上的，其实际发生额的50%如大于企业当年应纳税所得额的，可就其不超过应纳税所得额的部分予以抵扣；超过部分，当年和以后年度均不再抵扣。

纳税人发生的技术开发费，凡由国家财政和上级部门拨付的部分，不得在税前扣除，也不得计入技术开发费实际增长幅度的基数和计算抵扣应纳税所得额。

(18) 资助科技开发费用。社会力量资助非关联的科研机构和高等学校研究开发新产品、新技术、新工艺所发生的研究开发经费，经主管税务机关审核确定，其资助支出可以全额在当年应纳税所得额中扣除。当年应纳税所得额不足抵扣的，不得结转抵扣。

企业向所属的科研机构和高等学校提供的研究开发经费资助支出，不实行抵扣应纳税所得额的办法。

(19) 技术改造国产设备投资。对在我国境内投资于符合国家产业政策的技术改造项目的企业，其项目所需国产设备投资的40%可以从企业技术改造项目设备购置当年比前一年新增的企业所得税中抵免。

允许抵免的国产设备不包括从国外直接进口的设备，以“三来一补”方式生产制造的设备。允许抵免的国产设备按原价计提折旧，可在税前扣除。

企业每一纳税年度投资抵免的企业所得税额，不得超过该企业当年比设备购置前一年新增的所得税税额。如果当年新增的所得税税额不足抵免时，未抵免的投资额，可用以后年度企业比设备购置前一年新增的所得税税额延续抵免，抵免期限最长不得超过五年。

(20) 广告费的扣除。纳税人每一纳税年度发生的广告费支出，除特殊行业另有规定外，不超过销售（营业）收入2%的，可据实扣除；超过部分可无限期向以后年度结转。粮食类白酒广告费不得在税前扣除。

制药、食品、日化、家电、通信、软件开发、集成电路、房地产开发、体育文化和家具建材商城等特殊行业的企业，纳税人每一纳税年度发生的广告费支出，可在销售（营业）收入8%的比例内据实扣除；超过比例的部分可无限期向以后年度结转。

对从事软件开发、集成电路制造及其他业务的高新技术企业，互联网站，从事高新技术创业投资的风险投资企业，自登记成立之日起五个纳税年度内，经主管税务机关审核，广告支出可据实扣除。超过五年以上，按8%的比例扣除。

(21) 业务宣传费的扣除。纳税人每一纳税年度发生的业务宣传费支出，在不超过销售（营业）收入5‰的比例范围内据实扣除；超过比例的部分当年不得扣除，以后年度也不得扣除。

(22) 差旅费、会议费、董事会费的扣除。纳税人发生的与其经营活动有关的差旅费、会议费、董事会费，主管税务机关要求提供证明资料的，应能提供证明其真实性的合法凭证，否则不能在税前扣除。

(23) 佣金的扣除。纳税人发生的佣金，符合下列条件的，可计入销售费用：

①有合法真实凭证；

②支付对象必须是独立的有权从事中介服务的纳税人或个人，不含本企业雇员；

③支付给个人的佣金，除另有规定外，不得超过服务金额的5%。

税法规定，在计算应纳税所得额时，下列项目支出不得扣除：

①资本性支出；

②无形资产受让、开发支出；

③违法经营的罚款和被没收财务的损失；

④各项税收滞纳金、罚金和罚款；

⑤自然灾害或者意外事故损失有赔偿的部分；

⑥超过国家规定允许扣除的公益、救济性捐赠，以及非公益、救济性捐赠；

⑦各种赞助支出；

⑧纳税人为其他独立纳税人提供与本身应纳税收入无关的贷款担保等，因被担保方不能还清贷款而由该担保纳税人承担的本息等，不得在担保企业税前扣除；

⑨销售货物给购货方的回扣，不得在税前扣除；

⑩纳税人提取是存货准备金、短期投资跌价准备金、长期投资减值准备金、风险准备金，以及国家税法规定可提取的准备金之外的任何形式的准备金，不得扣除；

⑪与取得收入无关的其他各项支出。

4. 关联企业之间业务往来的税务处理

为了防止企业避税，现行《企业所得税暂行条例》规定：纳税人与关联企业之间业务往来必须按独立企业之间业务往来收取或支付价款费用。凡是不按独立企业之间业务往来收取或支付价款费用导致所得税减少的，税务机关有权进行调整。

5. 对亏损企业的税务处理

为了保障企业均衡发展，促使企业获得更大的经济效益，现行《企业所得税暂行条例》规定：纳税人发生年度亏损的，可以用下一纳税年度的所得弥补；下一纳税年度的所得不足弥补的，可以逐年延续弥补，但是延续弥补期最长不得超过五年。

6. 避免重复课税

为了避免重复课税，现行税法规定，对纳税人来自境外的所得，已在境外缴纳的所得税税款，准予在汇总纳税时，从其应纳税所得额中扣除。扣除额不得超过按照我国企业所得税法规定计算的应纳税额。

三、外商投资企业和外国企业所得税税法

外商投资企业和外国企业所得税法是国家制定的，用以调整外商投资企业和外国企业所得税征收与缴纳之间权利及义务关系的法律规范。

外商投资企业和外国企业所得税是对在中华人民共和国境内设立的外商投资企业的生产经营所得和其他所得，以及外国企业在中华人民共和国境内的生产经营所

得和其他所得征收的一种税。

1. 外商投资企业和外国企业所得税的纳税人与课税对象

外商投资企业和外国企业所得税的纳税人，总的来看就是指外商投资企业和外国企业。外商投资企业是指在中国境内设立的中外合资经营企业、中外合作经营企业和外资企业。外国企业是指在中国境内设立机构、场所，从事生产、经营和虽未设立机构、场所，而有来源于中国境内的所得的外国公司、企业和其他经济组织。

外商投资企业和外国企业所得税的课税对象就是外商投资企业和外国企业的生产、经营所得和其他所得。由于外商投资企业具有中国居民身份，因此国家就其来源于我国境内外的生产、经营所得和其他所得计征所得税，而外国企业不具有中国居民身份，只就其来源于我国境内的所得计征所得税。

2. 外商投资企业和外国企业所得税的税率

外商投资企业应纳的所得税以及外国企业就其在中国境内设立的从事生产、经营的机构、场所的生产经营所得应纳的所得税，按应纳税所得额计算，税率为30%；地方所得税，按应纳税所得额计算，税率为3%；总体税负为33%。

外国企业在中国境内未设立机构、场所，而有来源于中国境内的利润、利息、租金、特许权使用费和其他所得，或者虽然设立了机构、场所，但上述所得与其机构、场所没有实际联系的，缴纳预提所得税。自2000年1月1日起，预提所得税税率下调为10%。

3. 应纳税额计算

外商投资企业和外国企业所得税应纳税额是根据企业应纳税所得额和适用税率计算的。其计算公式如下

$$应纳税额=应纳税所得额\times适用税率$$

外商投资企业和外国企业在中国境内设立的从事生产、经营的机构或场所每一纳税年度的收入总额，减除成本、费用以及损失后的余额，为应纳税所得额。用公式表示如下

$$应纳税所得额=收入总额-成本-费用-损失$$

4. 对关联企业之间业务往来税务的处理

为了防止外商投资企业和外国企业利用国家之间、地区之间税率高低不同，通过价格转移利润，逃避其应负的纳税义务，国家特别对关联企业业务往来作出规定，作为反避税条款在税法上列明：纳税人与关联企业之间业务往来必须按独立企业之间业务往来收取或支付价款费用。凡是不按独立企业之间业务往来收取或支付价款费用导致所得税减少的，税务机关有权进行调整。

5. 避免重复课税

为了促进国家间经济交往，避免国家间双重征税，防止过分加重外商投资企业的税收负担，以利于吸引外资，提高外商在中国境内投资的积极性，税法规定：总机构设立在中国境内的外商投资企业来源于中国境外的所得已在境外缴纳的所得税税款准予在汇总缴纳所得税时，从其应纳税所得额中扣除，但是扣除额不得超过其

境外所得依照我国税法规定计算的应纳税额。

6. 我国对外商投资企业和外国企业所得税的税收优惠

国家为了贯彻改革开放方针政策，积极吸引外资，充分利用外资，合理引导外资的流向，促进我国经济均衡发展，在税法中明确规定了多项税收优惠条款。这些税收优惠大体可以分为三大类：低税率、免税和减税优惠；再投资退税优惠和亏损弥补的有关规定。

（1）低税率、免税和减税优惠。例如税法规定：设在经济特区的外商投资企业，在经济特区设立机构、场所从事生产经营的外国企业和设在经济技术开发区的生产性的外商投资企业，减按15%的税率征收企业所得税。

设在沿海经济开放区和经济特区、经济技术开发区所在城市的老市区的生产性的外商投资企业，减按24%的税率征收企业所得税。

设在沿海经济开放区和经济特区、经济技术开发区所在城市的老市区或者设在国务院规定的其他地区的外商投资企业，属于能源、交通、港口、码头或者国务院鼓励的其他项目的，可以减按15%的税率征收企业所得税。

对生产性外商投资企业，经营期在十年以上的，从开始获利的年度起，第一年和第二年免征企业所得税；第三年至第五年减半征收企业所得税。

在国务院确定的国家高新技术产业开发区设立的被认定为高新技术企业的中外合资经营企业，经营期在十年以上的，经企业申请，当地税务机关批准，从开始获利的年度起，第一年和第二年免征企业所得税。设在经济特区和经济技术开发区的外商投资企业，依照经济特区和经济技术开发区的税收优惠规定执行。

外商投资企业举办的产品出口企业，在税法规定免征、减征企业所得税期满后，凡当年出口产品产值达到当年企业产品产值70%以上的，可以按照税法规定的税率减半征收企业所得税。但经济特区和经济技术开发区以及其他已经按15%的税率缴纳企业所得税的产品出口企业，符合上述条件的，按10%的税率征收企业所得税。

外商投资举办的先进技术企业，依照税法规定免征、减征企业所得税期满后仍为先进技术产业的，可以按照税法规定的税率延长三年减半征收企业所得税。

低税率和免税、减税优惠的具体规定还有很多，不一一列举。

（2）再投资退税优惠。又如税法还规定：外商投资企业的外国投资者将其从企业取得的利润直接再投资于该企业，用于增加注册资本，或作为资本投资开办其他外商投资企业，经营期不少于五年的，经投资者申请，国家税务机关批准，退还其再投资部分已纳税款40%的所得税。

外国投资者在中国境内直接再投资举办、扩建产品出口企业或者先进企业，以及外国投资者将从海南经济特区内的企业获得的利润直接再投资海南经济特区内的基础设施建设项目和农业开发企业，可以依照国务院的有关规定，全部退还其再投资部分已缴纳的企业所得税税款。

（3）亏损弥补。税法还规定：外商投资企业和外国企业在中国境内设立的从事生产经营的机构、场所发生年度亏损，可以用下一年度的所得弥补；下一纳税年度的所得不足弥补的，可以逐年延续弥补，但最长不得超过五年。

值得注意的是，新的旨在统一不同类型企业税收标准的《企业所得税法（草案）》已经于2006年12月24日被提交于十届全国人大常委会第二十五次会议首次审议。这预示着我国内资企业与外资企业及外国企业所得税法律制度将实现统一。

自20世纪80年代改革开放以来，为吸引外资、发展经济，我国对外资企业采取了有别于内资企业的税收政策，实践证明这样做是必要的，对改革开放、吸引外资、促进经济发展发挥了重要作用。截至2006年8月底，全国累计批准外资企业57.9万户，实际使用外资6 596亿美元。2005年外资企业销售收入达77 024亿元，占全国销售收入总量的37.5%；缴纳各类税款6 391亿元，占全国税收总量的20.7%。

然而，在现行内资税法、外资税法实施十几年来，我国经济社会情况发生了很大变化，尤其是我国加入世界贸易组织之后，面对企业所得税优惠政策内外有别的情况，企业要求统一税收待遇、公平竞争的呼声越来越高。此外，现行企业所得税优惠政策存在较大漏洞，扭曲了企业经营行为，造成国家税款的流失。因此，“两税”统一成为我国企业所得税制度改革的必然趋势。

根据新《企业所得税法（草案）》的规定，企业所得税制度将有以下重大改革：

第一，实行内资企业与外资企业统一的企业所得税，企业所得税的税率为25%。

第二，统一了各项税前支出扣除政策。如在工资方面，改变了目前对内资企业实行的计税工资制扣除，改为按企业和单位实际发放的工资据实扣除。在公益性捐赠方面，企业向民政、教科文卫、环保、社会公共和福利事业的捐赠，在年度利润总额10%以内的部分，准予扣除。研发费用方面，可按实际发生额的150%抵扣当年度的应纳税所得额。在广告费方面，支出不超过当年销售收入15%的部分，可据实扣除，超过比例的部分可结转到以后年度扣除等。

第三，对税收优惠进行整合。整合后的税收优惠主要内容包括：促进技术创新和科技进步，鼓励基础设施建设，鼓励农业发展及环境保护与节能，支持安全生产，促进公益事业和照顾弱势群体，以及自然灾害专项减免税优惠政策等。具体表现为：

①对国家需要重点扶持的高新技术企业实行15%的优惠税率，扩大对创业投资等企业的税收优惠以及企业投资于环境保护、节能节水、安全生产等方面的税收优惠。

②保留对农林牧渔业、基础设施投资的税收优惠政策。

③对劳服企业、福利企业、资源综合利用企业的直接减免税政策采取替代性优惠政策。

④取消了生产性外资企业定期减免税优惠政策，以及产品主要出口的外资企业减半征税优惠政策等。

第四，参照国际通行做法，对符合规定条件的小型微利企业实行20%的照顾性税率，以扶持小企业发展，促进就业。

第五，将对原享受法定税收优惠的企业实行过渡措施。为了保持改革开放政策的稳定性和连续性，缓解新税法出台对部分老企业增加税负的影响，按原税法规定享受15%和24%等低税率优惠的老企业，在新税法实施后可享受低税率过渡期照顾；按原税法规定享受定期减免税率优惠的老企业，新税法实施后可以继续享受尚未享受完的优惠。

第六，按照国际通行做法，采用了规范的“居民企业”和“非居民企业”的概念。居民企业承担全面纳税义务，就其境内外全部所得纳税；非居民企业承担有限纳税义务，一般只就其来源于我国境内的所得纳税。

第七，在征税方式上，取消了现行内资企业所得税法关于“独立经济核算”的标准，纳税人范围确定为企业和其他取得收入的组织。

第八，采用国际上以法人作为标准确定纳税人的普遍做法，对不具有法人资格的企业分支机构，需要汇总计算应交纳的所得税。个人独资企业和合伙企业不适用企业所得税法。

该《企业所得税法（草案）》将于2007年3月提交十届人大五次会议再次审议并表决，有望在2008年实行。

四、个人所得税税法

个人所得税法是国家制定的用以调整个人所得税征收与缴纳之间权利及义务关系的法律规范。

个人所得税是对个人所取得的各项应纳税所得额征收的一种税。

1. 个人所得税的纳税人、课税对象及征税范围

个人所得税的纳税人是指在中国境内有住所，或者无住所而在中国境内居住满一年的个人，以及在中国境内无住所又不居住或者无住所而在境内居住不满一年的个人。

个人所得税的课税对象是指纳税人的个人所得额。因为个人所得税中很多收入项目都规定有免征额，因此在很多情况下，应纳税所得额和个人收入额并不一致。

税法规定，对在中国境内有住所，或者无住所而在中国境内居住满一年的个人就其境内外所得征税；对在中国境内无住所，又不居住或者无住所，在境内居住不满一年的个人只就其来源于我国境内所得征税。

在中国境内无住所，但是居住一年以上五年以下的个人，其来源于中国境外的所得，经主管税务机关批准，可以只就由中国境内公司、企业以及其他经济组织或者个人支付的部分缴纳个人所得税；居住超过五年的个人，从第六年起，应当就其来源于中国境外的全部所得缴纳个人所得税。

在中国境内无住所，但是在一个纳税年度中在中国境内连续或者累计居住不超过九十日的个人，其来源于中国境内的所得，由境外雇主支付并且不由该雇主在中

国境内的机构、场所负担的部分，免予缴纳个人所得税。

个人所得税的征税范围包括下列各项所得：

①工资、薪金所得；

②个体工商业户的生产、经营所得；

③对企事业单位的承包经营、承租经营所得；

④劳务报酬所得；

⑤稿酬所得；

⑥特许权事业费所得；

⑦利息、股息、红利所得；

⑧财产租赁所得；

⑨财产转让所得；

⑩偶然所得等。

2. 个人所得税税率

个人所得税区别纳税人所得取得的不同项目，分别设置不同的税率。总的来看，个人所得税的税率分为两大类：超额累进税率和比例税率。

(1) 超额累进税率。超额累进税率包括九级超额累进税率和五级超额累进税率。

超额累进税率适用于个人的工资、薪金所得和个体工商业户的生产、经营所得的征收。工资、薪金所得，适用九级超额累进税率，税率为5%至45%。个体工商业户的生产、经营所得和对企事业单位的承包经营、承租经营所得，适用五级超额累进税率，税率为5%至35%。

超额累进税一方面有利于调节纳税人的收入水平，所得多的，多纳税，所得少的，少纳税，甚至不纳税，使纳税人的税收负担和他的经济承受力相适应；另一方面也有利于培养公民的纳税意识，同时也有利于税收征管，确保财政收入。

(2) 比例税率。在上述实行超额累进税率范围之外的其他所得采用比例税率，税率为20%。

稿酬所得适用20%的比例税率，并按应纳税额减征30%的所得税，实际税负为14%。劳务报酬所得适用20%的比例税率，对劳务报酬所得一次收入畸高的，还要实行加成征税。

特许权使用费所得，利息、股息、红利所得，财产租赁所得，财产转让所得，偶然所得和其他所得，均适用20%的比例税率。

3. 应纳税额计算

由于个人所得税区别所得的不同的来源，分别规定不同的税率，有的所得项目又规定了免征额（扣除费用），因此，个人所得税的计算需要区别不同的所得项目分别进行：

(1) 工资、薪金所得。其应纳税额的计算公式如下

$$应纳税额=应纳税所得额\times适用税率-速算扣除数$$

应纳税所得额＝每月工资薪金所得－扣除费用额

其中，扣除费用额自 2006 年 1 月 1 日起由 800 元上调至 1 600 元。如果是外籍人或本国公民在境外取得的工资、薪金所得，还可以再减去 3 200 元的附加减除费用额。

（2）个体工商业户生产、经营所得和对企、事业单位承包经营、承租经营所得。其应纳税额的计算公式如下

应纳税额＝应纳税所得额×适用税率－速算扣除数

个体工商业户生产经营所得的应纳税所得额的计算公式为

应纳税所得额＝纳税年度收入总额－成本－费用－损失

个人对企事业单位承包、承租所得的应纳税所得额的计算公式为

应纳税所得额＝年收入总额－合理的费用

年收入总额＝全年承包经营和承租经营分得的利润＋全年工资和薪金收入

其中，合理的费用自 2006 年 1 月 1 日起上调至每月 1 600 元，全年扣除额为 1 600 ×12＝19 200。

（3）劳务报酬所得、稿酬所得、特许权使用费所得、财产租赁所得。劳务报酬所得、稿酬所得、特许权使用费所得、财产租赁所得，每次收入不超过 4 000 元的减除费用 800 元；每次收入 4 000 元以上的，减除 20％的费用，其余额为应纳税所得额，适用 20％的比例税率。税法还规定，对一次性劳务报酬畸高的，要加成征税。对稿酬所得，要减征 30％的所得税。

劳务报酬所得、特许权使用费所得、财产租赁所得应纳税额的计算公式如下：

①每次收入在 4 000 元以下时

应纳税额＝（每次收入额－800）×20％

②每次收入在 4 000 元以上时

应纳税额＝每次收入额×（1－20％）×20％

对一次性劳务报酬畸高的，要加成征税：个人一次取得劳务报酬，其应纳税所得额超过 2 万元至 5 万元的部分，加五成征税；超过 5 万元的部分，加十成征税。由于有加成征税的规定，畸高的一次性劳务报酬所得适用的税率，就由比例税率转化成三级超额累进税率，税率如下表：

级距	每次应纳税所得额	税率（％）	速算扣除数
1	不超过 2 万元的部分	20	0
2	超过 2 万元至 5 万元的部分	30	2 000
3	超过 5 万元以上的部分	40	7 000

其应纳税额计算公式如下

应纳税额＝应纳税所得额×适用税率－速算扣除数

应纳税所得额＝每次收入额×（1－20％）

稿酬所得应纳税额计算公式如下：

①每次收入在 4 000 元以下时

$$应纳税额=(每次收入额-800)\times20\%\times(1-30\%)$$

②每次收入在4 000元以上时

$$应纳税额=每次收入\times(1-20\%)\times20\%\times(1-30\%)$$

(4) 利息、股息、红利所得，偶然所得和其他所得，以每次收入额为应纳税所得额，适用20%的比例税率。其应纳税额的计算公式为

$$应纳所得税额=每次收入额\times20\%$$

4. 税收优惠

个人所得税法规定下列各项个人所得，免纳个人所得税：

①省级人民政府、国务院部委和中国人民解放军军以上单位，以及外国组织、国际组织颁发的科学、教育、技术、文化、卫生、体育、环境保护等方面的奖金；

②国债和国家发行的金融债券利息；

③按照国家统一规定发给的补贴、津贴；

④福利费、抚恤金、救济金；

⑤保险赔款；

⑥军人的转业费、复员费；

⑦按照国家统一规定发给干部、职工的安家费、退职费、退休工资、离休工资、离休生活补助费；

⑧依照我国有关法律规定应予免税的各国驻华使馆、领事馆的外交代表、领事官员和其他人员的所得；

⑨中国政府参加的国际公约、签订的协议中规定免税的所得；

⑩经国务院财政部门批准免税的所得。

有下列情形之一的，经批准可以减征个人所得税：

①残疾、孤老人员和烈属的所得；

②因严重自然灾害造成重大损失的；

③其他经国务院财政部门批准减税的。

思 考 题

1. 简述税法与税收的关系。
2. 简述我国税法的特征。
3. 简述税收法律关系的构成。
4. 简述税法构成要素的内容。
5. 试述增值税的意义。
6. 简述所得课税的特点。
7. 试述增值税、消费税、营业税、关税税法的主要内容。
8. 试述企业所得税和个人所得税税法的主要内容。

第十三章

银　行　法

本章提要

银行是一国金融体系的核心。银行法是调整银行关系的法律规范的总称，在金融法中居于重要地位。本章以我国现行的三部银行法为核心，系统介绍了我国银行法律制度。本章重点为：中国人民银行的性质、职能与职责，人民币的发行、管理与保护，中国人民银行执行货币政策的工具，商业银行的经营原则，商业银行的贷款规则，中央银行与银行业监督管理机构对银行业金融机构的监管。

第一节　银行与银行法

一、银行的产生与发展

银行是专门经营存款、贷款、汇兑、结算等业务，充当信用中介和支付中介的金融机构[1]。

商品经济的发展离不开货币与信用，当经济发展到一定阶段时，以专门从事货币兑换、为客户保管货币以及汇兑业务的货币兑换商和银钱业者随即出现。随着兑换、保管、汇兑业务的发展，这些货币兑换商和银钱业者手中聚集了大量的货币资金，自然而然地发展了贷款业务，并通过发行银行券主动向货币持有者以提供服务和以支付利息为条件吸收存款来扩展贷款业务。此时，体现银行本质的存贷款业务和创造信用货币的功能逐步显现，古老的银钱业逐步转化为商业银行。最早出现的一批商业银行在欧洲，如威尼斯银行（1580 年）、米兰银行（1593 年）、阿姆斯特丹银行（1609 年）、汉堡银行（1619 年）、纽伦堡银行（1621 年）、鹿特丹银行（1635 年）等。随着经济的发展，现代的商业银行在业务种类、资产规模、技术手段和服务的地域范围等都发生了深刻变化，呈现出全能化、集中化、电子化和国际化的发展趋势。

现代商业银行出现后，过了相当长的时期才出现了中央银行。在中央银行出现

---

[1] 戴相龙，黄达．中国金融词库．北京：金融出版社，1998.

前，各商业银行都有权发行自己的银行券。由于银行券的价值与发行银行的经营管理水平、银行信誉等联系在一起，导致部分银行券不被社会所接受，影响了银行正常的经营活动。如果有一家大银行统一发行银行券，将会大大提高货币流通的效率；随着银行业务的不断扩大，债权债务关系日趋复杂，简单的结算方式不能满足大量的清算业务，客观上需要一个全国统一的、具有权威性的、公正的清算机构为之服务；商业银行在经营中还常常遇到资金不足、通过同业拆借仍然难以弥补的困难，需要一个最后贷款人作为银行最后的依靠，帮助其渡过暂时的困难，同时也维护银行体系的稳定。当时整个银行业没有制度的制衡与约束，运作处于无序状态，风险管理机制缺乏，致使银行破产倒闭现象严重，急需一个特殊的机构采取措施，有效地控制金融风险，保护存款人的利益，维护金融市场的稳定。中央银行就是适应上述银行发展的客观要求应运而生的。世界上最早设立的中央银行是瑞典银行（1668 年），随后是英格兰银行（1844 年）、法兰西银行（1848 年）、普鲁士银行（1875 年）等[1]。

二、银行法

现代银行作为专门经营货币的金融机构，在社会生产、流通、消费和交换的各个环节都发挥着越来越重要的作用，已经逐步成为金融业的核心。鉴于银行的重要地位，各国开始重视以用法律的手段规范和引导银行业的活动，对其进行严格的监督管理，以维护金融业乃至整个国民经济的稳定发展。

银行法是确定银行这类金融机构的组织形式、法律地位、职责权限、内部结构设置的法律规范的总称。中国银行法的产生是以《中国人民银行法》和《商业银行法》的颁布施行为标志的。这两部银行法于 1995 年分别由第八届全国人民代表大会常务委员会第三次和第十三次会议通过，于同年实施，并于 2003 年 12 月经第十届全国人民代表大会常务委员会第六次会议通过进行了修订。

其后，国务院制定和颁布了《外汇管理条例》（1997 年修订）、《中国人民银行货币政策委员会条例》（1997 年）以及《人民币管理条例》（1999 年）等行政法规。2003 年 12 月第十届全国人民代表大会常务委员会第六次会议通过并颁布了《中华人民共和国银行业监督管理法》，该法于 2004 年 2 月 1 日起施行。

此外，中国人民银行作为我国的中央银行还颁布了大量的部门规章。这一系列法律、行政法规和部门规章，构建了我国银行法律体系的基本框架。

银行法不仅确立了银行的法律地位，通过规范银行的形式、职责、权限、机构、体制的方式，将银行的金融活动纳入法制的轨道；同时，银行法还通过规范、调整政府与银行的关系，使国家对金融机构、金融活动的管理依法进行。

---

[1] 本文所说中央银行成立的时间，不是银行本身成立的时间，而是由私人银行过渡到国家银行的时间。

第二节 中央银行法

中央银行法是规范中央银行法律地位的法律。我国《中国人民银行法》明确规定，中国人民银行是我国的中央银行。

一、中国人民银行的性质

中国人民银行的性质是由其主要任务决定的。根据《中国人民银行法》的规定，中国人民银行在国务院领导下，依法独立制定和执行货币政策，防范和化解金融风险，维护金融稳定。因此，中国人民银行的主要任务是制定和执行国家货币政策。中国人民银行也从事部分金融业务，但其金融业务是为执行货币政策、实行宏观调控服务的。因此，中央银行属于国家机关，虽从事一定的业务活动，但不对公众，只对金融机构，且这种经营活动是为了制定与执行货币政策服务的。

为了从法律上保障和强化中国人民银行履行职责、完善宏观调控体系和维护金融秩序中的独立性，《中国人民银行法》进一步规定，中国人民银行“履行职责，开展业务，不受地方政府、各级政府部门、社会团体和个人的干涉”。

中央银行独立性是相对于政府而言的。判断及保持中央银行独立性的国际通行标准是：

①独享货币发行权；

②发行货币根据经济的需要而不受政府透支的干扰；

③能够独立解决严重的通货膨胀而无须向财政部报告自己的工作；

④重大决策不由某一部门或个人决定，而是由中央银行理事会决定；

⑤享有充分的权力对金融系统进行监督与管理；

⑥拥有资金的来源与运用的支配权而不依赖财政拨款[1]。

按照我国《中国人民银行法》的规定，我国中国人民银行的独立性是相对的，主要体现在独立于财政，独立于经济计划与主管部门，独立于地方政府，但仍然受中央政府的领导。这主要表现在：

①资本全部或部分由中央政府持有；

②赢利按规定上缴政府财政部；

③领导人由政府任命或由政府提名，立法机构任命；

④有义务与政府进行经济政策上的协调，有义务支持政府的经济政策。

---

[1] 中国人民银行，国际货币基金组织，联合国开发计划署. 宏观经济管理中的中央银行. 北京：金融出版社，1990.

二、中国人民银行的职能与职责

中国人民银行作为我国的中央银行主要具有三大职能：一是货币政策的制定与实施；二是货币发行和货币流通的调节；三是对银行业金融活动进行监督管理。

为了保证中国人民银行三大职能作用的发挥，《中国人民银行法》赋予中国人民银行与其职能相适应的职责：

①发布与履行其职责有关的命令和规章；

②依法制定和执行货币政策；

③发行人民币，管理人民币流通；

④监督管理银行间同业拆借市场和银行间债券市场；

⑤实施外汇管理，监督管理银行间外汇市场；

⑥监督管理黄金市场；

⑦持有、管理、经营国家外汇储备、黄金储备；

⑧经理国库；

⑨维护支付、清算系统的正常运行；

⑩指导、部署金融业反洗钱工作，负责反洗钱的资金监测；

⑪负责金融业的统计、调查、分析和预测；

⑫作为国家的中央银行，从事有关的国际金融活动；

⑬国务院规定的其他职责。

三、中国人民银行的组织机构

中国人民银行的职能与职责的发挥必须有严格的组织机构保证。

1. 领导机构

《中国人民银行法》规定，中国人民银行设行长一人，副行长若干人。行长由国务院总理提名，全国人民代表大会决定，闭会期间由全国人大常委会决定，国家主席任免。副行长由国务院总理任免。中国人民银行实行行长负责制。行长领导中国人民银行工作，副行长协助行长工作。这种领导体制的优点是职责权限明确，办事效率高。

《中国人民银行法》要求，中国人民银行的行长、副行长及其他工作人员应当恪尽职守，不得滥用职权、徇私舞弊，不得在任何金融机构、企业、基金会兼职；应当依法保守国家秘密，并有责任为与履行其职责有关的金融机构及当事人保守秘密。

2. 货币政策委员会

货币政策是指中央银行或货币当局为实现特定的经济目标所采取的各种控制和调节货币供给量或信用量，进而影响宏观经济的方针、政策和措施的总称。货币政策的目的是：稳定物价，充分就业，经济增长，国际收支平衡。

《中国人民银行法》规定，中国人民银行设立货币政策委员会。中国人民银行货币政策委员会应当在国家宏观调控、货币政策制定和调整中发挥重要作用。

根据国务院颁布的《货币政策委员会条例》的规定，我国的货币政策委员会是中国人民银行制定货币政策的咨询议事机构。货币政策委员会的职责是在综合分析宏观经济形势的基础上，依据国家的宏观经济调控目标，讨论下列货币政策事项，并提出建议：

①货币政策的制定、调整；

②一定时期内的货币政策控制目标；

③货币政策工具的运用；

④有关货币政策的重要措施；

⑤货币政策与其他宏观经济政策的协调。

3. 中国人民银行的分支机构

《中国人民银行法》规定，中国人民银行根据履行职责的需要设立分支机构，作为中国人民银行的派出机构。中国人民银行对分支机构实行统一领导和管理。中国人民银行的分支机构根据中国人民银行的授权，维护本辖区的金融稳定，承办有关业务。

近年来，中国人民银行管理体制进行了重大改革，取消了过去按行政区设置央行分支机构的模式，于1998年底，在上海、天津、沈阳、南京、济南、武汉、广州、成都、西安设立9个跨省区分行。在不设分行的省设立金融监管办事处，作为分行的派出机构。经过改革后的中国人民银行的组织结构为：总行下设9个分行，20个金融监管办事处，326个中心支行，1 827个县支行。

四、人民币的发行与管理

1. 货币发行垄断权

《中国人民银行法》规定，我国的货币发行权集中于中央银行。中国人民银行设立人民币发行库，在其分支机构设立分支库。分支库调拨人民币发行基金，应当按照上级库的调拨命令办理。任何单位和个人不得违反规定，动用发行基金。

中国人民银行的货币发行权具体体现在：

①制定发行政策和计划；

②新版发行、旧版回收；

③发行基金的保管、调运及核算业务；

④监督、检查、协调商业银行的现金出纳业务，等等。

2. 对人民币的法律保护

《中国人民银行法》规定，人民币是我国唯一合法货币，受到法律的保护：

①以人民币支付中华人民共和国境内的一切公共的和私人的债务，任何单位和个人不得拒收；

②禁止伪造、变造人民币；

③禁止出售、购买伪造、变造的人民币；

④禁止运输、持有、使用伪造、变造的人民币；

⑤禁止故意毁损人民币；

⑥禁止在宣传品、出版物或者其他商品上非法使用人民币图样；

⑦任何单位和个人不得印制、发售代币票券，以代替人民币在市场上流通。

五、中国人民银行的法定业务

（一）执行货币政策

《中国人民银行法》规定，中国人民银行为执行货币政策，可以运用下列货币政策工具：

①要求银行业金融机构按照规定的比例缴存存款准备金；

②确定中央银行基准利率；

③为在中国人民银行开立账户的银行业金融机构办理再贴现；

④向商业银行提供贷款；

⑤在公开市场上买卖国债、其他政府债券和金融债券及外汇；

⑥国务院确定的其他货币政策工具。

1. 存款准备金制度

存款准备金是指中央银行根据法律赋予的权力，要求银行业金融机构按照规定的比例，在其吸收的存款总额中提取一定的金额缴存中央银行，并借以间接地对社会货币供应量进行控制的制度。

存款准备金的最初目的是为了防止银行出现大量现金挤兑而发生金融恐慌，以保证银行资产的流动性和现金兑付能力，维护金融体系的安全、稳定。后来逐渐发展为中央银行控制货币供应量和银行信贷，实现货币政策目标的工具。

存款准备金制度要求：所有银行业金融机构，都必须按规定的比例和期限向中央银行缴存存款准备金。存款准备金率根据国家放松或紧缩银根的政策的变化而不断调整。

2. 基准利率制度

中央银行对银行业金融机构的存贷款利率，为基准利率。其中的贷款利率，又被称为再贷款利率。基准利率在金融市场利率体系中处于核心地位，起决定作用。它的变化决定了其他各种利率的变化。

基准利率是一种重要的货币市场工具。当中央银行提高基准利率，商业银行等金融机构筹措资金的成本就增加，其对外贷款的利率也相应提高，导致贷款数额的减少，这样社会货币供应量就会减少；反之，当中央银行降低基准利率时，商业银行等金融机构筹措资金的成本就会降低，其对外贷款的利率随之降低，使贷款数额加大，社会货币供应量相应地增加。因此，中央银行通过提高或降低基准利率中的贷款利率，达到限制或扩张信贷规模的目的。

3. 再贷款、再贴现制度

商业银行向用户发放贷款，为获得资金支持可以向中央银行再申请贷款。中央银行向商业银行和其他金融机构发放的贷款称为再贷款。

另外，票据持有人在票据到期日前，为融通资金，银行业金融机构为客户办理贴现业务后，可以将已贴现的票据等有关凭证到中央银行再申请贴现，以获得资金支持。中央银行对银行业金融机构的贴现称为再贴现。中央银行主要通过再贴现率影响金融机构从中央银行取得信贷资金的成本和可使用额度，从而改变金融机构的信用量，使货币供应量和市场利率发生变化；同时通过再贴现率的调整，向金融机构和社会公众宣传货币政策的变动，产生预告效果。

4. 公开市场业务

公开市场业务是指中央银行在公开市场上买卖有价证券，以吞吐基础货币，实现货币政策目标的金融活动。《中国人民银行法》规定，中国人民银行可以在公开市场上买卖国债、其他政府债券和金融债券及外汇。

（二）其他法定业务

除发行货币和执行货币政策外，中国人民银行作为中央银行还从事经理国库和清算服务等法定业务。

六、银行监管

为维护银行业的合法稳健运行，中国人民银行与国务院银行业监督管理机构相互分工协作，共同对银行业履行监管职责。根据《中国人民银行法》的规定，中央银行的对银行业监管制度主要有以下几种。

1. 检查监督制度

《中国人民银行法》规定，中国人民银行有权对金融机构以及其他单位和个人的下列行为进行检查监督：

①执行有关存款准备金管理规定的行为；

②与中国人民银行特种贷款有关的行为；

③执行有关人民币管理规定的行为；

④执行有关银行间同业拆借市场、银行间债券市场管理规定的行为；

⑤执行有关外汇管理规定的行为；

⑥执行有关黄金管理规定的行为；

⑦代理中国人民银行经理国库的行为；

⑧执行有关清算管理规定的行为；

⑨执行有关反洗钱规定的行为。

此外，中国人民银行根据执行货币政策和维护金融稳定的需要，可以建议国务院银行业监督管理机构对银行业金融机构进行检查监督。当银行业金融机构出现支付困难，可能引发金融风险时，为了维护金融稳定，中国人民银行经国务院批准，有权对银行业金融机构进行检查监督。中国人民银行应当与国务院银行业监督管理机构、国务院其他金融监督管理机构建立监督管理信息共享机制。

2. 银行业务稽核制度

银行业务的稽核是防范风险的重要措施，分为非现场稽核和现场稽核。

非现场稽核，是通过对商业银行及非银行金融机构等被稽核者报送的财务报表等资料进行分析，以判断被稽核者的经营活动是否合法合规，是否符合资本充实性要求、清偿能力要求、贷款集中程度限制和业务活动限制等。

现场稽核，是根据银行整体工作的需要及相关政策规定，或非现场稽核检查发现的异常情况，由中央银行指派人员到被稽核者处进行现场检查，以对被稽核者的经营状况和存在问题进行全面了解和掌握，并做出判断。

《中国人民银行法》规定，中国人民银行根据履行职责的需要，有权要求银行业金融机构报送必要的资产负债表、利润表以及其他财务会计、统计报表和资料。

第三节 商业银行法

一、商业银行的组织形式与性质

商业银行是以金融资产和负债为经营对象，以利润最大化或股东收益最大化为主要目标，提供多样化服务的综合信用中介机构。商业银行与其他非银行金融机构相比，业务更加综合，功能更加齐全，为客户提供几乎所有的金融服务。

我国《商业银行法》规定，商业银行的组织形式为公司。实践中有三种形式：有限责任形式的商业银行、国有独资形式的商业银行、股份有限责任形式的商业银行。

商业银行是一种特殊的金融企业。《商业银行法》将商业银行定位为：依照《商业银行法》和《公司法》设立的吸收公众存款、发放贷款、办理结算业务的企业法人。商业银行依法独立开展业务，不受任何单位和个人的干涉，以全部法人财产独立承担民事责任。

二、商业银行的业务范围

《商业银行法》规定，经国务院银行业监督管理机构批准，商业银行可以经营下列业务或部分业务：

①吸收公众存款；

②发放短期、中期和长期贷款；

③办理国内外结算；

④办理票据承兑与贴现；

⑤发放金融债券；

⑥代理发行、代理兑付、承销政府债券；

⑦买卖政府债券、金融债券；

⑧从事同业拆借；

⑨买卖、代理买卖外汇；

⑩从事银行卡业务；

⑪提供信用服务及担保；

⑫代理收付款项及代理保险业务；

⑬提供保管箱服务；

⑭经中国人民银行批准的其他业务。

将上述业务归纳起来，商业银行的业务可以分为三类：

一是负债业务，包括吸收存款、发行金融（资本）债券、借款（含同业拆借、向中央银行借款、向国外货币市场借款）等。在负债业务中，商业银行是债务人，存款人或贷款人是债权人。

二是资产业务，是商业银行取得收益的主要途径，包括发放贷款、投资（证券、现金、固定资产投资）、租赁业务、买卖外汇、票据贴现业务等。在资产业务中，商业银行是债权人，借款人为债务人。

三是中间业务，主要是接受委托的各项代理业务。在代理业务中银行并不运用自己的资金，而是代理客户承办支付和其他委托事项，并从中收取手续费。因此商业银行既不是债权人，也不是债务人，是代理人、金融中介人。

三、商业银行的经营原则

根据《商业银行法》的规定，商业银行的经营原则概括起来有六项。

1. “三性”原则

《商业银行法》规定，商业银行以安全性、流动性、效益性为经营原则。安全性是由于金融风险的原因，决定了商业银行要考虑按期收回资金本息的可靠程度，确保资产安全。流动性是商业银行要保证资金运用可随时变为现款，财产流动才能实现效益和确保信用。效益性是由商业银行的企业性质决定的，即商业银行以追求经济效益、实现利润最大化为目的。

要做到“三性”，商业银行应当建立、健全本行的风险管理和内部控制制度，同时必须保证：

（1）资产与负债保持适当的比例：商业银行的资本充足率不得低于8%，贷款余额与存款余额的比例不得超过75%，流动资产余额与流动负债余额的比例不得低于25%。

（2）以资金的来源制约资金使用。

（3）贷款时，要对借款人的借款用途、偿还能力、还款方式等进行严格审查，实行“审贷分离、分级审批”。

（4）短、中、长期贷款结构要合理。

（5）扶优限劣，优化资金配置。

（6）分散风险，对同一借款人的贷款余额不得超过商业银行资本余额的10%。

2. “四自”方针

《商业银行法》规定，商业银行实行自主经营、自担风险、自负盈亏、自我约束。商业银行企业法人的性质决定了商业银行独立的法律地位和经营自主性。一般情况下，国家不直接干预商业银行的具体的经营活动，也不替商业银行承担经营风险和亏损，而是由商业银行自主决定其经营活动，自己承担经营风险，自觉将其经营活动限定在法律和国家宏观经济政策许可和引导的范围之内。

3. 平等、自愿和诚实信用原则

《商业银行法》规定，商业银行业务往来遵循平等、自愿和诚实信用原则。商业银行依法开展业务，不受任何单位和个人的干涉。在市场经济条件下，商业银行作为企业法人，与其他企事业单位、团体和个人处于平等的法律地位，商业银行不得因为为客户提供特殊的金融服务而凌驾于客户之上。任何人或单位不得强令商业银行发放贷款或提供担保，商业银行也不得将服务强加于客户。商业银行在业务往来中，应当信守诺言，诚实无欺，将信用视为商业银行的生命。

4. 保障存款人权益不受侵犯的原则

《商业银行法》规定，商业银行应当保障存款人的合法权益不受任何单位和个人的侵犯。据此，商业银行在办理业务中必须做到：

（1）存款自愿、存款有息、取款自由、为存款人保密。

（2）对单位和个人存款，有权拒绝任何单位、个人查询、冻结、扣划，但法律另有规定的除外。

（3）保证存款本金和利息的支付，不得拖延、拒付。

（4）提交存款准备金，留足备付金，保证支付。

5. 依法经营，不得损害社会公共利益的原则

商业银行在业务活动中必须遵守法律、行政法规，接受国家货币政策和相关经济政策的指导，并不得损害社会公共利益，商业银行不得违反法律禁止性的规定：

（1）商业银行在中国境内不得从事信托投资和证券经营业务，不得向非自用不动产投资或者向非银行金融机构和企业投资，但国家另有规定的除外。

（2）商业银行从事同业拆借，应当遵守中国人民银行的规定。禁止利用拆入资金发放固定资产贷款或者用于投资。

（3）商业银行不得违反规定提高或降低利率，以及采取其他不正当的手段吸收存款、发放贷款，与同业进行不公平竞争。

（4）商业银行不得在法定的会计账册外另立会计账册。

（5）禁止“公款私存”等。

6. 依法接受监督、管理的原则

《商业银行法》规定，商业银行依法接受国务院银行业监督管理机构、中央银行的监督管理。此外，法律规定商业银行的有关业务接受其他监督管理部门或者机构监督管理的，商业银行必须依照其规定接受其他有关部门的监管。因此，商业银行应当按照国家有关规定，真实记录并全面反映其业务活动和财务状况，编制年度

财务会计报告（资产负债表、利润表以及其他财务会计、统计报表和资料），及时向国务院银行业监督管理机构、中国人民银行和国务院财政部门报送。

四、商业银行的设立

1. 商业银行设立的条件

《商业银行法》规定，在我国设立商业银行，应当具备以下法定条件：

（1）应当有符合《商业银行法》和《公司法》规定的章程。

（2）必须符合《商业银行法》规定的注册资本最低限额：

①设立全国性商业银行的注册资本最低限额为十亿元人民币；

②设立城市商业银行的注册资本最低限额为一亿元人民币；

③设立农村商业银行的注册资本最低限额为五千万元人民币。注册资本应当是实缴资本。

商业银行设立分支机构，应当按照规定拨付与其经营规模相适应的运营资金，但不得超过总行资本金总额的 60％。国务院银行业监督管理机构根据审慎监管的要求可以调整注册资本最低限额，但不得少于上述限额。

（3）具备任职专业知识和业务工作经验的董事、高级管理人员。

（4）健全的组织机构和管理制度。

（5）符合要求的经营场所、安全防范措施和与业务有关的其他措施。

（6）应当符合其他审慎性条件。

2. 商业银行设立的程序

《商业银行法》规定，设立商业银行及其分支机构应当经国务院银行业监督管理机构审查批准。未经批准的，任何单位和个人不得从事吸收公众存款的商业银行业务，任何单位不得在名称中使用“银行”字样。

经批准设立的商业银行及其分支机构，由国务院银行业监督管理机构颁发经营许可证，并凭该许可证向工商行政管理部门办理登记，领取营业执照。自取得营业执照之日起，商业银行及其分支机构无正当理由超过 6 个月未开业的，或开业后自行停止营业连续 6 个月以上的，由国务院银行业监督管理机构吊销其经营许可证，并予以公告。

五、贷款法律制度

商业银行根据国民经济和社会发展的需要，在国家产业政策指导下开展贷款业务。贷款是指金融机构依法将货币资金按一定的利率贷放给客户，并约定期限由客户偿还本息的一种信用活动。贷款是商业银行的资产业务，也是商业银行业务的核心。商业银行利润的主要来源是贷款的利息收入。

规范贷款活动的法律、法规，不仅有《商业银行法》，还有两部非常重要的法律，即《合同法》与《担保法》，此外中国人民银行 1996 年 6 月 28 日根据银行法制定的《贷款通则》也是规范贷款活动的重要的部门规章。

1. 贷款的分类

(1) 按贷款期限划分。贷款可以按期限分为：短期贷款（1年以内，含1年）、中期贷款（1年以上5年以下，含5年）和长期贷款（5年以上）。

(2) 按有无担保划分。按照有无担保及担保方式分为：信用贷款（根据信誉发放的无担保贷款）、担保贷款（保证贷款、抵押贷款和质押贷款）、票据贴现（以购买借款人未到期的票据的方式发放的贷款，只适用于商业汇票）。

(3) 按是否承担风险划分。按照是否承担风险分为：自营贷款、委托贷款、特定贷款。自营贷款即贷款人以合法方式筹集资金自主发放的贷款，其风险由贷款人承担，贷款人收取本金和利息；委托贷款即由政府部门、事业单位及个人等委托人提供资金，受托人根据委托人规定的贷款对象、用途、金额、期限、利率等代为发放、监督使用并协助收回的贷款，其风险由委托人承担，受托金融机构收取手续费，不垫付资金；特定贷款即经国务院批准，并对贷款可能造成的损失采取相应补救措施后责成国有独资银行或国有控股银行发放的贷款。

2. 贷款的规则

根据《商业银行法》的规定，商业银行及有关金融机构在办理贷款时必须遵守下列规则：

(1) 审查义务。商业银行贷款，应当对借款人的借款用途、偿还能力、还款方式等情况进行严格审查，其中包括对借款人的领导素质、经济实力、资金结构、履约情况、经济效益的发展前景等因素进行考查，对借款人进行信用等级的评估。商业银行贷款，应当实行审贷分离、分级审批的制度。审查人员对调查人员提供的资料进行核实、评定，复测贷款风险度，提出意见，按规定权限交给有审批权限的人员批准。在审查中如发现借款人有下列情况，不得发放贷款：不具备偿还贷款的能力的；生产、经营或投资国家明文禁止的产品、项目的；违反国家外汇管理规定的；应当经国家批准的建设项目未取得批准文件的；生产经营或投资项目未得到环保部门许可的；实行承包、租赁、合并（兼并）、合作、分立、产权有偿转让、股份制改造等过程中，未清偿落实原有贷款债务或提供相应的担保的；有其他严重违法经营行为的。

(2) 一般实行担保贷款。商业银行通常要求借款人提供担保。商业银行应当对保证人的偿还能力，抵押物、质物的权属和价值以及实现抵押权、质权的可行性进行严格审查。特殊情况下，经商业银行审查、评估，确认借款人资信良好，确能偿还贷款的，可以不提供担保。

(3) 必须依法签订书面借款合同。商业银行贷款，应当依据《合同法》与《商业银行法》的规定与借款人订立书面合同。合同应当约定贷款种类、借款用途、金额、利率、还款期限、还款方式、违约责任和双方认为需要约定的其他事项。

(4) 遵守利率与资产负债比例的规定。商业银行应当按照中国人民银行规定的贷款利率的上下限，确定贷款利率。一般情况，一年及其以下的贷款，利率在签合同时确定，遇利息调整不分段计算；一年以上的中长期贷款一般实行分笔拨付，利率实行一年一定。商业银行贷款，应当遵守有关资产负债比例管理的规定。

（5）贷后审查义务。贷款发放后，贷款人应当对借款人执行借款合同情况及借款人的经营情况进行追踪调查和检查。借款人应当按约定向贷款人定期报送有关财务报表等资料。

（6）不得向关系人发放信用贷款。商业银行不得向关系人发放信用贷款；向关系人发放担保贷款的条件不得优于其他借款人同类贷款的条件。所谓关系人是指：

①商业银行的董事、监事、管理人员、信贷业务人员及其近亲属；

②上述人员投资或者担任高级管理职务的公司、企业和其他经济组织。

（7）借款人的义务。借款人应当按期归还贷款的本金和利息。借款人到期不归还担保贷款的，商业银行依法享有要求保证人归还贷款本金和利息或者就该担保物优先受偿的权利。商业银行因行使抵押权、质权而取得的不动产或者股权，应当自取得之日起二年内予以处分。借款人到期不归还信用贷款的，应当按照合同约定承担违约责任。此外，借款人还负有专款专用的义务。

第四节　银行业监督管理法

我国目前实行金融业分业经营、分业监管的体制，在继证监会、保监会之后，国务院银行业监督管理机构（以下简称银监会）于 2003 年成立。为了进一步加强对银行业的监督管理，明确划分中央银行与银监会的监管职责，规范监督管理行为，防范和化解银行业风险，保护存款人和其他客户的合法权益，促进银行业健康发展，经第十届全国人大常委会第六次会议通过，于 2003 年 12 月颁布了《中华人民共和国银行业监督管理法》（以下简称《银监法》），并于 2004 年 2 月 1 日正式实行。2006 年 10 月 31 日，全国人大常委会第二十四次会议对《银监法》进行了第一次修订。

《银监法》是中国第一部有关银行业监管的专门法律。该法大量借鉴了巴塞尔银行监管委员会提出的银行监管最佳做法，以及美国、英国、德国、日本、韩国、新加坡、中国香港和中国台湾等国家或地区银行业的法律制度。在吸收和借鉴国际先进经验和监管理念的基础上，《银监法》将为提高我国银行业监管的有效性奠定良好的法律基础。

一、《银监法》的适用范围

1. 适用主体

银监法的适用主体分为监管者和监管对象两大类：

监管者为国务院银行业监督管理机构，即银监会。银监会依照法律，遵循“保护银行业公平竞争，提高银行业竞争能力”、“公开、公正和效率”以及“独立监管”的监管原则，实现“促进银行业的合法、稳健运行，维护公众对银行业的信心”的监管目标。

监管对象包括在中国境内设立的商业银行、城市信用合作社、农村信用合作社等吸收公众存款的金融机构、政策性银行，以及金融资产管理公司、信托投资公司、财务公司、金融租赁公司以及经银监会批准设立的其他金融机构。

2. 适用客体

银监法的适用客体是对全国银行业金融机构及其业务活动的监督管理，以及对经银监会批准在境外设立的金融机构以及在境内设立的金融机构在境外的业务活动的监督管理。

对在中国境内设立的政策性银行、金融资产管理公司的监督管理，以及对在中国境内设立的外资银行业金融机构、中外合资银行业金融机构、外国银行业金融机构的分支机构的监督管理，法律、行政法规另有规定的，依照其规定。

二、监管者的主要监管职责

1. 市场准入监管

《银监法》规定，国务院银行业监督管理机构依照法律、行政法规规定的条件和程序，审查批准银行业金融机构的设立、变更、终止以及业务范围。

申请设立银行业金融机构，或者银行业金融机构变更持有资本总额或者股份总额达到规定比例以上的股东的，国务院银行业监督管理机构应当对股东的资金来源、财务状况、资本补充能力和诚信状况进行审查。银行业金融机构业务范围内的业务品种，应当按照规定经国务院银行业监督管理机构审查批准或者备案。需要审查批准或者备案的业务品种，由国务院银行业监督管理机构依照法律、行政法规作出规定并公布。未经国务院银行业监督管理机构批准，任何单位或者个人不得设立银行业金融机构或者从事银行业金融机构的业务活动。

2. 风险监管

《银监法》将风险监管作为对银行业金融机构实行监管的核心。

银监会应当根据审慎性规则，对银行业金融机构的风险管理、内部控制、资本充足率、资产质量、损失准备金、风险集中、关联交易、资产流动性等活动实行监管。

根据《银监法》的规定，银监会应当通过建立以下制度实施风险监管：

（1）在监管过程中，应当采取非现场监管与现场监管手段并用的做法。建立银行业金融机构监督管理信息系统，分析、评价银行业金融机构的风险状况；制定现场检查程序，规范现场检查行为。

（2）建立银行业金融机构监督管理评级体系和风险预警机制，根据银行业金融机构的评级情况和风险状况，确定对其现场检查的频率、范围和需要采取的其他措施。

（3）建立银行业突发事件的发现、报告岗位责任制度。当发现可能引发系统性银行业风险、严重影响社会稳定的突发事件时，应当立即向银监会负责人报告；银监会负责人认为需要向国务院报告的，应当立即向国务院报告，并告知中国人民银行、国务院财政部门等有关部门。

（4）会同中国人民银行、国务院财政部门等有关部门建立银行业突发事件处置制度，制定银行业突发事件处置预案，明确处置机构和人员及其职责、处置措施和处置程序，及时、有效地处置银行业突发事件。

3. 其他监管职责

《银监法》还赋予银监会其他法定职责，如依照法律、行政法规制定并发布对银行业金融机构及其业务活动监督管理的规章、规则；对银行业金融机构的董事和高级管理人员实行任职资格管理；负责统一编制全国银行业金融机构的统计数据、报表，并按照国家有关规定予以公布；对银行业自律组织的活动进行指导和监督；开展与银行业监督管理有关的国际交流、合作活动。

三、监管措施

1. 非现场监管措施

非现场监管措施主要是通过审查报表和其他有关文件、资料实施监督管理。《银监法》规定，银行业监督管理机构根据履行职责的需要，有权要求银行业金融机构按照规定报送资产负债表、利润表和其他财务会计、统计报表、经营管理资料以及注册会计师出具的审计报告。

2. 现场监管措施

《银监法》规定，银行业监督管理机构根据审慎监管的要求，可以采取下列措施进行现场检查：

（1）进入银行业金融机构进行检查；与此同时，经过设区的市一级以上银行业监管机构负责人批准，可以对涉嫌违法的银行业金融机构以外的机构和个人进行调查。

（2）询问银行业金融机构的工作人员，要求其对有关检查事项作出说明，包括与银行业金融机构董事、高级管理人员进行监督管理谈话，要求其就银行业金融机构的业务活动和风险管理的重大事项作出说明。

（3）查阅、复制银行业金融机构与检查事项有关的文件、资料，对可能被转移、隐匿或者毁损的文件、资料予以封存。

（4）检查银行业金融机构运用电子计算机管理业务数据的系统。

3. 信息披露监管措施

《银监法》确立了银行业金融机构的信息披露制度，赋予银监会职权，责令银行业金融机构按照规定，如实向社会公众披露财务会计报告、风险管理状况、董事和高级管理人员变更以及其他重大事项等信息。

4. 行政处罚监管措施

《银监法》赋予国务院银行业监督管理机构对银行业金融机构的采取行政措

施权。

（1）对违反审慎性经营规则的措施。对于违反审慎经营规则的银行业金融机构，银监会及其省一级派出机构，应当责令限期改正；逾期未改正的，或者其行为严重危及该银行业金融机构的稳健运行、损害存款人和其他客户合法权益的，经银监会或其省一级派出机构负责人批准，可以区别情形，采取下列措施：

①责令暂停部分业务、停止批准开办新业务；

②限制分配红利和其他收入；

③限制资产转让；

④责令控股股东转让股权或者限制有关股东的权利；

⑤责令调整董事、高级管理人员或者限制其权利；

⑥停止批准增设分支机构。

（2）发生信用危机的措施。银行业金融机构已经或者可能发生信用危机，严重影响存款人和其他客户合法权益的，银监会可以依法对该银行业金融机构实行接管或者促成机构重组。银行业金融机构被接管、重组或者被撤销的，银监会有权要求该银行业金融机构的董事、高级管理人员和其他工作人员，按照其要求履行职责。在接管、机构重组或者撤销清算期间，经银监会负责人批准，对直接负责的董事、高级管理人员和其他直接责任人员，可以采取下列措施：

①直接负责的董事、高级管理人员和其他直接责任人员出境将对国家利益造成重大损失的，通知出境管理机关依法阻止其出境；

②申请司法机关禁止其转移、转让财产或者对其财产设定其他权利。

（3）对违法经营、管理不善的措施。银行业金融机构有违法经营、经营管理不善等情形，不予撤销将严重危害金融秩序、损害公众利益的，银监会有权予以撤销。经银监会或者其省一级派出机构负责人批准，银行业监督管理机构有权查询涉嫌金融违法的银行业金融机构及其工作人员以及关联行为人的账户；对涉嫌转移或者隐匿违法资金的，经银行业监督管理机构负责人批准，可以申请司法机关予以冻结。

《银监法》在规定监管者的监管权力的同时，也对监管权力的运作进行了规范和约束，形成了对监管机构严格的监督制约和问责机制。比如，《银监法》规定监管机构应当建立监督管理责任制度和内部监督制度，规定了监管机构行使监管权力、采取监管措施时的程序要求和监督制约措施；规定国务院审计、监察等机关，依法对银行业监管机构实施外部监督，要求监管机构增强工作透明度，接受社会公众监督；规定了监管机构履行职责和义务、行使监管权力、采取监管措施时相应的法律责任。

思　考　题

1. 简述中国人民银行的性质。

2. 中国人民银行的职权与职责是什么?

3. 对人民币的法律保护是什么?

4. 中国人民银行执行货币政策的工具有哪些?

5.《商业银行法》规定的商业银行的经营原则是什么?

6. 商业银行设立的法定条件与程序是什么?

7.《商业银行法》规定的贷款规则是什么?

8. 银行业监督管理机构的监管职责是什么?

9. 银行业监督管理机构有哪些监管措施?

10. 对银行业金融机构监管的重要意义是什么?

第十四章

证　券　法

本 章 提 要

证券法是调整一国资本市场关系的重要的法律之一。本章以第十届全国人大常委会第十八次会议于 2005 年 10 月 27 日新修订的《中华人民共和国证券法》（以下简称《证券法》）为蓝本，在阐明证券法律制度基本概念与原理的前提下，着重对《证券法》中的新制度进行了介绍。本章的重点为证券发行制度、证券交易制度、上市公司收购、证券公司以及证券监督管理制度。

第一节　证券法概述

一、证券的概念与种类

1. 证券的概念

广义的证券，是指记载并代表一定权利的凭证。其含义相当广泛，现实生活中的各种入场券、车船票、仓单、提单、存折、邮票、股票和债券等都可称为证券。

狭义的证券，主要指证券法中所规定的证券，即有价证券中的资本证券。由于各国的证券法律制度不尽相同，其证券立法对证券的含义和范围的规定存在差异。

根据我国《证券法》第二条的规定，该法所称的证券包括股票、公司债券及国务院依法认定的其他证券。

2. 证券的种类

证券法上的证券主要分为股票、债券、证券投资基金券和认股权证四大类。

（1）股票。股票是指股份有限公司发行的，表示股东按其持有的股份数额享受权益和承担义务的书面凭证。投资者通过购买股份而成为公司的股东，股东凭股票行使股东权利。

（2）债券。债券是发行人依照法定程序发行的，约定按期向持有人支付利息和偿还本金的有价证券。债券是表明债权债务关系的一种书面凭证。

（3）证券投资基金券。证券投资基金券是一种利益共享、风险共担的集合投资方式，即通过发行基金单位，集中投资者的资金，由基金托管人托管，由基金管理人管理和运用资金，从事股票、债券等金融工具投资。

（4）认股权证。认股权证是由股份有限公司发行的，授予持有人在限定期限内以一定的价格购买一定数量的该公司增资发行股票的选择权凭证。认股权证是购买股票的权利凭证，它本身不是股份证明书，凭证持有人不具有股东资格，不享有股东权利。凭证持有人可自行决定是否认购股票。认股权证是一种特殊的期权。

除上述几种证券形式外，在新修订的《证券法》中，还规定了其他金融衍生工具证券，但由国务院另行规定，为将来金融衍生工具的上市交易留下空间。

二、证券法

广义的证券法，是指一切与证券有关的法律规范的总称。狭义的证券法，指专门调整证券关系的法律，专指调整和规范证券发行、证券交易、证券监督管理关系及其他与证券相关关系的法律规范的总称。

1. 证券法的调整对象

证券法的调整对象是指证券法所调整的证券关系。所谓证券关系是指因证券的发行、交易、监管及其他相关活动而产生的社会关系。证券关系主要包括三个方面：

（1）证券发行关系。证券发行关系，是指证券发行人以募集资金为目的，将证券出售给投资者而在发行人、证券承销机构、证券投资人等主体之间形成的社会关系。

（2）证券交易关系。证券交易关系，是指证券投资者在证券市场上转让证券或采取其他方式处置证券而与其他投资者发生的交易关系。

证券交易关系以证券买卖关系为主要形式，还包括证券质押关系、赠与关系、继承关系及其他以证券为标的的交易关系。

（3）证券监督管理关系。证券监督管理关系，是指国家证券主管机关和证券行业自律组织对证券发行与交易等活动进行组织、协调、监督、管理过程中所产生的各种社会关系。

2. 证券法的基本原则

证券法的基本原则，是指证券法所特有的，反映证券市场客观发展规律，广泛适用于调整各种证券活动的基本行为准则。

证券法的基本原则主要有：

（1）公开、公平、公正原则。

（2）平等、自愿、有偿和诚实信用原则。

（3）保护投资者合法权益的原则。

（4）政府统一监管、行业自律与审计监督相结合的原则。

第二节 证券发行制度

一、证券发行制度概述

证券发行，是指发行主体以筹集资金为目的，将证券直接或间接销售给证券投资人的活动，包括募集、制作、交付、直接销售或委托中介机构承销、代销证券等一系列活动。

(一) 证券发行的分类

1. 依据发行证券的种类划分

依据发行证券的种类，可以把证券发行分为股票发行、债券发行、基金发行等。

2. 依据发行对象划分

依据发行对象，可以把证券发行分为公募发行（向不特定社会公众公开募集）、私募发行（向特定主体募集，不公开进行）。新修订的《证券法》规定，有下列情形之一的，为公开发行：

①向不特定对象发行证券的；

②向特定对象发行证券累计超过二百人的；

③法律、行政法规规定的其他发行行为。

非公开发行证券，不得采用广告、公开劝诱和变相公开方式。

3. 依据发行条件确定的方式划分

依据发行条件确定的方式，可以把证券发行分为议价发行、招标发行。议价发行即发行人与投资人协商确定发行价格，不同的投资人，购买证券的价格可有所不同；招标发行即发行人单方以招标书确定发行价格，所有投资人的购买价格相同。

4. 根据证券发行价格与票面金额之间的关系划分

根据证券发行价格与票面金额之间的关系，可以把证券发行分为平价发行、溢价发行、折价发行。

5. 依据发行方式划分

依据发行方式划分可以把证券发行分为直接发行、间接发行。直接发行即发行人不通过证券承销机构，自己办理证券发行；间接发行即委托承销机构代为发行。新修订的《证券法》规定，向不特定人发行必须委托承销机构代为发行。

6. 根据发行目的划分

根据发行目的，可以把证券发行分为设立发行、新股发行。设立发行的目的为设立股份有限公司；新股发行的目的为增加资本。

(二) 证券发行法律关系的主体

1. 发行人

发行人，是指为筹措资金而发行债券和股票的政府、金融机构、公司和除公司之外的企业。证券发行人可分为债券发行人和股票发行人。股票的发行人是股份有限公司；公司债券的发行人可以是股份有限公司、有限责任公司、国有独资公司；企业债券的发行人是公司以外的其他企业；金融债券的发行人一般为金融机构，可以有商业银行、非银行金融机构；国库券的发行人只能是国家，通常是国家财政部门；政府债券的发行人为地方政府。

2. 承销机构

承销机构，是指在证券发行市场上帮助发行人发行证券，并以此获取手续费和佣金收入的机构。这类机构一般由证券公司担任，也可以由其他金融机构担任，如商业银行可以承销开放式基金。

3. 投资人

投资人，是指以获取投资收益为目的，购买并持有资本证券，承担证券投资风险，行使证券权利的主体。证券投资主体通常包括国家（政府）、工商企业、相关机构和个人。

（三）证券发行审核制度

我国目前证券发行市场实行核准制。新修订的《证券法》将股票发行与公司债券发行审核制度统一为核准制，并坚持了实质审查。《证券法》明确规定：设立股份有限公司公开发行股票，应当符合《中华人民共和国公司法》规定的条件和经国务院批准的国务院证券监督管理机构规定的其他条件，并经国务院证券监督管理机构核准。发行公司债券应当符合《中华人民共和国证券法》规定的发行条件，并经国务院授权的部门核准。由此可见，股票发行的审核权属于国务院证券监督管理机构，公司债券的审核与最后核准权属于国务院授权的部门。

二、股票发行制度

股票发行分为设立发行与新股发行。

（一）设立发行的条件

设立发行是指采取募集方式设立的股份有限公司，在设立时必须向社会发行股票。股票发行人必须是经批准拟成立的股份有限公司。新修订的《证券法》规定：设立股份有限公司公开发行股票，应当符合《中华人民共和国公司法》规定的条件和经国务院批准的国务院证券监督管理机构规定的其他条件。

根据证监会颁布的《首次公开发行股票并上市管理办法》的规定，设立股份有限公司申请公开发行股票，一般应当符合下列条件：

（1）发行主体资格要求。发行人应当是依法设立且合法存续的股份有限公司，持续经营时间应当在三年以上；主要资产不存在重大权属纠纷，其股权清晰，控股股东和受控股股东、实际控制人支配的股东持有的发行人股份不存在重大权属纠纷；发行人生产经营符合法律、行政法规和公司章程的规定，符合国家产业政策；发行人最近三年内主营业务和董事、高级管理人员没有发生重大变化，实际控制人没有发生变更等。

（2）发行人独立性要求。发行人应当具有完整的业务体系和直接面向市场独立经营的能力，必须做到资产完整，人员独立，财务独立，机构独立，业务独立。

（3）发行人规范运行要求。发行人已经依法建立健全股东大会、董事会、监事会、独立董事、董事会秘书制度，相关机构和人员能够依法履行职责；内部控制制度健全，且被有效执行，能够合理保证财务报告的可靠性、生产经营的合法性、营运的效率与效果；有严格的资金管理制度。

（4）发行人财务与会计要求。发行人资产质量良好，资产负债结构合理，盈利能力较强，现金流量正常；会计基础工作规范，财务报表的编制符合企业会计准则和相关会计制度的规定；应当完整披露关联方关系并按重要性原则恰当披露关联交易，且关联交易价格公允，不存在通过关联交易操纵利润的情形；资产与利润符合法律规定，依法纳税，不存在重大偿债风险。

（5）发行人要有持续盈利能力。

（6）发行人募集资金用途符合要求。

（二）新股发行的条件

股份有限公司成立以后，为了增资申请公开发行股票，称为新股发行。新股发行可以采取定向募集和向社会公开募集两种方式。

根据《证券法》的规定，公司公开发行新股，应当符合下列条件：

（1）具备健全且运行良好的组织机构。

（2）具有持续盈利能力，财务状况良好。

（3）最近三年财务会计文件无虚假记载，无其他重大违法行为。

（4）经国务院批准的国务院证券监督管理机构规定的其他条件。

上市公司非公开发行新股，应当符合经国务院批准的国务院证券监督管理机构规定的条件，并报国务院证券监督管理机构核准。

（三）股票发行的程序

1. 股票发行审核程序

无论是设立发行，还是新股发行，只要是申请向社会公开发行股票的，都必须按照下列程序办理：

（1）专业中介机构审计、评估、出证。申请人聘请会计师事务所、资产评估机构、律师事务所等专业性机构，对其资信、资产、财务状况进行审定、评估和就有关事项出具法律意见书。

（2）发行申请文件的申报。设立发行应当提交的文件包括：

①公司章程；

②发起人协议；

③招股说明书；

④发起人姓名或者名称，发起人认购的股份数、出资种类及验资证明；

⑤代收股款银行的名称及地址；

⑥承销机构名称及有关的协议；

⑦依照证券法规定聘请保荐人的，还应当报送保荐人出具的发行保荐书；

⑧法律、行政法规规定设立公司必须报经批准的，还应当提交相应的批准文件。

新股发行需要提交的文件包括：

①公司营业执照；

②公司章程；

③股东大会决议；

④招股说明书；

⑤财务会计报告；

⑥代收股款银行的名称及地址；

⑦承销机构名称及有关的协议。依照证券法规定聘请保荐人的，还应当报送保荐人出具的发行保荐书。

（3）国务院证券监督管理机构审核。国务院证券监督管理机构内设发行审核委员会，依法审核股票发行申请。发行审核委员会由国务院证券监督管理机构的专业人员和所聘请的该机构外的有关专家组成，以投票方式对股票发行申请进行表决，提出审核意见。最后由国务院证券监督管理机构正式核准。核准程序应当公开，依法接受监督。

国务院证券监督管理机构或者国务院授权的部门应当自受理证券发行申请文件之日起三个月内，依照法定条件和法定程序作出予以核准或者不予核准的决定，发行人根据要求补充、修改发行申请文件的时间不计算在内；不予核准的，应当说明理由。

（4）公告发行文件。证券发行申请经核准，发行人应当依照法律、行政法规的规定，在证券公开发行前，公告公开发行募集文件，并将该文件置备于指定场所，供公众查阅。一般应当在承销期开始前二至五个工作日期间公布招股说明书。

2. 股票发行承销制度

发行人向不特定对象发行的证券，应当由证券公司承销。

（1）承销的方式。证券承销业务采取代销或者包销方式。证券代销是指证券公司代发行人发售证券，在承销期结束时，将未售出的证券全部退还给发行人的承销方式。证券包销是指证券公司将发行人的证券按照协议全部购入或者在承销期结束时将售后剩余证券全部自行购入的承销方式。

新修订的《证券法》规定：向不特定对象发行的证券票面总值超过人民币五千万元的，应当由承销团承销。承销团由两个以上承销机构组成。主承销商由发行人按照公平竞争的原则，通过竞标或者协商的方式确定。主承销商应当与其他承销商签署承销团协议。

（2）承销协议。发行人应当同证券公司签订承销协议。承销协议应当载明下列事项：

①当事人的名称、住所及法定代表人姓名；

②代销、包销证券的种类、数量、金额及发行价格；

③代销、包销的期限及起止日期；

④代销、包销的付款方式及日期；

⑤代销、包销的费用和结算办法；

⑥违约责任；

⑦国务院证券监督管理机构规定的其他事项。

（3）承销人的义务。证券公司承销证券，应当对公开发行募集文件的真实性、准确性、完整性进行核查；发现有虚假记载、误导性陈述或者重大遗漏的，不得进行销售活动；已经销售的，必须立即停止销售活动，并采取纠正措施。

证券公司在代销、包销期内，对所代销、包销的证券应当保证先行出售给认购人，证券公司不得为本公司预留所代销的证券和预先购入并留存所包销的证券。

承销机构或者其委托机构向社会发放股票认购申请表，不得收取高于认购申请表印制和发放成本的费用，并不得限制认购申请表发放数量。认购数量超过拟公开发行的总量时，承销机构应当按照公平原则，采用按比例配售、按比例累退配售或者抽签等方式销售股票。

承销机构应当在承销期满后的十五个工作日内向证监会备案。

3. 保荐人制度

保荐人，又称上市推荐人，是指推荐符合条件的企业发行股票或上市，并对申请人适合发行股票或上市，发行与上市文件的准确完整以及董事知悉自身责任义务等问题负有保证责任的机构或个人。

(1) 保荐人资格。保荐机构应当是综合类证券公司，保荐人个人是保荐代表人。二者必须经中国证监会注册登记并列入保荐机构、保荐代表人名单才可以从事保荐工作。

(2) 保荐人的适用范围。保荐人适用于三种情形：一是股份有限公司首次公开发行股票；二是上市公司发行新股；三是上市公司发行可转换公司债券。

(3) 保荐人的主要职责。保荐人的主要职责为：其一，负责证券发行的主承销工作；其二，依法对公开发行募集文件进行核查；其三，向证监会出具保荐意见；其四，持续督导发行人履行相关义务。

(4) 保荐人的法定义务。保荐人必须遵守下列法定义务：其一，遵守法律、行政法规、中国证监会的规定和行业规范的义务；其二，诚实守信，勤勉尽责，尽职推荐发行人证券发行上市的义务；其三，持续督导发行人履行规范运作、信守承诺、信息披露等义务；其四，对所出具的文件的真实、准确、完整承担保证责任。

(5) 保荐人的法律责任。保荐人自身行为违法，或者发行人在公开发行期间和持续督导期间，出现被保荐人信息披露违反真实、准确、完整、及时性要求、经营状况不佳、重大变更、违规操作等问题，中国证监会自确认之日起三个月（机构）至六个月（个人）内不再受理相关保荐人的具体负责的推荐；情节严重者从保荐人名单中去除。

（四）股票发行的撤销与失败

1. 发行撤销

股票发行撤销，是指对已经获得发行核准的但不符合法定条件或法定程序的股票发行，由国务院证券监督管理机构依法撤销和停止的股票发行。

国务院证券监督管理机构已经作出了核准某证券发行的决定，但事后发现不符合法定条件或者法定程序，如果证券尚未发行，应当予以撤销，停止发行。已经发行尚未上市的，撤销发行核准决定，发行人应当按照发行价并加算银行同期存款利息返还证券持有人。

由于违法导致发行被撤销的，相关人员应当承担一定的法律责任。《证券法》规定：

①发行人应当承担返还股款与利息的责任；

②保荐人应当与发行人承担连带责任，但是能够证明自己没有过错的除外，保荐人的连带责任，适用过错推定责任；

③发行人的控股股东、实际控制人有过错的，应当与发行人承担连带责任。

2. 发行失败

股票发行失败，是指发行数额未达到拟公开发行股票数量百分之七十的情况。代销期限届满，发行失败的，发行人应当按照发行价并加算银行同期存款利息返还股票认购人。

三、公司债券发行制度

（一）普通公司债券的发行条件

任何有限责任公司和股份有限公司，只要符合债券发行条件，都有资格发行公司债券。新修订的《证券法》规定，公开发行债券，应当符合下列条件：

①股份有限公司的净资产额不低于人民币三千万元，有限责任公司的净资产额不低于人民币六千万元；

②累计债券总额不超过公司净资产额的百分之四十；

③最近三年平均可分配利润足以支付公司债券一年的利息；

④筹集的资金投向符合国家产业政策；

⑤债券的利率不得超过国务院限定的利率水平；

⑥国务院规定的其他条件。

公开发行公司债券筹集的资金，必须用于审批机关批准的用途，不得用于弥补亏损和非生产性支出。

有下列情形之一的，不得再次公开发行公司债券：

①前一次公开发行的公司债券尚未募足；

②对已公开发行的公司债券或者其他债务有违约或者延迟支付本息的事实，仍处于继续状态；

③违反本法规定，改变公开发行公司债券所募资金的用途。

（二）可转换公司债券的发行条件

根据证监会发布的《上市公司证券发行管理办法》的规定，发行可转换公司债券，应当符合下列条件：

①发行人必须是上市公司；

②最近三年连续盈利，且最近三年净资产利润率平均在百分之十以上；最近三个会计年度加权平均净资产收益率平均不低于百分之六；

③可转换债券发行后，资产负债率不得高于百分之七十；

④可转换公司债券发行额不少于人民币一亿元；

⑤符合普通债券条件的②、③、④、⑤、⑥项的要求；

⑥必须符合股票发行的条件。

（三）发行公司债券的程序

第一步，由公司的权力机关做出决议。

第二步，报请国务院授权部门或者证监会核准（后者适用于发行可转换为股票的公司债券）。公司应当提交下列文件：

①公司营业执照；

②公司章程；

③公司债券募集办法；

④资产评估报告和验资报告；

⑤国务院授权部门或证监会规定的其他文件；

⑥依照《证券法》规定聘请保荐人的，还应当报送保荐人出具的发行保荐书。审核程序与股票发行审核程序相同。

第三步，公告《公司债券募集办法》。公开发行公司债券的申请获得国务院授权部门或证券监督管理部门批准后，应当公告《公司债券募集办法》。公司债券募集办法中应当载明下列主要事项：公司名称；债券募集资金的用途；债券总额和债券的票面金额；债券利率的确定方式；还本付息的期限和方式；债券担保情况；债券的发行价格、发行的起止日期；公司净资产额；已发行的尚未到期的公司债券总额；公司债券的承销机构。

第四步，由承销机构承销。

第三节 证券交易制度

一、证券交易制度概述

证券交易，是指已发行的股票、债券、投资基金券等有价证券，在证券交易市场上，在不同投资者之间，再次进行交换的行为，又称证券买卖。证券交易市场相对于发行市场而言，被称为二级市场。

（一）证券交易的方式

1. 证券现货交易与证券信用交易

证券现货交易，是证券交易双方在成交后即时清算交割证券的价款的证券交易方式。现货交易是证券交易的最基本形式，是以自己真正拥有的资金与证券进行交易，风险性与投机性都相对小。

证券信用交易，也称为保证金交易，是指由证券投资人依照一定比例，向证券经纪商缴纳部分价款，或者证券作为保证金，差额部分由经纪商垫付，并完成交易的一种交易方式。新修订的《证券法》规定：证券交易以现货和国务院规定的其他方式进行交易。这就为将来的信用交易留下了空间。

2. 证券期货交易与证券期权交易

证券期货交易，是指证券交易双方在签订的证券期货合约中约定，在该契约规定的日期以约定的价格进行清算交割的证券交易方式。也就是，双方在成交时同意，在此后的某一特定时间，按照合同规定的数量与价格进行清算和交割的证券交易方式。

证券期权交易，是指证券交易当事人为获得证券市场价格波动带来的利益，约定在一定时间内，以特定价格买进或卖出指定证券，或者放弃买进或卖出指定证券的交易。故证券期权交易又称证券选择权交易。

新修订的《证券法》规定：证券衍生品种发行、交易的管理办法，由国务院依照本法的原则规定。这意味着我国将在合适的时间，通过制定行政法规的方式，允许实行证券期货与期权交易。

3. 场内交易与场外交易

场内交易，也称为交易所交易，是指上市证券在交易所内交易，必须达到交易所规定的条件，并在交易所注册登记，称作挂牌上市。采用公开集中竞价的交易方式，实行价格优先、时间优先的原则。价格优先，是指出价最高的买方或出价最低的卖方优先成交。时间优先，是指出价相同时，以先出价一方优先成交。

场外交易，是指在证券交易所以外的合法交易场所，投资人通过相对买卖、拍卖、标购等方式买卖证券。场外交易场所主要是指证券商营业柜台。

新修订的《证券法》规定："依法公开发行的股票、公司债券及其他证券，应当在依法设立的证券交易所上市交易或者在国务院批准的其他证券交易场所转让。"

（二）证券交易的一般规则

我国《证券法》对证券交易的规则作了以下规定。

1. 合法交易要求

证券交易当事人依法买卖的证券，必须是依法发行并交付的证券。非依法发行的证券，不得买卖。依法发行的股票、公司债券及其他证券，法律对其转让期限有限制性规定的，在限定的期限内，不得买卖。

2. 禁止特定人员在特定期间进行交易

证券交易所、证券公司、证券登记结算机构从业人员，证券监督管理机构工作人员和法律、行政法规禁止参与股票交易的其他人员，在任期或者法定限期内，不得直接或者以化名、借他人名义持有、买卖股票，也不得收受他人赠送的股票。任何人在成为上述所列人员时，其原已持有的股票，必须依法转让。

为股票发行出具审计报告、资产评估报告或者法律意见书等文件的专业机构和人员，在该股票承销期内和期满后六个月内，不得买卖该种股票。

为上市公司出具审计报告、资产评估报告或者法律意见书等文件的专业机构和人员，自接受上市公司委托之日起至上述文件公开后五日内，不得购买该种股票。

3. 禁止特定人员连续交易

上市公司董事、监事、高级管理人员、持有上市公司股份百分之五以上的股东，将其持有的该公司的股票在买入后六个月内卖出，或者在卖出后六个月内又买入，由此所得收益归该公司所有，公司董事会应当收回其所得收益。但是，证券公司因包销购入售后剩余股票而持有百分之五以上股份的，卖出该股票不受六个月时间限制。

公司董事会不按照前款规定执行的，股东有权要求董事会在三十日内执行。公司董事会未在上述期限内执行的，股东有权为了公司的利益以自己的名义直接向人民法院提起诉讼。公司董事会不执行上述义务的，负有责任的董事依法承担连带责任。

二、股票上市

上市公司，是指其股票经过核准在证券交易所挂牌交易的股份有限公司。并非所有的股份有限公司都是上市公司，并非向社会公开发行过股票的股份有限公司就是上市公司。取得上市公司的资格必须符合一定条件，且必须履行核准程序。

1. 申请股票上市的条件

①股票经国务院证券监督管理机构核准已公开发行；

②公司股本总额不少于人民币三千万元；

③公开发行的股份达到公司股份总数的百分之二十五以上；公司股本总额超过人民币四亿元的，公开发行股份的比例为百分之十以上；

④公司最近三年无重大违法行为，财务会计报告无虚假记载。

证券交易所可以规定高于前款规定的上市条件，并报国务院证券监督管理机构批准。

2. 申请股票上市的程序

(1) 股票上市核准制。符合规定条件的股份有限公司，申请其股票在证券交易所交易，应当向证券交易所的上市委员会提出申请；上市委员会应当自收到申请之日起二十个工作日内作出审批，确定具体上市时间。

(2) 订立上市协议。上市申请在经证券交易所核准后，上市申请人应当与证券交易所订立上市协议。上市协议是上市申请人与证券交易所签订的用以明确相互之间权利义务关系的协议。

(3) 报送申请上市文件。股份有限公司申请其股票在证券交易所交易，应当向证券交易所的上市委员会送交下列文件：

①上市报告书；

②申请股票上市的股东大会决议；

③公司章程；

④公司营业执照；

⑤依法经会计师事务所审计的公司最近三年的财务会计报告；

⑥法律意见书和上市保荐书；

⑦最近一次的招股说明书；

⑧证券交易所上市规则规定的其他文件。

（4）信息披露。《证券法》规定，签订上市协议的公司应当公告下列事项：

①全部申请上市的文件；

②股票获准在证券交易所交易的日期；

③持有公司股份最多的前十名股东的名单和持股数额；

④公司的实际控制人；

⑤董事、监事、高级管理人员的姓名及其持有本公司股票和债券的情况。

3. 股票上市的暂停与终止

（1）暂停。《证券法》规定，上市公司有下列情形之一的，由证券交易所决定暂停其股票上市交易：

①公司股本总额、股权分布等发生变化不再具备上市条件；

②公司不按照规定公开其财务状况，或者对财务会计报告作虚假记载，可能误导投资者；

③公司有重大违法行为；

④公司最近三年连续亏损；

⑤证券交易所上市规则规定的其他情形。

（2）终止。《证券法》规定，上市公司有下列情形之一的，由证券交易所决定终止其股票上市交易：

①公司股本总额、股权分布等发生变化不再具备上市条件，在证券交易所规定的期限内仍不能达到上市条件；

②公司不按照规定公开其财务状况，或者对财务会计报告作虚假记载，且拒绝纠正；

③公司最近三年连续亏损，在其后一个年度内未能恢复盈利；

④公司解散或者被宣告破产；

⑤证券交易所上市规则规定的其他情形。

三、公司债券上市

公司债券上市，是指已向社会公开发行的公司债券经过核准在证券交易所挂牌交易。

1. 公司债券上市的条件与程序

《证券法》规定，公司申请公司债券上市交易，应当符合下列条件：

①公司债券的期限为一年以上；

②公司债券实际发行额不少于人民币五千万元；

③公司申请债券上市时仍符合法定的公司债券发行条件。

申请公司债券上市交易，应当直接向证券交易所提出申请，并报送下列文件：

①上市报告书；

②申请公司债券上市的董事会决议（发行公司债券由股东大会决议）；

③公司章程；

④公司营业执照；

⑤公司债券募集办法；

⑥公司债券的实际发行数额；

⑦证券交易所上市规则规定的其他文件；

⑧申请可转换为股票的公司债券上市交易，还应当报送保荐人出具的上市保荐书。

公司债券上市交易申请经证券交易所审核同意后，签订上市协议的公司应当在规定的期限内公告公司债券上市文件及有关文件，并将其申请文件置备于指定场所供公众查阅。

2. 公司债券上市的暂停与终止

《证券法》规定，公司债券上市交易后，公司有下列情形之一的，由证券交易所决定暂停其公司债券上市交易：

①公司有重大违法行为；

②公司情况发生重大变化不符合公司债券上市条件；

③发行公司债券所募集的资金不按照核准的用途使用；

④未按照公司债券募集办法履行义务；

⑤公司最近二年连续亏损。

公司债券上市交易后，公司有下列情形之一的，由证券交易所决定终止其公司债券上市交易：

①公司有重大违法行为经查实后果严重的；

②未按照公司债券募集办法履行义务经查实后果严重的；

③公司情况发生重大变化不符合公司债券上市条件，在限期内未能消除的；

④发行公司债券所募集的资金不按照核准的用途使用，在限期内未能消除的；

⑤公司最近二年连续亏损，在限期内未能消除的；

⑥公司解散或者被宣告破产的。

由于证券交易所对股票、公司债券的不予上市、暂停上市、终止上市有最终决定权，即不得向法院起诉，为了体现公开、公平、公正的原则，《证券法》给予申请人以申辩权，即对证券交易所作出的公司债券与股票不予上市、暂停上市、终止上市决定不服的，可以向证券交易所设立的复核机构申请复核。

四、被禁止的交易行为

为了保证证券交易能够公平、有序、合理地进行，维护证券市场的良好秩序，保护证券投资者的利益，《证券法》除对证券交易的法律规则作了一般规定，也对禁止的交易行为及其种类和法律责任作出了规定。

1. 禁止内幕交易行为

内幕交易，是指内幕信息的知情人员以获取利益或减少损失为目的，利用内幕信息进行证券发行与交易的行为。内幕交易主要由内幕信息的范围、内幕人员的范围、内幕交易行为三个要素构成。

(1) 内幕信息的范围。内幕信息是指证券交易活动中，涉及公司的经营、财务或者对该公司证券的市场价格有重大影响的尚未公开的信息。内幕信息的范围主要包括：

①具有重大事件性质的内幕信息；

②公司分配股利或者增资的计划；

③公司股权结构的重大变化；

④公司债务担保的重大变更；

⑤公司营业用主要资产的抵押、出售或者报废一次超过该资产的百分之三十；

⑥公司的董事、监事、高级管理人员的行为可能依法承担重大损害赔偿责任；

⑦上市公司收购的有关方案；

⑧国务院证券监督管理机构认定的对证券交易价格有显著影响的其他重要信息。

(2) 内幕信息的知情人员。证券交易内幕信息的知情人包括：

①发行人的董事、监事、高级管理人员；

②持有公司百分之五以上股份的股东及其董事、监事、高级管理人员，公司的实际控制人及其董事、监事、高级管理人员；

③发行人控股的公司及其董事、监事、高级管理人员；

④由于所任公司职务可以获取公司有关内幕信息的人员；

⑤证券监督管理机构工作人员以及由于法定职责对证券的发行、交易进行管理的其他人员；

⑥保荐人、承销的证券公司、证券交易所、证券登记结算机构、证券服务机构的有关人员；

⑦国务院证券监督管理机构规定的其他人。

(3) 内幕交易行为的表现形式。内幕交易主要有以下四种形式：

①内幕人员利用内幕信息买卖证券或者根据内幕信息建议他人买卖证券；

②内幕人员向他人泄露内幕信息，使他人利用该信息进行内幕交易；

③非内幕人员通过不正当手段或者其他途径获得内幕信息，并根据该信息买卖证券或建议他人买卖证券；

④其他内幕行为。

2. 禁止操纵市场行为

操纵市场行为，是指在证券交易中，任何单位或个人利用优势地位或滥用行政职权，从而影响证券市场价格，扰乱证券市场秩序、损害证券投资者利益的行为。《证券法》规定，禁止任何人以下列手段操纵证券市场：

(1) 单独或者通过合谋，集中资金优势、持股优势或者利用信息优势联合或者连续买卖，操纵证券交易价格或者证券交易量。

（2）与他人串通，以事先约定的时间、价格和方式相互进行证券交易，影响证券交易价格或者证券交易量。

（3）在自己实际控制的账户之间进行证券交易，影响证券交易价格或者证券交易量。

（4）以其他手段操纵证券市场。

3. 禁止欺诈客户的行为

欺诈客户，是指证券公司及其从业人员利用其作为投资者代理人或顾问的身份，实施损害投资者利益的行为。《证券法》规定：禁止证券公司及其从业人员从事下列损害客户利益的欺诈行为：

（1）违背客户的委托为其买卖证券。

（2）不在规定时间内向客户提供交易的书面确认文件。

（3）挪用客户所委托买卖的证券或者客户账户上的资金。

（4）未经客户的委托，擅自为客户买卖证券，或者假借客户的名义买卖证券。

（5）为牟取佣金收入，诱使客户进行不必要的证券买卖。

（6）利用传播媒介或者通过其他方式提供、传播虚假或者误导投资者的信息。

（7）其他违背客户真实意思表示，损害客户利益的行为。这种行为主要包括：将自营业务和代理业务混合操作；不按国家有关法规和证券交易所业务规则处理证券买卖委托；保证客户的交易收益或允诺赔偿客户投资损失；证券登记、清算机构不按国家有关法规和本机构业务规则办理清算、交割、过户、登记手续等；证券登记清算机构擅自将顾客委托保管的证券用作质押等。

4. 禁止散布虚假信息

散布虚假信息，是指编造、传播与事实不相符的有关证券的信息，扰乱证券市场秩序的行为。信息真实性是证券市场信息披露的首要要求。散布虚假信息的表现形式主要有：

（1）国家工作人员、传播媒介从业人员和有关人员编造、传播虚假信息，扰乱证券市场。

（2）证券交易所、证券公司、证券登记结算机构、证券服务机构及其从业人员，证券业协会、证券监督管理机构及其工作人员，在证券交易活动中作出虚假陈述或者信息误导。

第四节　上市公司收购

一、上市公司收购的方式

上市公司收购，是指投资者依法定程序公开收购上市公司已经依法发行上市的股票的行为，从而达到对该上市公司控制或兼并目的。其股票被收购的上市公司称为目标公司。上市公司收购的方式可以分为以下几种。

1. 要约收购和协议收购

要约收购，又称公开收购，是指收购人通过公开向目标公司的所有股东发出购买其所持股票的要约，在受要约人承诺后进行股份转让，以实现收购目的的上市公司收购方式。

协议收购，又称非公开收购，是指收购人与目标公司的个别股东订立股份转让协议，以实现收购目的的上市公司收购方式。

《证券法》规定，投资者可以采取要约收购、协议收购及其他合法方式收购上市公司。

2. 自愿公开收购和强制公开收购

自愿公开收购，是指由收购人自行决定的公开收购。在我国，多数收购为自愿收购，即收购者出于自身发展的需要，自行选择目标公司，决定公开收购。

强制公开收购，是指收购人在具备法定情形时，依法必须进行的公开收购。此时，不管收购者是否自愿，必须进行收购。这种情形发生在对小股东的特殊保护上。

3. 部分收购和全面收购

部分收购，即收购者仅收购目标公司一定比例的股份。

全面收购，即收购者收购目标公司的全部股份。如果目标公司的股权分布由于收购达不到上市要求的比例，目标公司必须退市。《证券法》规定，收购期限届满，被收购公司股权分布不符合上市条件的，该上市公司的股票应当由证券交易所依法终止上市交易；收购行为完成后，被收购公司不再具备股份有限公司条件的，应当依法变更企业形式。

4. 单独收购和共同收购

单独收购，即收购者为单一主体，如一家公司，一个自然人，或一家其他机构。

共同收购，即收购者为两个或两个以上的主体。两个或两个以上的主体可以协议联合收购一家或几家上市公司的股份。

二、上市公司收购的规则

在上市公司收购过程中，自始至终贯穿着一个重要原则，即在上市公司收购中，目标公司的所有股票持有人均需获得公平待遇，其合法权益受到法律保护。我国《证券法》为贯彻这一原则，规定了下列规则：强制要约规则、强制收购规则、限制交易规则、持股报告规则、协议收购规则。

1. 强制要约规则

该规则要求：投资者持有或与他人共同持有一个上市公司已发行的股份达到百分之三十时，继续进行收购的，应当依法向该上市公司所有股东发出收购上市公司全部或者部分股份的要约。投资者的股份可以通过证券交易所的证券交易获得，也可以通过协议购买，还可以通过其他安排获得。

《证券法》对收购要约的要求为：

（1）收购要约提出的各项收购条件，适用于被收购公司的所有股东。

（2）采取要约收购方式的，收购人在收购期限内，不得卖出被收购公司的股票，也不得采取要约规定以外的形式和超出要约的条件买入被收购公司的股票。

（3）收购上市公司部分股份的收购要约应当约定，被收购公司股东承诺出售的股份数额超过预定收购的股份数额的，收购人按比例进行收购。

（4）收购要约约定的收购期限不得少于三十日，并不得超过六十日。

（5）在收购要约确定的承诺期限内，收购人不得撤销其收购要约。收购人需要变更收购要约的，必须事先向国务院证券监督管理机构及证券交易所提出报告，经批准后，予以公告。

收购人在发出收购要约前，必须事先向国务院证券监督管理机构和证券交易所报送《上市公司收购报告书》。收购人在依照规定报送《上市公司收购报告书》之日起十五日后，公告其收购要约。在上述期限内，国务院证券监督管理机构发现《上市公司收购报告书》不符合法律、行政法规规定的，应当及时告知收购人，收购人不得公告其收购要约。

2. 强制收购规则

该规则要求：当收购期限届满后，目标公司股权分布不符合上市条件的，该上市公司的股票应当由证券交易所依法终止上市交易。其余仍持有被收购公司股票的股东，有权向收购人以收购要约的同等条件出售其股票，收购人应当收购。

3. 限制交易规则

该规则要求：在上市公司收购中，收购人持有的被收购的上市公司的股票，在收购行为完成后的十二个月内不得转让。

4. 持股报告规则

该规则要求：任何直接或间接持有一个上市公司发行在外的股份达到一定比例或达此比例后持股量发生一定比例的增减变化，依法必须将有关情况予以披露。当投资者持有或与他人共同持有一个上市公司已发行的股份达到百分之五时，应当在该事实发生之日起三日内，向国务院证券监督管理机构、证券交易所作出书面报告，通知该上市公司，并予公告。在上述期限内，不得再行买卖该上市公司的股票。

投资者持有或者与他人共同持有一个上市公司已发行的股份达到百分之五后，其所持该上市公司已发行的股份比例每增加或者减少百分之五，应当依照前款规定进行报告和公告。在报告期限内和作出报告、公告后二日内，不得再行买卖该上市公司的股票。

5. 协议收购规则

该规则要求：在协议收购的情形下，收购人须依法同被收购公司的股东签订收购协议。收购人必须在达成协议后三日内将该收购协议向国务院证券监督管理机构及证券交易所作出书面报告，并予公告。在公告前不得履行收购协议。收购协议双方可以临时委托证券登记结算机构保管协议转让的股票，并将资金存放于指定的银行。

协议收购的份额一般不超过目标公司已发行股份的百分之三十。当收购者通过协议已经收购了目标公司已发行的股份的百分之三十时，如欲继续进行收购的，应当向目标公司所有股东发出收购要约。但是，经国务院证券监督管理机构免除发出要约的除外。

第五节　证券信息披露制度

信息披露制度是指证券市场上的有关当事人在证券的发行、上市和交易等一系列环节中，依照法律、证券主管机关或证券交易所的规定，以一定的方式向社会公众公开与证券有关的信息而形成的一整套行为惯例和活动准则。

信息披露制度有利于保护投资者的合法利益，信息公开有利于证券发行和交易价格的合理形成，保证公开、公平、公正原则的实现，强化上市公司的经营管理，优化资源配置，提高证券市场的效率，有利于证券监督管理机构对市场的监控，是现代证券市场的基石。

一、信息披露制度的基本原则

《证券法》确立了信息披露制度的基本原则。

1. 真实性原则

该原则要求，股票和公司债券的发行人、上市公司（以下简称信息披露人）向社会公众所披露的信息必须是真正发生或存在的事实，不得人为地捏造事实，并在披露文件上作虚假记载，欺骗股东、债权人以及社会公众。

2. 准确性原则

该原则要求，信息披露人向社会公众所披露的信息应当与事实完全吻合，不得有所出入，不得在披露文件上作出诱导性陈述，诱使股东、债权人以及社会公众作出错误的判断。

3. 完整性原则

该原则要求，信息披露人向社会公众所披露的信息必须是法律所规定的全部信息，以便使股东、债权人以及社会公众了解信息披露人的全面情况，在披露文件上不得断章取义，不得有重大遗漏。

4. 及时性原则

该原则要求，信息披露人必须在法律规定的时间内向社会公众披露法定信息，既不得提前披露信息，也不得迟延披露信息。

5. 合法性原则

该原则要求，信息披露的内容和方式必须符合法律规定。信息披露的内容完全由法律规定，信息披露人无权决定披露的内容；披露的方式也由法律规定，信息披露人也不得不分场合、地点和方式随便披露信息。

二、信息披露的主要内容

信息披露分为发行披露和持续披露。

（一）发行披露

发行披露，又称初次披露，即股票、公司债券发行阶段，依照法律的规定，发行人必须向社会公开披露信息。通常情况下，发行股票应当披露招股说明书，发行债券应当披露公司债券募集办法，依法公开发行新股或者公司债券的，还应当披露财务会计报告，但并不限于此。

（二）持续披露

持续披露，是指上市公司和公司债券上市交易的公司，必须依照法律规定，持续地、定期或不定期地披露有关信息。根据信息披露的定期与不定期，可以分为定期报告和临时报告。

1. 定期报告。又称常规报告，分为年度报告和中期报告两类。

（1）中期报告。《证券法》要求：上市公司或公司债券上市交易的公司，应当在每一会计年度的上半年结束之日起两个月内，向国务院证券监督管理机构和证券交易所报送记载以下内容的中期报告，并予公告：

①公司财务会计报告和经营情况；

②涉及公司的重大诉讼事项；

③已发行的股票、公司债券变动情况；

④提交股东大会审议的重要事项；

⑤国务院证券监督管理机构规定的其他事项。

（2）年度报告。《证券法》要求：上市公司或公司债券上市交易的公司，应当在每一会计年度结束之日起四个月内，向国务院证券监督管理机构和证券交易所报送记载以下内容的年度报告，并予公告：

①公司概况；

②公司财务会计报告；

③董事、监事、经理及有关高级管理人员简介及其持股情况；

④已发行股票、公司债券情况，包括持股数额最多的前十名股东的名单和持股数；

⑤公司的实际控制人；

⑥国务院证券监督管理部门规定的其他事项。

上市公司年度，报告须经注册会计师事务所审计。未经审计的年度报告，视为未编制完成。

2. 临时报告（又称重大事件报告）。重大事件是指上市公司发生的、可能对上市公司股票交易价格产生较大影响而投资者尚未得知的事件。《证券法》规定，发生可能对上市公司股票交易价格产生较大影响的重大事件，投资者尚未得知时，上市公司应当立即将有关该重大事件的情况向国务院证券监督管理机构和证券交易所报送临时报告，并予公告，说明事件的起因、目前的状态和可能产生的法律后果。

下列情况为重大事件：

①公司的经营方针和经营范围的重大变化；

②公司的重大投资行为和重大的购置财产的决定；

③公司订立重要合同，而该合同可能对公司的资产、负债、权益和经营成果产生重要影响；

④公司发生重大债务和未能清偿到期重大债务的违约情况；

⑤公司发生重大亏损或者遭受重大损失；

⑥公司生产经营的外部条件发生的重大变化；

⑦公司的董事、三分之一以上监事或者经理发生变动；

⑧持有公司百分之五以上股份的股东或者实际控制人，其持有股份情况或者控制公司的情况发生较大变化；

⑨公司减资、合并、分立、解散及申请破产的决定；

⑩涉及公司的重大诉讼，股东大会、董事会决议被依法撤销或者宣告无效；

⑪公司涉嫌犯罪被司法机关立案调查，公司董事、监事、高级管理人员涉嫌犯罪被司法机关采取强制措施；

⑫国务院证券监督管理机构规定的其他事项。

依法必须披露的信息，应当在国务院证券监督管理机构指定的媒体发布，同时将其置备于公司住所、证券交易所，供社会公众查阅。

三、违反信息披露义务的法律责任

新修订的《证券法》加强了对信息披露的监督管理，强化了信息披露相关人的法律责任。

（一）责任主体

有可能对违法、违规信息披露承担法律责任的人员有：股票、债券发行人；上市公司、公司债券上市交易的公司，前两种公司的高级管理人员，前两种公司的直接责任人员；保荐人、承销人，发行人、上市公司的控股股东、实际控制人，为发行人、上市公司提供审计报告、资产评估报告、法律意见书的会计师事务所，资产评估事务所、律师事务所以及注册会计师、注册资产评估师和律师等。

（二）责任形式

1. 民事责任

发行人、上市公司对于违反“五性”，致使投资者在证券交易中遭受损失的，应当承担赔偿责任。上市公司董事、高级管理人员应当对公司定期报告签署书面确认意见。上市公司监事会应当对董事会编制的公司定期报告进行审核并提出书面审核意见。如发生发行人、上市公司违反“五性”，致使投资者遭受损失的，发行人、上市公司的董事、监事、高级管理人员和其他直接责任人员应当与发行人、上市公司承担连带赔偿责任，但能够证明自己无过错的除外。在此种情形下，保荐人、承销的证券公司，也应当与发行人、上市公司承担连带赔偿责任，但能够证明自己无过错的除外。发生发行人、上市公司违反“五性”，致使投资者遭受损失的，发行人、上市公司的控股股东、实际控制人有过错的，应当与发行人、上市公司承担连带赔偿责任。

2. 行政责任

上述责任主体，违反信息披露“五性”义务，根据情节轻重还要承担相应的行政责任，如责令改正、警告、取消资格、吊销执照、罚款等。

3. 刑事责任

根据2006年颁布的《刑法》修正案（六）的规定，违反信息披露义务情节严重构成犯罪的，依法追究刑事责任。

第六节　证券交易场所

证券交易场所，是指已发行的证券进行买卖、转让、流通的场所。在我国，证券交易的主要场所为证券交易所。证券交易所是为证券集中交易提供场所和设施，组织和监督证券交易，实行自律管理的法人。

一、我国证券交易所的设立与组织形式

1. 证券交易所的设立

我国证券交易所的设立采用许可制，即必须经国家主管部门的许可。《证券法》规定，证券交易所的设立由国务院决定。证券交易所章程的制定和修改，必须经国务院证券监督管理机构批准。

2. 证券交易所的组织形式

证券交易所的组织形式是指证券交易所的管理方式、承担风险方式以及交易所与其成员之间的关系。

根据我国《证券交易所管理办法》的规定，会员制是我国证券交易所唯一的法定组织形式。我国的上海证券交易所和深圳证券所均采用会员制。具体组织机构包括会员大会、理事会、总经理、监察委员会等。其中，会员大会是最高的权力机构，理事会是决策机构，总经理在理事会的领导下负责证券交易所的日常管理工作，为其法定代表人。理事会下设监察委员会。根据需要，还可下设专门委员会。

二、证券交易所的职责

1. 保障交易的职责

证券交易所应当为组织公平的集中交易提供保障，公布证券交易即时行情，并

按交易日制作证券市场行情表，予以公布。未经证券交易所许可，任何单位和个人不得发布证券交易即时行情。

2. 管理会员财产的职责

证券交易所负有管理会员财产的职责。会员制交易所的财产积累归会员所有，其权益由会员共同享有，在其存续期间，不得将其财产积累分配给会员。

3. 处理突发事件的职责

交易所必须做好随时应付突发事件的预案。因突发性事件而影响证券交易的正常进行时，证券交易所可以采取技术性停牌的措施；因不可抗力的突发性事件或者为维护证券交易的正常秩序，证券交易所可以决定临时停市。证券交易所采取技术性停牌或者决定临时停市，必须及时报告国务院证券监督管理机构。

4. 对证券交易监管的职责

证券交易所对证券交易实行实时监控，并按照国务院证券监督管理机构的要求，对异常的交易情况提出报告。证券交易所应当对上市公司及相关信息披露义务人披露信息进行监督，督促其依法及时、准确地披露信息。证券交易所根据需要，可以对出现重大异常交易情况的证券账户限制交易，并报国务院证券监督管理机构备案。

5. 建立、管理风险基金的职责

证券交易所应当从其收取的交易费用和会员费、席位费中提取一定比例的金额设立风险基金。风险基金由证券交易所理事会管理。证券交易所应当将收存的风险基金存入开户银行专门账户，不得擅自使用。风险基金提取的具体比例和使用办法，由国务院证券监督管理机构会同国务院财政部门规定。

6. 制定自律规则的职责

证券交易所依照证券法律、行政法规制定上市规则、交易规则、会员管理规则和其他有关规则，并报国务院证券监督管理机构批准。

第七节 证 券 公 司

一、证券公司概念和种类

1. 证券公司的概念

证券公司，又称证券商，是指依照《公司法》和《证券法》规定设立的经营证券业务的有限责任公司或者股份有限公司。

2. 证券公司的种类

我国《证券法》将证券商分为综合类证券公司和经纪类证券公司，并由国务院证券监督管理机构按照其分类颁发业务许可证。

综合类证券公司是指依照《公司法》规定和由国务院证券监督管理机构审查批准，从事证券承销业务、证券经纪业务、证券自营业务及其他经国务院证券监督管理机构核实的证券业务的有限责任公司和股份有限公司。

经纪类证券公司是指依照《公司法》规定和国务院证券监督管理机构审查批准，专门从事证券承销与经纪业务的有限责任公司或股份有限公司。

二、证券公司的设立

1. 证券公司设立的条件

《证券法》规定设立证券公司，应当具备下列条件：

（1）有符合法律、行政法规规定的公司章程。

（2）主要股东具有持续盈利能力，信誉良好，最近三年无重大违法违规记录，净资产不低于人民币二亿元。

（3）有符合本法规定的注册资本，证券公司的注册资本应当是实缴资本。

（4）董事、监事、高级管理人员具备任职资格，从业人员具有证券从业资格。

（5）有完善的风险管理与内部控制制度。

（6）有合格的经营场所和业务设施。

（7）法律、行政法规规定的和经国务院批准的国务院证券监督管理机构规定的其他条件。

关于（3）中的注册资本《证券法》又有如下规定：

①证券公司经营证券经纪、证券投资咨询以及与证券交易、证券投资活动有关的财务顾问业务的，注册资本最低限额为人民币五千万元；

②证券公司经营证券承销、保荐、自营、证券资产管理和其他证券业务中的任何一项业务的，注册资本最低限额为人民币一亿元；两项以上业务的注册资本最低限额为人民币五亿元；

③国务院证券监督管理机构根据审慎监管原则和各项业务的风险程度，可以调整注册资本最低限额，但不得少于（2）款规定的限额。

2. 证券公司设立的程序

我国对证券公司的设立采取核准制。该制度要求：设立证券公司，必须经国务院证券监督管理机构审查批准。证券公司设立申请获得批准的，申请人应当在规定的期限内向公司登记机关申请设立登记，领取营业执照。证券公司应当自领取营业执照之日起十五日内，向国务院证券监督管理机构申请经营证券业务许可证。

证券公司经营范围必须经国务院证券监督管理机构批准。证券公司的业务范围可以包括：证券经纪，证券投资咨询，与证券交易、证券投资活动有关的财务顾问，证券承销与保荐，证券自营，证券资产管理，其他证券业务。

三、证券公司保护投资者利益的义务

1. 投资者保护基金

国家设立证券投资者保护基金。证券投资者保护基金由证券公司缴纳的资金及其他依法筹集的资金组成。其筹集、管理和使用的具体办法由国务院规定。

2. 风险隔离

证券公司应当建立健全内部控制制度，采取有效隔离措施，防范公司与客户之间、不同客户之间的利益冲突。证券公司必须将其证券经纪业务、证券承销业务、证券自营业务和证券资产管理业务分开办理，不得混合操作。证券公司客户的交易结算资金应当存放在商业银行，以每个客户的名义单独立户管理。证券公司不得将客户的交易结算资金和证券归入其自有财产。禁止任何单位或者个人以任何形式挪用客户的交易结算资金和证券。证券公司的自营业务必须以自己的名义进行，不得假借他人名义或者以个人名义进行。证券公司的自营业务必须使用自有资金和依法筹集的资金。证券公司破产或者清算时，客户的交易结算资金和证券不属于其破产财产或者清算财产。非因客户本身的债务或者法律规定的其他情形，不得查封、冻结、扣划或者强制执行客户的交易结算资金和证券。

3. 严格执行委托

证券公司办理经纪业务，应当置备统一制定的证券买卖委托书，供委托人使用。采取其他委托方式的，必须作出委托记录。客户的证券买卖委托，不论是否成交，其委托记录应当按照规定的期限，保存于证券公司。证券公司接受证券买卖的委托，应当根据委托书载明的证券名称、买卖数量、出价方式、价格幅度等，按照交易规则代理买卖证券，如实进行交易记录；买卖成交后，应当按照规定制作买卖成交报告单交付客户。证券交易中确认交易行为及其交易结果的对账单必须真实，并由交易经办人员以外的审核人员逐笔审核，保证账面证券余额与实际持有的证券相一致。证券公司办理经纪业务，不得接受客户的全权委托而决定证券买卖、选择证券种类、决定买卖数量或者买卖价格。

4. 其他保护投资者利益的措施

证券公司为客户买卖证券提供融资融券服务，应当按照国务院的规定并经国务院证券监督管理机构批准。证券公司不得以任何方式对客户证券买卖的收益或者赔偿证券买卖的损失作出承诺。证券公司及其从业人员不得未经过其依法设立的营业场所，私下接受客户委托买卖证券。

四、对证券公司的监管

国务院证券监督管理机构行使对证券公司的监管权，证券公司必须依照《证券法》的规定，接受其监管。国务院证券监督管理机构通过要求证券公司报送报表与资料，进行形式或书面审查。必要时，可以委托会计师事务所、资产评估机构对证券公司的财务状况、内部控制状况、资产价值进行审计或者评估。在监管过程中，如发现证券公司存在违法、违规的情况，国务院证券监督管理机构可以酌情采取以下措施。

1. 对证券公司的净资本或风险控制指标不符合规定的措施

国务院证券监督管理机构如发现证券公司的净资本或风险控制指标不符合规定，应当责令其限期改正；逾期未改正，或者其行为严重危及该证券公司的稳健运行、损害客户合法权益的，可以区别情形，对其采取下列措施：

①限制业务活动，责令暂停部分业务，停止批准新业务；

②停止批准增设、收购营业性分支机构；

③限制分配红利，限制向董事、监事、高级管理人员支付报酬、提供福利；

④限制转让财产或者在财产上设定其他权利；

⑤责令更换董事、监事、高级管理人员或者限制其权利；

⑥责令控股股东转让股权或者限制有关股东行使股东权利；

⑦撤销有关业务许可。

证券公司整改后，应当向国务院证券监督管理机构提交报告。国务院证券监督管理机构经验收，符合有关风险控制指标的，应当自验收完毕之日起三日内解除对其采取的前款规定的有关措施。

2. 对证券公司虚假出资、抽逃出资行为的监管措施

国务院证券监督管理机构发现证券公司的股东有虚假出资、抽逃出资行为时，应当责令其限期改正，并可责令其转让所持证券公司的股权。在该股东改正违法行为、转让所持证券公司的股权前，可以限制其股东权利。

3. 对证券公司高级管理人员未履行勤勉义务的监管措施

高级管理人员包括公司的董事、监事、经理、副经理、财务负责人等，由于他们未尽勤勉职责，致使证券公司存在重大违法违规行为或者重大风险时，国务院证券监督管理机构可以撤销其任职资格，并责令公司予以更换。必要时，经国务院证券监督管理机构批准，可以对该证券公司直接负责的董事、监事、高级管理人员和其他直接责任人员采取限制出境或者申请司法机关禁止其转移、转让或者以其他方式处分财产，或者在财产上设定其他权利的措施。

4. 对证券公司出现违法经营或重大风险时的监管措施

证券公司违法经营或者出现重大风险，严重危害证券市场秩序、损害投资者利益的，国务院证券监督管理机构可以对该证券公司采取责令停业整顿、指定其他机构托管、接管或者撤销等监管措施。

第八节　证券监管制度

一、证券监督管理体制

证券监督管理，是指一国证券监督管理机构运用法律、行政、经济等手段对证券发行、交易及证券市场主体其他相关行为进行的规范性监督管理活动。证券监管是证券法律制度的重要内容。

证券监管是证券业及证券市场发展到一定阶段的产物，其目的在于消除证券交易中的各种违法行为，确保证券交易的顺利进行，维护证券市场秩序。根据我国

《证券法》及相关法规的规定，我国对证券市场管理实行国家集中统一管理和行业自律管理相结合的体制。具体而言，即由国务院证券监督管理机构即中国证券监督管理委员会代表国家对全国证券市场进行集中统一管理，而证券交易所和证券业协会同时也对证券商和证券市场进行自律性管理。

二、我国证券监督管理机构的监管

我国《证券法》明确规定，国务院证券监督管理机构即中国证券监督管理委员会（以下简称证监会）依法对证券市场实行监督管理，维护证券市场秩序，保障其合法运行。

1. 证监会的监管职责

证监会在对证券市场实施监督管理中履行下列职责：

（1）依法制定有关证券市场监督管理的规章、规则，并依法行使审批或者核准权。

（2）依法对证券的发行、上市、交易、登记、存管、结算，进行监督管理。

（3）依法对证券发行人、上市公司、证券公司、证券投资基金管理公司、证券服务机构、证券交易所、证券登记结算机构的证券业务活动，进行监督管理。

（4）依法制定从事证券业务人员的资格标准和行为准则，并监督实施。

（5）依法监督检查证券发行、上市和交易的信息公开情况。

（6）依法对证券业协会的活动进行指导和监督。

（7）依法对违反证券市场监督管理法律、行政法规的行为进行查处。

（8）法律、行政法规规定的其他职责。

国务院证券监督管理机构可以和其他国家或者地区的证券监督管理机构建立监督管理合作机制，实施跨境监督管理。

2. 证监会的监管措施

国务院证券监督管理机构依法履行职责，有权采取下列措施：

（1）对证券发行人、上市公司、证券公司、证券投资基金管理公司、证券服务机构、证券交易所、证券登记结算机构进行现场检查；进入涉嫌违法行为的发生场所调查取证。

（2）询问当事人和与被调查事件有关的单位和个人，要求其对与被调查事件有关的事项作出说明。

（3）查阅、复制与被调查事件有关的财产权登记、通讯记录等资料；查阅、复制当事人和与被调查事件有关的单位和个人的证券交易记录、登记过户记录、财务会计资料及其他相关文件和资料；对可能被转移、隐匿或者毁损的文件和资料，可以予以封存。

（4）查询当事人和与被调查事件有关的单位和个人的资金账户、证券账户及银行账户；对有证据证明已经或者可能转移或者隐匿违法资金、证券等涉案财产或者隐匿、伪造、毁损重要证据的，经国务院证券监督管理机构主要负责人批准，可以冻结或者查封。

(5) 在调查操纵证券市场、内幕交易等重大证券违法行为时，经国务院证券监督管理机构主要负责人批准，可以限制被调查事件当事人的证券买卖，但限制的期限不得超过十五个交易日。

三、行业自律组织的监管

我国证券业的行业自律组织包括证券交易所和证券业协会。他们分别对证券市场的证券活动具有一定的监管职责。

1. 证券交易所的监管职责

证券交易所对证券市场的监管职责主要包括以下几个方面：

(1) 对证券交易所活动的监管，如规定交易证券的种类和期限，证券交易方式和操作程序，登记结算交割事项，上市证券的暂停、恢复与取消交易等。

(2) 对交易所会员的管理，包括制定取得会员资格的条件和程序、席位管理办法；审查会员的业务报告，监督会员所派出的代表在交易场所内的行为等。

(3) 对上市公司的管理，如规定具体的上市规则；证券上市的条件、申请和批准程序；上市公司的信息披露；上市推荐的资格、义务、责任；违反上市规则的处理等。

2. 证券业协会的监管职责

证券业协会是证券业的自律性组织，是社会团体法人。所有证券公司都应当加入证券业协会。证券业协会的权力机构为全体会员组成的会员大会。

证券业协会的监管职责：

(1) 教育和组织会员遵守证券法律、行政法规。

(2) 依法维护会员的合法权益，向证券监督管理机构反映会员的建议和要求。

(3) 制定会员应遵守的规则，组织会员单位的从业人员的业务培训，开展会员间的业务交流。

(4) 对会员之间、会员与客户之间发生的证券业务纠纷进行调解。

(5) 监督、检查会员行为，对违反法律、行政法规或者协会章程的，按照规定给予纪律处分等。

思 考 题

1. 证券发行的方式有几种?
2. 股票发行的条件与程序是什么?
3. 申请股票上市的条件和程序是什么?
4. 公司债券发行与上市的条件是什么?
5. 被禁止的交易行为有哪些?

6. 上市公司收购应当遵循哪些规则？

7. 信息披露的基本原则是什么？

8. 持续信息披露的规则是什么？

9. 证券公司保护投资者利益的义务有哪些？

10. 国务院证券监督管理机构的监管职责与监管措施是什么？

11. 新修订的《证券法》中哪些规定体现了保护投资者的利益？

12. 新修订的《证券法》中哪些规定更加体现了国际证券市场的规则？

第十五章

保 险 法

本 章 提 要

保险制度是稳定社会、促进经济的重要制度，保险业是市场经济的基本环节之一，保险法是市场经济法律体系的组成部分。学习本章应当掌握的要点是：保险法的调整对象，保险法律关系，保险合同基本原理，保险公司及其运营规则，保险法律责任等。

第一节 保险法概述

一、危险及危险管理

危险也称风险，是指在一定客观情形下，在特定期间内，某一事件发生导致损失的可能性。危险具有客观性、多样性、偶然性、损害性和规律性等特点。

危险管理是指人们对各种偶然事件的认识、控制和处理。它以各种危险为研究对象，探索危险发生和变化的规律，计算危险对社会经济生活的损失性质和程度，选择适当的处理危险的对策，达到避免或减少危险及其所致损失的目的。

根据危险管理理论和实践，总结出以下几种危险管理方法：

第一种是避免危险，即采取某些措施消除所面临的或有可能发生的某种危险。

第二种是预防危险，即通过有效措施降低危险发生的频率，减少危险因素。

第三种是危险的转移，即将危险转移给他人，如转让、承包、担保和保险等。其中保险是危险转移的最重要和最有效的办法。

第四种是自留危险，也叫自担危险或自保，即积累一定的风险后备金，以便发生危险时弥补损失。

二、保险的概念

保险是危险管理的最重要、最有效的方法，对保险应从两方面理解。

1. 保险是一种经济补偿制度

这是保险的本质，也是从经济角度来看保险。保险是以概率论为技术条件进行合理计算，集合多数单位或个人共同建立保险基金，用以发生自然灾害和意外事件时，对被保险人的财产损失或人身伤亡给予经济补偿或者给付保险金的一种制度。

2. 保险是一种法律制度

这是从法律角度来看保险。保险是根据法律规定或者当事人的约定，一方承担支付保险费的义务，同时享有在保险事故发生时获得经济补偿或者保险金的权利；另一方在享有获得保险费的权利的同时，承担保险事故发生后给付经济补偿或者保险金的义务。所以，保险是当事人之间的契约行为，保险关系是因保险合同而产生的、受保险法调整的、在当事人之间形成权利和义务的法律关系。

三、保险的分类

随着保险业的发展，保险险种日益增多。为了掌握各险种的特点和规律，可以将保险按以下几种标准进行分类。

1. 按保险经营的性质，分为商业保险和政策保险

商业保险是由保险公司在平等基础上按照商业习惯经营各种保险业务。政策保险是根据国家有关政策而开办的保险业务。

2. 按保险的实施形式，分为自愿保险和强制保险

自愿保险是投保人与保险人在平等互利的基础上自愿订立保险合同，投保人自主选择参加何种保险险种、保险的对象、保险金额、保险期限等。强制保险又叫法定保险，其保险范围、条件、期间等是由国家法律、法规、命令来确定的，投保人和保险人都没有选择的余地，也不需要双方另外签订保险合同，并且保险金额和保险费率也是统一的。

3. 按保险的对象以及保险保障的范围，分为财产保险、人身保险、责任保险、保证保险等

财产保险是以财产及其有关利益为保险标的的保险；人身保险是以人的寿命和身体为保险标的的保险；责任保险是以被保险人对第三者依法应负的赔偿责任为保险标的的保险；保证保险是以保险人向被保险人提供的担保为保险标的的保险。

四、保险法

保险法是调整保险关系，规范保险业务活动的法律规范的总称。它由保险合同法、保险业务活动法律规范以及保险业管理法律规范组成。

在保险合同法方面，1983 年国务院发布了《中华人民共和国财产保险合同条例》，1992 年颁布的《中华人民共和国海商法》，对海上保险合同作了明确具体的规定；在规范保险业务活动方面，我国于 20 世纪 50 年代就颁布了飞机、铁路、轮船旅客意外伤害强制保险条例；在保险业管理方面，1985 年国务院发布了《保险企业管理暂行条例》。

1995 年 6 月 30 日八届全国人大常委会第十四次会议通过的《中华人民共和国保险法》，是一部综合性保险法，它是保险业制定保险合同条款，开展保险业务，加强保险业管理的重要法律依据和行为准则，也是保护保险活动当事人合法权益，

促进保险事业健康发展的重要法律。该法自1995年10月1日起施行，根据2002年10月28日第九届全国人民代表大会常务委员会第三十次会议《关于修改〈中华人民共和国保险法〉的决定》进行了第一次修正，自2003年1月1日起施行。《中华人民共和国保险法》（以下简称《保险法》）的调整范围以商业保险为限。

第二节 保险合同总论

一、保险合同

保险合同是投保人与保险人约定保险权利义务关系的协议。根据协议，投保人向保险人缴纳保险费，保险人对于合同约定的可能发生的事故因其发生所造成的财产损失承担赔偿保险金责任，或者当被保险人死亡、伤残、疾病或者达到合同约定的年龄、期限时承担支付保险金责任。

二、保险合同的当事人和关系人

1. 保险合同的当事人

保险合同的当事人是指享有合同权利并承担合同义务的人，即保险人和投保人。

保险人，也叫承保人，是指与投保人订立保险合同，并承担赔偿或给付保险金责任的保险公司。《保险法》第六条规定："经营商业保险业务，必须是依照本法设立的保险公司。其他单位和个人不得经营商业保险业务。"

投保人，也叫要保人，是指以自己或者他人的财产或者人身利益为标的，与保险人订立保险合同，并按照保险合同负有支付保险费义务的人。

2. 保险合同的关系人

保险合同的关系人是指保险合同所涉及的、依照合同约定享有相应权利的人，包括被保险人和受益人。

被保险人，是指其财产或者人身受保险合同保障，享有保险金请求权的人，投保人可以是被保险人。

受益人，也称保险金受领人，是指人身保险合同中由被保险人或者投保人指定的享有保险金请求权的人，投保人、被保险人可以为受益人。

三、保险合同的辅助人

保险合同的辅助人，是指与保险合同的订立或履行有一定辅助关系的人，即保险代理人、保险经纪人以及保险公估人等。

1. 保险代理人

保险代理人是根据保险人的委托，向保险人收取代理手续费，并在保险人授权范围内代为办理保险业务的单位或者个人。保险代理人以保险人的名义在保险人授权范围内与投保人签订保险合同，由此而产生的一切权利和义务都由保险人享受或承担；保险代理人为保险人代为办理保险业务，有超越代理权限行为，投保人有理由相信其有代理权，并已订立保险合同的，保险人应当承担保险责任。同时，保险代理人所获得的有关订立保险合同的重要事项，视为保险人已获知。

保险代理必须采用书面委托代理协议形式。保险公司应当设立本公司保险代理人登记簿。保险人对保险代理人权利的限制，可以通过保险合同有关条款或者以书面形式，向投保人明示。

2. 保险经纪人

保险经纪人是基于投保人的利益，为投保人与保险人订立保险合同提供中介服务，并依法收取佣金的单位。

保险经纪人的特点是：保险经纪人的活动内容以提供订立保险合同的中介服务为限，保险经纪人既非保险人的代理人，也非投保人的代理人，而是为保险人和投保人之间订立保险合同牵线搭桥，但出发点是为投保人利益。保险经纪人依法有权向保险人收取佣金。保险经纪人在办理保险业务中因为过错，给投保人、被保险人造成损失的，由保险经纪人承担赔偿责任。

保险代理人、保险经纪人应当具备保险监督管理机构规定的资格条件，并取得保险监督管理机构颁发的经营保险代理业务许可证或者经纪业务许可证，向工商行政管理机关办理登记，领取营业执照，并缴存保证金或者投保职业责任保险。

四、保险合同订立的原则

根据《保险法》的规定，订立保险合同应当遵循以下原则。

1. 合法原则

遵循合法原则是要求保险人和投保人在订立保险合同时，必须遵守《保险法》和有关法律法规的规定，并且不得损害社会公共利益。

2. 公平互利原则

这项原则是由保险的性质和特征所决定的，投保人参加保险的目的，是为了以较小的支出，在发生保险事故时，获得经济补偿；而保险人则可以通过对保险基金的运用，得到一定的经济利益。但是保险人和投保人在订立保险合同时，实际地位并不平等，为了避免保险人因使用标准格式的保险单或者其他保险凭证，客观上限制投保人选择和决定保险合同内容的权利，从而导致产生不公平的结果，《保险法》要求订立保险合同时，应当确保其内容的公平互利。

3. 协商一致、自愿订立的原则

这项原则也可以称之为保险自由协商原则，它为当事人自由决定是否订立保险合同，同谁订立以及决定合同内容提供了保障。但是这项原则并不是绝对的，当法律、行政法规规定必须保险的，即强制保险时，投保人或者保险人不得以保险自愿为由而不履行法定义务。

4. 诚实信用原则

诚实信用是订立一切合同的基础，但订立保险合同时对诚实信用的要求远远高于其他合同，所以保险合同也被称为最大诚信合同或最大善意合同。这项原则要求当事人在订立保险合同以至履行保险合同的过程中，必须如实告知并履行保证。

5. 保险利益原则

（1）保险标的。保险标的是指作为保险对象的财产及其有关利益，或者人的寿命和身体。

（2）保险利益。保险利益是指投保人和被保险人对保险标的具有法律上承认的利益，这种利益因保险事故的发生而受到损失，因保险事故的不发生而继续享有。保险保障的是投保人或被保险人对保险标的所具有的利益，而不是保障保险标的本身。

保险利益是保险合同订立的前提，也是保险合同生效的必备条件，保险利益的转移或者消灭，是保险合同变更或者终止的原因，保险利益还是确定保险金额以及被保险人请求保险赔偿或给付保险金的基础。

保险利益原则要求投保人在订立保险合同时，对保险标的应当具有保险利益，否则保险合同无效；在保险合同期间内，被保险人对保险标的应当具有保险利益。

（3）保险利益的范围。

①财产保险的保险利益。这主要表现为投保人或者被保险人对保险标的具有现存利益以及因现存利益而产生的期待利益、责任利益。现存利益是指投保人或者被保险人对保险标的享有现实的利益，例如保险标的所有权人、保管人、抵押权人、承揽人、承运人、承租人等对其所有或者占有的财产的相关权益。期待利益是指投保人或者被保险人因对保险标的具有现存利益而未来可获得的利益。责任利益是指投保人或者被保险人对保险标的负有法律上的责任，例如产品的制造者、销售者对其产品给消费者造成的损害依法负有赔偿责任，便是对该产品具有责任利益。

②人身保险的保险利益。这主要表现为投保人以自己为被保险人订立保险合同，具有保险利益；投保人以其家庭成员的身体或者生命为保险标的订立保险合同，具有保险利益；企事业单位同其雇员存在劳动或者雇佣关系，具有保险利益；此外其他同意投保人为其订立人身保险合同的被保险人，视为投保人对被保险人具有保险利益。

五、保险合同的订立

1. 保险合同订立的程序

根据《保险法》的规定，投保人提出保险要求，经保险人同意承保，并就合同的条款达成协议，保险合同成立。所以，保险合同的订立一般经过投保和承保两个程序。

（1）投保。投保是指投保人提出保险要求，表现为投保人向保险人索取投保单，并将投保单所列事项填写完整后交付保险人的行为。投保人如实填写投保单，并对保险人规定的保险费率和相应的条款表示认同后，即产生合同要约效力。

投保时要求投保人必须具备的条件是：投保人有要约能力。无民事行为能力或者限制民事行为能力的人不能作为投保人。投保人对保险标的应当具有保险利益。

（2）承保。承保是指保险人承诺投保人的保险要约的行为，表现为保险人对投保人填写的投保单进行必要的审核，没有疑问后在投保单上签字盖章，即构成承诺，保险合同成立。因此，保险人承诺要约，不能附加新条件或者对投保单的内容有变更，否则不发生承诺的效力，仅构成反要约或再要约。在这种情况下，投保人对反要约表示接受的，才构成承诺。

在保险合同订立过程中，必须严格遵循诚实信用原则，即要求当事人双方认真履行如实告知的义务。

保险人履行如实告知的义务表现为，订立保险合同时，保险人应当向投保人说明保险合同的条款内容，否则，保险人与投保人、被保险人或者受益人对合同条款有争议时，应当作有利于被保险人或者受益人的解释。保险合同中规定有关保险人责任免除条款的，保险人在订立保险合同时应当向投保人作明确说明，否则，该条款不产生效力。

投保人履行如实告知的义务表现为，订立保险合同时，对保险人就保险标的或者被保险人的有关情况的询问，必须如实告知，对投保单的填写必须真实。根据《保险法》的规定，投保人故意隐瞒事实，不履行如实告知义务的，或者因过失未履行如实告知义务，足以影响保险人决定是否同意承保或者提高保险费率的，保险人有权解除保险合同。投保人故意不履行如实告知义务的，保险人对于保险合同解除前发生的保险事故，不承担赔偿或者给付保险金的责任，并且不退还保险费；投保人因过失未履行如实告知义务，对保险事故的发生有严重影响的，保险人对于保险合同解除前发生的保险事故，不承担赔偿或者给付保险金的责任，但可以退还保险费。

2. 保险合同的形式

承保是保险合同成立的标志，根据《保险法》的规定，保险合同一经成立，保险人应当及时向投保人签发保险单或者其他保险凭证，并在保险单或者其他保险凭证中载明当事人双方约定的合同内容。承保只表明双方意思表示一致，合同已经成立，而保险人签发的保险单或者其他保险凭证，才是保险合同的法定书面形式。因此，保险合同也是要式合同。

保险单是保险人交给投保人证明与其订立保险合同并受合同约束的正式书面凭证。保险单载明保险合同的各项内容，包括投保单的内容。保险凭证也叫小保单，是指内容和格式简化了的保险单，它不列明具体的保险条款，只记载投保人和保险人约定的主要保险内容，其效力相当于保险单。

《保险法》还规定，经投保人和保险人协商同意，也可以采取保险单、保险凭证以外的其他书面协议形式订立保险合同。

一般情况下保险合同成立即生效，投保人按照约定交付保险费，保险人按照约定时间开始承担保险责任。保险合同成立后，除《保险法》另有规定或者保险合同另有约定外，投保人可以解除保险合同，但保险人不得解除保险合同。

六、保险合同的主要内容

保险合同的主要内容即合同的主要条款，根据《保险法》的规定有以下几项：

（1）保险人名称和住所。

（2）投保人、被保险人名称和住所，以及人身保险的受益人的名称和住所。

（3）保险标的。

（4）保险责任和责任免除。保险责任是指保险人按照保险合同的约定，在保险事故发生时或者在保险合同约定的给付保险金的条件具备时，应当承担的赔偿或者给付保险金的责任。保险人并不对保险标的所有风险都承担责任，只对其和投保人在保险合同中约定的保险事故承担责任。所以，保险责任范围是保险合同的主要内容之一。

责任免除也叫除外责任，即对哪些情况下发生的危险保险人不承担责任。责任免除一般有：

①在保险合同成立前，被保险人得知保险标的已经发生保险事故的；

②投保人或者被保险人故意造成保险标的损害的；

③因投保人未履行如实告知义务而造成保险标的损害的；

④因被保险人不履行防灾减损义务而造成保险标的损失或者增加保险标的损失的；

⑤除非保险公司已有约定，因保险标的自身缺陷或者特性造成的损失；

⑥保险公司明文规定的其他情形，如核辐射和污染、战争、军事行动等。根据《保险法》规定，在订立保险合同时，保险人对有关其责任免除条款，应当向投保人明确说明而未明确说明的，该条款不产生效力。

（5）保险期间和保险责任开始时间。

（6）保险价值。保险价值是指在订立保险合同时对保险标的约定或估定的实际价值，或者在发生保险事故时保险标的所具有的实际价值，保险价值是确定保险金额的基础。

（7）保险金额。保险金额是当事人双方在保险单上载明的投保人对保险标的实际投保的金额，以及保险人承担赔偿或者给付保险金责任的最高限，也是计算保险费的标准。在财产保险合同中，保险金额不得超过保险价值；在人身保险合同中，保险金额依据被保险人或者受益人的实际需要和投保人交付保险费的能力来确定。

（8）保险费以及支付办法。保险费是投保人向保险人支付的费用。

（9）保险金赔偿或者给付办法。

（10）违约责任和争议处理。

（11）订立保险合同的年、月、日。

除上述内容外，投保人和保险人还可以就与保险有关的其他事项作出约定。

七、保险合同的履行

保险合同的履行是指当事人根据保险合同享有权利并履行义务，以及承担违约责任。

1. 投保人、被保险人履行保险合同

投保人、被保险人履行保险合同主要表现在：

（1）履行缴纳保险费的义务。投保人、被保险人必须按约定的数额、期限和方式向保险人缴纳保险费。

（2）履行危险程度增加应及时通知的义务。在财产保险合同的有效期内，保险标的危险程度增加的，被保险人按照合同的约定，应当及时通知保险人，并根据保险人的要求缴纳增加的保险费。被保险人未履行危险增加通知义务的，因保险标的危险程度增加而发生的保险事故，保险人不承担赔偿责任。

（3）履行防灾减损的义务。财产保险合同的投保人、被保险人应当遵守国家有关消防、安全、生产操作、劳动保护等方面的规定，维护保险标的安全。投保人、被保险人未按照约定履行其对保险标的安全应尽的责任的，保险人有权要求增加保险费或者解除合同。保险事故发生时，被保险人有责任尽力采取必要的措施，防止或者减少损失；被保险人因此所支付的必要的、合理的费用，由保险人承担，在保险标的损失赔偿金额以外另行计算。

（4）履行及时报险的义务。投保人、被保险人或者受益人知道保险事故发生后，应当及时通知保险人。被保险人或者受益人在未发生保险事故的情况下，谎称发生了保险事故，向保险人提出赔偿或者给付保险金请求的，保险人有权解除保险合同，并且不退还保险费；投保人、被保险人或者受益人故意制造保险事故的，保险人有权解除保险合同，不承担赔偿或者给付保险金的责任，除法律另有规定外，也不退还保险费。投保人、被保险人或者受益人有上述行为，致使保险人支付保险金或者支出费用的，应当退回或者赔偿。

（5）履行协助、配合理赔，提供出险证明和资料的义务。保险事故发生后，依照保险合同请求保险人赔偿或者给付保险金时，投保人、被保险人或者受益人应当向保险人提供与确认保险事故的性质、原因、损失程度等有关的证明和资料。保险事故发生后，投保人、被保险人或者受益人以伪造、变造的有关证明、资料或者其他证据，编造虚假的事故原因或者夸大损失程度的，保险人对其虚报的部分不承担赔偿或者给付保险金的责任。投保人、被保险人或者受益人因上述行为致使保险人支付保险金或者支出费用的，应当退回或者赔偿。

（6）遵守索赔时效的义务。所谓索赔，是指保险事故发生后，造成财产损失或者人身伤亡，被保险人或者受益人根据保险合同，请求保险人给予赔偿或者支付保险金的行为。索赔是被保险人或受益人的基本权利，也是获得实际保险保障的具体措施。但是这项权利的行使，要受时间的限制，也就是说被保险人或者受益人负有遵守索赔时效的义务。根据《保险法》的规定，人寿保险以外的其他保险的被保险人或者受益人，对保险人请求赔偿或者给付保险金的权利，自其知道保险事故发生之日起二年不行使即消灭；人寿保险的索赔权自被保险人或者受益人知道保险事故发生之日起五年不行使即消灭。

2. 保险人履行保险合同

保险人履行保险合同主要表现在：

（1）保险人有增收保险费的权利和降低、退还保险费的义务。在财产保险合同有效期内，保险标的危险程度增加的，保险人有权要求增加保险费或者解除合同；当据以确定保险费率的有关情况发生变化，保险标的危险程度明显减少，或者保险标的的保险价值明显减少时，保险人应当降低保险费，并按日计算退还相应的保险费。

保险责任开始前，投保人要求解除合同的，应当向保险人支付手续费，保险人应当退还保险费。保险责任开始后，投保人要求解除合同的，保险人可以收取自保险责任开始之日起至合同解除之日止期间的保险费，剩余部分退还投保人。

（2）对保险标的的安全情况进行监管的权利和义务。保险人根据财产保险合同的约定，可以对保险标的的安全状况进行全面检查，及时向投保人、被保险人提出消除不安全因素和隐患的书面建议。

（3）履行及时核定的义务。保险人收到被保险人或者受益人的赔偿或者给付保险金的请求后，应当及时做出核定。核定是保险人履行理赔义务的一个必经程序。所谓理赔，是指保险人应被保险人或者受益人的索赔请求，以保险合同为依据，遵循理赔的原则，审查核实保险责任并处理保险赔偿的行为。及时核定，是指在法定或者合同约定或者在收到索赔请求后的合理期间内予以核定。

（4）及时通知提交证明和资料。保险事故发生后，保险人依照保险合同的约定，认为投保人、被投保人或者受益人提供的证明和资料不完整的，应当通知其补充。这既是保险人的权利，也是保险人的义务。保险人不得以证明材料不完整而拒绝被保险人或受益人的赔偿或者给付请求。

（5）履行及时赔付的义务。保险人对属于保险责任的，在与被保险人或者受益人达成有关赔偿或者给付保险金额的协议后十日内，履行赔偿或者给付保险金义务。保险合同对此有约定的，按照合同的约定履行。保险人未及时履行这项义务的，除支付保险金外，应当赔偿被保险人或者受益人因此受到的损失。保险人收到被保险人或者受益人的索赔请求和有关证明、资料后六十日内，对其赔偿或者给付保险金的数额不能确定的，应当根据已有证明和资料可以确定的最低数额先予支付；保险人最终确定赔偿或者给付保险金的数额后，应当支付相应的差额。在财产保险中，保险人、被保险人为查明和确定保险事故的性质、原因和保险标的的损失程度所支付的必要的、合理的费用，由保险人承担。保险人在履行财产保险合同中的给付赔偿金义务之后，享有代位请求权（也称代位求偿权）。

（6）依法处理免责事项。保险人收到被保险人或者受益人的赔偿或者给付保险金的请求后，对不属于保险责任的，或者依照合同或者法律规定可以不承担保险责任的，应当向被保险人或者受益人发出拒绝赔偿或者拒绝给付保险金通知书。被保险人或者受益人不服的，可以向保险人提出异议，或者依照保险合同的约定向仲裁机构申请仲裁，或者依法向人民法院提出诉讼。

（7）依法开展再保险业务。保险人将其承担的保险业务以承保形式分别转移给其他保险人的为再保险。再保险接受人不得向原保险的投保人要求支付保险费；再保险分出人不得以再保险接受人未履行再保险责任为由，拒绝履行或者迟延履行其原保险责任。

（8）履行保密职责和义务。保险人或者再保险接受人对办理保险业务中知道的投保人、被保险人或者再保险分出人的业务和财产情况，负有保密的义务。

八、保险合同的无效、变更和终止

1. 保险合同的无效

保险合同的无效，是指由于法定原因或者约定原因，保险合同的全部或者部分自始不产生法律约束力。法定保险合同无效的原因有：超额保险；无保险利益；以死亡为给付保险金条件的人寿保险合同，未经被保险人书面同意并认可保险金额的，但法律另有规定的除外；欺诈和胁迫；无权代理；双方代理；恶意串通；损害国家利益或者社会公共利益。

保险合同被确认无效后，当事人因为无效合同取得的财产，应当互相返还，有过错的一方应当赔偿对方因此所受的损失；双方恶意串通、损害国家利益或者社会公共利益的，追缴双方取得的财产。

2. 保险合同的变更

保险合同的变更是指保险合同没有履行或者没有完全履行之前，因订立合同时所依据的主客观情况发生变化，由当事人依照法定的程序，对原合同的某些条款进行修改或者补充。《保险法》规定，在保险合同有效期内，投保人和保险人经协商同意，可以变更保险合同的有关内容，具体包括合同主体的变更，合同内容的变更，合同的中止与复效。

（1）保险合同主体的变更。保险合同主体的变更主要是指投保人、被保险人或者受益人的变更。

在财产保险合同中，投保人、被保险人的变更主要是由于保险标的即保险财产的所有权转移而引起，如保险标的买卖、赠与、继承等。根据《保险法》的规定，保险标的的转让应当通知保险人，经保险人同意继续承保后，依法变更合同；但是货物运输保险合同和另有约定的合同除外。

在人身保险合同中，主体的变更不必经过保险人同意，但应当书面通知保险人。

（2）保险合同内容的变更。保险合同内容的变更是指当事人双方权利、义务的变更。在财产保险合同中，表现为保险标的种类的变更、数量的增减、存放地点的改变、占用性质的改变、危险程度的增减、保险责任的变化、保险期限的变更、保险金额的变更、保险费及其支付办法的变化等。在货物运输保险合同中表现为运输工具、航程、航期的变化等。人身保险合同中表现为被保险人职业的变化、保险金额及保险费的增减、交费办法的变更等

（3）保险合同的中止与复效。保险合同的中止也叫失效，是指保险合同生效后，由于某种原因使合同暂时失效。在人身保险合同中，合同约定分期支付保险费，投保人支付首期保险费后，除合同另有约定外，投保人超过规定的期限六十日未支付当期保险费的，合同效力中止。在合同效力中止期间，如果发生保险事故，保险人不负赔偿责任。

保险合同的复效，是指保险合同的效力中止以后重新开始生效。当人身保险合同中止后，经保险人与投保人协商并达成协议，在投保人补交保险费后，合同效力恢复。

（4）保险合同变更的形式。根据《保险法》的规定，变更保险合同的，应当由保险人在原保险单或者其他保险凭证上批注或者附贴批单，或者由投保人和保险人订立变更的书面协议。

3. 保险合同的终止

保险合同的终止，是指当事人之间根据保险合同确定的权利和义务的消灭。能够引起保险合同终止的主要原因有：

（1）因保险合同期限届满而终止。

（2）因保险人履行赔偿或者给付保险金而终止。

（3）因保险合同中止而终止。保险合同中止后在法定的期限内，投保人、被保险人未申请复效的，保险合同终止。

（4）因解除保险合同而终止。保险合同的解除分为法定解除和约定解除。法定解除是指法律规定的情况出现时，保险人依法行使解除权，从而终止保险合同。法律规定的情况包括：投保人不履行如实告知义务的；被保险人或者受益人谎称发生事故的；投保人、被保险人或者受益人故意制造保险事故的；投保人、被保险人未按照约定履行其对保险标的安全应尽的责任的；保险标的危险程度增加的；自保险合同中止之日起二年内双方未达协议的等。约定解除也叫协议解除，是指当事人双方可以约定解除保险合同的条件，符合约定的条件时，一方或双方均有权解除合同。

解除保险合同必须采取书面形式，法定解除时由保险人书面通知投保人、被保险人；约定解除时，双方应达成书面协议。

第三节　保险合同分论

保险合同分论主要介绍财产保险合同和人身保险合同，这两类合同具有保险合同共同内容的部分不再一一论述，只对各自特有的法律规定予以说明。

一、财产保险合同

财产保险合同是以财产及其有关利益为保险标的的保险合同，具体包括财产损失保险合同、责任保险合同、信用保险合同等。

财产保险合同的保险标的的保险价值，可以由投保人和保险人约定并在合同中载明，也可以按照保险事故发生时保险标的的实际价值确定。保险金额不得超过保险价值，否则，超过部分无效。保险金额低于保险价值的，除合同另有约定外，保险人按照保险金额与保险价值的比例承担赔偿责任。

在财产保险中，存在重复保险的情况，即投保人对同一保险标的、同一保险利益、同一保险事故分别向两个以上保险人订立保险合同。这时，重复保险的投保人应当将重复保险的有关情况通知各个保险人。重复保险的保险金额总和超过保险价值的，各保险人的赔偿金额的总和不得超过保险价值。除合同另有约定外，各保险人按照其保险金额与保险金额总和的比例承担赔偿责任。

因第三者对保险标的损害而造成保险事故的，保险人自向被保险人赔偿保险金之日起，在赔偿金额范围之内代位行使被保险人对第三者请求赔偿的权利。被保险人已经从第三者取得损害赔偿的，保险人赔偿保险金时，可以相应扣减被保险人从第三者已取得的赔偿金额。被保险人在保险人赔偿保险金以外，对未取得损害赔偿的部分仍有权向第三者要求赔偿。上述规定，也叫代位求偿原则。在保险人向第三者行使代位求偿权时，被保险人应当向保险人提供必要的文件和其所知道的有关情况。由于被保险人的过错致使保险人不能行使代位求偿权的，保险人可以相应扣减保险赔偿金。

属于财产保险范围的还有一种，就是责任保险。所谓责任保险是指以被保险人对第三者依法应负的赔偿责任为保险标的的保险。保险人对责任保险的被保险人给第三者造成的损害，可以依照法律的规定或者合同的约定，直接向第三者赔偿保险金。责任保险的被保险人因给第三人造成损害的保险事故而被提起仲裁或者诉讼的，除合同另有约定外，由被保险人支付的仲裁费或者诉讼费以及其他必要的、合理的费用，由保险人承担。

二、人身保险合同

人身保险合同是以人的寿命和身体为保险标的的保险合同。具体包括人寿保险合同、健康或者疾病保险合同、人身意外伤害保险合同等。

1. 人身保险合同的投保人

人身保险合同的投保人对下列人员具有保险利益，依法可以为其投保人身保险：投保人自己；投保人的配偶、子女、父母；前项以外与投保人有抚养、赡养或者抚养关系的家庭其他成员、近亲属；除上述人以外，被保险人同意投保人为其订立人身保险合同的，视为投保人对被保险人具有保险利益。

投保人申报的被保险人年龄不真实，并且其真实年龄不符合保险合同约定的年龄限制的，保险人可以解除合同，并在扣除手续费后，向投保人退还保险费，但是自合同成立之日起逾二年的除外。投保人申报的被保险人年龄不真实，致使投保人支付的保险费小于应付保险费的，保险人有权更正并要求投保人补足保险费，或者在给付保险金时按照实付保险费与应付保险费的比例支付；如果投保人实付的保险费多于应付保险费的，保险人则应当将多收的部分退还投保人。

投保人不得为无民事行为能力人投保以死亡为给付保险金条件的人身保险，保险人也不得承保；父母为其未成年子女投保的人身保险除外，但是死亡给付保险金额总和不得超过保险监督管理机构规定的限额。

投保人于合同成立后，可以向保险人一次支付全部保险费，也可以按照合同约定分期支付保险费。保险人对人身保险的保险费，不得用诉讼方式要求投保人支付。

保险人依法解除和投保人要求解除人身保险合同时，投保人已交足二年以上的保险费的，保险人应当按照合同约定退还保险单的现金价值；投保人未交足二年保险费的，保险人应当在扣除手续费后，退还保险费。

2. 人身保险合同的受益人

人身保险合同的受益人由被保险人或者投保人指定，后者指定受益人时须经被保险人同意。被保险人为无民事能力或者限制民事行为能力的人，可以由其监护人指定受益人。

被保险人或者投保人可以指定一人或者数人为受益人，受益人为数人的，被保险人或者投保人可以确定受益顺序和受益份额；未确定受益份额的，受益人按照相等份额享有受益权。

受益人故意造成被保险人死亡或者伤残的，或者故意杀害被保险人未遂的，丧失受益权。

被保险人死亡后，有下列情形之一的，保险金作为被保险人的遗产，由保险人向被保险人的继承人履行给付保险金的义务：没有指定受益人的；受益人先于被保险人死亡，没有其他受益人的；受益人依法丧失受益权或者放弃受益权，没有其他受益人的。

3. 保险人的免责情况

（1）投保人、受益人故意造成被保险人死亡、伤残或者疾病的，保险人不承担给付保险金的责任。但是，如果投保人已交足二年以上保险费的，保险人还是应当按照合同约定向其他享有权利的受益人退还保险单的现金价值。

（2）以死亡为给付保险金条件的人寿保险合同，自合同成立之日起不满二年时被保险人自杀的，保险人不承担给付责任；但对投保人已支付的保险费，保险人应当按照保险单退还其现金价值。

（3）被保险人故意犯罪导致其自身伤残或者死亡的，保险人不承担给付保险金责任。投保人已交足二年以上保险费的，保险人按照保险单退还其现金价值。

人身保险的被保险人因第三者的行为而发生死亡、伤残或者疾病等保险事故的，保险人向被保险人或者受益人给付保险金后，不得享有向第三者追偿的权利。

第四节　保 险 公 司

保险公司是指经过国家保险监督管理机构批准，专门经营保险业务的企业法人。保险公司的组织形式是股份有限公司和国有独资公司。

1. 保险公司的设立

设立保险公司，其注册资本的最低限额为人民币二亿元，并且必须为实缴货币资本。

保险公司成立后应当按照其注册资本总额的百分之二十提取保证金，存入保险监督管理机构指定的银行，除保险公司清算时用于清偿债务外，不得动用。

2. 保险公司的终止

保险公司因分立、合并或者公司章程规定的解散事由出现，经保险监督管理机构批准后，可以解散；但经营有人寿保险业务的保险公司，除分立、合并外，不得解散。

保险公司违反法律、行政法规，被保险监督管理机构吊销经营保险业务许可证的，依法撤销。

保险公司不能支付到期债务，经保险监督管理机构同意，由人民法院依法宣告破产。

保险公司解散、被撤销、破产时，必须依法组织清算组，进行清算。

经营有人寿保险业务的保险公司被撤销的或者被依法宣告破产的，其持有的人寿保险合同及准备金，必须转移给其他经营有人寿保险业务的保险公司，或者由保险监督管理机构指定经营有人寿保险业务的保险公司接受。

第五节　保险经营规则与保险业的监督管理

一、保险经营规则

《保险法》第四章共十五条，分别规定了保险公司的业务范围，再保险业务，各种准备金和公积金的提取，保险公司偿付能力的维持，保险公司的再保险责任，保险公司的资金运用原则和形式，不法保险业务活动的禁止等事项。这些关于保险经营规则的规定，是保险公司业务活动的基本行为准则，必须严格遵照执行。

1. 保险公司的业务范围规则

根据《保险法》的规定，财产保险业务包括财产损失保险、责任保险、信用保险等保险业务；人身保险业务包括人寿保险、健康保险、意外伤害保险等保险业务。同一保险人不得同时兼营财产保险业务和人身保险业务；但是经营财产保险业务的保险公司经保险监管机构核定后，可以经营短期健康保险业务和意外伤害保险业务。

保险员属于金融业的一部分，但必须与证券业、银行业、信托业等分业经营，分业管理。也就是说，目前我国禁止保险公司经营证券、银行、信托业务。

《保险法》还规定：保险公司从事再保险业务，应经保险监督管理机构批准。所谓再保险，是指对保险人承担的风险的保险，也称分保险，具体又有分出业务和分入业务两种。保险公司必须在核准的业务范围内从事再保险业务。就某一保险公司而言，仅核准其经营财险的再保险业务，则不得兼营寿险的再保险业务；仅核准其经营分入保险的，则不得经营分出保险。反之亦然。

2. 保证偿付能力规则

偿付能力是指保险人对其所承担的保险责任的经济补偿能力，它通过保险人的实际资产减去负债后的余额反映出来。《保险法》规定，保险公司应当具有与其业务规模相适应的最低偿付能力。《保险公司管理规定》对最低偿付能力的标准也有明确规定，保险公司的实际资产减去负债后的余额低于规定数额的，应当增加资本金，补足差额。所以，为了保证和维持偿付能力，保险公司在其业务经营过程中，必须依法提取和结转未到期责任准备金、未决赔款准备金、保险保障基金、保险保证金、公积金等。

3. 保险资金运用规则

保险资金亦即保险公司的资金，包括资本金、各项准备金、公积金、保险保障基金和未分配盈余等，它是保险公司偿付能力的体现和保证。但是保险资金不是静止的，固定不变的，保险公司必须对保险资金加以运作，从而实现和发挥资金融通的功能和作用。为了防止保险公司的资金运用不当或者滥用，《保险法》规定：保险公司的资金运用必须稳健，遵循安全性原则，并保证资产的保值增值。保险公司的资金运用，限于在银行存款、买卖政府债券、金融债券和国务院规定的其他资金运用形式。保险公司的资金不得用于设立证券经营机构和保险业以外的企业。2004年以来，中国保险监督管理委员会陆续制定了《保险公司资产管理暂行规定》、《保险资金运用风险控制指引（试行）》，并与中国证券管理委员会共同制定了《保险机构投资者股票投资管理暂行办法》，对保险资金的运用进一步确定了具体规则。

4. 保险员工行为规则

保险业务是政策性、规范性、技术性、人文性要求较高的工作，保险企业员工的行为代表着保险企业的形象，是影响保险企业信誉的重要因素，也直接关系着被保险人的利益。所以保险企业员工应当具备良好的素质，在履行职责时自觉遵守保险员工行为规则。根据《保险法》的规定，保险员工在执业、展业过程中不得有如下行为：

①不得欺骗投保人、被保险人或受益人；

②不得对投保人隐瞒与保险合同内容有关的重要情况；

③不得阻碍投保人履行如实告知义务，或诱导投保人不履行该法定义务；

④不得承诺向投保人、被保险人或受益人给予保险合同以外的保险费回扣或其他利益。

二、保险业的监督管理

1. 保险业监督管理机构

对保险业实施监督管理，是国家宏观管理和调控的组成部分。保险业监督管理的目标是：确保保险公司的偿付能力；维护被保险人的利益；实现保险市场的公平竞争。根据《保险法》的规定，负责保险业监督管理的机构为中国保险监督管理委员会，简称中国保监会。

2. 保险业监督管理的内容

《保险法》第五章分别规定了保险险种的保险条款和保险费率的制定和备案制度，保险监督管理机构对保险公司的业务和财务的监管机制，有关保险公司的整顿及接管，保险公司的经营及财务报告制度和精算报告制度，保险公司的账簿管理等事项。这些规定为保险监督管理机构更有效地监督管理保险公司的各项活动，提供了依据和手段。

3. 保险业监督管理的方式

（1）稽核。即中国保监会依法对保险机构的业务活动及其相关财务活动的真实性、合法性、安全性和效益性进行审查的一种监管方式。

（2）检查。即通过现场检查和非现场检查及时发现保险公司存在的问题，提出改进和处理意见。

（3）行政命令及行政处罚。即保险监督管理机构在确认保险公司存在违法行为时，针对不同情节所采取的一种监督方式。

（4）整顿。即保险监督管理机构对未能在规定期限改正违法行为的保险公司所作出的比较严厉的监管措施。

（5）接管。这是一种更为严格的监管方式，即接管组织可以对被接管的保险公司直接采取必要的强制措施。

思 考 题

1. 简述保险的概念及分类。
2. 简述保险利益原则及其意义。
3. 论述保险合同的履行。
4. 简述财产保险的种类和代位求偿原则。
5. 简述人身保险法律关系的主体和客体。

第十六章

劳动与社会保险法律制度

本章提要

劳动法是调整劳动关系以及与劳动关系密切联系的其他社会关系的法律规范的总称，是社会主义市场经济法律体系的重要组成部分。本章较全面地介绍了我国的劳动法律制度，其中包括居于劳动法律制度核心地位的劳动合同制度，工作时间、休息休假和工资制度，适应社会主义市场经济新形势的社会保险制度，独具特色、不同于一般诉讼法律制度的劳动争议处理制度，以及对劳动法律执行的监督和用人单位、劳动者、国家行政管理部门及工作人员违反劳动法的法律责任。

第一节 劳动法概述

一、劳动法的概念和调整对象

劳动法是调整劳动关系以及与劳动关系密切联系的其他社会关系的法律规范的总称。它是一个独立的法律部门。国家制定劳动法的目的在于通过法律手段来调整劳动关系以及与劳动关系有密切联系的其他关系，以保护劳动者的合法权益，确立和维护用人单位与劳动者之间稳定和谐的劳动关系，提高劳动生产率，促进经济发展和社会进步。在我国，劳动法律体系既包括法典意义的《中华人民共和国劳动法》，还包括国家机关各个部门颁布的与劳动关系有密切联系的单项劳动法规、条例、办法和决定等。

1. 劳动关系

劳动关系，是指人们在从事劳动的过程中发生的社会关系。劳动是一种社会活动，人不仅要同自然界发生联系，还要与社会发生各种各样的联系，尤其在社会化大生产环境下更显突出。劳动法调整的劳动关系是狭义劳动关系，是指劳动者与用人单位之间为实现劳动过程而发生的劳动力与生产资料相结合的社会关系。劳动法调整的劳动关系具有以下特性：

（1）劳动关系是劳动者与用人单位之间发生的社会关系。

（2）劳动关系是在实现劳动过程中发生的社会关系。

（3）劳动关系是既有人身关系，又有财产关系属性的社会关系。

(4) 劳动关系是既有平等性，又有从属性的社会关系。

2. 与劳动关系密切联系的其他关系

劳动法除调整劳动关系以外，它还调整与劳动关系有密切联系的其他关系，这些关系本身并不是劳动关系，但是与劳动关系有密切联系，有的是随着劳动关系而附带产生的关系，有的是发生劳动关系的前提，有的是劳动关系的直接后果。这些关系包括：

(1) 处理劳动争议而发生的关系。如劳动行政部门、人民法院和工会组织由于调解、仲裁和审理劳动争议案件而产生的关系。

(2) 执行劳动保险方面的关系。如保险机构与企业、事业单位及职工因执行劳动保险而发生的关系。

(3) 监督劳动法令执行方面的关系。如劳动、卫生和工会在监督活动中产生的关系。

(4) 工会与企业、行政机关之间的关系。

(5) 劳动管理方面发生的关系。

这些与劳动关系相联系的关系，在劳动过程中有着极重要的作用，为此也将其列入劳动法调整的范围。

二、劳动法律关系

1. 劳动法律关系概念

所谓劳动法律关系，是指劳动者同企业、事业单位、机关团体和个体经营单位之间，依据劳动法律规范，在实现社会集体劳动过程中形成的权利义务关系。劳动法律关系是劳动关系在法律上的表现，是劳动关系为劳动法律规范调整的结果。

劳动法律关系与劳动关系不同，具体表现在：

(1) 劳动关系是生产关系的组成部分，属于经济基础范畴；劳动法律关系则是思想意识关系的组成部分，属于上层建筑范畴。

(2) 劳动关系的形成是以劳动为前提，发生在实现社会劳动过程中；劳动法律关系的形成则是以劳动法律规范的存在为前提，发生在劳动法律规范调整劳动关系的范围内。

(3) 劳动关系的内容是劳动；劳动法律关系的内容是权利和义务，是受法律约束的关系。

劳动关系虽然与劳动法律关系不同，但它们之间仍有密切地联系。劳动关系是劳动法律关系产生的基础，劳动法律关系是劳动关系在法律上的反映。因此，制定劳动法律规范，形成某种劳动法律关系，必须以存在劳动关系为基础。

2. 劳动法律关系的要素

劳动法律关系的要素，是指构成劳动法律关系的组成部分。劳动法律关系由主体、客体和内容三部分组成。

（1）劳动法律关系主体。劳动法律关系主体是指在劳动法律关系中享有权利并承担义务的当事人。它包括劳动者和用人单位。劳动者包括具有劳动能力的我国公民、外国人和无国籍人；用人单位包括企业、事业单位、机关团体及个体经营单位。

劳动者作为劳动法律关系主体，必须具备一定的条件，即具有劳动权利能力和劳动行为能力。这与劳动者本人的年龄、身体健康条件、技术水平、业务能力、就业条件等因素密不可分。

劳动法律关系主体的另一方是用人单位，用人单位作为劳动法律关系的主体也必须具备用人的权利能力和行为能力，即用人单位依法行使招收录用劳动者以及设立、变更、解除以及终止劳动关系的资格和能力。

（2）劳动法律关系客体。劳动法律关系客体，是指劳动法律关系主体双方权利义务共同指向的对象。劳动法律关系的基本客体是劳动行为，即劳动者为完成用人单位安排的任务而支出的劳动活动；劳动法律关系的辅助客体是劳动条件，即劳动者有权获得的、用人单位有义务提供的各种条件，包括必要的生产资料条件和劳动安全卫生条件。

（3）劳动法律关系内容。劳动法律关系内容，是指劳动法律关系主体依法享有的权利和承担的义务，它是劳动法律关系的核心。劳动法律关系主体依法享有的权利，是指劳动法律规范确认的劳动法律关系主体享受权利和获得利益的可能性。劳动法律关系主体依法承担的义务，是指负有义务的主体为了满足权利主体的要求，履行应尽义务的必要性。

三、我国劳动法简介

《中华人民共和国劳动法》（以下简称《劳动法》）由第八届全国人民代表大会常务委员会第八次会议于 1994 年 7 月 5 日通过，自 1995 年 1 月 1 日起施行。

我国劳动法的内容包括：促进就业、劳动合同、集体合同、工作时间和休息休假、工资、劳动安全卫生、女职工和未成年工劳动特殊保护、职业培训、劳动纪律、社会保险和福利、职工民主管理、劳动争议处理、劳动监督检查。

1. 适用范围

《劳动法》的适用范围包括：

①在中华人民共和国境内的企业、个体经济组织（以下统称用人单位）和与之形成劳动关系的劳动者；

②国家机关、事业组织、社会团体的工勤人员；

③实行企业化管理的事业组织的非工勤人员；

④其他通过劳动合同（包括聘用合同）与国家机关、事业组织、社会团体建立劳动关系的劳动者。

《劳动法》不适用公务员和比照实行公务员制度的事业组织和社会团体的工作人员，以及非农场的农业劳动者、现役军人和家庭保姆等。

2. 劳动者的权利义务

《劳动法》第三条明确规定了劳动者具有如下基本权利：

①享有平等就业和选择职业的权利；

②享有取得劳动报酬的权利；

③享有休息休假的权利；

④获得劳动安全卫生保护的权利；

⑤接受职业技能培训的权利；

⑥享有社会保险和福利的权利；

⑦提请劳动争议处理的权利。

劳动者除有以上几项基本权利外，还享有法律规定的其他权利，如结社权、民主管理权等。

同时，劳动者承担如下基本义务：

①按时、保质、保量地完成生产任务或工作任务的义务；

②提高职业技能的义务；

③执行劳动安全卫生规程的义务；

④遵守劳动纪律和职业道德的义务；

⑤保守国家机密和单位商业秘密的义务。

四、促进就业

促进就业，是指国家为实现充分就业的目标，保障公民实现劳动权，所采取的创造就业条件、扩大就业机会的各种措施的总称。主要包括：制定劳动就业方针，确定劳动就业原则，开辟就业途径，拟定劳动就业计划，设置就业基金，提供就业服务、职业指导、职业培训，实施失业保护等措施。

促进就业是国家的基本职责，也是国家赋予公民劳动权的必然要求。劳动是公民生存的基础和条件，因此各国宪法无不将劳动权作为公民的重要权利。制定促进就业方针和措施，对于保障我国公民实现劳动权，实现充分就业，充分开发和合理利用劳动力资源，维持社会稳定，促进国民经济发展和社会进步都具有非常重要的意义。

根据我国现阶段经济发展的状况、劳动力资源和就业结构，解决劳动就业的主要途径有：

①国家促进经济、社会发展，创造就业条件；

②发展第三产业，发展多种类型经济形式，开辟更多就业渠道；

③发展乡村企业，发展城镇经济，吸纳更多的农村剩余劳动力；

④提高劳动者素质，为充分就业创造条件；

⑤完善社会保障制度，为劳动者合理流动解决后顾之忧；

⑥开发国际劳务市场，扩大劳务输出。

根据我国《宪法》和《劳动法》的规定，国家和地方各级人民政府主要采用宏观调控的方法，来促进就业。具体措施如下：

①制定促进就业的法律、法规、政策、方针和计划；

②国家通过促进经济和社会发展，创造就业条件，扩大就业机会；

③鼓励多种渠道、多种形式就业；

④建立健全就业服务体系，提供就业服务。

第二节　劳动合同与集体劳动合同

一、劳动合同概述

《劳动法》第十六条规定："劳动合同是劳动者与用人单位确立劳动关系、明确双方权利和义务的协议。"劳动合同作为合同的一种，具有合同的一般法律特征，比如劳动合同是双方的法律行为，双方法律地位平等，是劳动关系双方意思表示一致的结果。但劳动合同与其他合同相比又有区别，其特殊性具体表现在：

（1）从劳动合同的主体上看，劳动合同是用人单位和劳动者之间达成的协议。合同的主体一方是劳动者，另一方是用人单位。用人单位既可以是法人，也可以是合法经营的非法人单位。个体工商户在录用学徒和帮工时订立的合同，虽然形式是两个劳动者之间的协议，但个体工商户这时是作为雇主身份出现的，其法律地位、权利和义务与其他用人单位相同，因而也属于劳动合同。

（2）从劳动合同的客体上看，劳动合同的标的主要是劳动行为，也包括劳动条件。

（3）从劳动合同的内容上看，劳动合同是明确双方当事人在实现劳动过程中的权利义务和违反合同的责任。

（4）从劳动合同的目的上看，劳动合同是为了建立劳动关系而达成的协议。劳动者订立合同的目的是为了从事劳动，谋求生存；用人单位订立合同是为了使用劳动力，实现自己的经济目的，双方通过合同使目标达到和谐统一。

（5）从劳动合同的形式上看，《劳动法》第十九条规定："劳动合同应当以书面形式订立。"订立书面合同可以促使双方正确、及时地履行合同，有效地解决履行过程中遇到的纠纷。

（6）劳动合同是诺成性的、有偿的双务合同。

二、劳动合同的内容与期限

1. 劳动合同的内容

劳动合同的内容分为必备条款和协定条款两部分。

（1）所谓必备条款，是指劳动法律、法规具体规定的劳动合同必须具备的条款，因而又称法定条款。《劳动法》第十九条规定劳动合同的必备条款有：

①合同期限；

②工作内容；

③劳动保护和劳动条件；

④劳动报酬；

⑤劳动纪律；

⑥劳动合同终止的条件；

⑦违反劳动合同的责任。

（2）所谓协定条款，是劳动合同双方当事人之间自愿协商规定的关于各自权利、义务的条款。协定条款又分为必要条件和补充条件两种。必要条件是劳动合同中必须具备的条件，缺少这些条件合同不能成立。比如工作地点、工作的种类。补充条件是并非必须具备的条件，即使没有这些条件，也不影响劳动合同的成立。

补充条件一般包括：

①试用期条款。对于劳动合同的试用期，我国劳动法作了限制性规定：劳动合同的期限在六个月以下的，试用期不得超过 15 日；期限在六个月以上一年以下的，不得超过 30 日；期限在一年以上二年以下的，不得超过 60 日；期限在二年以上的不得超过六个月，试用期包括在劳动合同期限内。

②保守商业秘密条款。

③违约金与赔偿金条款。

④补充保险、福利条款。

2. 劳动合同期限

劳动合同期限，是指劳动合同有效期间。按照合同期限不同，劳动合同可分为：

（1）有固定期限的劳动合同。又称定期劳动合同，是指劳动合同双方当事人规定合同有效的起始和终止日期的劳动合同。劳动合同期限届满，劳动合同即告终止。经双方当事人协商同意，期限届满可以续订劳动合同。有固定期限的劳动合同适用范围较广，灵活性较强。

（2）无固定期限的劳动合同。又称不定期劳动合同，是指劳动合同双方当事人不规定合同终止日期的劳动合同。只要不出现法律、法规规定或双方约定的可以变更、解除、终止劳动合同的情形，当事人就不得擅自变更、解除、终止。我国《劳动法》规定，下列情况应当订立无固定期限的劳动合同：

①劳动者在同一用人单位连续工作满十年以上，当事人双方同意续延劳动合同的，如果劳动者提出订立无固定期限劳动合同的；

②工作年限较长，且距法定退休年龄十年以内的；

③复员、转业军人初次就业的；

④法律、法规规定的其他情况。

（3）以完成一定工作为期限的劳动合同。这是指劳动合同双方当事人将完成某项工作或工程作为合同起始和终止日期的劳动合同。这种合同实际上是定期劳动合同，只是不具体规定劳动合同的起始和终止日期。该工作或工程开始之日即为合同生效之日，完成之日即为合同终止之日。

三、劳动合同的订立、效力和履行

1. 劳动合同订立的基本原则

劳动合同的订立，是指劳动者与用人单位之间，为确立劳动关系，依法就双方的权利义务协商一致，签订劳动合同的法律行为。

《劳动法》第十七条规定："订立和变更劳动合同，应当遵循平等自愿、协商一致的原则，不得违反法律、行政法规的规定。"具体地说：

（1）平等自愿的原则。平等是指劳动者与用人单位在订立劳动合同过程中具有平等的法律地位，只有基于平等的法律地位，双方当事人才能充分地协商，这是订立劳动合同的基础。自愿是指劳动者与用人单位应在各自充分表达自己的真实意思的基础上订立劳动合同，不得有乘人之危、胁迫和规避法律的行为。

（2）协商一致的原则。协商一致指劳动者与用人单位在订立劳动合同的过程中，应本着充分协商的精神，就合同的内容充分讨论，达成一致意见。

（3）合法原则。首先，劳动合同双方当事人必须具备合法的资格。劳动者应达到法定最低就业年龄，用人单位必须是依法成立的企业、事业组织、国家机关、社会团体和个体经济组织；其次，劳动合同的标的、内容不得与法律、法规相抵触；再次，订立劳动合同的程序与形式必须合法。只有不违反法律的劳动合同才能受法律的保护。

2. 劳动合同的效力

一般情况下，劳动合同依法成立，即产生法律效力。或者说双方当事人意思表示达成一致并签订劳动合同之日，即对双方当事人产生约束力，双方必须履行劳动合同中规定的义务。

无效劳动合同，是指违反法律规定或违反劳动合同基本原则的劳动合同。它虽然形式上是双方当事人协商订立的，但不具有法律效力，有过错的当事人还应承担相应的法律责任。下列劳动合同无效：

①违反法律、行政法规的劳动合同；

②采取欺诈、胁迫等手段订立的劳动合同。

无效的劳动合同，从订立的时候起，就没有法律约束力。

劳动合同的无效，由劳动争议仲裁委员会或者人民法院确认。确认劳动合同部分无效的，如果不影响其余部分的效力，其余部分仍然有效。

3. 劳动合同的履行

劳动合同履行，是指劳动合同双方当事人按照劳动合同规定，履行自己所应承担义务的行为。履行劳动合同，必须遵循三项原则：

（1）亲自履行原则。双方当事人必须自己履行劳动合同规定的义务。任何一方不得将自己的义务转给他人代为履行。

（2）诚实信用原则。双方当事人必须诚实、无欺地履行劳动合同规定的义务。不能不讲信用，更不准欺骗对方。

（3）全面履行原则。双方当事人必须按照劳动合同规定的条件履行自己所应承担的各项义务。

四、劳动合同的变更、解除与终止

（一）劳动合同的变更

所谓劳动合同的变更，是指劳动合同在履行过程中，依法律规定、双方约定，或依客观情况的变化对原劳动合同的部分内容进行修改和补充。

首先应强调，劳动合同订立以后，双方当事人必须认真履行，任何一方不得擅自变更合同内容。但是履行劳动合同是一个长期的过程，由于某一客观情况发生了重大变化，履行合同发生困难或不可能，必须做出适当调整，否则，可能对当事人造成损害。因而劳动法律法规允许当事人依法对劳动合同进行修改或补充。

劳动合同变更的条件有：

（1）双方协商一致，同意变更劳动合同中部分条款。

（2）订立劳动合同所依据的法律、法规已经修改或废止。

（3）用人单位经上级主管部门批准或根据市场变化决定转产、调整生产任务。

（4）用人单位严重亏损或遇自然灾害。

（5）劳动者因意外事故，部分丧失劳动能力，或劳动者因不能胜任原工作，双方可根据新情况，重新设定权利、义务，变更合同的内容。

（6）劳动者掌握单位商业秘密，在距合同终止不超过六个月时，用人单位有权将其调离原岗位。

（二）劳动合同的解除

劳动合同的解除，是指劳动合同双方提前终止劳动合同的法律效力，解除双方的权利、义务关系。为了维护劳动合同的严肃性，《劳动法》对劳动合同的解除作了严格规定，除《劳动法》第二十四条规定“经劳动合同当事人协商一致，劳动合同可以解除”外，其他有关条款还规定用人单位、劳动者可依法单方解除劳动合同的情况。

1. 用人单位单方解除劳动合同

用人单位单方解除劳动合同可分为以下三种情况。

（1）《劳动法》第二十五条规定，劳动者有下列情形之一的，用人单位可以解除劳动合同：

①在试用期间被证明不符合录用条件的；

②严重违反劳动纪律或者用人单位规章制度的；

③严重失职，营私舞弊，对用人单位利益造成重大损害的；

④被依法追究刑事责任的。

（2）《劳动法》第二十六条规定，有下列情形之一的，用人单位可以解除劳动合同，但是应当提前三十日以书面形式通知劳动者本人：

①劳动者患病或者非因工负伤，医疗期满后，不能从事原工作也不能从事由用人单位另行安排的工作的；

②劳动者不能胜任工作，经过培训或者调整工作岗位，仍不能胜任工作的；

③劳动合同订立时所依据的客观情况发生重大变化，致使原劳动合同无法履行，经当事人协商不能就变更劳动合同达成协议的。

（3）《劳动法》第二十七条规定，用人单位濒临破产进行法定整顿或者生产经营状况发生严重困难，确需裁减人员的，应当提前三十日向工会或者全体职工说明情况，听取工会或者职工的意见，经向劳动行政部门报告后，可以裁减人员。但是，用人单位依据上述规定裁员，在六个月内录用人员的，应当优先录用被裁减的人员。

劳动者有下列情形之一的，用人单位不得依据《劳动法》第二十六条、第二十七条的规定解除劳动合同：

（1）患职业病或者因工负伤并被确认丧失或部分丧失劳动力的。劳动者由于职业病或工伤丧失或部分丧失劳动能力，为了对他们的生活、劳动权益进行保护，法律不允许用人单位解除合同。

（2）患病或负伤，在规定的医疗期内的。劳动者患病或非因工负伤，用人单位应给予三至二十四个月的医治疗养期。在该期间用人单位不能解除合同。医疗期满后，如劳动者不能从事原工作，企业又无法另行安置时，才能提出解除劳动合同。

（3）女职工在孕期、产期和哺乳期间的。对于具备了解除劳动合同条件，但女职工正处于孕期、产期和哺乳期的，用人单位不得解除劳动合同。

上述三种情况，即使劳动合同期满，也不得解除劳动关系。对于劳动合同期限届满，但又出现不得解除的限制情况，当事人双方应修改或补充原劳动合同，使原合同期限适当延长。如果双方当事人自愿解除劳动合同的，不受上述条件的限制。

用人单位解除劳动合同，工会认为不适当的，有权提出意见。如果用人单位违反法律、法规或者劳动合同，工会有权要求重新处理；劳动者申请仲裁或者提起诉讼的，工会应当依法给予支持和帮助。

2. 劳动者单方解除劳动合同

劳动者单方解除劳动合同可分为以下两种情况。

（1）预告解除。根据《劳动法》第三十一条的规定，劳动者解除劳动合同，应当提前30日以书面形式通知用人单位。

（2）无须预告解除。根据《劳动法》第三十二条的规定，有下列情形之一的，劳动者可以随时通知用人单位解除劳动合同：

①在试用期内的；

②用人单位以暴力、威胁或者非法限制人身自由的手段强迫劳动的；

③用人单位未按照劳动合同约定支付劳动报酬或者提供劳动条件的。

3. 用人单位解除劳动合同的经济补偿

用人单位解除劳动合同，应分别不同情况，按下列标准发给劳动者一次性的经济补偿金：

（1）经劳动合同当事人协商一致，由用人单位解除劳动合同的，用人单位应根据劳动者在本单位工作年限，每满一年发给相当于一个月工资的经济补偿金，最多不超过十二个月。工作时间不满一年的按一年的标准发给经济补偿金。

（2）劳动者患病或者非因工负伤，经劳动鉴定委员会确认不能从事原工作，也不能从事用人单位另行安排的工作而解除劳动合同的，用人单位应按其在本单位的工作年限，每满一年发给相当于一个月工资的经济补偿金，同时还应发给不低于六个月工资的医疗补助费。患重病和绝症的还应增加医疗补助费，患重病的增加部分不低于医疗补助费的50%，患绝症的增加部分不低于医疗补助费的100%。

（3）劳动者不能胜任工作，经过培训或者调整工作岗位仍不能胜任工作，由用人单位解除劳动合同的，用人单位应按其在本单位工作的年限，工作时间每满一年发给相当于一个月工资的经济补偿金，最多不超过十二个月。

（4）劳动合同订立时所依据的客观情况发生重大变化，致使劳动合同无法履行，经当事人协商不能就变更劳动合同达成协议，由用人单位解除劳动合同的，用人单位按劳动者在本单位工作的年限，工作时间每满一年发给相当于一个月工资的经济补偿金。

（5）用人单位濒临破产进行法定整顿期间或者生产经营状况发生严重困难，必须裁减人员的，用人单位按被裁减人员在本单位工作的年限支付经济补偿金。在本单位工作的时间每满一年，发给相当于一个月工资的经济补偿金。

（三）劳动合同的终止

《劳动法》第二十三条规定："劳动合同期满或者当事人约定的劳动合同终止条件出现，劳动合同即行终止。"劳动合同终止的事由主要有：

（1）劳动合同期限届满。定期劳动合同在其有效期届满时，除依法续订合同和其他可依法延期的情况外，即行终止。

（2）约定终止条件出现。双方当事人约定的劳动合同终止条件出现时，劳动合同终止。

（3）合同目的实现。以完成一定工作为期限的劳动合同在其约定的工作完成之时，劳动合同即行终止。

（4）劳动者退休。劳动者因达到法定退休年龄或完全丧失劳动能力而办理退休手续，劳动合同即行终止。

（5）劳动者死亡。劳动者死亡，即劳动合同的主体一方消灭，劳动合同当然终止。

（6）用人单位消灭。用人单位依法被宣告破产、解散、关闭或撤销，也是劳动合同的主体一方消灭，劳动合同也当然终止。

五、集体劳动合同

（一）集体合同的概念和特征

1994 年 12 月 5 日劳动部（现为劳动和社会保障部）发布的《集体合同规定》中规定，集体合同是集体协商双方代表根据法律、法规的规定就劳动报酬、工作时间、休息休假、劳动安全卫生、保险福利等事项在平等协商一致基础上签订的书面协议。

集体合同是工会代表职工（或职工代表）与企业（或事业）组织之间，为改善集体劳动关系而在平等协商基础上签订的集体协议。集体合同的特征是：

①集体合同当事人一方是工会组织或职工代表，另一方是企业或事业组织；

②集体合同内容是改善集体劳动关系的具体规定；

③集体合同是要式合同，报送劳动行政部门登记、审查、备案，方为有效；

④集体合同适用于企业或事业组织、工会、全体职工；

⑤集体合同效力高于劳动合同，劳动合同规定的职工个人劳动条件和劳动报酬标准不得低于集体合同的规定。

（二）集体合同的内容和期限

集体合同应当包括以下内容：

①劳动报酬；

②工作时间；

③休息休假；

④保险福利；

⑤劳动安全与卫生；

⑥合同期限；

⑦变更、解除、终止集体合同的协商程序；

⑧双方履行集体合同的权利和义务；

⑨履行集体合同发生争议时协商处理的约定；

⑩违反集体合同的责任；

⑪双方认为应当协商约定的其他内容。

集体合同期限为一至三年。

（三）集体合同的订立、变更、解除和终止

1. 集体合同的订立

订立集体合同应当遵循的原则是：

（1）合法原则。集体合同的当事人、内容、形式、签订程序，必须符合法律、法规的规定。

（2）民主原则。通过职工代表大会或职工大会组织全体职工讨论、通过集体合同草案。

（3）平等合作、协商一致原则。集体协商双方法律地位平等，按照相互合作、协商一致的原则订立集体合同。

（4）三兼顾原则。兼顾国家、企业或事业组织、职工的利益。

签订集体合同应按下列程序进行：

（1）双方委派集体协商代表。所谓集体协商，是指工会或职工代表与企业或事业组织代表，为签订集体合同进行商谈的行为。集体协商代表每方为三至十名，双方人数对等，并各确定一名首席代表。

（2）拟订集体合同草案。工会或职工代表、企业或事业组织分别组织集体合同起草委员会或小组，在广泛调查研究、征求职工意见基础上拟订集体合同草案。双方代表讨论、修改集体合同草案，并且形成共同拟订的集体合同草案。

（3）通过集体合同。由工会或职工代表主持召开职工代表大会或职工大会，组织全体职工讨论、修改集体合同草案，并由职工代表大会或职工大会正式通过集体合同。集体合同通过后，由企业或事业组织法定代表人、工会主席或职工代表签字。

（4）报送劳动行政部门登记、审查、备案。集体合同签订后，在七日内由企业或事业组织一方将集体合同一式三份及说明书报送劳动行政部门登记、审查、备案。

（5）公布集体合同文本。劳动行政部门自收到集体合同文本之日起15日内未提出异议的，集体合同即行生效。经劳动行政部门审查的集体合同，双方应及时以适当的形式向各自所代表的全体成员公布。

2. 集体合同的变更和解除

在集体合同有效期限内，有下列情形之一的，允许变更或解除集体合同：

①经双方当事人协商同意；

②订立集体合同依据的法律、法规已经修改或废止；

③因不可抗力的原因致使集体合同部分或全部不能履行；

④企业转产、停产、破产、被兼并，致使集体合同无法履行；

⑤工会组织依法撤销。

3. 集体合同的终止

集体合同期限届满或双方约定的终止条件出现，集体合同即行终止。

第三节　劳动基准法律制度

劳动法对劳动关系的协调以劳动标准为基础，劳动基准法律制度就是劳动法律制度对劳动者劳动条件所规定的最低标准，要求用人单位必须遵守，用人单位向劳动者提供的劳动条件不能低于该基准，以保护劳动者的安全与健康，保证劳动者权益的实现。

一、工作时间

工作时间又称劳动时间，是指法律规定的劳动者在一定时间内从事生产或工作的小时数。它包括每日工作小时数和每周工作小时数。1995 年 2 月 17 日国务院发布规定："职工每日工作八小时，每周工作四十小时。"具体讲，工作时间又分为：

（1）周工作时间。这是指劳动者每周（七日）内的工作时间，劳动者每周工作 40 小时。

（2）日工作时间。简称工作日，是指法律规定的劳动者在每昼夜（二十四小时）内的劳动（工作）小时数。我国的标准工作日为每日工作八小时。

（3）缩短工作时间。这是指法律规定的少于标准工作日和工作周的工作时间制度。缩短工作时间适用于：

①从事矿山井下、高山、有毒有害、特别繁重或过度紧张等作业的劳动者；

②从事夜班工作的劳动者；

③未成年工；

④哺乳期内的女职工。

（4）不定时工作时间。这是指不受固定工作时数限制的工作时间制度。适用于工作性质和职责范围不宜受固定工作时间限制的劳动者，如企业中的高级管理人员、外勤人员、推销人员、部分值班人员等等。

（5）综合计算工作时间。这是指以一定期间为周期，集中安排并综合计算工作时间和休息时间的工作时间制度。即分别以周、月、季、年等周期综合计算工作时间，但其平均日工作时间和周工作时间应与法定标准工作时间基本相同。

二、休息休假时间

休息休假时间，是指劳动者在国家规定的法定工作时间以外，不从事生产或工作而自行支配的时间。

休息休假时间分为：

（1）工作日内间歇时间。这是指在工作日内给予劳动者休息和用膳的时间。一般为一至二小时，最少不得少于半小时。

（2）工作日间的休息时间。这是指两个邻近工作日之同的休息时间。一般不少于十六小时。

（3）公休假日。又称周休息日，这是指劳动者在一周（七日）内享有不少于二十四小时的连续休息时间。

（4）法定节日。这是指法律规定用以开展纪念、庆祝活动的休息时间。

（5）探亲假。这是指劳动者享有保留工作和工资而同分居两地的父母或配偶团聚的假期。

（6）年休假。劳动者连续工作一年以上的，享受带薪年休假。

三、加班加点的条件与限制措施

加班是指劳动者在法定节日或公休假日从事生产或工作。加点是指劳动者在正常工作日以外继续从事生产或工作。

1. 一般情况下加班加点的规定

《劳动法》第四十一条规定："用人单位由于生产经营需要，经与工会和劳动者协商后可以延长工作时间，一般每日不得超过一小时，因特殊原因需要延长工作时间的，在保障劳动者身体健康的条件下延长工作时间每日不得超过三小时，但是每月不得超过三十六小时。"

2. 特殊情况下加班加点的规定

特殊情况下，延长工作时间不受《劳动法》第四十一条的限制：

（1）发生自然灾害、事故或者因其他原因，威胁劳动者生命健康和财产安全，或使人民的安全健康和国家资产遭到严重威胁，需要紧急处理的。

（2）生产设备、交通运输线路、公共设施发生故障，影响生产和公共利益，必须及时抢修的。

（3）在法定节日和公休假日内工作不能间断，必须连续生产、运输或营业的。

（4）必须利用法定节日或公休假日的停产期间进行设备检修、保养的。

（5）为了完成国防紧急生产任务，或者完成上级在国家计划外安排的其他紧急生产任务，以及商业、供销企业在旺季完成收购、运输、加工农副产品紧急任务的。

（6）法律、行政法规规定的其他情形，等等。

3. 加班加点的工资标准

劳动法规定：

（1）安排劳动者延长工作时间的，支付不低于工资的150％的工资报酬。

（2）休息日安排劳动者工作又不能安排补休的，支付不低于工资的200％的工资报酬；

（3）法定休假日安排劳动者工作的，支付不低于工资的300％的工资报酬。

四、工资

1. 工资的概念和特征

工资是指用人单位依据国家有关规定和集体合同、劳动合同约定的标准，根据劳动者提供劳动的数量和质量，以货币形式支付给劳动者的劳动报酬。

工资有广义和狭义之分。广义工资，是指用人单位以法定货币形式支付给劳动者的各种劳动报酬，包括基本工资、奖金、津贴、补贴、加班加点工资、特殊情况下的工资。狭义工资，仅是指用人单位以货币形式支付给劳动者的基本工资。

工资的特征是：

（1）工资是基于劳动关系支付给劳动者的劳动报酬。

（2）工资是对付出的劳动所给予的物质补偿，以劳动者提供劳动的数量和质量为依据。

（3）工资是依据工资法规、工资政策、集体合同、劳动合同的规定确定的。

（4）工资必须以法定货币定期支付给劳动者本人。

2. 工资分配原则

（1）工资总量宏观调控原则。

（2）用人单位自主分配，劳动者参与工资分配过程原则。

（3）按劳分配为主体，多种分配方式并存原则。

（4）同工同酬原则。

（5）工资水平随经济发展逐步提高原则。

3. 工资形式

工资形式，是指计量劳动和支付劳动报酬的方式。企业根据本单位的生产经营特点和经济效益，依法自主确定本单位的工资分配形式。工资形式主要有计时工资、计件工资、定额工资、浮动工资、奖金、津贴、特殊情况下的工资等形式。

（1）计时工资。它是按劳动者的技术熟练程度、劳动繁重程度和工作时间长短支付工资的一种工资形式。

（2）计件工资。它是按照劳动者生产合格产品的数量和预先规定的计件单价计量和支付劳动报酬的一种工资形式。主要有无限计件工资、有限计件工资等。

（3）奖金。它是以现金支付方式给予的物质鼓励。分为：生产性奖金和非生产性奖金。

①生产性奖金是对劳动者超额劳动的物质鼓励；

②非生产性奖金是对劳动者非生产模范行为的物质鼓励。

（4）津贴。它是对劳动者在特殊条件下的额外劳动消耗或额外费用支出给予物质补偿的一种工资形式。主要有岗位津贴、地区津贴、生活津贴。

（5）特殊情况下的工资。它是法律规定对非正常工作情况下的劳动者支付工资的一种工资形式。主要有加班加点工资、事假工资、探亲假工资、履行国家和社会义务期间的工资以及病、伤、产假工资。

4. 工资保障

工资保障，是指保障劳动者依法获得工资，维持其基本生活的法定制度和措施的总称。是为保障劳动者劳动报酬权的实现，防止用人单位滥用工资分配权而制定的一系列规则。它的基本内容具体表现在以下几方面：一是严格执行工资支付办法。用人单位应当将工资以法定货币形式按月支付给劳动者本人，不得以实物及有价证券代替货币支付。二是严禁非法扣除工资。除下列法定或约定允许扣除工资的情况外，任何单位和个人不得扣除工资：

（1）代扣代缴的税款和费用。代扣代缴的个人所得税，应由劳动者个人负担的社会保险费用和其他费用。

（2）依审判机关判决扣除。依照人民法院判决，从应负法律责任的劳动者工资中扣除其应负担的抚养费、赡养费、抚养费和损害赔偿等款项。

（3）劳动者违纪赔偿金。每月扣除金额不得超过劳动者工资的20%，若扣除后的余额低于当地月最低工资标准额，则应按最低工资标准支付。

（4）用人单位对劳动者违纪罚款。一般不超过本人月标准工资的20%。

5. 最低工资保障制度

最低工资保障制度是国家通过立法，强制规定用人单位支付给劳动者的工资不得低于国家规定的最低标准，以保障劳动者能够满足其自身及其家庭成员基本生活需要的法律制度。

最低工资的具体标准由省、自治区、直辖市人民政府规定，报国务院备案。最低工资标准发布实施后，应根据参考因素的变化和本地区生活费用价格指数的累计变动适时调整，但每年最多调整一次。

在确定和调整最低工资标准时，应综合参考下列因素：

（1）劳动者本人及平均赡养人口的最低生活费用。

（2）社会平均工资水平。

（3）劳动生产率。

（4）就业状况。

（5）地区之间经济发展水平的差异。

最低工资制度的适用范围是：中华人民共和国境内各种经济类型的企业及在其中领取报酬的劳动者，但乡镇企业是否适用由省、自治区、直辖市人民政府决定。

凡在法定工作时间内提供了正常劳动的劳动者，其所在的用人单位应当支付其不低于最低工资标准的工资，用人单位违反最低工资制度的，由当地人民政府劳动保障行政部门责令其限期改正，并视其欠付工资时间长短向劳动者支付赔偿金。逾期不改正的，对用人单位和责任者给予经济处罚。

五、劳动安全卫生与劳动保护

（一）劳动安全卫生的概念

劳动安全卫生法律制度，是指国家为了改善劳动条件，保护劳动者在劳动过程中的安全健康而制定的各种法律规范的总称。它包括劳动安全、劳动卫生两类法律规范。前者是国家为了保障劳动者在劳动过程中的安全，防止和消除伤亡事故而制定的各种法律规范；后者是国家为了保护劳动者在劳动过程中的健康，预防和消除职业病、职业中毒和各种职业危害而制定的各种法律规范。

劳动安全卫生工作方针是：安全第一，预防为主。安全第一，是指在劳动过程中，始终把劳动者的安全放在第一位。预防为主，就是采取有效措施消除事故隐患和防止职业病的发生。

《劳动法》第五十二条规定："用人单位必须建立健全劳动安全卫生制度，严格执行国家劳动安全卫生规格和标准，防止劳动过程中的事故，减少职业危害。"《劳动法》第五十六条规定："劳动者在劳动过程中必须严格遵守安全操作规程。"

（二）劳动安全卫生管理制度

劳动安全卫生管理制度，是指为贯彻劳动安全卫生法律、法规，有效地保护劳动者在劳动过程中的安全健康而制定的各种制度。用人单位必须建立、健全劳动安全卫生管理制度，严格执行国家劳动安全卫生规程和标准，对劳动者进行劳动安全卫生教育，防止劳动过程中事故的发生，减少职业危害。

劳动安全卫生管理制度包括：

（1）安全生产责任制度。企业各级领导、职能科室人员、工程技术人员和生产工人在劳动过程中应负安全责任。具体讲，企业法定代表人是安全生产的第一责任者，对本企业的安全生产全面负责。总工程师负安全技术领导责任。各职能部门、各级生产组织负责人在各自分管的工作范围内对安全技术负直接责任。劳动者必须严格遵守劳动安全卫生规程和安全操作规程。

（2）安全技术措施计划管理制度。要求企业编制以改善劳动条件，防止和消除伤亡事故与职业病为目的的一切技术措施计划的管理制度。新建、改建、扩建工程的劳动安全卫生设施必须与主体工程同时设计、同时施工、同时投入生产和使用。

（3）劳动安全卫生教育制度。对劳动者进行劳动安全卫生法规、基本知识、操作技术教育。对新招职工必须进行“三级教育”，即入厂教育、车间教育、班组教育。对从事特种作业的劳动者必须经过专门培训并取得特种作业资格。

（4）劳动安全卫生检查制度。劳动安全卫生检查除经常性检查外，每年还进行定期检查。

（5）劳动防护用品发放和管理制度。用人单位必须为劳动者提供符合国家规定的劳动安全卫生条件和必要的劳动防护用品，对从事有职业危害作业的劳动者应当定期进行健康检查。

（6）伤亡事故和职业病统计报告处理制度。国家制定的对劳动者在劳动过程中发生的伤亡事故和职业病进行报告、登记、调查、处理、统计和分析的制度。发生伤亡事故和职业病，用人单位、县级以上各级人民政府劳动行政部门、有关部门应按有关法律、法规的规定进行报告、登记、调查、处理、统计和分析。

（三）女职工劳动特殊保护

女职工劳动特殊保护，是指根据女职工生理特点和抚育子女需要，对其在劳动过程中的安全健康所采取的有别于男子的特殊保护。

1. 女职工禁忌劳动范围

禁忌女职工从事下列作业：

（1）矿山井下作业。

（2）森林业伐木、归楞及流放作业。

（3）《体力劳动强度分级》标准中第四级体力劳动强度的作业。

（4）建筑业脚手架的组装和拆除作业，以及电力、电信行业的高处架线作业。

（5）连续负重（指每小时负重次数在六次以上）每次负重超过二十公斤，间断负重每次负重超过二十五公斤的作业。

(6) 已婚待孕女职工禁忌从事接触铅、汞、苯、镉等属于《有毒作业分级》标准中第三、四级的作业。

2. 女职工"四期"保护

(1) 月经期保护。它是为保障女职工月经期身体健康而采取的保护措施。不得安排女职工在经期从事高处、低温、冷水作业和国家规定的第三级体力劳动强度的劳动。

(2) 怀孕期保护。它是为保障怀孕女职工及其胎儿的安全健康而采取的保护措施。不得安排女职工在怀孕期间从事国家规定的第三级体力劳动强度的劳动和孕期禁忌从事的劳动。对怀孕七个月以上的女职工，不得安排其延长工作时间和夜班劳动。

(3) 生育期保护。它是为保障生育期女职工及婴儿的安全健康而采取的保护措施。女职工生育享受不少于九十天的产假。

(4) 哺乳期保护。它是为保障哺乳期女职工及婴儿身体健康而采取的保护措施。对有未满一周岁婴儿的女职工，应依照法律规定，在每班工作时间内安排其哺乳时间。不得安排女职工在哺乳未满一周岁的婴儿期间从事国家规定的第三级体力劳动强度的劳动和哺乳期禁忌从事的其他劳动，不得安排其延长工作时间和夜班劳动。

(四) 未成年工劳动特殊保护

未成年工劳动特殊保护，是指根据未成年人生长发育的特点和其接受义务教育的需要，对其在劳动过程中的健康所采取的特殊保护。

未成年工是指年满十六周岁未满十八周岁的劳动者。对未成年工劳动特殊保护的措施主要有：

(1) 上岗前培训。未成年工上岗前用人单位应对其进行有关的职业安全卫生教育、培训。

(2) 限制工作时间。国家规定未成年工实行缩短工作时间。

(3) 禁止安排有害健康的工作。用人单位不得安排未成年工从事矿山井下、有毒有害、国家规定的第四级体力劳动强度（即相当于"很重"强度）的劳动和其他禁忌从事的劳动。

(4) 生产工具适合未成年工身体发育。

(5) 定期进行健康检查。用人单位应按下列要求对未成年工定期进行健康检查：

①安排工作岗位之前；

②工作满一年；

③年满十八周岁，距前一次的体检时间已超过半年。

(6) 使用未成年工登记、审核制度，未成年工持证上岗制度。

第四节　社会保险法律制度

一、概述

社会保险，是指对于丧失劳动能力或者劳动机会，处于病、残、老、失业或生育等境况的职工或其他劳动者，由国家统一筹集和分配保险基金，补偿其所蒙受的损失，减轻其生活困难，促使其恢复和维持基本生活能力的一种社会保障制度。劳动者和其他公民有权从国家、社会以及所在单位获得物质帮助，这种权利称为物质帮助权，是宪法赋予公民的一项基本权利。

1. 社会保险制度的特征

社会保险制度具有如下特征：

（1）强制性。社会保险以国家立法的形式强制实行，不采取自愿原则。具体表现在：只要劳动者与用人单位依法确立了劳动关系，社会保险即依法产生；社会保险项目、保险费缴纳的方式和标准、保险待遇的内容和标准等，均由法律统一规定。强制性体现了国家对社会保险的直接干预，保证了社会保险基金来源的可靠与稳定。

（2）社会性。社会保险是社会化大生产的产物，具有社会性，主要表现在：第一，社会保险的对象具有社会性；第二，社会保险的组织和管理具有社会性；第三，社会保险基金来源具有社会性。

（3）保障性。社会保险的目的在于，保障遭受劳动风险的劳动者及其家属的基本生活。保障性决定了劳动者缴纳的社会保险费与其日后享受的社会保险待遇不一定成正比，日后享受的社会保险待遇应能保证劳动者及其家属在当时条件下的基本生活，具体以当时的法律、法规的规定为准。

（4）福利性。社会保险不以营利为目的，属公益性事业，旨在帮助劳动者摆脱生活困难，造福于民。保险费率较低而享受的社会保险待遇则比相同条件下的商业保险高。

（5）互助性。互助性是一切保险的共性，即众人集聚大量资金，为特定遭受风险者提供救济、帮助，分散风险与损失，只不过因为社会保险由国家强制推行，其互助性体现得更为普遍和明显而已。

2. 社会保险项目和社会保险待遇

我国社会保险项目有：养老保险、医疗保险、失业保险、工伤保险和生育保险。劳动者在下列情形下，依法享受社会保险待遇：

（1）劳动者退休后享受养老保险待遇。

（2）患病和负伤享受医疗保险待遇。

（3）失业享受失业保险待遇。

（4）因工伤残或患职业病享受工伤保险待遇。

（5）女职工生育享受生育保险待遇。另外，劳动者死亡后，其遗属享受遗属津贴。

劳动者享受社会保险待遇的条件和标准由法律、法规规定。

二、具体社会保险项目细则

（一）养老保险

养老保险是指劳动者离休、退休以后，为了保障其基本生活，国家和社会给予物质帮助的一种制度。养老保险适用于城镇各类企业职工和个体劳动者。享受养老保险待遇的主体是达到离退休年龄而退出劳动岗位的离退休人员。他们并非在职职工，之所以享受养老保险待遇是基于其曾与用人单位建立过劳动关系，对他们的过去劳动予以补偿。

根据我国养老保险制度改革的目标和模式，我国的养老保险由三部分组成：基本养老保险、企业补充养老保险、个人储蓄性养老保险。

（1）基本养老保险。亦称国家法定养老保险，是由国家通过立法强制实行，保证劳动者在年老丧失劳动能力时，给予基本生活保障的养老保险。基本养老保险强制适用于各类企业职工，标准基本统一，费用实行国家、企业、个人三方共同负担，基金实行社会统筹与个人账户相结合，有利于在较大范围内平衡调剂，保障各类职工退休养老的基本生活。

（2）企业补充养老保险。这是在国家法定的基本养老保险的基础上，另由企业为提高本企业职工的养老保险待遇水平，用自有资金设立的一种辅助性养老保险。企业补充养老保险由企业根据其效益情况自行确定，经职工代表大会或职工大会通过后实施。对于企业补充养老保险基金，企业经济条件好时可以多补充，经济条件差时可以少补充或不补充。实行补充养老保险的企业可以自主选择经办机构（境外金融机构除外），并应为职工建立个人账户，以便退休后按积累数额的多少来决定享受待遇的高低。国家鼓励企业为职工建立补充养老保险。

（3）个人储蓄性养老保险。这是由职工根据个人收入情况自愿参加的一种养老保险。个人储蓄性养老保险由职工个人自主选择经办机构，所建账户中的资金归职工个人所有。国家提倡职工参加个人储蓄性养老保险。

上述三种养老保险形式之中，基本养老保险属强制性的，由国家主办，在大范围内进行平衡调剂，居于基础和核心地位；企业补充养老保险与个人储蓄性养老保险皆属自愿性的，居于辅助地位，可在基本养老保险保证离退休人员基本生活的基础上，起到提高其生活水平的作用。

（二）医疗保险

医疗保险，是指劳动者非因工患病、负伤、残疾和死亡时，依法从国家和社会获得物质帮助的一种社会保险制度。适用于非因工情况下的职工患病、遭受意外事故和死亡。

1. 医疗保险改革模式

国家建立城镇职工基本医疗保险与用人单位补充医疗保险相结合的医疗保险制度。城镇所有用人单位及其职工都要参加基本医疗保险。基本医疗保险费由用人单位和职工共同负担。基本医疗保险基金实行社会统筹和个人账户相结合。职工个人缴纳的基本医疗保险费，全部计入个人账户。用人单位缴纳的基本医疗保险费一部分用于建立统筹基金，一部分划入个人账户。统筹基金和个人账户分别核算。统筹基金的起付标准原则上控制在当地职工年平均工资的10%左右，最高支付限额原则上控制在当地职工年平均工资的四倍左右。起付标准以下的医疗费用，从个人账户中支付或由个人自付。起付标准以上、最高支付限额以下的医疗费，主要从统筹基金中支付，个人也要负担一定比例。超过最高支付限额的医疗费用，可以通过商业医疗保险等途径解决。但是离休人员、老红军、二等乙级以上革命伤残军人的医疗待遇不变，退休人员不缴纳基本医疗保险费，国家公务员在参加基本医疗保险的基础上享受医疗补助政策，企业可建立补充医疗保险，国有企业下岗职工基本医疗保险费由再就业服务中心按规定缴纳。

2. 医疗期间待遇

职工患病或非因工负伤确需停止工作治病休息的，根据本人连续工龄和本单位工龄的长短，给予3至24个月的医疗期；难以治愈的疾病，经医疗机构提出，本人申请，劳动行政部门批准后，可适当延长医疗期。在医疗期内，职工一般在指定医院就医，所需检查费用、治疗费用、药品费用、住院费用，在规定标准之内的，按规定比例分别从医疗保险社会统筹基金和个人账户中支付。医疗期内的职工，工资停发，由用人单位按其工龄长短给付相当于本人工资一定比例的疾病津贴（病假工资）。

3. 致残待遇

职工患病或非因工致残的，在医疗期内医疗终结或医疗期满后，经用人单位申请，劳动鉴定委员会确定残废等级。致残一级至四级的，应退出劳动岗位，终止劳动关系，享受退休或退职待遇。致残五级至十级的，在规定医疗期内不得辞退，用人单位应为其另行安排工作，不能从事所安排工作的，可按规定继续发给疾病津贴；规定医疗期满后，可解除劳动合同并按规定给予经济补偿。

（三）失业保险

失业保险，是指处于法定劳动年龄期且有劳动能力和就业愿望的劳动者在失去工作而中断收入时，依法在一定期限内从国家和社会获取物质帮助的社会保险制度。

1. 失业保险的适用范围

我国目前失业保险包括城镇企、事业单位失业人员，其中城镇企业失业人员包括国有企业、城镇集体企业、外商投资企业、城镇私营企业以及其他城镇企业的失业人员，以及省级人民政府规定的享受失业保险待遇的其他职工。

2. 失业保险待遇

失业保险待遇主要包括失业保险金、医疗补助金、丧葬补助金、抚恤金等。

失业保险金由失业保险经办机构按月发放，失业保险金的标准，按照低于当地最低工资标准、高于城市居民最低生活保障标准的水平，由省、自治区、直辖市人民政府确定。失业职工领取失业救济金的期限，根据失业职工失业前在企业连续工作时间确定：失业人员失业前所在单位和本人按照规定累计缴费时间满一年不足五年的，领取期限最长为十二个月；累计缴费时间满五年不足十年的，领取期限最长为十八个月；累计缴费时间十年以上的，领取期限最长为二十四个月。重新就业后，再次失业的，缴费时间重新计算。

失业人员医疗补助金的发放标准，由省级人民政府规定。失业人员在领取失业保险金期间死亡的，参照当地对在职职工的规定，对其家属一次性发给丧葬补助金和抚恤金。

上述失业保险待遇在失业人员有下列情形之一时丧失：

(1) 重新就业的。

(2) 应征服兵役的。

(3) 移居境外的。

(4) 享受基本养老保险待遇的。

(5) 被判刑收监执行或者被劳动教养的。

(6) 无正当理由，拒不接受当地人民政府指定的部门或者机构介绍的工作的。

(7) 法律、行政法规规定的其他情形的。

3. 失业保险基金

失业保险基金由下列各项构成：

(1) 城镇企业、事业单位按照本单位工资总额2%缴纳的失业保险费。

(2) 城镇企业、事业单位职工按照本人工资的1%缴纳失业保险费。

(3) 财政补贴。

(4) 依法纳入失业保险基金的其他资金。

失业保险基金在直辖市和设区的市实行全市统筹；其他地区的统筹层次由省、自治区人民政府规定。失业保险基金的开支项目包括：

(1) 失业保险金。

(2) 领取失业保险金期间的医疗补助金、丧葬补助费和其供养的配偶及直系亲属的抚恤金。

(3) 领取失业保险金期间接受职业培训、职业介绍的补贴。

(4) 国务院规定或者批准的与失业保险有关的其他费用。

(四) 工伤保险

工伤保险中的“工伤”，也称职业性伤害，是指劳动者在劳动过程中或法定特殊情况下遭受的意外伤害和职业病。劳动者因工伤暂时或永久丧失劳动能力而失去生活来源；国家为保障其医疗和基本生活需要，建立了工伤保险制度。

根据《工伤保险条例》的规定，我国的工伤保险覆盖全体劳动者，即在中国境内工作的所有职工都可以按照条例规定的工伤保险待遇水平享受相应的救治和补偿。《条例》要求所有的企业、有雇工的个体户都必须参加工伤保险体系。对于缴费参加工伤保险体系的单位，工伤保险的大部分费用由工伤保险基金支付；没有参加工伤保险体系的单位，其工伤职工的所需费用均由本单位承担。

工伤保险与其他社会保险相比，有以下三项特征：

(1) 保险实行无过错补偿原则，即无论工伤责任属于劳动者本人、用人单位还是第三人，劳动者均应依法享受工伤保险待遇。

(2) 工伤保险费由用人单位全部缴纳，劳动者个人不缴纳任何费用。

(3) 工伤保险待遇的项目较多、标准较高。

1. 工伤的范围

因工造成职工人身伤害（包括轻伤、重伤、死亡、急性中毒）和职业病或因其他原因造成伤亡的，符合下列情况之一的应认定为工伤：

(1) 从事本单位日常生产、工作或者本单位负责人临时指定的工作的，在紧急情况下，虽未经本单位负责人指定但从事直接关系本单位重大利益的工作的。

(2) 经本单位负责人安排或者同意，从事与本单位有关的科学试验、发明创造和技术改进工作的。

(3) 在生产工作环境中接触职业性有害因素造成职业病的。

(4) 在生产工作的时间和区域内，由于不安全因素造成意外伤害的，或者由于工作紧张突发疾病造成死亡或经第一次抢救治疗后全部丧失劳动能力的。

(5) 因履行职责遭致人身伤害。

(6) 从事抢险、救灾、救人等维护国家、社会和公众利益的活动的。

(7) 因公、因战致残的军人复员转业到企业工作后旧伤复发的。

(8) 因公外出期间，由于工作原因遭受交通事故或其他意外事故造成伤害或者失踪的，或因突发疾病造成死亡或者经第一次抢救治疗后全部丧失劳动能力的。

(9) 在上下班的规定时间和必经路线上，发生无本人责任或者非本人主要责任的道路交通机动车事故的。

(10) 法律、法规规定的其他情形。

2. 工伤保险待遇确定的程序

(1) 报告与申请。用人单位应当自工伤事故发生之日或职业病确诊之日起十五日内向当地劳动行政部门提出工伤报告。工伤职工或其亲属应当于同样期限内向当地劳动行政部门提出工伤保险待遇申请，申请应当经用人单位签字后报送，用人单位不予签字的，申请人可直接报送。

(2) 工伤认定。劳动行政部门接到工伤报告或工伤保险待遇申请后，应组织工伤保险经办机构进行调查取证，在七日内作出是否认定为工伤的决定。

(3) 劳动鉴定和工伤评残。劳动鉴定和工伤评残的法定机构为各级劳动鉴定委员。职工在工伤医疗期内治愈或者伤情处于相对稳定状态，或者医疗期满仍不能工作的，应当进行劳动能力鉴定，评定伤残等级并定期复查伤残状况。符合《工伤与职业病致残程序鉴定标准》一级至四级为全部丧失劳动能力；五级至六级为大部分丧失劳动能力；七级至十级为部分丧失劳动能力。

(4) 作出给付决定。工伤保险待遇给付决定，由劳动行政部门作出。

(五) 生育保险

1. 生育保险的概念

生育保险，是指女职工因怀孕、分娩导致不能工作，收入暂时中断时，依法从国家和社会获得物质帮助的一种社会保险。我国现行的生育保险制度，是根据1994年12月劳动部（现为劳动和社会保障部）发布的《企业职工生育保险试行办法》的规定，统一适用于城镇各类企业及其职工。生育保险按属地原则组织。生育保险费用实行社会统筹，由用人单位全额负担，职工个人不缴纳生育保险费。

2. 生育保险待遇

女职工产假不少于九十天。女职工怀孕，在本单位的医疗机构或指定的医疗机构分娩时，其检查费、手术费、住院费和药费，由生育保险基金支付；女职工生育出院后，因生育引起疾病的医疗费，由生育保险基金支付；女职工生育或流产后，由本人或所在单位持当地计划生育部门签发的计划生育证明，婴儿出生、死亡或流产证明，到当地社会保险经办机构办理手续，领取生育津贴和报销生育医疗费。女职工产假期间的生育津贴，按照本单位上年度职工月平均工资计发，由生育保险基金支付。

第五节 劳动争议处理

一、劳动争议的概念和种类

劳动争议又称劳动纠纷，是指劳动关系双方当事人因执行劳动法律、法规或履行劳动合同、集体合同发生的争议。

按不同标准划分，劳动争议有不同的分类。

(1) 按劳动者人数，劳动争议分为个人劳动争议和集体劳动争议。个人劳动争议，是指劳动者个人与其所在用人单位发生的劳动争议。集体劳动争议，是指劳动者在三人以上，并有共同理由的劳动争议。

(2) 按合同类型，劳动争议分为劳动合同争议和集体合同争议。劳动合同争议，是指因确认劳动合同效力和履行劳动合同发生的争议。集体合同争议，是指因订立、履行集体合同发生的争议。

(3) 按争议内容，劳动争议分为因开除、除名、辞退职工和职工辞职、自动离职发生的争议；因执行国家有关工时、工资、保险、福利、培训、劳动保护的规定发生的争议；因履行劳动合同、集体合同发生的争议；法律、法规规定的其他劳动争议。

二、劳动争议处理机构

1. 劳动争议调解委员会

劳动争议调解委员会（以下简称调解委员会），是指依法成立的调解劳动争议的群众性组织。用人单位可以设立调解委员会，负责调解本单位发生的劳动争议。

调解委员会由职工代表、用人单位代表和工会代表组成。职工代表由职工代表大会（或者职工大会）推举产生；用人单位代表由法定代表人指定；工会代表由工会委员会指定。用人单位代表的人数不得超过调解委员会成员总数的三分之一，调解委员会主任由用人单位工会代表担任，调解委员会的办事机构设在工会委员会。

2. 劳动争议仲裁委员会

劳动争议仲裁委员会（以下简称仲裁委员会），是指依法成立的行使劳动争议仲裁权的劳动争议处理机构。

仲裁委员会由劳动行政部门代表、同级工会代表、用人单位主管部门方面的代表组成。仲裁委员会组成人数必须是单数，仲裁委员会主任由劳动行政部门代表担任。

劳动行政部门的劳动争议处理机构为仲裁委员会的办事机构，负责办理仲裁委员会的日常事务。

仲裁委员会处理劳动争议，实行仲裁员、仲裁庭制度。

3. 人民法院

人民法院，是指行使审判权的审判机关。劳动争议案件由人民法院的民事审判庭受理。

三、劳动争议处理程序

《劳动法》第七十七条规定："用人单位与劳动者发生劳动争议，当事人可以依法申请调解、仲裁、提起诉讼，也可以协商解决。"1993 年 7 月 6 日国务院发布的《中华人民共和国企业劳动争议处理条例》第六条规定："劳动争议发生后，当事人应当协商解决，不愿协商或者协商不成的，可以向本企业劳动争议调解委员会申请调解；调解不成的，可以向劳动争议仲裁委员会申请仲裁。当事人也可以直接向劳动争议仲裁委员会申请仲裁。对仲裁裁决不服的，可以向人民法院起诉。"根据上述规定，劳动争议处理程序可分为协商、调解、仲裁、诉讼四个阶段。

（1）协商。劳动争议发生后，当事人应当协商解决。但是协商不是处理劳动争议的必经程序，不愿协商的，可以申请调解。

（2）调解。劳动争议发生后，当事人不愿协商或者协商不成的，可以向本单位调解委员会申请调解，但调解也不是处理劳动争议的必经程序。

调解委员会调解劳动争议，应当自当事人申请调解之日起三十日内结束；到期未结束的，视为调解不成。经调解达成协议的，双方当事人应当自觉履行。

（3）仲裁。调解不成的，可以向劳动争议仲裁委员会申请仲裁。当事人也可以直接向劳动争议仲裁委员会申请仲裁。仲裁是处理劳动争议的必经程序。

提出仲裁要求的一方应当自劳动争议发生之日起六十日内向劳动争议仲裁委员会提出书面申请。仲裁裁决一般应在收到仲裁申请的六十日内作出。对仲裁裁决无异议的，当事人必须履行。

（4）诉讼。劳动争议当事人对仲裁裁决不服的，可以自收到仲裁裁决书之日起十五日内向人民法院提起诉讼。一方当事人在法定期限内不起诉又不履行仲裁裁决的，另一方当事人可以申请人民法院强制执行。

第六节　劳动监督及法律责任

一、劳动监督概述

1. 劳动监督的概念及特征

劳动监督又称劳动监督检查或劳动法监督，是指依法享有劳动监督权的单位和个人对用人单位执行劳动法的情况进行检查、督促、处罚等活动和制度的统称。

劳动监督具有以下四方面的特征：

（1）监督主体的广泛性。根据《劳动法》的规定，监督主体是依法享有劳动监督权的劳动行政部门、其他有关国家机关、工会以及其他任何组织和个人。

（2）监督对象的特定性。劳动监督对象为用人单位。

（3）监督内容的全面性。劳动监督内容众多，包括对全部劳动法内容执行情况的监督检查。

（4）监督性质的多样性。劳动监督主体的广泛性及各自职权的不同，决定了劳动监督的性质也不同。

2. 劳动监督的意义

（1）劳动监督是贯彻执行劳动法的有力保证。劳动法律、法规的贯彻执行，除依靠当事人自觉遵守之外，还须有相应的督促保证措施。在当前劳动用工制度变革过程中，劳动关系双方利益冲突日益突显，经济效率与社会公平的矛盾日益突出，劳动监督更显得具有重要意义。

（2）劳动监督可以有效地保护劳动者的合法权益。劳动监督的目的，就是为了实现劳动法的主旨，即保护劳动者合法利益。通过劳动监督，可以发现、制止、纠正用人单位违反劳动法律、法规的行为，保护劳动者的各项合法权益不受侵犯。

（3）劳动监督可以促进用人单位提高管理水平。劳动法律、法规是现代科技水平和管理水平在法律上的反映。加强劳动监督，实际上就是保证、促使用人单位按现代化大生产客观规律办事，不断提高劳动管理水平。

二、劳动监督主体及职责

1. 劳动行政部门监督

《劳动法》第八十五条规定："县级以上各级人民政府劳动行政部门依法对用人单位遵守劳动法律、法规的情况进行监督检查，对违反劳动法律、法规的行为有权制止，并责令改正。"

在劳动监督体系中，劳动行政部门监督是最基本、最有效的劳动监督形式，其他劳动监督形式都是配合劳动行政部门监督而实施的，并且只有在劳动行政部门监督的保障下才能发挥其应有作用。劳动行政部门作为政府主管劳动工作的职能部门，其劳动监督行为是代表同级政府实施，对用人单位具有强制约束力。

劳动行政部门的监督检查集中表现为劳动监察。劳动监察是劳动行政部门监督检查劳动法及其他相关法律执行的执法活动。劳动监察的特征表现为：

（1）法定性。劳动监察是法律规定的专门监督检查劳动法执行情况的活动。

（2）行政性。劳动监察是一种行政执法活动。

（3）专门性。专门针对劳动法执行情况进行监察。

（4）唯一性。劳动监察部门是唯一的劳动法行政执法部门。

2004年11月1日，国务院发布《劳动保障监察条例》，另外，还颁布了一批专项监察条例：《矿山安全监察条例》、《锅炉压力容器安全监察暂行条例》。在我国，县级以上各级劳动行政部门设置综合性劳动监察机构，国家和省级劳动行政部门还设置专项监察机构。

劳动行政部门进行劳动监督检查的职责主要包括：

（1）宣传劳动法律、法规及劳动方针政策，督促用人单位贯彻执行。

（2）对用人单位遵守劳动法律、法规的情况进行监督检查。

（3）受理对违反劳动保障法律、法规或者规章的行为的举报、投诉。

（4）依法纠正和查处违反劳动保障法律、法规或者规章的行为。

劳动监察的形式包括综合监察和针对矿山安全、锅炉压力容器安全的专项监察；立案的劳动监察和普通不立案劳动监察。

劳动监察的工作方式有：

（1）经常性监察。

（2）对重点单位的监察。

（3）联合有关部门集中大检查。

（4）年检。

劳动监察机构实施劳动监察时的职权有：

（1）进入用人单位的劳动场所进行检查。

（2）就调查、检查事项询问有关人员。

（3）要求用人单位提供与调查、检查事项有关的文件资料，并做出解释和说明，必要时可以发出调查询问书。

劳动监察机构对劳动违法行为的处罚措施包括：

（1）警告、通报批评。

（2）责令立即纠正违法行为。

（3）责令用人单位停产停业。

（4）罚款。

（5）吊销许可证。

2. 其他行政机关监督

《劳动法》第八十七条规定："县级以上各级人民政府有关部门在各自职责范围内，对用人单位遵守劳动法律、法规的情况进行监督。"

其他行政机关监督有两类：一是用人单位主管部门监督。用人单位主管部门是政府中对用人单位进行直接综合管理的机关。对劳动法的贯彻执行情况进行监督检查，是各个主管部门的当然职责。二是其他专项行政执法机关监督。主要指工商行政管理部门、公安部门、教育行政部门、卫生行政部门等专项行政执法机关在各自职责范围之内对劳动法律、法规的执行情况进行监督检查。

其他行政机关进行劳动监督的方式主要有三种：

（1）依法独立开展劳动监督活动。

（2）依法对劳动行政部门、其他行政机关或工会的建议进行调查处理。

（3）会同劳动行政部门、工会等集中开展监督检查活动。

3. 工会监督

《劳动法》第八十八条规定："各级工会依法维护劳动者的合法权益，对用人单位遵守劳动法律、法规的情况进行监督。"《工会法》第三章也对工会的劳动监督权作了比较具体的规定。但是，工会监督在性质上属非强制性的社会监督，不同于行政机关的行政监督。工会对用人单位违反劳动法律、法规的行为没有采取强制措施和进行行政处罚的权力，只能向用人单位或有关行政机关提出意见、建议和要求。

根据《劳动法》、《工会法》等法律的规定，工会对执行劳动法律、法规情况进行监督的职责主要有：

（1）参加用人单位研究涉及职工劳动权益问题的各种会议，提出工会的意见和建议。

（2）对用人单位辞退、处分职工不适当的，提出意见。如果用人单位的决定违反劳动法律、法规和有关合同规定的，工会有权要求重新处理。

（3）参加伤亡事故和其他严重危及职工健康问题的调查，有权向有关部门提出处理意见，要求追究直接负责的行政领导人和有关责任人员的责任。

（4）会同劳动行政部门、其他行政机关对用人单位实施劳动监督检查。

4. 群众监督

我国《劳动法》第八十八条规定："任何组织和个人对于违反劳动法律、法规的行为有权检举和控告。"

三、违反劳动法的法律责任

违反劳动法的法律责任，是指用人单位、劳动者、劳动行政部门等各种劳动法主体因违反劳动法而依法应当承担的消极法律后果。

违反劳动法的法律责任具有综合性。责任的形式有：

(1) 行政责任。行政责任是违法行为人依法应当承担的，由有关行政机关或违法行为人所在单位以行政处罚或行政处分的方式予以追究的法律责任形式。违反劳动法的行政处罚，由国家行政机关依法作出。

(2) 民事责任。民事责任是违法行为人依法应当承担的，旨在补偿受害人的损失的法律责任形式。承担责任的方式主要有赔偿损失、经济补偿、补发工资、强制继续履行合同、停止侵权行为等。

(3) 刑事责任。刑事责任是行为人违反劳动法的行为构成犯罪时，应依法承担的法律责任形式。它是违反劳动法的法律责任中最严厉的一种责任形式，须由司法机关予以追究。

1. 用人单位违反劳动法的法律责任

(1) 用人单位制定的劳动规章制度违反法律、法规规定，由劳动行政部门给予警告，责令改正；对劳动者造成损害的，应当承担赔偿责任。

(2) 用人单位违反法律、法规规定的条件、程序和标准延长劳动者工作时间的，由劳动行政部门给予警告，责令改正，并可处以罚款。

(3) 用人单位侵犯劳动者的工资权、经济补偿金获取权的，由劳动行政部门责令支付劳动者的工资报酬、经济补偿金，并责令支付赔偿金。以下情况应支付相当于工资报酬25%的赔偿金：

①克扣或者无故拖欠劳动者工资的；

②拒不支付劳动者延长工作时间工资报酬的；

③低于当地最低工资标准支付劳动者工资的。

解除劳动合同后，未依法给予劳动者经济补偿金的，应按经济补偿金数额的50%支付赔偿金。

(4) 用人单位的劳动安全设施和劳动卫生条件不符合国家规定或者未向劳动者提供必要的劳动保护防护用品和劳动保护设施的，由劳动行政部门或者有关部门责令改正，可以处以罚款；情节严重的，责令停产整顿。

(5) 用人单位对事故隐患不采取措施，致使发生重大事故，造成劳动者生命和财产损失的，对责任人员依照《中华人民共和国刑法》的规定追究刑事责任；用人单位强令劳动者冒险作业，发生重大伤亡事故，造成严重后果的，对责任人员依法追究刑事责任。

(6) 用人单位非法招用未满16周岁的未成年人的，由劳动行政部门责令改正，处以罚款；情节严重的，由工商行政管理部门吊销营业执照。用人单位违反女职工和未成年工特殊保护的规定，侵害其合法权益的，由劳动行政部门责令改正，处以罚款；对女职工或未成年工造成损害的，应当承担赔偿责任。

（7）用人单位在确立劳动关系过程中违反劳动法律、法规的，依违法情形不同，分别承担以下责任：

①由于用人单位的原因订立无效合同，对劳动者造成损害的，应负赔偿责任。

②用人单位故意拖延不订立劳动合同或者违反解除劳动合同条件的，由劳动行政部门责令改正；对劳动者造成损害的，应当承担赔偿责任。

③用人单位与劳动者订立劳动合同时，向劳动者收取定金、保证金（物）或抵押金（物）的，由公安部门和劳动行政部门责令退还。

④用人单位招用尚未解除劳动合同的劳动者，对原用人单位造成经济损失的，该用人单位应当依法与劳动者承担连带赔偿责任。

（8）用人单位无故不缴纳社会保险费的，由劳动行政部门责令限期缴纳，逾期不缴的，可加收滞纳金。

（9）用人单位以暴力、威胁、非法限制人身自由的手段强迫劳动的行为或者有侮辱、体罚、殴打、非法搜查、拘禁劳动者的行为的，由公安机关对责任人员处以15日以下拘留、罚款或者警告；构成犯罪的，依法追究刑事责任。

（10）用人单位无理阻挠劳动行政部门、有关部门及其工作人员行使检查监督权，打击报复举报人员的，由劳动行政部门或相关部门处以罚款；构成犯罪的，对责任人员依法追究刑事责任。

2. 劳动者违反劳动法的法律责任

（1）劳动者违法解除合同或者违反劳动合同保密条款，给用人单位造成经济损失的，应当依法承担赔偿责任。

（2）劳动者违反劳动纪律的，由用人单位或有关国家机关给予行政处分，如果造成经济损失，还可责令违纪者赔偿损失。

（3）劳动者尚未解除劳动合同而又应招与新的用人单位建立劳动关系，给原用人单位造成经济损失的，该劳动者与新的用人单位应当依法承担连带赔偿责任。

3. 劳动行政部门、有关部门及其工作人员违反劳动法的法律责任

（1）劳动行政部门或者有关部门的工作人员滥用职权、玩忽职守、徇私舞弊，尚不构成犯罪的，给予行政处分；构成犯罪的，依法追究刑事责任。

（2）国家机关工作人员和社会保险基金经办机构的工作人员贪污、挪用社会保险基金，构成犯罪的，依法追究刑事责任。

（3）工商行政部门为未满16周岁的少年、儿童核发个体营业执照的，由县级以上劳动行政部门报请有关主管部门，对行政负责人和直接责任者给予行政处分。

思 考 题

1. 试述劳动法的基本概念、特征和适用范围。
2. 劳动合同与普通合同的联系与区别是什么？

3. 国家对职工劳动时间的具体规定有哪些？

4. 劳动保护的基本制度是什么？

5. 社会保险制度的主要特征及其与商业保险的区别是什么？

6. 试述劳动争议处理的基本程序。

7. 违反劳动法的主要表现是什么？责任类型有哪些？

第十七章

经济民事争议的解决

本章提要

所谓经济民事争议，是指平等主体之间发生的，以合同关系和其他财产权益关系中的民事权利义务为内容的社会纠纷。经济民事争议的解决途径主要有协商、调解、仲裁、诉讼四种。在解决经济民事争议的各种途径中，民事诉讼与仲裁发挥着主要作用。本章诉讼部分重点介绍经济民事诉讼的基本原则和基本制度，主管和管辖，民事诉讼证据，一审普通程序及其他民事审判程序；仲裁部分重点介绍仲裁的特征、原则与基本制度，仲裁协议的内容与效力，仲裁程序仲裁裁决执行以及涉外仲裁的相关问题。

第一节　经济民事诉讼

在我国，经济民事诉讼是指人民法院，当事人和其他诉讼参与人，在审理经济民事案件的过程中，所进行的各种诉讼活动，以及由这些活动所产生的各种诉讼关系的总和。

经济民事诉讼活动适用《中华人民共和国民事诉讼法》（以下简称《民事诉讼法》）以及宪法和其他实体法、程序法有关民事诉讼的规定，以及最高人民法院公布的指导民事诉讼的有关规定。

一、民事诉讼的基本原则和基本制度

1. 民事诉讼的基本原则

（1）当事人诉讼权利平等原则。民事诉讼中，不论当事人是公民、法人还是其他组织，不论其社会地位和身份如何，都享有同等的权利，承担同等的义务。诉讼中的原告与被告权利义务平等，诉讼地位平等。

（2）辩论原则。《民事诉讼法》第十二条规定，人民法院审理民事案件时，当事人有权进行辩论。所谓辩论是指当事人双方在人民法院主持下，就案件事实和适用法律等争议的问题，陈述各自的主张和意见，相互进行反驳和答辩，以维护自己的合法权益。

（3）处分原则。《民事诉讼法》第十三条规定，当事人有权在法律规定的范围内处分自己的民事权利和诉讼权利，当事人处置自己的民事权利和民事诉讼权利的

自由受法律保护。处分原则贯穿于民事诉讼的全过程，并在很大程度上影响着诉讼的进行。

（4）法院调解原则。《民事诉讼法》第九条规定，人民法院审理民事案件，应当根据自愿和合法的原则进行调解，调解不成的，应当及时判决。在人民法院主持下，双方当事人达成的调解协议，具有强制执行力。

（5）检察监督原则。检察机关对审理民事案件的过程和审判结果，对审判人员在民事诉讼中的犯罪行为及其他违法行为进行监督。

（6）诚实信用原则。诚实信用原则是指在民事诉讼中，人民法院、当事人及其他诉讼参与人在审理民事案件和进行民事诉讼时，应当公正、诚实和善意。

（7）同等与对等原则。《民事诉讼法》第五条规定，外国人、无国籍人、外国企业和组织在人民法院起诉、应诉，同中华人民共和国公民、法人和其他组织有同等的诉讼权利义务。外国法院对中华人民共和国公民、法人和其他组织的民事诉讼权利加以限制的，中华人民共和国人民法院对该国公民、企业和组织的民事诉讼权利，实行对等原则。

2. 民事审判的基本制度

（1）合议制度。这是指三名以上审判员、人民陪审员共同组成合议庭对案件进行审理的制度。人民法院审理民事案件以实行合议制为原则，以独任制为例外。

（2）回避制度。人民法院审判民事案件的审判人员或其他有关人员，遇有法律规定的情形：

①是本案当事人或当事人、代理人的近亲属；

②与本案有利害关系；

③与本案当事人、代理人有其他关系，可能影响公正审判的；应当主动退出本案的审理，当事人及其代理人也有权请求更换上述人员。

（3）公开审判制度。《民事诉讼法》第十条规定，人民法院审理民事案件，依照法律规定实行公开审判制度。法律又规定了不应公开审理的案件：

①涉及国家秘密的案件；

②涉及个人隐私的案件；

③离婚案件、涉及商业秘密的案件，当事人申请不公开审理的；

④法律规定的其他不公开审理的案件。不公开审理的案件，也应公开宣判。

（4）两审终审制度。一个民事案件经过两级人民法院审理即告终结。

二、民事诉讼的主管和管辖

（一）民事诉讼的主管

民事诉讼的主管，是指法院与其他国家机关、社会团体之间解决民事争议的分工和权限。我国《民事诉讼法》第三条规定，人民法院受理公民之间、法人之间，其他组织之间以及他们相互之间因财产关系和人身关系提起的民事诉讼，适用本法的规定。

（二）民事诉讼的管辖

民事诉讼的管辖，是指在法院系统的内部确定各级法院之间以及同级法院之间受理第一审民事案件的分工与权限。

1．级别管辖

级别管辖是指划分上下级法院之间受理第一审民事案件的分工和权限。《民事诉讼法》第十八条至第二十一条对各级法院管辖的第一审民事案件作了原则性规定：

①基层人民法院管辖一般一审民事案件；

②中级人民法院管辖重大涉外案件、在本辖区有重大影响的案件、最高人民法院确定由中级人民法院管辖的案件；

③高级人民法院管辖在本辖区有重大影响的案件；

④最高人民法院管辖在全国有重大影响的案件、认为应当由本院审理的案件。

2．地域管辖

地域管辖是指确定同级法院之间在各自辖区受理第一审民事案件的分工和权限。

（1）一般地域管辖。一般地域管辖遵循“原告就被告”的原则，即案件由被告住所地人民法院管辖。

（2）特殊地域管辖。

①因合同纠纷提起的诉讼，由被告住所地或合同履行地法院管辖；

②因保险合同纠纷提起的诉讼，由被告住所地或保险标的物所在地法院管辖；

③因票据纠纷提起的诉讼，由票据支付地或被告住所地法院管辖；

④因铁路、公路、水上、航空运输和联合运输合同纠纷提起的诉讼，由运输始发地、目的地或被告住所地法院管辖；

⑤因侵权行为提起的诉讼，由侵权行为地或被告住所地法院管辖；

⑥因铁路、公路、水上、航空事故请求损害赔偿提起的诉讼，由事故发生地或车辆、船舶最先到达地、航空器最先降落地或被告住所地法院管辖；

⑦因船舶碰撞或者其他海事损害事故请求损害赔偿提起的诉讼，由碰撞发生地、碰撞船舶最先到达地、加害船舶被扣留地或被告住所地法院管辖；

⑧因海难救助费用提起的诉讼，由救助地或被救助船舶最先到达地法院管辖；

⑨因共同海损提起的诉讼，由船舶最先到达地、共同海损理算地或航程终止地法院管辖。

（3）专属管辖。

①因不动产纠纷提起的诉讼，由不动产所在地法院管辖；

②因港口作业中发生纠纷提起的诉讼，由港口所在地法院管辖。

（4）协议管辖。当事人双方可以在一定范围内，在纠纷发生前后通过书面方式自主合意约定管辖法院。其范围为被告住所地、合同履行地、合同签订地、原告住所地、标的物所在地。

三、民事诉讼的当事人与诉讼代理人

1. 诉讼当事人

（1）原告。原告是指认为自己的民事权益受到侵害，或者与他人发生争议，为维护其合法权益而向人民法院提起诉讼，引起诉讼程序发生的人。

（2）被告。被告是指被诉称侵犯了原告的民事权益或与原告发生民事权益争议，被人民法院传唤应诉的人。

（3）共同诉讼人。共同诉讼是指当事人一方或双方为两人以上，诉讼标的是同一的，法院必须合一审理并在裁判中对诉讼标的合一确定；或诉讼标的是同一种类，法院以为可以合并且当事人也同意合并审理的诉讼。在此种诉讼中，原告或被告方的多个当事人称为共同诉讼人。

（4）诉讼第三人。对于已经开始的诉讼，以该诉讼的原告或被告为被告提出独立的诉讼请求，或者由该诉讼中的原告或被告引进后主张独立的利益，或者为了自己的利益，辅助该诉讼一方当事人进行辩论的诉讼参加人。

2. 诉讼代理人

诉讼代理人是指依照代理权，以当事人名义代为实施或接受诉讼行为，从而维护该当事人利益的诉讼参加人。诉讼代理人分为两种类型：

（1）法定代理人。根据法律规定代理无诉讼行为能力的当事人进行民事诉讼活动的人。

（2）委托代理人。接受当事人、法定代理人等的授权委托，代为进行诉讼活动的人。

四、民事诉讼证据

1. 民事诉讼证据的概念和特征

民事诉讼证据是指能够证明民事案件真实情况的各种客观事实。民事诉讼证据具有以下特征：

（1）客观性。证据必须是客观存在的事实材料，而非猜测虚构之物。

（2）关联性。证据必须与证明对象有客观联系，能够证明证明对象的一部或全部。

（3）合法性。证据的调查，收集，审查须符合法定程序，当法律对证据形式、证明方法有特殊要求时，需符合法律的规定；以侵害他人合法权益或者违反法律禁止性规定的方法取得的证据材料，不能作为认定案件事实的依据。

2. 民事诉讼证据的种类

《民事诉讼法》第六十三条规定了七种证据形式：

（1）书证。以文字、符号、图表所记载或表示的内容、含义来证明案件事实的证据。

（2）物证。以其外部特征和物质属性，即以其存在、形状、质量等证明案件事实的物品。

（3）视听资料。利用录音带，录像带，光盘等反映的图像和音响以及电脑储存的资料来证明案件事实的证据。

（4）证人语言。知道案件情况的案外人向法院所作的能够证明案件情况的陈述。

（5）当事人陈述。诉讼当事人就案件事实向法院所作的陈述，需要注意的是，当事人陈述仅包括当事人对事实的陈述部分，不包括当事人的主张和援引法律依据。

（6）鉴定结论。鉴定人运用自己的专门知识，根据所提供的案件材料，对案件中的专门性问题进行分析、鉴别后作出的结论。

（7）勘验笔录。法院为查明案件事实对有关现场和物品进行勘查检验所作的记录。

3. 举证责任

举证责任是指民事诉讼的当事人对自己的诉讼主张负有提供证据加以证明的责任。

在诉讼活动中，举证责任的承担一般依据“谁主张，谁举证”原则，即无论是原告、被告、第三人，他们对自己的诉讼请求及其所依据的事实都负有举证责任；无论是肯定事实的主张还是否定事实的主张，都必须提供相应的证据加以证明。但是，《关于民事诉讼证据的若干规定》第九条规定下列事实，当事人无需举证证明：

①众所周知的事实；

②自然规律及定理；

③根据法律规定或者已知事实和日常生活经验法则，能推定出的另一事实；

④已为人民法院发生法律效力的裁判所确认的事实；

⑤已为仲裁机构的生效裁决所确认的事实；

⑥已为有效公证文书所证明的事实。

在法律规定的特定情形下，举证责任可以倒置，由对方承担举证责任。最高人民法院对下列侵权案件的举证责任做出了特殊规定：

①因新产品制造方法发明专利引起的专利侵权诉讼，由制造同样产品的单位或者个人对其产品制造方法不同于专利方法承担举证责任；

②高度危险作业致人损害的侵权诉讼，由加害人就受害人故意造成损害的事实承担举证责任；

③因环境污染引起的损害赔偿诉讼，由加害人就法律规定的免责事由及其行为与损害结果之间不存在因果关系承担举证责任；

④建筑物或者其他设施以及建筑物上的搁置物、悬挂物发生倒塌、脱落、坠落致人损害的侵权诉讼，由所有人或者管理人对其无过错承担举证责任；

⑤饲养动物致人损害的侵权诉讼，由动物饲养人或者管理人就受害人有过错或者第三人有过错承担举证责任；

⑥因缺陷产品致人损害的侵权诉讼，由产品的生产者就法律规定的免责事由承

担举证责任；

⑦因共同危险行为致人损害的侵权诉讼，由实施危险行为的人就其行为与损害结果之间不存在因果关系承担举证责任；

⑧因医疗行为引起的侵权诉讼，由医疗机构就医疗行为与损害结果之间不存在因果关系及不存在医疗过错承担举证责任；

⑨其他有关法律对侵权诉讼的举证责任有特殊规定的。

4. 证据保全

证据保全是指在证据可能灭失或以后难以取得的情况下，人民法院根据诉讼当事人的申请或者依据职权采取措施，对证据加以固定和保护，以保护证据证明力的一种制度。

（1）证据保全的提出。依据我国法律规定，证据保全的提出有两种情况：一种是由诉讼当事人提出申请，由人民法院依法进行证据保全；另一种是人民法院在诉讼过程中，发现证据可能灭失或以后难以取得，人民法院可以依据职权，主动采取措施进行证据保全。

（2）申请证据保全的条件。依据我国法律规定，申请证据保全或进行证据保全，必须具备两个条件之一：

①证据有灭失的可能；

②证据以后难以取得。即由于时过境迁或事物的发展，作为诉讼证据的资料以后难以取得。

（3）证据保全的方法。证据保全方法依证据的种类而定，不同种类的证据材料应采取不同的保全方法。如对证人语言的保全方法，可以采用录音、录像、制作询问笔录等方法；对于物证可以进行勘验、鉴定等。

五、诉讼保障制度

1. 诉讼财产保全

诉讼财产保全是指法院在受理诉讼后，为了保证将来生效判决的执行，对当事人的财产或争议的标的物采取的强制性措施。

如遇诉讼请求范围内的与本案有关的财物，有被转移、隐匿、毁损、挥霍的可能时，可依当事人、利害关系人的申请或法院依职权作出财产保全的裁定。财产保全的措施有查封、扣押、冻结、扣押财产证照、限制支配到期应得利益；对于不宜保存的物品，可以拍卖变卖保存价款。

对于情况紧急，不立即采取财产保全将会使申请人的合法权益受到难以弥补的损害的情形，法院可依当事人的申请，在提起诉讼之前，对被申请人的财产采取保全措施，但申请人必须提供适当担保。

2. 先予执行措施

先予执行是指法院对某些民事案件作出终审判决前，为解决当事人一方生活或生产的紧迫需要，根据其申请，裁定另一方当事人给付申请人一定的财物、实施或停止实施某种行为，并立即执行的制度。

先予执行措施运用于当事人之间权利义务关系明确、被申请人有履行能力、并且具有先予执行的迫切需要的特定类型案件，包括：

①追索赡养费、扶养费、抚育费、抚恤金、医疗费用的案件；

②追索劳动报酬的案件；

③需要立即返还用于购置生产原料，生产工具货物款的案件；

④追索恢复生产、经营急需的保险理赔费的案件；

⑤需要立即停止侵害、排除妨碍或者需要立即制止某项行为的案件。

当事人请求先予执行的，应书面提出申请，法院审查后作出裁定，必要时可要求申请人提供担保。

六、一审普通程序

普通程序是法院审理第一审民事案件通常适用的最基本程序，它具有程序的完整性和广泛的适用性，在整个民事诉讼程序中占有十分重要的地位。

（一）起诉与受理

起诉是指公民、法人或者其他组织，认为自己所享有的民事权益受到侵害或者与他人发生争议，以自己的名义请求法院通过审判给予司法保护的诉讼行为。

诉讼当事人向人民法院提出诉讼请求，应当符合下列条件：

①原告是与本案有直接利害关系的公民、法人和其他组织；

②有明确的被告；

③有具体的诉讼请求和事实、理由；

④属于人民法院受理的范围和受诉人民法院管辖。

诉讼当事人起诉时应当向人民法院递交起诉状，并按照被告人数提出起诉状副本。起诉状应当记明：

①当事人的姓名、性别、年龄、民族、职业、工作单位和住所，法人或者其他组织的名称、住所、法定代表人或者主要负责人的姓名、职务；

②诉讼请求和所根据的事实与理由；

③证据和证据来源，证人姓名和住所。

法院接到原告的起诉后，应及时依法进行审查。法院经审查认为符合起诉条件的应当在七日内立案并通知当事人；认为不符合起诉条件的，裁定不予受理。对于不予受理的裁定，当事人可以上诉。

（二）审理前的准备

法院立案后，应当自立案之日起五日内将起诉状副本发送被告。被告应在十五日内提出答辩。被告不提出答辩的，不影响法院对案件的审理。

法院在向原告和被告分别发送的受理通知书和应诉通知书中，应当向当事人告知有关诉讼权利义务。组成合议庭后的三日内应当将合议庭组成人员告知当事人，以便使当事人有效行使回避权。法院应认真审核诉讼材料，调查收集必要的证据。

根据案件具体情况，决定是否追加当事人。

近年来，根据最高人民法院《关于民事经济审判方式改革问题的若干规定》和《关于民事诉讼证据的司法解释》的规定，补充了举证时限和证据交换制度。举证时限是法院给当事人双方规定举证最后时限，逾期将丧失举证权利，除非能够证明是新证据，否则对逾期的证据不组织质证，也不予采信。证据交换制度规定：经当事人申请，人民法院可以组织当事人在开庭审理前交换证据；法院对于证据较多或者复杂疑难的案件，应当组织当事人在答辩期届满后，开庭审理前交换证据。证据交换应当在审判人员主持下进行，对当事人无异议的事实、证据应当记录在卷；对有异议的证据，按照需要证明的事实分类记录在卷，并记载异议理由。

（三）开庭审理

1. 开庭准备

在开庭三日前通知当事人和其他诉讼参与人；对于公开审理的案件，公告当事人姓名、案由、开庭时间和地点。开庭后先查明当事人及其他诉讼参与人是否到庭，宣布法庭纪律。由审判长核对当事人，宣布案由，宣布审判员、书记员名单，告知当事人有关的诉讼权利和义务，询问当事人是否提出回避申请。

2. 法庭调查

法庭调查按下列顺序进行：

（1）由原告口头陈述事实或者宣读起诉状，讲明具体诉讼请求和理由。

（2）由被告口头陈述事实或者宣读答辩状，对原告诉讼请求提出异议或者反诉的，讲明具体请求和理由。

（3）第三人陈述或者答辩，有独立请求权的第三人陈述诉讼请求和理由；无独立请求权的第三人针对原、被告的陈述提出承认或者否认的答辩意见。

（4）原告或被告对第三人的陈述进行答辩。

（5）审判长或独任审判员归纳本案争议焦点或者法庭调查重点，并征求当事人的意见。

（6）原告出示证据，被告、第三人与原告进行质证。

（7）被告出示证据，原告、第三人与被告进行质证。

（8）第三人出示证据，原告、被告与第三人进行质证。

3. 法庭辩论

法庭辩论，是指在合议庭的主持下，各方当事人根据法庭调查已经基本查明的事实和证据阐明自己的观点，相互进行言辞辩论的诉讼活动。法庭辩论的主要任务是通过当事人及其诉讼代理人对争议焦点的口头辩论，进一步查明案件事实，核实有关证据，分清是非责任。

在法庭辩论中应注意以下问题：

（1）审判人员应当引导当事人围绕争议焦点进行辩论。

（2）法庭辩论由各方当事人依次发言。

（3）法庭辩论时，审判人员不得对案件性质、是非、责任发表意见，不得与当事人辩论。

4. 案件评议和宣告判决

经过开庭审理后当事人不愿意调解或者调解不成的，合议庭应当休庭进行评议，就案件的性质、认定的事实、适用的法律、是非责任、处理结果做出结论。合议庭评论案件应当秘密进行，并实行少数服从多数原则。评议应当制作笔录，由合议庭成员签名，评议中的不同意见，必须如实记入笔录，归档备查。评议笔录不得对外公开。

宣判分为当庭宣判和定期宣判两种情况。当庭宣判，就是合议庭评议后由审判长宣布继续开庭并宣读裁判。当庭宣判的，应当十日内发送判决书。定期宣判，就是在开庭审理之日以后的某一确定日期公开宣告判决。定期宣判的，法院在宣判后即应送达判决书。

宣判的内容包括：认定的事实，适用的法律，判决的结果和理由，诉讼费用的负担，当事人的上诉权利、上诉期限和上诉法院。

七、其他民事审判程序

（一）简易程序

简易程序是指基层法院及其派出法庭审理第一审简单民事案件所适用的诉讼程序。

1. 简易程序的适用范围

根据《民事诉讼法》第一百四十二条的规定，基层人民法院和它派出的法庭审理事实清楚、权利义务关系明确、争议不大的简单的民事案件，适用简易程序的规定。所谓“事实清楚”，是指双方当事人对争议的事实陈述基本一致，并能提供可靠的证据，无须人民法院调查搜集证据即可判明事实、分清是非；所谓“权利义务关系明确”，是指谁是责任的承担者，谁是权利的享有者，关系明确；所谓“争议不大”则指当事人对案件的是非、责任以及诉讼标的的争执无原则分歧。这是构成简单民事案件的三个必备条件，缺少其中任何一个条件，都不能作为简单的民事案件适用简易程序审理。

2. 简易程序的特点

根据《民事诉讼法》以及相关司法解释的规定，简易程序的特点主要体现在以下方面：

（1）原告可以口头起诉，被告也可以口头答辩。

（2）当事人双方同时到基层人民法院或它派出的法庭请求解决纠纷的，可以当即开庭审理。

（3）基层人民法院或它派出的法庭可以采取捎口信、电话、传真、电子邮件等简便方式随时传唤双方当事人和证人。

（4）审判组织采用独任制，由审判员一人审理，书记员担任记录。

（5）法庭调查不必一定按法定顺序进行，法庭调查和法庭辩论两阶段不必严格区分。

(6) 以当庭宣判为原则，裁判文书的制作可以简化。

(7) 审理期限较短。适用简易程序审理民事案件时，应当在立案之日起三个月内审结，不得延长。

(二) 二审程序

第二审程序，即上诉审程序，是指当事人不服一审法院的判决、裁定而依法向上一级人民法院上诉，要求撤销或变更原判决或裁定，上一级人民法院对此类案件进行审判所适用的程序。

提出上诉的条件：

(1) 上诉人与被上诉人必须是一审判决、裁定所指向的当事人。

(2) 上诉必须在法定期间内提出，法律规定判决的上诉期是十五日，裁定的上诉期是十日。

(3) 上诉必须提交上诉状。上诉状应当通过原审法院提出，同时应当按照对方当事人的人数提出副本。当事人直接向二审法院提出的，二审法院应当在五日内移交原审法院。

二审法院对上诉案件，应当组成合议庭，开庭审理，经过阅卷和调查、询问当事人，在事实核对清楚后，合议庭认为不需要开庭审理的，可以径行裁判。

二审法院对上诉案件，经过审理，应分别作出以下裁判：

(1) 维持原判。原判事实清楚、证据确实充分，适用法律正确的，驳回上诉，维持原判。

(2) 依法改判。遇有下列三种情况的，应当依法直接改判：

①原判适用法律错误；

②原判认定事实错误；

③原判认定事实不清，证据不足。

(3) 撤销原判，发回重审。二审法院经审理，认为原判认定事实错误；或者认定事实不清，证据不足；或者违反法定程序，可能影响裁判正确的，应当撤销原判，发回原审法院重审。

(三) 再审程序

(1) 申请再审条件。原审案件中的当事人，如果有证据证明已生效的判决，裁定确有错误，在原判决裁定生效后两年内，可以申请再审。当事人申请再审，可以向原审法院提出，也可以向上级法院提出。再审一般只能一次。

(2) 再审案件的审理程序。根据《民事诉讼法》第一百八十四条规定，如果发生效力的判决、裁定是由一审法院作出的，按一审普通程序再审；如果发生效力的判决、裁定是由二审法院作出的，按二审程序再审；上级法院提审的案件，按二审程序审理。人民法院审理再审案件应遵循下列程序：

①裁定中止原判决、裁定的执行；

②另行组成合议庭审理。

第二节 仲　　裁

一、概述

1. 仲裁的概念

仲裁一词从字义诠释，“仲”一般表示地位居中，“裁”则表示为衡量、判断，“仲裁”为居中公断之意。法律意义上的仲裁则是指争议双方在争议发生前或发生后达成协议，自愿将争议交给第三者做出裁决，双方有义务执行的一种解决问题的方法。仲裁作为一种解决民事经济争议的方法，应当具备法律规定的条件，符合法律规定的程序。

依据《中华人民共和国仲裁法》（以下简称《仲裁法》）的规定，仲裁是指仲裁机构基于当事人的自愿请求，依据法定的仲裁程序，对平等主体的公民、法人和其他组织之间发生的合同纠纷和其他财产权益纠纷进行裁决的活动。

2. 仲裁的特征

仲裁具有如下特征：

（1）提交仲裁必须基于争议双方当事人的自愿请求。仲裁与诉讼的一个很大区别，就是仲裁必须依当事人双方自愿请求才能进行。当事人双方不同意或者有一方不同意进行仲裁，仲裁活动便不能进行。

（2）仲裁活动必须经过仲裁机构进行。仲裁活动是一项法律活动，必须经过依法成立的仲裁机构进行，其裁决才能发生法律效力。

（3）仲裁活动必须依照仲裁法和仲裁规则进行。仲裁活动的合法性是仲裁裁决有效的前提，违反法定程序的仲裁裁决，经人民法院组成合议庭审查核实，裁定该仲裁裁决不予执行。

（4）仲裁的客体是当事人双方之间发生的一定范围的争议。依据《仲裁法》的规定，可提交仲裁的纠纷限于合同纠纷和其他财产权益纠纷。婚姻、收养、监护、扶养、继承等有关身份权的纠纷和依法应当由行政机关处理的争议，不能提交仲裁。

（5）仲裁裁决具有强制性。仲裁裁决作出后，当事人必须执行。一方当事人不执行的，另一方当事人可以申请人民法院强制执行。

作为一种解决财产权益纠纷的民间性裁判制度，仲裁既不同于解决同类争议的司法、行政途径，也不同于人民调解委员会的调解和当事人的自行和解，相比而言其具有以下特点：

（1）自愿性。当事人的自愿性是仲裁最突出的特点，是最能充分体现当事人意思自治原则的争议解决方式。

（2）专业性。根据我国《仲裁法》的规定，仲裁机构具备专业性的特点，有由专家组成的仲裁员名册供当事人进行选择，专家仲裁由此成为民商事仲裁的重要特点之一。

（3）灵活性。与诉讼相比，仲裁程序更加灵活，更具有弹性。

（4）保密性。我国有关的仲裁法律和仲裁规则明确规定仲裁不公开进行的同时，还明确规定了仲裁员及仲裁秘书人员的保密义务，仲裁由此表现出极强的保密性。

（5）快捷性。仲裁实行一裁终局制，使得当事人之间的纠纷能够迅速得以解决。

（6）经济性。仲裁所需费用相对较少，仲裁费用往往低于诉讼费，且商业机密不必公之于世，对双方当事人之间今后商业机会影响较小。

（7）独立性。仲裁机构独立于行政机构和其他机构，仲裁庭亦不受仲裁机构的干涉，显示出极大的独立性。

二、仲裁的基本原则

仲裁的基本原则是指贯穿于所有仲裁活动之中所必须遵循的基本准则。这些基本原则是当事人自愿原则、依法独立进行仲裁原则和一裁终局原则。

1. 当事人自愿原则

自愿原则是仲裁活动所应遵循的基本原则之一，也是被世界各国普遍确认的仲裁原则。自愿原则，也有的称之为当事人意思自治原则，自愿原则在仲裁法中的表现是：

（1）争议双方是否愿意采用仲裁方式解决纠纷完全由当事人自愿选择，任何行政部门都无权强迫、指定。

（2）提交仲裁以双方当事人订立的仲裁协议为前提。仲裁协议有两种：一种是在合同外专门签订的仲裁协议或仲裁请求，另一种是在合同中订立的仲裁条款。

（3）仲裁委员会应当由当事人协议选定。仲裁不实行级别管辖。这也是仲裁与诉讼的不同之处，人民法院受理案件受级别、地域的限制。

（4）仲裁不实行地域管辖。仲裁地点的选择也由当事人自己决定。

（5）仲裁事项由当事人自己约定。当事人可以约定对争议的全部事项进行仲裁，也可以就争议的部分事项进行仲裁。仲裁庭对当事人没有约定的事项不进行仲裁。

（6）仲裁员由当事人自行选定。

（7）在仲裁过程中，当事人可以和解，也可以自愿调解，或请求仲裁庭根据双方协商内容进行调解。原申请人也可以撤回仲裁申请。

（8）仲裁裁决书是否写明争议事实和裁决理由，可以根据当事人的意愿决定。

自愿原则是仲裁制度的重要原则，它给当事人以极大的自由性和灵活性。但这一原则的运用有一定限制，即在运用自愿原则时，也应该符合《仲裁法》的规定。例如当事人是否选择仲裁方式，要以书面协议为根据，口头约定无效；当事人选择仲裁员应该在仲裁机关提供的仲裁员名册中进行选择；当事人进行和解和调解应在仲裁裁决作出前进行；当事人所选择的仲裁机构必须是经过注册登记的合法机构；提请仲裁的事项必须是法律规定允许仲裁的事项，等等。

2. 依法独立进行仲裁的原则

根据我国《仲裁法》的规定，仲裁依法独立进行，不受行政机关、社会团体和个人的干涉。也就是说，当事人通过仲裁协议，将仲裁权授予了他们所选定的仲裁机构，那么仲裁委员会或仲裁庭便各依职责，独立地行使仲裁权。仲裁委员会可以确认仲裁协议的效力，决定案件的受理，进行调解、裁决等活动。仲裁委员会或仲裁庭进行上述仲裁活动时，依据的是当事人的协议、仲裁规则和相应的法律规定，任何行政机关、社会团体和个人都无权进行干涉。

3. 一裁终局原则

一裁终局原则是指仲裁裁决做出后，当事人不得就同一纠纷再申请仲裁或者向人民法院起诉。一裁终局原则在《仲裁法》中的体现为：

（1）当事人达成仲裁协议，一方向人民法院起诉的，人民法院不予受理，但仲裁协议无效的除外。

（2）裁决作出后，当事人就同一纠纷再申请仲裁或者向人民法院起诉的，仲裁委员会或者人民法院不予受理。但是仲裁裁决被人民法院依法裁定撤销或者不予执行的，当事人就该纠纷可以根据双方重新达成的仲裁协议进行仲裁，也可以向人民法院起诉。

三、仲裁的基本制度

（一）仲裁机构和仲裁员

1. 仲裁机构的性质

根据我国《仲裁法》的规定，我国的仲裁机构是仲裁委员会。仲裁机构是独立于行政机关之外的、依法成立的社会团体。这是仲裁区别于行政裁断、司法诉讼的重要一点。我国仲裁机构的民间性体现为：

①仲裁委员会独立于行政机关，与行政机关没有隶属关系；

②仲裁委员会之间没有隶属关系；

③仲裁协会是社团法人，是仲裁委员会的自律组织。仲裁协会根据章程对仲裁委员会及其组成人员、仲裁员的违纪行为进行监督。

2. 仲裁机构的设立

根据《仲裁法》规定，仲裁委员会可以在直辖市和省、自治区人民政府所在地的市设立，也可以根据需要在其他设区的市设立，不按行政区划层层设立；仲裁委员会由规定的市的人民政府组织有关部门和商会统一组建；设立仲裁委员会，应当经省、自治区、直辖市的司法行政部门登记。

涉外仲裁委员会可以由中国国际商会组织设立。

3. 仲裁委员会应具备的条件

根据我国《仲裁法》的规定，申请设立的仲裁委员会应具备以下条件：

①有自己的名称、住所和章程；

②有必要的财产；

③有该委员会的组成人员；

④有聘任的仲裁员。

我国《仲裁法》还规定，仲裁委员会由主任一人、副主任二至四人和委员七至十一人组成；仲裁委员会的主任、副主任和委员由法律、经济贸易专家和有实际工作经验的人员担任；仲裁委员会的组成人员中，法律、贸易专家不得少于三分之二。

4. 仲裁员的条件

《仲裁法》规定，仲裁员应从公道、正派、具备一定条件的人员中聘任。仲裁员应当符合下列条件之一：

①从事仲裁工作满八年的；

②从事律师工作满八年的；

③曾任审判员满八年的；

④从事法律研究、教学工作并具有高级职称的；

⑤具有法律知识，从事经济贸易等专业工作并具有高级职称或者具有同等专业水平的。

涉外仲裁委员会可以从具有法律、经济贸易、科学技术等专门知识的外籍人士中聘任仲裁员。仲裁委员会应当设立仲裁员名册，以供当事人挑选仲裁员之用。

（二）仲裁协议制度

1. 仲裁协议的概念

仲裁协议是指各方当事人自愿将他们之间已经发生的或可能发生的经济纠纷，提交仲裁解决的一种协议。根据我国《仲裁法》的规定，仲裁协议制度既适用于国内经济仲裁，也适用于涉外经济仲裁。

2. 仲裁协议的效力

仲裁协议制度是仲裁活动的一项重要制度。首先，仲裁机构的仲裁权来自仲裁协议，当事人通过仲裁协议授权给仲裁机构，接受其仲裁管辖。没有仲裁协议，仲裁机构便没有仲裁管辖权。其次，仲裁活动的一项重要原则——自愿原则，也是通过仲裁协议反映出来的。仲裁机构只能就仲裁协议约定的事项进行仲裁，对超出当事人约定的事项无权进行审理。再次，订立仲裁协议的双方当事人受该协议的约束。一旦发生了仲裁协议中约定的争议事项，当事人应以仲裁的方式解决。最后，仲裁协议排除了法院的管辖。除仲裁协议无效的以外，法院无权受理仲裁协议约定的争议事项。

3. 仲裁协议的形式与内容

在我国，仲裁协议主要以两种方式表现出来。一是合同中的仲裁条款。即在经济纠纷发生之前，双方约定好一旦发生纠纷，提交仲裁解决。二是单独签订仲裁协议。这种仲裁协议可以在经济纠纷发生之前事先签订，也可以在经济纠纷发生之后，通过协商签订。但是我国《仲裁法》没有规定援引方式的仲裁条款，这与国外某些国家的做法不同。

根据我国《仲裁法》的规定，仲裁协议必须以书面形式提出，仲裁机构才能受理。用电报、电传等书面形式达成的协议也是允许的。但是以口头形式达成的仲裁协议，我国仲裁机构不予受理。

根据我国《仲裁法》规定，仲裁协议必须具备以下内容：

（1）请求仲裁的意思表示。当事人请求仲裁的意思表示必须在仲裁协议中表达出来。这种表达必须以书面形式写在合同的仲裁条款中、专门的仲裁协议中或仲裁机构认可的其他书面材料中。这种意思表示必须是双方的合意，如果只有一方同意，仲裁机构不予受理。

（2）写明仲裁事项。双方当事人必须在仲裁协议中写明准备提交仲裁的事项。写明仲裁事项须注意：

①提交仲裁的事项必须是法律规定的仲裁机构受理范围之内的。例如，我国《仲裁法》规定，有关婚姻、收养、监护、扶养、继承纠纷不能仲裁；依法应当由行政机关处理的行政争议不能仲裁。如果双方当事人约定的仲裁事项超出了法定的可仲裁范围，那么这部分仲裁协议没有效力，仲裁机关不予受理；即使受理了，对超出范围的这部分争议所作的裁决也没有法律效力。

②有关仲裁事项的内容必须订得明确具体，不能含糊其辞。例如“有关该合同，如果发生争议，愿提交仲裁解决”，这种写法属于约定不明确。根据我国仲裁法规定，仲裁协议对仲裁事项没有约定或约定不明确的，当事人可以补充协议。

（3）写明选定的仲裁委员会。这是仲裁协议必须具备的内容之一。当事人所选定的仲裁委员会，必须在协议中写明其准确的名称、所在地。如果当事人在仲裁协议中，对仲裁委员会没有约定或约定不明，当事人可以补充协议，否则案件无法受理。

4. 无效的仲裁协议

根据我国《仲裁法》第十七条的规定，有下列情形之一的，仲裁协议无效：

①约定的仲裁事项超出法律规定的仲裁范围的；

②无民事行为能力人或者限制民事行为能力人订立的仲裁协议；

③一方采取胁迫手段，迫使对方订立仲裁协议的。对于仲裁协议内容不明确，又不能按要求达成补充协议，该仲裁协议亦无效。

对于无效的仲裁协议，如果当事人仍愿将争议提交仲裁解决，可以重新达成仲裁协议。如果不能达成新的仲裁协议，一方当事人可以向人民法院起诉解决争议。对于仲裁协议效力有异议的，可以请求仲裁委员会做出决定，或者请求人民法院做出裁定。对仲裁协议效力的异议，应当在仲裁庭首次开庭前提出。如果当事人一方请求由仲裁委员会决定，另一方请求由人民法院裁定的，则由人民法院裁定。

5. 仲裁协议的独立性

仲裁协议的独立性是指写在合同中的仲裁条款不因合同的无效而失去效力，即仲裁条款独立于合同本身。我国《仲裁法》明确规定：“仲裁协议独立存在，合同的变更、解除、终止或者无效，不影响仲裁协议的效力。”

四、仲裁程序

1. 申请

《仲裁法》第二十一条规定，当事人申请仲裁应符合下列条件：

①有仲裁协议；

②有具体的仲裁请求和事实、理由；

③属于仲裁委员会的受理范围。

当事人申请仲裁时，应当向仲裁委员会递交仲裁协议、仲裁申请书及副本。仲裁申请书一般包括三部分：第一部分应写明当事人的姓名、性别、年龄、职业、工作单位和住所。当事人如果是法人或其他组织，则应写明该法人或组织的名称、住所、法定代表人或主要负责人的姓名、职务。第二部分应写明仲裁请求和所依据的事实、理由，这是申请书的主要内容，务必要写得清楚、明确。第三部分是证据部分，应写明证据和证据来源。如果提出证人，则应写明证人的姓名、住所。

2. 受理

根据我国《仲裁法》规定，仲裁委员会收到仲裁申请书之日起五日内必须做出答复，对符合受理条件的，应当受理，并通知当事人。对不符合受理条件的，应当以书面形式通知当事人，并说明不予受理的理由。仲裁委员会受理申请后，应在仲裁规则规定的期限内，将仲裁规则、仲裁员名册送达各方当事人。对被申请人，除送达上述文件外，还应送达仲裁申请书副本，告之其提交答辩书的期限及权利等。被申请人如果不提交答辩书，不影响仲裁程序的进行。如果提交了答辩书，仲裁委员会应当在规定期限内，将答辩书副本送达申请人。

3. 财产保全

由于仲裁机构的民间性决定了它无权采取保全措施，因此当事人如果申请财产保全，若是国内经济仲裁，仲裁委员会应当按照《民事诉讼法》的有关规定，将申请提交被申请人住所地或财产所在地的基层人民法院裁定；若为涉外仲裁，仲裁委员会则应将申请提交被申请人住所地或财产所在地中级人民法院裁定。如果错误申请财产保全，申请人应当赔偿被申请人因财产保全所遭受的损失。

4. 仲裁庭的组成

仲裁庭可以由三名仲裁员组成，也可以由一名仲裁员组成，仲裁庭的组成方式可以由当事人选定。对在规定期限没有选定的，也可以由仲裁委员会主任指定。

5. 仲裁员回避制度

为了保证仲裁活动的公正、合法、有效，《仲裁法》规定了仲裁员在下列情况下必须回避：

①是本案当事人或当事人、代理人的近亲属；

②与本案有利害关系；

③与本案当事人、代理人有其他关系，可能影响公正仲裁的；

④私自会见当事人、代理人，或者接受当事人、代理人请客送礼的。

当事人提出回避申请应当在首次开庭前提出，并说明理由。如果是事后知道的，则应在最后一次开庭终结前提出。仲裁员的回避与否，由仲裁委员会主任决定；而主任的回避则由仲裁委员会集体决定。

6. 仲裁庭开庭

仲裁庭的开庭程序与《民事诉讼法》规定的民事诉讼程序大体相同，包括：

（1）庭前准备。如将开庭的时间、地点通知各方当事人及代理人。

（2）宣布开庭。包括核对当事人身份、代理人权限，询问当事人是否要求回避等。

（3）开庭调查。由当事人陈述事实、理由，被申请人可以提出反请求，审查核实证据、鉴定结论等。

（4）开庭辩论。询问当事人的最后意见等。

（5）仲裁调解或裁决。

仲裁的开庭仲裁程序具有如下特点：

（1）仲裁可以采取书面形式进行；如果开庭仲裁，以不公开为原则。

（2）证据保全。当事人申请证据保全的，如果是国内仲裁，由仲裁委员会提交证据所在地基层人民法院；如果是涉外仲裁，由仲裁委员会提交证据所在地的中级人民法院。

（3）和解。仲裁中双方当事人自行和解，可以请求仲裁庭制作裁决书结案，也可以由申请人撤回申请。撤回申请后又反悔的，可以根据仲裁协议申请仲裁。

（4）调解。仲裁中经过调解达成协议的，若为国内仲裁，可以制作调解书，也可以制作裁决书，若为涉外仲裁，除非当事人另有约定，应制作裁决书。

（5）裁决。仲裁裁决是终局裁决。仲裁裁决应依据仲裁庭多数仲裁员的意见做出；如果仲裁庭不能形成多数意见时，则依首席仲裁员的意见作出。

五、仲裁裁决的效力与执行

1. 仲裁裁决的效力

依据《仲裁法》的规定，仲裁裁决是终局性的，具有法律效力，当事人应当履行裁决。仲裁裁决效力的体现：

（1）有效裁决对争议的法律关系发生即制力的效力。也就是说，有效裁决作出后，任何法院都不能就同一争议进行再次受理。

（2）有效裁决对争议有事实上的预决力。即有效裁决作出后，法院和其他机构处理相关争议时，不能同已作出的仲裁裁决发生矛盾。

（3）有效裁决有执行的强制力。

2. 申请撤销裁决

依据《仲裁法》规定，当事人提出证据证明具有下列情形之一的，可以申请撤销仲裁裁决：

（1）没有仲裁协议的。

（2）裁决的事项不属于仲裁协议的范围或者仲裁委员会无权仲裁的。

（3）仲裁庭的组成或者仲裁的程序违反法定程序的。

（4）裁决所根据的证据是伪造的。

（5）对方当事人隐瞒了足以影响公正裁决的证据的。

（6）仲裁员在仲裁该案时有索贿受贿，徇私舞弊，枉法裁决行为的。人民法院组成合议庭审查核实裁决有上述规定情形之一的，应当裁定撤销裁决。

当事人提出撤销裁决的申请应当向仲裁委员会所在地的中级人民法院提出，申请时效为当事人收到仲裁裁决书之日起的六个月内。

人民法院受理撤销裁决申请后，应自受理申请之日起，两个月内作出裁定，或撤销裁决，或驳回申请。人民法院认为可以由仲裁庭重新仲裁的，通知仲裁庭在一定期限内重新仲裁，并裁定中止撤销程序。仲裁庭拒绝重新仲裁的，人民法院应当恢复撤销程序。

3. 申请执行仲裁裁决

《仲裁法》第六十二条规定："当事人应当履行裁决。一方当事人不履行的，另一方当事人可以依照民事诉讼法的有关规定向人民法院申请执行。受理申请的人民法院应当执行。"据此，申请执行时必须：

（1）由当事人一方向人民法院提出。

（2）依据《民事诉讼法》的有关规定提出。

我国《民事诉讼法》对仲裁裁决执行的法院作了管辖区分。国内仲裁机构的裁决，依据《民事诉讼法》，由被申请人住所地或者被申请人的财产所在地基层人民法院执行。我国涉外仲裁机构的裁决，由被申请人住所地或财产所在地的中级人民法院执行。如果被执行人或其财产不在我国领域内，则由当事人直接向有管辖权的外国法院申请承认和执行。对于一方当事人申请执行裁决，另一方当事人申请撤销裁决的，人民法院应当裁定中止执行。如果因为某种情况，仲裁裁决无法执行或无需执行的，人民法院应当裁定终结执行。如果撤销裁决的申请被裁定驳回的，人民法院应当恢复执行程序。

4. 不予执行仲裁裁决

根据我国《仲裁法》的规定，有下列情形之一的，经法院组成合议庭审查核实，不予执行：

（1）当事人没有在合同中订立仲裁条款，事后也没有达成书面的仲裁协议的。

（2）裁决的事项不属于仲裁协议的范围或者仲裁机构无权仲裁的。

（3）仲裁庭的组成或者仲裁程序违反法定程序的。

（4）认定事实的主要证据不足的。

（5）适用法律有错误的。

（6）仲裁员在仲裁该案时有贪污受贿、徇私舞弊、枉法裁决行为的。

对涉外仲裁机构的仲裁裁决，被申请人提出证据证明涉外仲裁裁决有下列情形之一的，经人民法院组成合议庭审查核实，裁定不予执行：

（1）当事人在合同中没有订有仲裁条款或者事后没有达成书面仲裁协议的。

（2）被申请人没有得到指定仲裁员或者进行仲裁程序的通知，或者由于其他不属于被申请人负责的原因未能陈述意见的。

（3）仲裁庭的组成或者仲裁程序与仲裁规则不符的。

（4）裁决的事项不属于仲裁协议的范围或者仲裁机构无权仲裁的。此外，无论是国内仲裁裁决还是涉外仲裁裁决，人民法院认为执行该裁决违背社会公共利益的，则裁定不予执行。

人民法院对国内仲裁裁决和涉外仲裁裁决的审查标准是有所区别的，即对国内仲裁裁决除了从仲裁程序上审查是否符合仲裁规则外，还要对裁决的实体内容是否合法进行审查；而对涉外仲裁裁决则只从仲裁程序上审查是否符合仲裁规则。

六、涉外经济仲裁

涉外经济仲裁是指我国涉外仲裁机构对发生于涉外经济贸易、运输、海事领域的经济纠纷、海事纠纷，依照涉外经济仲裁规则进行审理裁决的活动。

1. 我国的涉外仲裁机构和案件受理范围

（1）我国的涉外仲裁机构。我国的涉外仲裁机构由中国国际商会组织设立，目前共有两个，一个是中国国际经济贸易仲裁委员会，该仲裁委员会除北京的总会外，还设立了深圳分会和上海分会。中国国际经济贸易仲裁委员会是世界上最重要、最繁忙的国际商事仲裁中心之一，也是远东最大的国际商事仲裁中心，年受案量居世界前列，受案范围为国际贸易中的一切争议，包括国际货物买卖争议案、合资合作争议案，以及融资租赁、建筑工程、房地产、证券等争议案，案件当事人涉及世界几十个国家和地区。另一个涉外仲裁机构是中国海事仲裁委员会，该仲裁委员会受理海事争议，包括海上船舶救助争议，海上船舶碰撞争议，船舶租赁代理、船舶打捞、船舶买卖、船舶保险等方面的争议，以及沿海环境污染纠纷等其他海事方面的争议。上述两个涉外仲裁机构均为民间性质的常设仲裁机构。

（2）案件受理范围。根据《仲裁法》和仲裁规则的规定，涉外仲裁机构只受理国际或涉外的契约性或非契约性的经济贸易等争议和海事争议。

2. 涉外经济仲裁的基本原则

涉外经济仲裁的基本原则主要有以下几个：

（1）平等公正原则。平等公正原则的主要含义是，仲裁时维护当事人的平等地位，保证公正裁决。

（2）参照国际惯例原则。涉外经济仲裁因为涉及许多国家和地区的当事人，在仲裁时参照国际惯例尤为重要，同时对维护我国的利益也具有重大意义。

（3）当事人意思自治原则。当事人意思自治原则，其含义相当于国内经济仲裁的自愿原则。它是各国仲裁活动普遍采用的一个重要原则，也是我国涉外经济仲裁的一项基本原则。

3. 涉外经济仲裁的法律适用

涉外经济仲裁的法律适用是指用仲裁方式解决争议时适用什么法律，包括实体法的适用和程序法的适用两个方面。选择仲裁时所应适用的法律，对当事人具有重要意义。

（1）实体法的法律适用。实体法的法律适用指仲裁时所依据的法律。通常确定适用实体法的方法主要有：

①根据当事人约定选择的法律。用这种方法确定仲裁选用的实体法一般写在当事人的仲裁条款或仲裁协议中。例如在合同中写明本合同受某国法律约束，或写明本合同仲裁时适用某国法律。

②根据最密切联系原则确定仲裁应适用的法律。合同当事人可以考虑适用与合同有最密切联系的国家的法律，例如适用合同缔结地法或者合同履行地法。

③考虑适用各国国内法有特殊规定的法律，例如我国关于中外合作开采必须适用中国法律的规定。

④如果国内法与参加的国际公约的规定不一致时，按国际公约优先原则确定适用的法律。

⑤依据国际惯例确定应该适用的法律。

（2）程序法的适用。程序法的适用包括仲裁规则的选择。如果在中国仲裁，则应选择中国的仲裁规则；如果在其他国仲裁，则选择仲裁地国家的法律。

4. 涉外经济仲裁当事人关于仲裁地点、仲裁机构、仲裁员的选择

（1）仲裁地点的选择。选择一个合适的仲裁地点对当事人来说是至关重要的。因为仲裁地点确定后，仲裁机构、仲裁员、仲裁规则也就相对确定了。

（2）仲裁机构的选择。一般来说，仲裁地点的确定也就决定了仲裁机构。在确定具体的仲裁机构时要注意选择权威性的常设仲裁机构，同时注意该仲裁机构的仲裁规则。

（3）仲裁员的选择。在我国，涉外仲裁员是从仲裁委员会提供的仲裁员名册中选择的。选择时要注意法定人数，及规定的选择期限。如果当事人没有选择仲裁员，则由仲裁委员会指定。

5. 涉外经济仲裁的特别规定

根据我国《仲裁法》和国际经济贸易仲裁委员会、海事仲裁委员会的仲裁规则，我国涉外经济仲裁的特别规定主要有：

（1）答辩和反诉的期限。对申诉的答辩期为四十五日；提出反诉的期限为接到仲裁通知后六十日内。

（2）对仲裁协议和案件管辖权的抗辩限于被诉人第一次实体答辩前提出；对反诉的管辖权的抗辩限于被反诉人对反诉的第一次实体答辩前提出。

（3）设立仲裁员披露制度。

（4）规定放弃异议条款。

（5）双方和解或经过调解达成协议的，应以制作裁决书的形式结案。

（6）当事人有权自行约定仲裁使用的语言。

（7）仲裁期限为仲裁庭组庭后九个月内结案。

（8）仲裁裁决需要在境内执行的，由被申请人住所地或财产所在地的中级人民法院执行。裁决需要在境外执行的，由当事人直接向有管辖权的外国法院申请承认和执行。

思考题

1. 关于民事诉讼的管辖规定有哪些？
2. 诉讼保全制度的种类有哪些？
3. 民事诉讼的起诉条件有哪些？
4. 概述民事诉讼一审普通程序。
5. 仲裁的特征与适用范围有哪些？
6. 仲裁的基本原则有哪些？
7. 什么是仲裁协议制度？
8. 什么是仲裁裁决的效力与执行？

参考文献

[1] 王利明.合同法.北京:中国人民大学出版社,2002.
[2] 潘静成,刘文华.经济法概论.北京:中国财政经济出版社,2000.
[3] 潘静成,刘文华.经济法学.2版.北京:中国人民大学出版社,2005.
[4] 黄达.货币银行学.成都:四川人民出版社,1992.
[5] 马强.合同法新问题判解研究.北京:人民法院出版社,2005.
[6] 吴志攀.金融法概论.北京:北京大学出版社,1996.
[7] 郑成思.知识产权法.北京:法律出版社,1999.
[8] 江平,方流芳.新编公司法教程.北京:法律出版社,2002.
[9] 高圣平.担保法新问题与判例研究.北京:人民法院出版社,2001.
[10] 唐德华.破产法及司法解释适用指南.北京:中国方正出版社,2002.
[11] 关怀主.劳动法.2版.北京:中国人民大学出版社.2005.
[12] 史际春,温烨,邓峰.企业和公司法.北京:中国人民大学出版社,2001.
[13] 刘春田.知识产权法.北京:高等教育出版社,北京大学出版社,2003.
[14] 李国光.最高人民法院关于破产法司法解释的理解与适用.北京:人民法院出版社,2002.
[15] 王保树.中国商事法.北京:人民法院出版社,1996.
[16] 冯大同.国际商法.北京:中国人民大学出版社,2001.
[17] 王利明.中国民法案例与学理研究·总则篇.北京:法律出版社,1998.
[18] 贾俊玲.劳动法学.北京:北京大学出版社,2003.
[19] 姚梅镇.外商投资企业法教程.2版.北京:法律出版社,2001.
[20] 陈安.国际经济法论丛.北京:法律出版社,2001.
[21] 黄勤南.新编知识产权法教程.北京:中国政法大学出版社,1998.
[22] 李永军.破产法律制度:清算与再建.北京:中国法制出版社,2000.
[23] 赵旭东.新公司法条文释解.北京:人民法院出版社,2005.
[24] 杨紫煊,徐杰.经济法学.北京:北京大学出版社,1997.
[25] 王全兴.劳动法.北京:法律出版社.1997.
[26] 钱明星.物权法原理.北京:北京大学出版社,1995.
[27] 王卫国.国家司法考试辅导用书.北京:法律出版社.2006.
[28] 郑立,王作堂.民法学.北京:北京大学出版社,1994.
[29] 王利明,郭明瑞,方流芳.民法新论.北京:中国政法大学出版社,1988.
[30] 曙光.税法.大连:东北财经大学出版社,2001.
[31] 江伟.民事诉讼法.2版.北京:中国人民大学出版社.2004.
[32] 叶永禄,李琴.诉讼法新论.广州:广东经济出版社.2003.